城市社区治理的组织再造研究

以上海J街道为例

CHENGSHI SHEQU ZHILI DE ZUZHI ZAIZAO YANJIU
——YI SHANGHAI J JIEDAO WEILI

周敏晖 —— 著

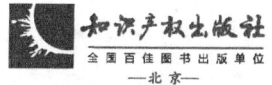

知识产权出版社
全国百佳图书出版单位
北京

图书在版编目（CIP）数据

城市社区治理的组织再造研究：以上海 J 街道为例/周敏晖著. —北京：知识产权出版社，2022.12

ISBN 978-7-5130-8539-7

Ⅰ.①城… Ⅱ.①周… Ⅲ.①城市—社区管理—研究—上海 Ⅳ.①D669.3

中国版本图书馆 CIP 数据核字（2022）第 256200 号

内容提要

社区作为社会的基础单元，是透视社会的窗口。在计划经济时期，中国共产党实施了"组织起来"的政治战略部署，较好地实现了对社会的整合，建立起了一套相对有效的社会主义政治经济秩序。随着市场经济的推行，"个体原子化"成为中国社会转型的典型特征。而个体原子化在带来社会活力的同时，也产生了"组织弱化"的社会问题，这在很大程度上也成为社区治理的困境。为有效解决社区治理面临的"组织弱化"的困境，上海 J 街道进行了积极探索，创造性地提出了破解组织弱化困境的对策，即"组织再造"。

责任编辑：高志方	责任校对：谷 洋
封面设计：张国仓	责任印制：孙婷婷

城市社区治理的组织再造研究
——以上海 J 街道为例

周敏晖 著

出版发行：知识产权出版社有限责任公司	网　　址：http://www.ipph.cn
社　　址：北京市海淀区气象路 50 号院	邮　　编：100081
责编电话：010-82000860 转 8512	责编邮箱：15803837@qq.com
发行电话：010-82000860 转 8101/8102	发行传真：010-82000893/82005070/82000270
印　　刷：北京九州迅驰传媒文化有限公司	经　　销：新华书店、各大网上书店及相关专业书店
开　　本：787mm×1092mm 1/16	印　　张：19.75
版　　次：2022 年 12 月第 1 版	印　　次：2022 年 12 月第 1 次印刷
字　　数：340 千字	定　　价：88.00 元

ISBN 978-7-5130-8539-7

出版权专有　侵权必究
如有印装质量问题，本社负责调换。

CONTENTS
目录

绪论 ……………………………………………………………… 1
 一、选题背景与研究意义 ………………………………… 1
 二、国内外研究现状 ……………………………………… 7
 三、核心概念与理论资源 ………………………………… 28
 四、研究思路和研究框架 ………………………………… 38
 五、研究方法和研究创新 ………………………………… 40

第一章 社区转型与城市基层治理的难题 …………………… 42
 第一节 计划经济与"单位社区"的形成 ……………… 42
  一、上海J街道的历史发展 ……………………………… 42
  二、工业化带来的"单位社区" ………………………… 44
  三、"铁板一块":高度组织化的社区 ………………… 52
 第二节 市场经济与中国社会的个体化 ………………… 54
  一、单位社区的解体 ……………………………………… 54
  二、个体化社会的逐步形成 ……………………………… 59
 第三节 社区治理难题的出现及其成因 ………………… 66
  一、社区党组织组织力有待提升 ………………………… 66
  二、居民之间的横向联系淡化 …………………………… 77

第二章 萌芽与发展:城市社区治理中组织再造的初步探索 … 80
 第一节 自发形成的社区团队 …………………………… 81
  一、"趣缘"组队:横向纽带联结 ……………………… 81
  二、自力更生:寻找社会资源 …………………………… 83
 第二节 社区团队的培育途径 …………………………… 85
  一、以居民需求为导向 …………………………………… 86
  二、与社区治理相结合 …………………………………… 91

第三章　嵌入与引领：城市社区治理中组织再造的实践深入 …… 98
第一节　组织嵌入：政党权威入团队 …… 99
一、安排党员入团队 …… 100
二、创新团队党支部 …… 101
第二节　理念引领：确保团队"不跑偏" …… 105
一、社会主义先进文化的引领 …… 106
二、红色革命文化的熏陶 …… 108
三、中华优秀传统文化的浸润 …… 111
第三节　活动凝聚：多样活动聚人心 …… 114
一、文体娱乐活动 …… 115
二、思想教育活动 …… 117
三、志愿服务活动 …… 121

第四章　团队在行动：城市社区治理中组织再造的波澜乍起 …… 124
第一节　社区团队的成立 …… 124
一、霍阳社区"三派势力"的形成 …… 125
二、社区参与：业委会的成立 …… 133
三、"跳舞鱼团队"的成立 …… 146
第二节　团队行动"三部曲"及其规模的扩大 …… 154
一、"拉金"："平安英雄"被拉下马 …… 155
二、"反李"："优秀团队骨干是假的" …… 165
三、联名：百户业主促改选 …… 174

第五章　徘徊与反复：城市社区治理中组织再造的曲折发展 …… 184
第一节　换届选举与社区团队的政治参与 …… 185
一、党总支选举中的非制度化参与 …… 186
二、居委会选举中的制度化参与 …… 201
第二节　选举中的社区团队分歧 …… 207
一、社区团队的内部分歧 …… 208
二、社区团队分歧的原因 …… 219
第三节　团队分歧与社区治理的困境 …… 234
一、业委会能力有待提高 …… 234
二、社区凝聚力尚需增强 …… 236

第六章 "一起来跳舞":城市社区治理中组织再造的成效初现 ……… 243
  第一节 政治吸纳与组织再造的初步实现 …………………… 244
    一、中层干部的来访 ………………………………………… 244
    二、业委会选举与基于人情的政治吸纳 ………………… 253
    三、政治吸纳与组织再造的初步实现 …………………… 256
  第二节 组织再造与社区治理绩效的提升 …………………… 259
    一、居民的幸福感和获得感得以提升 …………………… 260
    二、社区的体制机制运转更加顺畅 ……………………… 262
    三、社区的文化氛围更为和谐 …………………………… 264

结　语 ………………………………………………………………… 267
参考文献 ……………………………………………………………… 276
附　录 ………………………………………………………………… 295
后　记 ………………………………………………………………… 306

绪 论

一、选题背景与研究意义

（一）选题背景

1978年，党的十一届三中全会的召开，拉开了中国改革开放的序幕，"中央的改革方针一改通过总体性支配❶来实现工业化积累或通过群众动员来克服该体制之缺陷的思路，而是通过调动、激发基层民众的活力来塑造新型的社会主义政治经济体制"。❷ 在计划经济时期，中国共产党通过"组织起来"的战略部署，建立了以"单位制"为基础的"总体性社会"。1992年，党的十四大的召开意味着市场经济体制的逐步确立，改革开放的步伐逐步加大。这种"总体性社会"随着市场经济的推行，开始向各个领域分化和转型。与之相伴的是，社会力量被激活，呈现出社会利益主体多元化和复杂化的发展趋势。同时，因单位的缺失，出现了社会"原子化"现象。于是，国家通过政治力量来推动"社区制"的发展，以此承接单位制解体之后的社会管理功能。随着中国现代化、市场化和城市化的"三轨并进"，在经济迅速发展的同时，社会分化所导致的社会问题和矛盾也不断地涌现出来，并日益在基层社区集聚和爆发。社会分化所带来的社会"去组织化"问题和社会"原子化"现象，标志着个体化社会逐步形成，

---

❶ "总体性支配"主要是指中国改革开放前的社会结构的一个基本特征，即国家几乎垄断全部重要资源，这种资源不仅包括物质财富，也包括人们生存和发展的机会以及信息资源。参见孙立平，王汉生，王思斌，等. 改革以来中国社会结构的变迁[J]. 中国社会科学，1994（2）：47—62.

❷ 渠敬东，周飞舟，应星. 从总体支配到技术治理：基于中国30年改革经验的社会学分析[J]. 中国社会科学，2009（6）：104—127.

执政党亟须对社会进行"再组织化",即"组织再造"。

之所以将"城市社区治理的组织再造"作为研究对象,一方面,随着改革步入攻坚期和深水区,基层的稳定和人民群众的支持成为不可或缺的要素;当人民追求美好生活的时候,基层的和谐与安宁是不可或缺的;这些都是推动党的工作重心和全面从严治党向基层延伸的重要原因。在当下的中国,基层已经成为"进行伟大斗争、建设伟大工程、推进伟大事业、实现伟大梦想"❶的主战场。因此,必须加强城市社区治理,充分发挥基层党组织的政治功能,使每个基层党组织都成为坚强战斗堡垒。对"城市社区治理的组织再造"进行研究,是以上海市 J 街道居民区"团队党建"的具体实践来证明其是提升基层党组织组织力的有效途径之一。另一方面,社区治理作为国家治理和社会治理的基本单元,它的精准全面为国家治理体系和治理能力的现代化奠定坚实基础。党的十八大以来,基层治理创新活动在全国范围内广泛开展。在基层治理创新活动中,全国各地都在激发社会活力方面进行了或者正在进行着各种各样的探索和尝试。中国共产党十八届三中全会明确提出:"全面深化改革的总目标为:完善和发展中国特色社会主义制度、推进国家治理体系和治理能力现代化。"❷ 2017 年 6 月 22 日,中共中央、国务院发布了《关于加强和完善城乡社区治理的意见》,首次以党中央的名义对社区治理进行了顶层设计和宏观布局。党的十九大报告中社区治理、社会组织、社区等词汇频繁出现,在报告全文中"社区"出现 3 次,社区治理出现 1 次,这充分说明社区治理已经纳入党中央的工作议程。将上海 J 街道作为案例,主要是因为 2014 年以来,中共上海市委一号课题"创新社会治理,加强基层建设"形成了"1+6"的政策体系。这意味着上海市的基层社会治理模式逐步进入一个全新的历史发展阶段。而在上海市基层治理创新的探索和实践中,J 街道推动的居民区"团队党建",就可以看作是激发社会力量参与基层社会治理的典型代表。之所以将上海市 J 街道作为研究样本,主要基于以下几个方面的考虑。

---

❶ 习近平:《决胜全面建成小康社会 夺取新时代中国特色社会主义伟大胜利:在中国共产党第十九次全国代表大会上的报告》,《人民日报》,2017 年 10 月 18 日。

❷ 习近平:《中共中央关于全面深化改革若干重大问题的决定》,《人民日报》,2013 年 11 月 18 日。

第一，上海市J街道是由以前的"单位社区"❶发展转变而成的。中华人民共和国成立初期，中国共产党为巩固新政权和维护社会安定在全国各地的城市建立了各种大小不一的"单位"。因安顿单位成员及其家属而建立起来的"单位社区"，成为中国历史上一种独特的社会管理和控制的组织载体。"单位社区"是计划经济体制下的产物，它是基于中国共产党"组织起来"的战略部署而形成的。现在的上海J街道是20世纪50年代由于工业化建设而建立起来的。"四大金刚"❷的到来，使它从一片农田变成一个城区。也就是说，以前的上海J街道是因现代化和城市化齐头并进而形成的"单位社区"，具有高度同质化和组织化的特点，是中国"总体性社会"的一个缩影。其是本书研究城市社区治理的组织再造的一个很好的样本。第二，上海J街道的居民区"团队党建"是基层党组织在城市社区治理中推进组织再造的一个组成部分，在上海市具有一定的典型性。从某种程度上来说，居民区"团队党建"代表着改革开放后执政党改进党的执政方式和创新党建方式的一个方向，即调动社会力量参与公共事务。这种基层治理创新实践不仅可以降低执政成本，还可以将社会力量纳入执政党的管理范围内。几十年以来，J街道见证了中国的基层社区从计划经济向市场经济的转型。同时，也看到了J街道的居民在社会转型和市场经济转轨之际呈现出个体的无力感和茫然感。"单位人"向"社会人"过渡的转型之痛，在一代居民身上留下了深深的烙印，是个体化社会带来的结果。"铁板一块"的高度组织化社区已经不再，日益分化的"现代社区"装载不了现代居民的身，更留不住现代居民的心。基于这种现实情况，实现社会的组织再造，已经成为执政党和国家的当务之急。而J街道的居民区"团队党建"就是对社区居民的"组织再造"，这显然是本书选取样本的原因之一。第三，学界已经有文献对J街道的"组织再造"进行了研究，指出J街道推进"组织再造"具有良好的研究基础。但是就研究的内容来说，还存在宏观层面和微观层面的不足之处。一是没有从宏观层面探究J街道之所以推行"组织再造"这一实践的原因及其效果。因此，本书采取

---

❶ 李汉林是国内关注到单位具有社区性质比较早的学者，但没有给出明确定义。马学广对"单位社区"作出了明确定义，即"计划经济时代与城市单位制组织相配套的社会制度安排，它是单位通过对社会资源的控制和配置，为单位体制内的人设置的日常生活空间"。参见马学广：《"单位制"城市空间的社会生产研究》《经济地理》2010年第9期，第1456—1461页。

❷ "四大金刚"是指上海汽轮机厂、上海重型机器厂、上海锅炉厂和上海电机厂。

了线性的纵向研究脉络，可以掌握 J 街道以往的社区情况，由此可以观察社区变迁背后的原因及其动力机制，从而找到推进"组织再造"的"钥匙"。二是没有从微观角度对 J 街道在社区治理中推进"组织再造"的具体实践过程进行深入而细致的分析和研究。本书是在前人研究的基础上，更深入和全面地探讨 J 街道进行基层党建工作的创新实践过程。选择 J 街道作为样本分析，通过档案文献资料、报纸刊物、参与式观察和访谈等多种研究方法，聚焦于具体的"组织再造"过程，揭示 J 街道在推进"组织再造"过程中存在的问题及其解决的路径，由此呈现出一个生动、具体和翔实的基层社区变迁图景。实践证明，J 街道通过"团队党建"，实现了"组织群众、凝聚群众、宣传群众和动员群众"的目的。同时，这是中国共产党基层党组织面临社会分化在新时期探索到的一种新的组织形式，是再次将社会"原子化"个体组织起来的有效形式，实现了社区的"组织再造"。

（二）研究意义

"基础不牢，地动山摇。"社区治理作为国家治理和社会治理的基石，是公民社会的微观基础。[1] 改革开放以来，随着计划经济体制的解体和社会主义市场经济体制的逐步确立，以单位制为组织载体的城市社会整合机制逐渐退出历史舞台，由此出现了社会"去组织化"现象。与之相伴的是社会分化日益严重，"个体原子化"成为中国社会的转型之痛。[2] 本书就是要探究在新的社会发展和时代背景下，中国共产党如何再次利用组织的力量，即"组织再造"，来实现社会的整合，由此来化解社会分化所产生的诸多不良的社会影响，从而维护社会的稳定与和谐，进而保证社会变迁的方向正确，巩固中国共产党的执政地位。因而，本书具有非常重要的理论意义和现实意义。

1. 理论意义

理论意义是实践研究的先导，但社会科学中意义的不确定也使研究变得复杂和多变，因此，重新梳理基层社区治理中组织再造的理论意义至关重要。

---

[1] 李友梅：《社区治理：公民社会的微观基础》，《社会》2007 年第 2 期，第 159—169 页。
[2] 田毅鹏：《转型期中国城市社会管理之痛——以社会原子化为分析视角》，《探索与争鸣》2012 年第 12 期，第 65—69 页。

第一,本书有助于拓宽组织理论的研究视域。组织理论是研究和解释组织的结构、职能和运转以及组织中的群体行为与个人行为等,并指出其中的规律的理论和知识体系。❶ 组织理论注重研究组织与权力的关系、组织与内部成员之间的关系、组织的内部结构及其运转的关系以及组织与外部环境的互动及其适应等方面的内容。本书所研究的"组织再造"是在组织理论的基础上,对组织再造的主体、客体、环境、方式、目标等方面的内容展开了研究,是对组织理论的进一步深化和拓展,可以拓宽组织理论研究的领域和范围。

第二,研究城市社区治理问题有利于进一步丰富治理理论的研究。社区治理是治理理论的社区实践。治理理论自 20 世纪初开始成为学术界的关注点之一,到 2014 年达到研究的高峰。学界关于城市社区治理的研究主要集中在社区治理主体、运行机制、治理模式和公民参与等方面,尚未有从"组织再造"的角度去分析社区治理的研究。所以,从"组织再造"的角度去研究社区治理问题,能够更进一步地对治理问题形成新的认识,从而丰富治理理论的研究成果。

第三,研究城市社区治理的组织再造有利于深化系统理论的研究。城市社区治理中的"组织"在基层社区治理的实践过程中发挥了重要的作用。组织是系统的一部分,如果组织的结构、要素和环境发生了变化,那么系统相应地就会发生变化,所以,只有通过组织再造,才能使系统处于一种动态平衡,维持系统的正常运转,发挥系统的最佳功能。本书通过研究发现,城市社区治理过程中存在的社区治理难题,即基层党组织面临"组织弱化"的问题,并提出组织再造的"解决方案",以提升基层党组织的组织力,发挥其功能,这是对系统理论的进一步研究。

第四,研究城市社区治理的组织再造有利于现代化理论的研究。现代化理论是我国转型期的重要理论之一。我国目前正处于现代化转型的攻坚期,党中央高度重视国家治理能力和治理体系的现代化。社区治理能力的现代化是社会现代化的缩影,城市社区治理的实践和丰富经验将为国家治理和社会治理的现代化奠定坚实的基础,从而有利于现代化理论的进一步研究。

---

❶ 〔英〕D. S. 皮尤:《组织理论精萃》,彭和平译,北京:中国人民大学出版社,1990 年版,第 3 页。

2. 现实意义

时下，社区治理已经在各个学科中掀起了研究热潮，涌现出大量研究成果，同时，基层治理创新活动在全国范围内广泛开展，形成了沈阳模式、江汉模式、百步亭模式、成都模式和上海模式等，全国各个地方都在积极探索适合本地区的社区治理模式，从"三社联动""四社联动""一核多元"到"党建引领"等多种基层社区治理实践的探索，都在一定程度上对城市社区治理起到了指导和示范作用。本书从"组织再造"的角度对基层社区治理进行了实地调查和研究，对于提升基层党组织的组织力，提高民众对执政党和国家的认同感，实现执政党和国家对社会的整合以及夯实国家治理能力和治理体系有非常重要的现实意义。

一是有助于提升基层党组织的组织力。在当代中国，中国共产党是执政党。基层是党的执政基础和力量源泉。只有基层党组织坚强有力，党员发挥模范带头作用，那么，党的根基才能牢固，党才能有战斗力。党的十九大第一次明确提出"组织力"的概念，这一概念强调新时代党的建设新要求，即突出强调基层党组织建设要"以提升组织力为重点，突出政治功能"。❶ 本书发现，可以从组织能力、动员能力和贯彻能力三个方面来提升基层党组织的组织力。

二是有助于实现执政党和国家对社会的整合。在社区治理中开展组织再造，通过社区团队将"原子化"的居民凝聚起来、组织起来，以此实现社区党组织对原子化个体的整合。实践证明，这是一种非常有效的社会整合方式。因为中国共产党在革命时期和计划经济时期采取了"思想意识形态"和严密组织体系的社会整合方式，但是对于当前新时期的社会来说，"思想意识形态"社会整合方式的效力明显减弱，组织体系也出现了松弛现象。在社区治理中推进组织再造来实现社区整合，可通过两种方式来实现，即社区利益整合和社区组织整合，这两种整合方式有利于中国共产党和国家实现对社会的整合。

三是有助于提高民众对执政党和国家的认同感。在社区治理中开展组织再造的实践说明，以居民的需要为导向、与社区治理的需求相结合来推进组织再造，可提高居民对执政党和国家的认同感。原因在于，在社区治

---

❶ 习近平：《决胜全面建成小康社会　夺取新时代中国特色社会主义伟大胜利——在中国共产党第十九次全国代表大会上的报告》，《人民日报》2017年10月18日。

理中推进组织再造,让居民享受到了党和国家政策带来的惠民和便民服务,居民的获得感提升了,居民对美好生活向往的需求就得到了满足。那么,居民对"国家的代理机构"——居委党总支和居委会——的信任感,就会上升为对执政党和国家的认同感。

四是有助于夯实国家治理能力和治理体系的基础。在社区治理中推进组织再造,不仅激发了社区治理主体的活力,还完善了社区治理结构,将社区不同治理主体的利益整合起来,并充分利用各个社区治理主体的资源,以实现社区的共治,提高社区的共治能力。这两者都充分体现了党中央提出的"打造社区共建共治共享"❶的社会治理格局,其实质是基层社区自治和共治能力的增强。社区治理是国家治理和社会治理的基础,社区治理能力的增强,意味着国家治理能力和治理体系的基础得到了夯实。

二、国内外研究现状

(一) 国外研究现状

西方的社区建设已经有一百多年的历史,为学术研究积累了大量的案例素材和实践经验,由此产生了大量的学术研究成果。纵观国外城市社区发展的百年历程,梳理国外学术界的研究成果发现,国外学术界对西方社区发展经验进行了深入的研究,取得了丰硕的研究成果,为当前的城市社会管理和社区治理提供了指导。同时,一些西方学者也对中国的社区治理给予了关注和研究,这对我国社区的发展起到了指导作用。然而,通过对已有研究文献的梳理发现,西方学者尚未关注到当前中国城市社区的组织再造这一问题。但西方学界在社区治理、社会分化、企业管理和政府管理等研究领域提出的一些概念和具体治理方法,对研究中国城市社区治理的组织再造起到了指导和借鉴的作用。具体而言,笔者认为,国外学术界对城市社区治理的组织再造的相关研究主要包括如下三个方面的内容。

第一,国外城市社区治理的兴起。社区是现代工业发展到一定阶段的产物。在西方数百年的工业化历程中,恩格斯最先将社区纳入学术研究的

---

❶ 习近平:《决胜全面建成小康社会 夺取新时代中国特色社会主义伟大胜利——在中国共产党第十九次全国代表大会上的报告》,《人民日报》2017年10月18日。

领域。❶ 但是最先对"社区"一词作出定义的是德国学者滕尼斯,在其《共同体与社会》一书中对社区与社会进行了区分,认为社区是一种有别于"社会"的、传统的、富有情谊的社会团体,是人类结合形式的"共同体"。❷ 自此以后,随着工业化的发展,社区及社区治理对人类社会的变迁和国家政权的稳定产生了深远的影响。西方学者很早就注意到了这一点。

西方发达国家的社区治理实践早于中国。西方发达国家的社区治理可以分为三个阶段。第一阶段是从 18 世纪中期开始。欧洲先在城市公共事务中发挥社区作用。作为最先启动工业化进程的国家,英国在 18 世纪中期以后开始实施以社区为本的社会服务计划。德国和英国沿用了教区救济的方法。在 18 世纪末至 19 世纪中叶,德国的部分城市实施济贫改革,其主要的做法是"将城市划分为若干社区,结合社区中教育、卫生、福利及宗教组织"❸ 的力量。第二阶段是从 19 世纪末开始,英国和美国发起"睦邻组织运动"和"社区福利中心"运动,目的是让各种社会组织和社会团体参与社区的公共事务管理。当时,西方发达国家在全球化、工业化和城市化的过程中产生了失业、贫困、住房、环境污染、犯罪等诸多问题。在这样的社会背景下,以往以政府和社区为主的社会治理主体已经无法依靠自身的力量来解决越来越多的社会问题,因而不得不依靠社会的力量,即社会组织、志愿者团体、公益组织、慈善机构等,共同解决不断产生的各种社会问题。Gates C. 指出:"社区治理是继国家对社会公共事务管理失灵之后,社会的一个小群体成员之间进行互动,相互协助共同解决社区公共事

---

❶ 恩格斯于 1842 年 11 月至 1844 年 8 月在英国居住期间对城市社区进行观察并撰写了《英国工人阶级状况》,该文描写了 19 世纪中叶随着资本主义经济的发展,英国城市社区分布和发展的情况。英国城市社区像一轴生动的画卷,港口区、工业区、商业区、富人区、一般居住区、贫民区,等等,栩栩如生地展现在人们的眼前。通过社区的考察,人们看到了当年英国工商业等经济结构、阶级阶层等社会结构的状况,也看到了人们的生活方式和各种社会矛盾。该文虽然未提出"社区"的概念,却通过对社区的观察来反映社会的变迁,这为后来的学者研究社区提供了一个视角。袁方等:《社会学家的眼光:中国转型期的社会结构》,北京:中国社会出版社,1998 年版,第 86 页。

❷ 〔德〕斐南迪·滕尼斯:《共同体与社会》,林荣远译,北京:商务印书馆,1999 年版,第 54—59 页。

❸ 吴晓林、郝丽娜:《"社区复兴运动"以来国外社区治理研究的理论考察》,《政治学研究》2015 年第 1 期,第 47—58 页。

务的结果。"❶ 可见，西方国家已经发现社区对城市基层公共事务所产生的作用，以及对公民个体发展的正面意义。"二战"以后，联合国出台的"社区发展计划"，就是为了发动社区自组织，发动社区居民积极建设社区，通过自治和共治的方式办理社区中的具体事务。这种通过自助和互助的方式来解决社区问题的方式，在全球范围内迅速传播，很快便成为一种普遍的活动，尤其体现在发展中国家的扶贫运动中。在这一阶段，社区发展由政府、社区自组织扩展到非政府组织，社区的"多元治理"模式逐步成型。第三阶段，是从20世纪80年代开始，西方发达国家发起新一轮的"社区复兴"运动，带动社区居民参与基层治理，建立政府与社区的合作伙伴关系，以此恢复社区活力、推动政府改革和社会发展。❷ 在此背景之下，西方国家掀起了公民参与社区治理的热潮。❸ 因此，有学者提出西方国家的"社区发现论""社区转变论""社区失灵论""社区衰落论""社区消失论""重新发现社区论"的观点。❹

第二，西方学者对城市社区治理研究的重点议题。西方学界围绕政府、市场和社会三方社区治理主体展开的社区治理的理论研究和实证研究都比较成熟。从最初的基于公共服务职能而产生的社区研究，到社区集权、社区民主、精英统治等议题，到20世纪中叶以后新公共管理、新公共行政和公共服务理论的出现，再到20世纪90年代公民主体理论、社群主义和治理理论的兴起，学界关于社区治理的研究成为一个热点。治理理论是为了解决和弥补国家和市场在社区治理中存在的问题和不足，解决市场失灵和政府失效的现实问题而产生的。因此，社区治理可以看成治理理念在社区层面的实际运用，是对以往社区管理中传统行政和统治模式的批判与反思。西方社会是一个公民发育程度很高的社会，基于国家与社会的关系视角，不同国家的社区治理经验不同，由此形成了不同的社区治理模式。同时，公民积极参与社区治理，社会资本在社区治理中发挥了重要的作用，这些研究内容都与本书的主题相关。

---

❶ Gates C (1999) Community Governance. Futures, 31 (9).
❷ 吴晓林、郝丽娜：《"社区复兴运动"以来国外社区治理研究的理论考察》，《政治学研究》2015年第1期，第47—58页。
❸ Robert D Putnam (2000) Bowling Alone: The Collapse and Revival of American Community. New York: Simon and Schuster.
❹ 程玉申、周敏：《国外有关城市社区的研究述评》，《社会学研究》1998年第4期，第54—61页。

其一,对国外城市社区治理模式及其经验的研究。国外学界对主要发达国家的城市社区治理进行了大量的研究,研究成果表明,国外城市社区治理是在"元治理"理论和"多元合作治理"理论的指导下展开实践的。在国外城市社区治理实践过程中形成了三种不同的治理模式,一是以新加坡为代表的行政主导模式,即政府在社区公共事务中发挥主导作用,社区管理具有鲜明的行政色彩,社区由政府的派出机构进行管理。二是以日本为代表的混合型模式,即政府对社区公共事务主要起到规划和指导作用,并拨付管理经费给社区,由社区自主安排社区内部事务,这是一种将政府管理和社区自治相结合的模式。澳大利亚和新西兰等国家也采用了这种模式。三是以欧美为代表的自治型模式。即将社区公共事务完全交给社区公民、社区组织、志愿者组织、公益组织、慈善协会、企业等社会力量来管理,政府的主要职能是提供法律法规方面的服务,规范和指导社区内部各个治理主体之间的关系。❶ 1976 年,Harvey A. Gam 等将社区发展公司引入社区治理研究中,发现美国第三部门对社区治理起到了重要的推动作用。于是,在美国社区治理的实践中,出现了一种专门致力于社区治理的第三部门组织形式,即社区发展公司。❷ 因此,美国形成了由政府、市场和第三部门共同参与社区治理的模式。❸ 历史地看,这三种城市社区治理模式都经历了一个从单一的政府主体到政府、慈善组织的两方主体,再到后来的多方主体共同参与的过程。通过社区自治,居民可以依靠自己的力量处理社区内部的公共事务,从而改变传统的完全依靠行政手段来管理社区的模式。一般而言,国外学者普遍认为,社区治理实践过程中始终呈现出"国家与社会"的力量互动,即国家要推动权力下放,要给"社区赋权"。皮特斯(Peters)认为,社区治理的过程也是政治和行政活动不断适应环境变化的过程,在这个过程中,如果政府忽视社会本身所具有的主动寻找问题的解决方式的基本特征,那么,政府在作决策时就会显得"笨拙"。❶ 诚然,社区治理过程在一定程度上来讲也是社区冲突过

---

❶ 聂林:《国外社会管理模式比较》,《社会观察》2004 年第 5 期,第 8—9 页。
❷ Harvey A Gam, Nancy L Tevis, and Carl E Snead (1976) Evaluation Community Development Corporations Summary Report. The Urban Institute Publication Office, Washington D C.
❸ 张康之、石国亮:《国外社区治理自治与合作》,北京:中国言实出版社,2012 年版,第 115—117 页。
❶ Peters B G (2002) Governance: A Garbage Can Perspective. His Political Science Series, (84) 6.

程。桑德斯指出，社区冲突包含对立关系、权力分配的不同和社区居民激烈情绪三个基本要素。❶ 澳大利亚州政府和联邦政府在制定社区治理政策时，采用了社会资本、社会企业、社区发展、伙伴关系和社区建设等概念，旨在鼓励公民和社会组织为社区公共服务贡献更大的力量，并以案例详细介绍了一个小城镇社区治理的过程。❷ 有研究者通过分析南非约翰内斯堡耶维尔的社区治理案例得出研究结论，即社区是一个"地方权力政治场"，在参与社区治理的社区组织之间，形成了一种政治竞争和政治联盟的关系。

其二，从社会资本的角度研究城市社区治理。西方学界将社会资本理论引入社区治理研究领域，以此分析社区治理的成效。有研究者认为，社会资本理论可以很好地解释社区集体行动之所以形成的条件、步骤和结果。❸ 同时，良好的社区网络关系能够促进社区治理，社会资本的形成以及社区福祉的增进有赖于良好的社区网络关系的构建。❹ 因此，社会资本与社区治理之间存在一种"互为因果"的良性循环关系。❺ 社区成员和社区领导之间建立的信任关系有助于再生邻里伙伴关系的有效性。伙伴合作关系还可以为社区提供重要的社会资本新资源，这取决于社区领导，如社会企业家或社区代表。社会企业家类似于"转型的领导者"，将创业技能与社区的发展相结合。社区代表类似于与追随者互动的"交易型领导者"。在社区伙伴关系中，个人对组织的信任呈现出一种矛盾的心理，这体现出积累社会资本存在一定的难度。❻ 从社会资本的角度研究社区治理，则体现出基于领导、信任和社会资本的邻里治理。可见，一些研究者从社会资本的角度来探讨社区权力、社区领导、构建良好的社区邻里关系和社区网络关系与社区集体行动的形成，丰富了社区治理的研究

---

❶ 〔美〕桑德斯：《社区论》，徐震译，福州：福建人民出版社，1996年版。

❷ O'Toole K, Burdess N (2004) New community governance in small rural towns: the Australian experience. Journal of Rural Studies, 20 (4).

❸ O'Mahony S, Ferraro F (2007) The Emergence of Governance in an Open Source Community. Academy of Management Journal, (50) 5.

❹ Armstrong A, Francis R, Totikidis V (2004) Managing Community Governance: Determinants and inhibiters. 18th ANZAM Conference.

❺ 吴晓林、郝丽娜：《"社区复兴运动"以来国外社区治理研究的理论考察》，《政治学研究》2015年第1期，第47—58页。

❻ Purdue D (2001) Neighbourhood Governance: Leadership, Trust and Social Capital. Urban Studies, (38) 12.

成果。

其三，对公民参与城市社区治理的研究。公民参与社区治理是社区居民自治的一种表现，也是西方国家公民社会发育成熟和公民自治精神的体现。理查德·C. 博克斯认为，21世纪的美国社区将进入公民治理的时代，公民参与将成为社区治理的核心要素。❶ 乔治·S. 布莱尔指出，美国公民的社区参与是形成社区权力和决策架构的基础。❷ 美国学者珍妮特·V. 登哈特和罗伯特·B. 登哈特对新公共管理运动进行了反思和批判，提出新公共服务是服务而不是掌舵的理念，并认为，社区参与是进入公民社会的有效途径。❸ 另外，"新地方主义"是一种超越传统公共管理运动的社会管理方法，是一种权力下放的战略，要有效地解决社会、经济和环境问题，就要鼓励当地的公民积极参与到决策的制定中来，最终形成一种网络社区治理的局面。❹ 马西恒、加鲍勃·谢比伯对中国和加拿大的社区治理模式进行了比较，详细论述了志愿者组织参与社区治理的过程。❺ 约翰·克莱顿·托马斯指出，20世纪六七十年代以来，随着公民参与运动的兴起，公民参与公共政策的呼声也日益高涨。社区事务中的公共决策有赖于公民的参与。❻ 同时，莫泰基指出，公民参与是社会政策制定的基石。于海对加拿大的公民参与进行了研究，他认为，"志愿者"是社区的"资源储备"，没有政府权力的诸多社区组成了加拿大。❼ 此外，有学者对中国和国外的公民参与社区公共事务的方式和内容进行了比较和分析。❽ 西方国家公民参与社区治理的经验以及中外社区治理与公民参与的研究，对我国城市社区治理起

---

❶ 〔美〕理查德·C. 博克斯：《公民治理：引领21世纪的美国社区》，孙柏英译，北京：中国人民大学出版社，2013年版。

❷ 〔美〕乔治·S. 布莱尔：《社区权力与公民参与》，尹佩庄、张雅竹译，北京：中国社会科学出版社，2003年版。

❸ 〔美〕珍妮特·V. 登哈特、罗伯特·B. 登哈特：《新公共服务：服务而不是掌舵》，北京：中国人民大学出版社，2010年版。

❹ Stoker G (2004) New Localism, Participation and Networked Community Governance. Manchester: University of Manchester.

❺ 马西恒、加鲍勃·谢比伯：《中加社区治理模式比较研究》，上海：上海人民出版社，2006年版。

❻ 〔美〕约翰·克莱顿·托马斯：《公共决策中的公民参与公共管理者的新技能与新策略》，孙柏英译，北京：中国人民大学出版社，2005年版。

❼ 于海：《加拿大社区生活中的公民参与》，《社区》2005年第22期，第33—34页。

❽ 叶南客：《都市社会的微观再造——中外城市社区比较新论》，南京：东南大学出版社，2003年版。

到了指导作用。

第三，对中国城市社区治理的相关研究。国外学界对中国的城市社区治理研究主要从两个方面展开，一是对中国计划经济时期"单位社区"的研究。中国城市社区治理的特殊性在于中国国情的特殊性，由于中国不同于西方的国家与社会关系，在中国计划经济时期形成的"单位社区"，曾引起了国外学者的关注，并形成了一定的研究成果。华尔德在《共产党社会的新传统主义——中国工业中的工作环境和权力结构》一书中对中国计划经济时期单位制所形成的"依附制度"进行了深入的分析，并探讨了"社会主义建设时期中国的工厂和工厂生活状况"的形成过程，也对工人们的"单位生活"进行了描述。❶ Whyte 和 Parish 对中国城市社会的经典研究揭示了单位社区能做到把每个人都"组织起来"。❷ Shi 认为，单位社区是政府为管理城市人口而有目的地设置的。❸ 二是对市场经济时期的中国城市社区治理的相关研究。随着改革开放和市场经济政策的推行，国家和社会的关系发生了变化，中国的社会力量兴起，社会组织和居民成为社区治理的主体。有研究者通过中国城市社区生活中居委会、居民和居民代表这三个关键参与者之间的互动，来探讨中国城市社区通过公共协商解决冲突的机制。❹ 有研究者通过对洛杉矶的邻里委员会和上海的居委会进行比较，来探讨在没有政府干预的情况下，基层治理是否能够取得成功。研究结果表明，政府发起的公民参与的有效性取决于国家干预和社区自组织的平衡结合。❺ 有学者对东南亚的"归侨"定居在福建泉州的居民社区进行了研究，研究发现，归侨虽然已经接受了异域的饮食和语言习惯，但是他们内心认同中国的文化。因此，由"侨乡"形成的社区具有不同的社区

---

❶ 〔美〕华尔德：《共产党社会的新传统主义——中国工业中的工作环境和权力结构》，龚小夏译，香港：牛津大学出版社，1996年版，第60页。

❷ Whyte Martink, Parish William L (1984) Urban life in Comtemporary China. Chicago: University of Chicago Press.

❸ Shi Tianjian (1997) Political Participation in Beijing. Cambridge. MA: Harvard University Press.

❹ Beibei Tang (2015) Deliberating Governance in Chinese Urban Communities. The China Journal, (73): 84 – 107.

❺ Bin Chen, Terry L Cooper and Rong Sun (2009) Spontaneous or Constructed? Neighborhood Governance in Los Angeles and Shanghai. Public Administration Review, (69): 108 – 115.

治理特点。❶ 有研究者发现，中国社区之所以和谐是因为"面子"观念的存在，这是社区治理中的"人情治理"的体现。在中国，人际关系深受儒家文化的影响，从强调个体之于集体的完整性，到发展为派系主义。❷ 还有学者从社会资本的视角对广东省王山顶水塘社区管理灌溉系统进行了研究，发现王山顶水塘社区之所以几十年来能够成功自治和稳健运行，是因为采用了适应性治理模式，即发挥社区强大的社会资本优势，与当地政府合作，将外部力量内化为社区自身的资源，从而促进社区的治理。❸ 有学者对农村转向城市的社区治理进行了研究，以江苏省南京郊区的农村转型为案例，探讨了国家政策的变化与地方发展压力和需求的变化对社区转型的影响。❹

（二）国内研究现状

中国进入现代化转型期，社会秩序和格局出现了分化，社会主体多元，社会矛盾复杂，社会问题在基层日益堆积。因此，党和国家的工作重心向下移，社区治理已经被党和国家提上了工作日程。基于此，社区治理成为国内学界研究中国政治问题和社会问题的重要切入点，有关社区治理问题的研究成果也日益丰富。在"中国知网"输入主题词"社区治理"，搜索结果有4819条。输入主题词"城市社区治理"，搜索结果有1621条，具体情况如图绪-1所示。❺

在"超星发现"输入主题词"城市社区治理"，检索到74101条结果，其中，有关"城市社区治理"的知识点如图绪-2所示。

---

❶ Tan Chee - Beng（2010）Reterritorialization of a Balinese Chinese Community in Quanzhou, Fujian. Modern Asian Studies, 44（3）: 547 - 566.

❷ Barbara L K Pillsbury（1978）Factionalism Observed: Behind the "Face" of Harmony in a Chinese Community. The China Quarterly,（74）: 241 - 272.

❸ Ying Chai and Yunmin Zeng（2018）Social capital, institutional change, and adaptive governance of the 50 - year - old Wang hilltop pond irrigation system in Guangdong, China. International Journal of the Commons, 12（2）: 191 - 216.

❹ Leslie Shieh（2011）Becoming Urban: Rural - Urban Integration in Nanjing, Jiangsu Province. Pacific Affairs, 84（3）: 475 - 494.

❺ 在中国知网搜索研究文献，搜索日期不同，搜索结果会不同。本书在中国知网搜索主题词为"社区治理"和"城市社区治理"的日期为2019年3月15日。
数据来源于：http://kns.cnki.net/kns/Visualization/VisualCenter.aspx

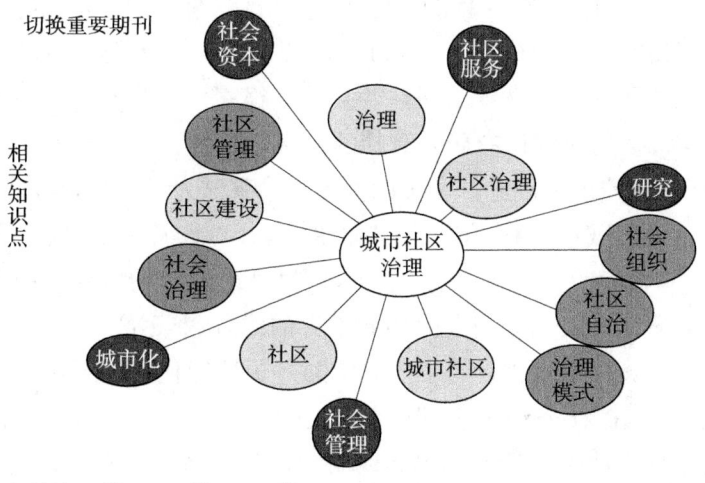

图绪-1 1998—2018年"社区治理"和
2002—2018年"城市社区治理"研究趋势❶

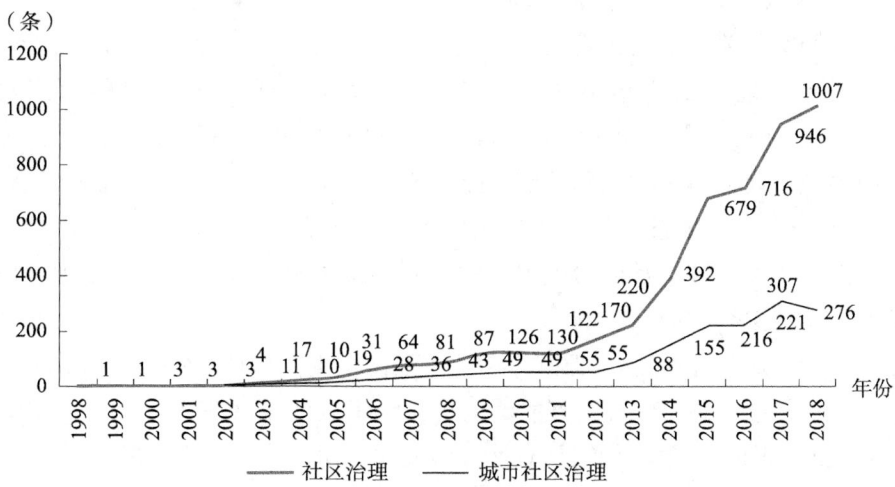

图绪-2 有关"城市社区治理"的知识点❷

---

❶ 资料来源于中国知网：http://kns.cnki.net/kns/Visualization/VisualCenter.aspx。
❷ 资料来源于"超星发现"，搜索主题词的日期为2019年3月15日。网址：http://www.zhizhen.com/s?sw=%E5%9F%8E%E5%B8%82%E7%A4%BE%E5%8C%BA%E6%B2%BB%E7%90%86&size=15&isort=0&x=0_913。

通过图绪-1和图绪-2可以发现,"社区治理"和"城市社区治理"依然是学界研究的一个热点,"城市社区治理"与"社区治理""城市社区""社区建设""社区""治理"的相关度很高,这为本书开展研究提供了方向和空间。通过对已有研究文献的搜集与整理,笔者将本书所研究的"城市社区治理的组织再造"相关的内容主要概况为以下几个方面。

第一,关于城市社区治理兴起的研究。20世纪30年代,费孝通将"社区"这一概念引入中国。彼时,学界对"社区"的研究集中在对传统农村社区的研究上,比如费孝通闻名学界的《江村经济》。1949年,中国开启了社会主义建设进程。为了适应中国外源性现代化的要求和巩固政权单位产生了。❶在计划经济时期,单位是城市社会管理的主要组织载体,街道—居委会是社会管理的辅助组织机构。20世纪90年代,我国民政部才开始在全国范围内开展社区建设。随着"治理"的概念才从国外引入中国学术界。中国的社会管理开始转向社会治理的方向,由此社区建设开始向社区治理的方向发展。❷随着市场经济的纵深发展,国家对社会的"放权",大量新型的社会组织的兴起和社会自组织力量蓬勃发展,有学者从国家与社会的关系出发,得出了中国城市社会经历了一个从"社会管控"到"社区治理"的发展过程。❸也有学者从本体论和方法论的角度对"'社区'研究"与"社区研究"进行了区分与探讨。❹总体而言,学界关于中国城市社区治理的兴起的研究经历了一个从"社区控制""社区管理""社区建设""社区服务"到"社区治理"的过程。

第二,关于城市社区治理主体的研究。国内学者对城市社区治理主体的研究是从两个方面展开的。

其一,对"单位"的研究。在计划经济时期,"单位组织"构成了一切微观的社会组织,❺国家通过单位这一组织载体来实现对城市社会的管理和控制。同时,单位组织具有社区的性质,生活在"单位社区"的单元

---

❶ 周翼虎:《中国单位制度》,北京:中国经济出版社,1999年版,第30页。

❷ 史柏年:《治理:社区建设的新视野》,《理论探索》2006年第7期,第4—10页。

❸ 郁建兴、关爽:《从社会管控到社会治理——当代中国国家与社会关系的新进展》,《探索与争鸣》2014年第12期,第7—16页。

❹ 肖林:《"'社区'研究"与"社区研究"——近年来我国城市社区研究述评》,《社会学研究》2011年第4期,第185—208页。

❺ 路风:《单位:一种特殊的社会组织形式》,《中国社会科学》1989年1期,第71—88页。

成员,从出生直至死亡都离不开单位,❶因此,单位实现了整合城市社会的功能。❷单位因为国家的"赋权"而具有全能性的特点,它既是单元成员的"理想城堡",❸还是国家通过"国家—单位—个人"的纵向联结控制机制❹来实现对城市社会管理的组织载体。美国学者沃尔德认为,单位是共产主义社会独特的结构,是一种组织化的政治管理手段。❺有学者认为,单位是一种统治结构,并指出国家有赖于这些单位组织和整合社会。❻有学者认为,单位是中国社会组织和调控的一种特殊的组织形式,在社会长期发展的过程中,单位构成基本的调控单位和资源分配单位。❼刘建军则把单位的功能归纳为十项,即生产功能、吸纳功能、安抚功能、联结功能、供给功能、动员功能、保护功能、落实功能、证明功能、塑造功能。❽这十项功能基本上囊括了国内学者研究的单位的所有功能。任何事物都有两面性。单位制作为国家在资源总量不足这一特定时期的制度安排,始终以贯穿国家意志为出发点。当中国社会生产力发展到一定程度的时候,国家的发展政策发生转变,单位制作为上层建筑,已经无法适应生产力的发展。在市场经济体制下,如何重新组织社会,实现社会的整合,是党和国家面临的新任务。❾

其二,对"多元社区治理主体"的研究。改革开放以来,我国城市管理体制从"社会管理"转向"社会治理",这意味着社会治理空间从"城

---

❶ 李汉林:《变迁中的中国单位制度 回顾中的思考》,《社会》2008年第3期,第31—40页。

❷ 李汉林:《中国单位现象与城市社区的整合机制》,《社会学研究》1993年第5期,第23—32页。

❸ 曹锦清、陈中亚:《走出"理想"城堡——中国"单位"现象研究》,深圳:海天出版社,1997年版,第64—116页。

❹ 田毅鹏、吕方:《单位社会的终结及其社会风险》,《吉林大学社会科学学报》2009年第6期,第17—23页。

❺ 〔美〕沃尔德:《共产主义的新传统主义:中国企业中的工作与权威》,龚小夏译,香港:牛津大学出版社,1996年版。

❻ 李汉林:《转型社会中的整合与控制——关于中国单位制度变迁的思考》,《吉林大学社会科学学报》2007年第4期,第46—55页。

❼ 田毅鹏、汤道化:《转型期单位内部个人与组织关系的变迁及其影响》,《吉林大学社会科学学报》2012年第6期,第5—12页。

❽ 刘建军:《单位中国——社会调控体系重构中的个人、组织与国家》,天津:天津人民出版社,2000年版,第320—349页。

❾ 李路路:《"单位制"的变迁与研究》,《吉林大学社会科学学报》2013年第1期,第11—14页。

市"转向"社区",❶我国出现了城市管理的"社区化"现象。❷国内学界的研究理路从计划经济时期单一的社区治理主体"单位"逐步转向市场经济时期的"多元治理主体"。具体而言，国内学者主要将居委会、业委会、地方政府、社区党组织、社会组织、物业公司、社区自组织等，共同作为城乡基层社区治理的主体。同时，有学者对各个治理主权之间的关系进行了研究。

1. 居委会在城市社区治理中的作用研究

居委会是城市社区治理的基层组织机构，从法律上来说，它是一个居民自治组织，是中国进行现代化建设，实现基层民主化的必然产物。居委会是观察城市社区治理情况的一个窗口。吴志华在20世纪90年代考察了上海街道—居委会体制的沿革和20世纪90年代以来上海城市的快速变迁。❸居委会作为基层自治组织，在社区治理过程中遇到了"两难困境"，即居委会具有"双重身份"，具有"自治性"和"行政性"二元属性。在当前基层治理结构中，由于居委会的"行政性"遮蔽了"自治性"，导致居委会被高度"行政化"。❹同时，随着市场经济的发展，城市居民委员会出现了"虚拟化"与"边缘化"的问题。❺

2. 业委会对城市社区治理的影响研究

业委会是市场经济发展和房产制度改革的产物，它代表的是业主自治组织，其在社区治理中发挥着重要的作用。杨波认为，新型社区存在公共事务治理需求与治理困境，即业委会、居委会、物业管理企业、开发商等社区治理主体之间存在冲突。业委会已经成为社区治理中一股重要的自治力量。❻同时，在社区治理结构中，业委会与物业公司的关系一直为居民所诟病，因为业委会是利益集中地和矛盾与冲突的聚集地，居委会因具有

---

❶ 李义波：《从城市到社区：改革开放以来城市治理的空间转换与治理创新》，《南京社会科学》2018年第10期，第89—94页。

❷ 叶南客：《中国城市居民社区参与的历程与体制创新》，《江海学刊》2001年第5期，第34—41页。

❸ 吴志华：《大都市社区治理：以上海为例》，上海：复旦大学出版社，2008年版。

❹ 孙柏瑛：《城市社区居委会"去行政化"何以可能？》，《南京社会科学》2016年第7期，第51—58页。

❺ 唐亚林、陈先书：《社区自治：城市社会基层民主的复归与张扬》，《学术界》2003年第6期，第7—22页。

❻ 杨波：《从冲突到秩序：和谐社区建设中的业主委员会》，北京：中国社会出版社，2006年版。

组织的职业化、科层化、行政化趋向，难以发挥自治功能，而且出现作为行政代理人的"角色错位"，导致社区治理陷入困境。❶

3. 基层政府对城市社区治理的影响研究

基层政府作为城市社区治理主体，在社区治理活动中有着自身特定的责任，但面临政策支持不足、经费支持不够、相关福利待遇和配套措施不完善的问题。❷ 由于基层政府内部存在利益分化，行政管理部门之间的协调成本加大，使管理主体之间行动不一致，❸ 这无疑会导致政府职能部门把各个条线的工作下压到社区。此外，基层政府在处理社会公共事务中遵循"不出事逻辑"，❹ 在社区治理中将"稳定"作为首要任务。

4. 基层党组织对城市社区治理的影响研究

基层党组织是中国共产党的"执政之基"和"力量之源"。"党的基层组织是党在社会基层组织中的战斗堡垒，是党的全部工作和战斗力的基础。"❺ 我国的社区治理始终是在中国共产党领导下开展的，这是我国社区治理区别与西方国家社区治理的根本特征。❻ 因此，基层党组织是城市社区治理不可或缺的重要角色。❼ 同时，基层党组织领导基层治理的能力是组织力的一部分。❽

5. 物业公司对城市社区治理的影响研究

物业公司进入社区是房地产制度改革后出现的。物业公司作为市场主体，与社区共同参与社区治理，其行为受到行政力量和业主的制约。因此，物业公司参与社区治理就要获得业主认同和行政认同；同时，在社区

---

❶ 何平立：《冲突、困境、反思：社区治理基本主体与公民社会构建》，《上海大学学报》（社会科学版）2009 年第 4 期，第 20—31 页。

❷ 张鲁宁：《基层政府在城市社区治理中的责任担当》，《人民论坛》2017 年第 13 期，第 64—65 页。

❸ 王星：《利益分化与居民参与——转型期中国城市基层社会管理的困境及其理论转向》，《社会学研究》2012 年第 2 期，第 20—34 页。

❹ 贺雪峰、刘岳：《基层治理中的"不出事逻辑"》，《学术研究》2010 年第 6 期，第 32—37 页。

❺ 《中国共产党章程》，北京：人民出版社，2017 年版，第 44 页。

❻ 张艳、李非：《"党建+"在城市社区治理中的独特功能和实现形式》，《江汉论坛》2018 年第 12 期，第 125—130 页。

❼ 刘可：《社区党组织对社区有效治理的实践与反思》，《甘肃社会科学》2015 年第 5 期，第 130—134 页。

❽ 刘红凛：《政治建设、组织力与党的建设质量——新时代党的建设三大新概念新要求》，《思想理论教育》2018 年第 7 期，第 74—79 页。

的多主体之间进行策略性互动。❶ 当前，物业公司和业委会之间的矛盾特别突出，而要协调好二者之间的关系，则需要社区党组织发挥作用。党建引领社区治理，小区物业成为城市社区治理的一个"牛鼻子"，社区党组织必须紧紧将其拧住。❷

6. 社会组织对城市社区治理的影响研究

社会组织是社会治理的重要主体和推动力量。❸ 社会组织是个人价值实现的载体支撑。社会组织的产生可以反映出中国社会背景下国家与社会关系互动的特质。❹ 社会组织受到"分类控制"的传统思路影响，社会组织自身的困境，比如资金来源不稳定、经营性项目不规范、运作过程不独立等，使其在社区治理中发挥的作用有一定的局限性。❺ 陈伟东认为，社区社会组织的类型比较单一，文体类较多，治理类较少，且多停留在自娱自乐层面，没有拓展到社区公益领域。❻ 徐丹对美国的社会组织在参与社区治理中为什么可以发挥重要的作用、参与社区治理的方式进行了分析。❼

7. 关于社区治理主体及其关系研究

社区治理主体及其关系是学界研究的热点。刘娴静认为，要找到社区内外不同性质权力主体之间的冲突，这些冲突产生的原因，以及如何建构并维持社区内外各权力主体之间的有效协调与合作，是保持中国城市基层社会的秩序稳定与和谐的前提和基础。❽ 当前，多元主体在社区治理实践中处于总体分散、局部协作的状态。"党—居一体"化组织是实现社区多

---

❶ 朱喜群：《社区冲突视阈下城市社区多元治理中的权力博弈——以苏州市D社区更换物业公司为考察个案》，《公共管理学报》2016年第3期，第49—60页。

❷ 叶锡祥：《浙江省衢州市：党建引领红色物业联盟建设》，《党建》2018年第12期，第50—51页。

❸ 梁宇：《社会组织在城市社区治理中的独特力量》，《人民论坛》2017年第21期，第50—51页。

❹ 罗锋：《社会的力量：城市社区治理中的志愿组织》，上海：上海人民出版社，2016年版。

❺ 马立、曹锦清：《社会组织参与社会治理：自治困境与优化路径——来自上海的城市社区治理经验》，《哈尔滨工业大学学报》2017年第2期，第1—7页。

❻ 陈伟东：《社会治理的基础在于增强社区自组织能力》，《中国民政》2015年第3期，第16—17页。

❼ 徐丹：《美国社区治理中的第三部门研究》，武汉：华中师范大学博士学位论文，2015年。

❽ 刘娴静：《城市社区多元权力主体的和谐治理——以治理理论为分析范式》，《学理论》2013年第30期，第107—108页。

元主体协调治理的基础。❶ 胡振光围绕"国家—社会"关系分析了社区治理的多主体结构形态。❷ 城市社区治理过程中各个社区治理主体之间的沟通互动机制不畅通,是社区治理的主要障碍。❸ "一核多元"的中国城市社区治理主体结构能消除社区治理主体之间的障碍。"一核"指的是中国共产党是唯一领导核心,"多元"包括政府是主导力量,社区居委会是关键依托、社区社会组织是能动力量、驻区单位是重要支撑,社区居民是坚实基础。❹ 然而,当前"一核多元"的治理主体结构存在难以调适的矛盾和难以克服的张力,它是单位制模式的翻版。❺ 蔡小慎和潘加军认为,应该从法治的角度,建立健全社区管理法律法规、确定行政权力与社区权力的有效边界、以协调社区各个治理主体之间的利益和权力矛盾。❻ 一项实证研究发现,国家主导下的社区治理能有效管理基层社区并化解群体性矛盾。❼

第三,关于居民参与社区治理的研究。居民参与是城市社区治理非常重要的一个环节。居民参与城市社区治理对基层民主的发展起到了重要的作用。❽ 然而,受到诸多因素的影响,当前,中国真正意义上的社区居民参与尚未实现。❾ 社区分化和社区主体同质化是社区居民参与的阻碍因素。❿ 另外,社区治理主体关系不清晰、社区自组织能力不强、主体精神缺失、居民普遍存在"搭便车"行为等,是居民参与社区治理面临的现实

---

❶ 胡小君:《从分散治理到协同治理:社区治理多元主体及其关系构建》,《江汉论坛》2016年第4期,第41—48页。

❷ 胡振光:《社区治理的多主体结构形态研究》,武汉:华中师范大学博士学位论文,2015年。

❸ 韩冬、许玉镇:《城市社区治理中权力互动的困境分析》,《贵州社会科学》2016年第6期,第76—81页。

❹ 张平、隋永强:《一核多元:元治理视域下的中国城市社区治理主体结构》,《江苏行政学院学报》2015年第5期,第49—55页。

❺ 周庆智:《基于公民权利的城市社区治理建构——对深圳市南山区"单位制式"治理的制度分析》,《学习与探索》2015年第3期,第52—62页。

❻ 蔡小慎、潘加军:《转型期我国城市社区治理中的分权问题探讨》,《社会主义研究》2005年第2期,第86—89页。

❼ 胡洁人、费静燕:《国家主导下的城市社区治理:四方互动及诉讼外的纠纷化解》,《广西民族大学学报》2017年第4期,第43—52页。

❽ 王敬尧:《参与式治理:中国社区建设实证研究》,北京:中国社会科学出版社,2006年版。

❾ 刘佳:《城市社区治理中的居民参与状况分析》,《兰州学刊》2013年第10期,第131—134页。

❿ 黄晓星:《社区过程与治理困境——南苑的草根自治与转变》,北京:社会科学文献出版社,2016年版,第270—271页。

困境。❶ 因此，居民的社区内在政治效能感偏低，社区外在政治效能感趋高。❷ 杨敏认为，福利性参与、志愿性参与、娱乐性参与和权益性参与是社区参与的四种类型。❸ 社区换届选举是居民社区参与的重要表现。在当前普遍政治冷漠的情况下，在换届选举中出现了高投票率现象，这是因为一人多票背后的"委托投票"和"复票权"。这是由社区党总支、居委会、积极分子和居民的力量共同起作用后产生的结果。❹ 在经济和社会转型过程中，多元社区的社区主体有不同的利益诉求，因此，应该根据社区主体的利益诉求，来提高居民的社区治理参与度。❺ 居民参与城市社区治理，不仅可以推进现代民主的发展，还可以提高居民的政治参与能力，这是落实基层民主的重要体现。❻ 在这个过程中，社区积极分子治理在社区过程中发挥了重要的作用。此外，运用现代信息技术引导社区居民主动参与社区管理。❼

第四，关于城市社区治理模式的研究。中国受到了西方"元治理理论"和"合作治理理论"的影响，因此，学界根据中国城市社区治理的实际情况，提出了多种社区治理模式。我国城市社区治理模式由街居制变成了社区制，❽ 由此出现了多主体的城市社区合作治理模式。❾ 但是，社区治理中存在合作行为，是因为社区治理主体具有自利性、弥散的社区公共性

---

❶ 付诚、王一：《公民参与社区治理的现实困境及对策》，《社会科学战线》2014 年第 11 期，第 207—214 页。

❷ 李蓉蓉：《城市居民社区政治效能感与社区自治》，《中国行政管理》2013 年第 3 期，第 53—57 页。

❸ 杨敏：《作为国家治理单元的社区——对城市社区建设运动过程居民社区参与和社区认知的个案研究》，《社会学研究》2007 年第 4 期，第 137—164 页。

❹ 熊易寒：《社区选举：在政治冷漠与高投票率之间》，《社会》2008 年第 3 期，第 180—204 页。

❺ 文红星、周文兴：《居民参与社区治理路径探讨》，《开放导报》2015 年第 6 期，第 23—25 页。

❻ 夏晓丽：《公民参与、城市社区治理与民主价值》，《重庆社会科学》2014 年第 2 期，第 38—45 页。

❼ 李潇、王道勇：《城市社区治理中的网络参与问题分析——基于 S 市×社区的个案研究》，《科学社会主义》2013 年第 4 期，第 120—122 页。

❽ 夏建中：《基于治理理论的超大城市社区治理的认识及建议》，《北京工业大学学报》（社会科学版）2017 年第 1 期，第 6—11 页。

❾ 胡祥：《城市社区治理模式的理想型构：合作网络治理》，《中南民族大学学报》2010 年第 5 期，第 101—105 页。

以及社区治理中的责任区隔，城市社区尚无法真正实现合作治理。❶ 协同治理模式也是城市社区治理现代化的主要探索方向。❷ 网格化管理模式对城市社区治理具有重要作用。❸ 商品房社区治理过程中出现了社区治理的"寡头化"和"碎片化"，❹"一核多元"社区合作治理模式可以解决社区治理的"寡头化"和"碎片化"问题。另外，因受到东方文化的影响，我国城市社区治理具有关系型治理的特点。❺ 不同社区运用不同的城市社区治理模式，不同的资源配置创造了不同的社区治理模式。合理的城市社区治理模式应该与治理环境相适应，能够合理配置治理权力和资源。❻ 从社会质量的角度出发，既可依托民生来创新社区治理模式，❼ 又可以凭借社会资本对城市社区治理发挥作用。❽ 政府可以对社会资本进行再组织，并与居委会等自组织机构进行结构整合，形成一种新的治理模式。❾ 因此，培育社会资本是强化城市社区治理软实力的有效途径，也是化解城市社区治理困境的有效途径。❿ 当前我国"三社联动"社区治理在实践中形成了"社会组织委托型""社工机构服务型""项目指导型"和"社区内部发展型"等模式。⓫ 随着互联网技术的发展，有学者提出了"智慧治理模

---

❶ 徐宏宇：《城市社区合作治理的现实困境》，《城市问题》2017年第8期，第75—82页。
❷ 卫志民：《中国城市社区协同治理模式的构建与创新——以北京市东城区交道口街道社区为例》，《治理现代化》2014年第3期，第58—61页。
❸ 田毅鹏、薛文龙：《城市管理"网格化"模式与社区自治关系刍议》，《学海》2012年第3期，第24—30页。
❹ 陈鹏：《城市社区治理：基本模式及其治理绩效——以四个商品房社区为例》，《社会学研究》2016年第3期，第125—151页。
❺ 张再生、牛晓冬：《东方文化的城市社区关系型治理模式与机制研究》，《天津大学学报》2015年第1期，第16—21页。
❻ 王芳、李和中：《城市社区治理模式的现实选择》，《中国行政管理》2008年第4期，第68—69页。
❼ 范逢春：《基于社会质量角度论城市社区治理创新模式》，《兰州学刊》2014年第11期，第164—170页。
❽ 肖星：《社会资本视角下的城市社区建设》，上海：上海大学出版社，2010年版。
❾ 李行、杨帅、温铁军：《城市社区治理的再组织化——基于对杭州市社区治理经验的分析》，《中共中央党校学报》2014年第2期，第83—87页。
❿ 陈燕、郭彩琴：《中国城市社区治理：困境、成因及对策》，《苏州大学学报》2016年第6期，第36—41页。
⓫ 李文静、时立荣：《"社会自主联动"："三社联动"社区治理机制的完善路径》，《探索》2016年第3期，第135—141页。

式"。❶ 此外，社区精英治理模式也是当前城市社区治理的可行模式。❷

第五，关于社区治理结构的研究。中国城市社区治理结构受到了社区居民参与、社会资本培育等因素的影响。❸ 此外，流动人口也是社区治理结构的影响因素之一。❹ 当前，我国资源配置的主体由单一的政府转向多元主体，从而形成了一种网状的社区治理结构。❺ 因此社区治理要实现对公共事务的有效管理就必须综合考虑社区多方主体的利益和诉求，❻ 将物业公司和业委会纳入社区治理体系，❼ 因为当前以业委会为代表的社会力量已成为城市社区治理结构中的重要变量，❽ 以至于出现了城市社区自治的"集体行动困境"和城市社区治理中"多中心"但"无秩序"的局面。❾ 在居民难以实现自治的情况下，❿ 我国城市社区探索新的治理模式出现了"三社联动""四社联动"等治理结构，⓫ 其实质是多元社区主体共同参与社区治理，实现国家政权与基层社会的良性互动。

第六，关于社区治理体制机制的研究。社区是一个完整的"生态系统"。⓬ 当前，由于政府、市场、社会三大社区治理主体及其相互关系处于

---

❶ 蒋俊杰：《从传统到智慧：我国城市社区公共服务模式的困境与重构》，《浙江学刊》2014年第4期，第117—123页。

❷ 卢学晖：《社区精英主导治理：当前城市社区自治的可行模式》，《宁夏社会科学》2015年第4期，第99—103页。

❸ 夏建中：《中国城市社区治理结构研究》，北京：中国人民大学出版社，2012年版。

❹ 杨勇：《城市社区治理结构研究——流动人口管理的利益分析》，《北方民族大学学报》2017年第4期，第16—19页。

❺ 冯玲、李志远：《中国城市社区治理结构变迁的过程分析——基于资源配置视角》，《人文杂志》2003年第1期，第133—138页。

❻ 吴光芸：《利益相关者合作逻辑下的我国城市社区治理结构》，《城市管理》2017年第4期，第82—86页。

❼ 陈家喜：《反思中国城市社区治理结构——基于合作治理的理论视角》，《武汉大学学报》2015年第1期，第71—76页。

❽ 李培志：《城市社区治理结构变迁与业主委员会的发展环境》，《黑龙江社会科学》2014年第5期，第115—118页。

❾ 蒋俊明：《利益协调视域下城市社区治理结构的改进》，《城市问题》2014年第3期，第80—84页。

❿ 王巍：《社区治理结构变迁中的国家与社会》，北京：中国社会科学出版社，2009年版。

⓫ 李静：《城市社区网络治理结构的构建——结构功能主义的视角》，《东北大学学报》2016年第6期，第593—598页。

⓬ 曹惠民：《基于耦合理论的城市基层社区治理研究》，《公共管理》2015年第6期，第93—97页。

非良性运行状态,导致社区治理不顺畅,❶需要通过"区域党建"来共同推进社区治理。❷要推动社区各项工作的有效良性开展,需要重新定位政府职能,培育多元社区治理主体。❸最关键的是,要构建居民代表组织的有效参与机制。❹同时,建构追求社会报酬的积极分子网络,是社区治理工作开展的重要机制。❺有一项实证研究,从一个停车位的案例中,提出应构建业委会自组织治理和多元协商的"互构型"社区治理机制。❻我们应运用信息技术优化社区服务,❼促进社区治理顺畅。

第七,关于社区治理体系和治理能力现代化的研究。党的十八届三中全会以来,社区治理体系和治理能力现代化成为学界的一个研究热点。社区治理能力现代化和治理活动现代化是国家治理现代化的基础。❽有研究者从基层政权建设的角度对实现社区治理体系和治理能力现代化建设进行了研究,认为"强国家、强社会"才是社区治理体系和治理能力现代化的目标。❾周庆智认为,当前,社区治理现代化转型面临的关键问题是要转变以单位为管理主体的思维,应该以居民为治理主体,这是中国城市社区治理建设现代化的基本要义。❿同时,推进治理法治化是城市社区治理现代化的必经之路。⓫台湾学界对社区治理的研究日益微观和精细化,值得

---

❶ 李晓壮:《城市社区治理体制改革创新研究——基于北京市中关村街道东升园社区的调查》,《城市治理》2015年第1期,第94—101页。

❷ 史云贵:《当前我国城市社区治理的现状、问题与若干思考》,《上海行政学院学报》2013年第2期,第88—97页。

❸ 刘玲玲、史兵、李梦娟:《城市社区治理结构转型与治理机制探索》,《城市发展研究》2016年第2期,第19—21页。

❹ 郝国庆:《城市社区治理创新的发展趋势与路径选择——以武汉市汉阳区社区治理模式为例》,《理论月刊》2015年第12期,第157—162页。

❺ 李辉:《社会报酬与中国城市社区积极分子——上海市社区楼组长群体的个案研究》,《社会》2008年第1期,第97—117页。

❻ 钱志远、孙其昂、李向健:《"互构型"社区治理——以一个城市社区的停车位事件为例》,《城市发展》2017年第5期,第91—97页。

❼ 刘艳华:《"互联网+"与城市社区治理创新》,《人民论坛》2017年第14期,第72—73页。

❽ 赵孟营:《城市社区治理现代化:关系论的视角》,《社会建设》2017年第2期,第80—86页。

❾ 胡晓燕、曹海军:《社区治理体系和治理能力现代化的思考——基于国家基层政权建设的微观视角》,《经济问题》2018年第1期,第8—14页。

❿ 周庆智:《基于公民权利的城市社区治理建构——对深圳市南山区"单位制式"治理的制度分析》,《学习与探索》2015年第3期,第52—62页。

⓫ 薛荐戈:《西部少数民族地区城市社区治理法治化研究》,《贵州民族研究》2015年第3期,第41—44页。

大陆学界借鉴和学习。❶ 有学者认为，应建立社区多元共治格局，促进社区治理现代化。❷

（三）研究现状评述

国内外社区治理研究成果为本书的研究奠定了坚实的理论基础。通过对国内外关于基层社区治理的相关文献进行阅读以及梳理，笔者有两个发现：一是，由于中国的特殊国情，国外社区治理的主体和国内存在较大差异，虽然社区治理主体在社区层面关注的某些具体服务类型具有一致性，但是就整个政治体制和社区运转机制而言，存在很大的差异。国外的社区治理研究成果集中在提高和改善社区服务和推进社区建设方面，为本书的研究提供了一些参考。二是，国内学术界对社区治理的关注度越来越高，因为基层社区治理的重要性是伴随着中国现代化改革日益凸显出来的。然而，国内外学界尚未就"城市社区治理的组织再造"这一课题展开研究，虽然国内有学者在社会分化到社会整合的相关研究中提到了"组织再造"❸这一主题，但未展开深入的研究。

中国社会之所以需要进行"组织再造"，是因为在计划经济时期实行了"组织起来"的战略，建立了以单位制为组织架构的总体性社会。然而，改革开放后出现了"去组织化"现象。❹ 当前，在中国随着个体化社会的出现，"去组织化"成为一个难以阻挡的潮流。❺ 国内已经有学者对中国当前的"去组织化"现象及其带来的问题作了深入的研究。为此，部分学者提出了运用"再组织化"这一策略来应对"去组织化"带来的社会分化、道德瓦解和价值混乱等一系列社会问题，以此整合社会分散的力量，重新构建起一个新的社会秩序。在市场经济体制下，社区作为

---

❶ 吴晓林：《台湾学界如何研究城市社区治理？》，《探索与争鸣》2015年第8期，第100—105页。

❷ 陈伟东、席军良：《专注城市社区研究：从体制改革到治理现代化的跨越——华中师范大学博士生导师陈伟东教授访谈》，《社会科学家》2015年第6期，第3—7页。

❸ 郝宇青：《基层社区治理能否实现组织再造？》，《解放日报》，2017年10月24日。

❹ 郭为桂：《"组织起来"：中国近代化进程中的基层治理变迁》，《党史研究与教学》2015年第6期，第14—24页。

❺ 祝灵君：《再组织化：中国共产党引领基层治理的战略选择》，《长白学刊》2016年第6期，第8—14页。

再度整合社会成员的组织载体,成为实现个体组织化的又一个组织单元。❶ 学界提出,要实现基层社区的"再组织化",就要在党建引领下进行社区治理。但是,在国情、世情都已发生变化的新时期,谁是"整合中心"呢?应该寻找什么样的替代性选择来积极回应环境的变化呢?对这一问题,国内学者给出了不同的答案。徐玉生和张彬指出,新时期的基层党组织建设应该与社会治理耦合互动。❷ 还有学者认为,在新时期,依然要发挥基层党组织的政治引领力和凝聚力。他们通过对上海市闸北区大宁社区进行调研,总结出上海市闸北区大宁社区党建工作的创新实践研究,即把党支部建在社会团体上。❸ 另外,郑中玉发现,社区组织是实现社区整合的一种新的路径,但是没有就社区自组织在发展壮大的过程中出现的一些问题提出对策。❹ 郭为桂认为,中国共产党的"组织化权威引领现代化道路,是中国现代化转型的基本逻辑和基本经验。他提出了党的"再组织化"。❺

总而言之,学界已经意识到城市社区必须进行"再组织化",尽管也有文章对"再组织化"的实践进行了理论总结,但仍然存在不足之处。随着基层党建工作如火如荼的开展,全国范围内已经就"再组织化"的具体实践形式进行了大胆的尝试,有些省、市的社区党建工作取得了显著的成绩。但是,目前并没有就基层社区如何展开"再组织化"进行深入的研究。因此,城市社区如何开展"再组织化"及其带来的社区治理绩效,成为本书的重点内容。

---

❶ 张秀兰、徐晓新:《社区:微观组织建设与社会管理——后单位制时代的社会政策视角》,《清华大学学报》(哲学社会科学版)2012年第1期,第30—38页。

❷ 徐玉生、张彬:《新时期基层党组织建设与社会治理耦合互动研究》,《探索》2016年第1期,第85—89页。

❸ 李德、王叶庆:《把党支部建在社会团体上——上海市闸北区大宁社区党建工作创新实践研究》《探索》2010年第3期,第42—46页。

❹ 郑中玉:《社区多元化与社区整合问题:后单位制阶段的社区建设——兼以一个社区网的实践为例》,《兰州学刊》2010年第11期,第116—119页。

❺ 郭为桂:《"再组织化":全面从严治党的战略抉择及其制度化导向》,《经济社会体制比较》2019年第1期,第11—21页。

三、核心概念与理论资源

（一）核心概念

1. 社区

在世界各国工业化发展进程中可能就出现社区了，但是关于"什么是社区"这个概念性问题，至今也没有一个统一的答案。英国是最先启动工业化进程的国家。恩格斯于1842年11月至1844年8月在英国居住期间对城市社区进行观察并撰写了《英国工人阶级状况》一书，该书描写了19世纪中叶随着资本主义经济的发展，英国城市社区分布和发展的情况。通过对社区的考察，人们看到了当年英国工商业等经济结构、阶级阶层等社会结构的状况，也看到了人们的生活方式和各种社会矛盾。❶ 该书虽然未提出"社区"的概念，但通过对社区的观察反映了社会的变迁。滕尼斯最早提出"社区"这一概念。滕尼斯用"社区"共同体这一概念来确定他要研究的社会群体。这种人群组合是基于亲族血缘关系而形成的社会联合，是一个有机的整体。❷ 滕尼斯提出的"社区"概念，在当时还不具有地域的含义，只是为了反映当时德国社会结构的变迁。随后，越来越多的西方学者根据自己的研究需要，对"社区"的内涵和外延进行了不同的界定，可见，西方学界尚未对社区作出统一界定。

滕尼斯成为西方提出"社区"概念的第一人，而将"社区"概念引入中国的第一人则是费孝通。费孝通采用了"社区"这一概念，对邻里、村寨、乡镇、城郊等进行了调查。❸ 有学者则认为，"社区"是指聚集在一定地域范围内的社会群体和社会组织根据一套规范和制度结合而成的社会实体，是一个地域性社会生活共同体。❹ 另外，有学者主要从社区的地域性及其功能角度阐释了其内涵。从功能角度来看，该学者强调的是作为社区要素的共同目标、共同利益和共同意识方面；从地域性来看，该学者强调

---

❶ 中共中央马克思恩格斯列宁斯大林著作编译局《马克思恩格斯选集》（第一卷），北京：人民出版社，1995年版，第87—132页。

❷ 〔德〕滕尼斯：《社区与社会》，林荣远译，北京：商务印书馆，1999年版，第54页。

❸ 费孝通：《费孝通社会学文集》，天津：天津人民出版社，1998年版。

❹ 赵德华：《社区与社区功能的探析》，《中南民族大学学报》（人文社会科学版）2007年第S1期，第39—41页。

社区要素的共同地区、空间界限方面。也有学者认为,应该将社区的各个要素综合在一起来确定社区的概念,"这些社区要素成为具有共同目标、共同地域、共同利益、共同意识的特定的社会共同体"。❶ 根据《现代汉语词典》的定义,社区有两个含义:第一个含义是指在一定地域形成的社会生活共同体,比如旧金山华人社区;第二个含义是指我国城镇按地理位置划分的居民区,比如社区服务、社区文化活动。❷

本书所要研究的"社区",即街道和居委会层面的城市社区,它具有两个方面的基本内涵:首先,社区具有一定地域范围,这一地域范围是根据行政区划而定的;其次,从社区的功能属性来说,社区可满足所辖范围内居民的公共需求,为居民提供服务、安全的环境,是居民情感联系的纽带。而本书所研究的"社区"始终把地域性作为一个十分重要的内在因素。同时,其地域范围因行政区划而不断变动。

2. 社区治理

前文已经对本书所要研究的"社区"进行了界定,即本书所研究的社区,是区别于农村社区的城市社区。城市社区治理具有社区治理的共性,也有其特点。一般认为,社区治理是"在一定区域范围内政府与社区组织、社区公民共同管理社区公共事务的活动"。❸ 这一概念指出了社区治理的五个核心要素,即治理空间、治理主体、治理方式、治理客体和治理过程,这五个核心要素是从社区范围内的公共事务治理角度提炼出来的。也可以说,社区治理是对社区范围内的公共事务进行治理。❹ 目前,国内学界关于中国社区建设的理论脉络主要分为"基层政权建设"取向与"基层社会发育"取向。❺ 本书所要研究的"社区治理中的组织再造"也可以纳入"基层政权建设"的范畴。随着改革开放的纵深推进,社会分化的日益严重,国家治理重心下移与基层社会成长之间的良性互动变得越来越重

---

❶ 袁方等:《社会学家的眼光:中国转型期的社会结构》,北京:中国社会出版社,1998年版,第86页。

❷ 中国社会科学语言研究所词典编辑室编:《现代汉语词典》(第7版),北京:商务印书馆,2016年版,第1155页。

❸ 邓宁华:《"寄居蟹的艺术":体制内社会组织的环境适应策略——对天津市两个省级组织的个案研究》,《公共管理学报》2011年第7期,第91—101页。

❹ 张紧跟、庄文嘉:《非正式政治:一个草根NGO的行动策略——以广州业主委员会联谊会筹备委员会为例》,《社会学研究》2008年第2期,第133—150页。

❺ 黄宗智:《认识中国:走向实践出发的社会科学》,《中国社会科学》2005年第1期,第83—93页。

要。然而,在当前社区治理公共事务的过程中,要想调动各个社区治理主体的共同参与,就需要"公共权力"的介入。社区治理是一个长期的过程。社区治理有其"日常化"的内容,既要完成特定的经济和社会发展任务,又要培育社区居民参与社区公共事务的能力。此外,社区治理形成的非正式制度与正式制度共同发挥作用,促使各个社区治理主体参与社区事务。社区治理区别于传统的社区管理模式,它不是依靠单一纵向的行政命令来完成社区治理目标,而是要依靠社区网络关系,即邻里的"伙伴关系"来共同完成社区治理目标。因此,社区治理所形成的社区秩序不仅是法律层面的秩序,它还依赖于社区"积极分子"的个人魅力以及居委会干部的"领袖魅力"。"社区的管理机构和管理人员应该最大限度地协调居民之间以及居民与政府之间的利益矛盾,以便使公共管理活动取得居民最大限度的同意和认可。"❶

3. 组织

塞缪尔·亨廷顿指出:"组织是通往政治权力之路,也是稳定的基础,因而是政治自由的前提。"❷ "组织"之于一个国家、一个政党、一个人的重要性是不言而喻的。但是,目前国内外学术界对"组织"没有统一的定义。到了现代工业化社会,我们才能找到相当数量的、用来执行许多完全不同任务的组织。❸ 这些都说明,组织是人类社会的一个普遍现象,在社会存在和发展过程中起着一种细胞的作用。我们的社会是一个组织化的社会。❹ 可见,组织与人类社会的发展密不可分,因此,随着人类社会的发展,组织的概念内涵也会有一定的变化。为了更好地理解组织的含义,本书首先从词源学与语义学的角度来探讨一下。

在汉语中,"组织"一词最初的意思就是用丝麻制成各布帛。"组"字最早见于《诗经·鄘风·干旄》,其中有这样的诗句:"素丝组之,良马五之。"这里的"组"就是把丝带编结起来的意思。"织"是制作布帛的总称。《庄子·杂篇·盗跖》中讲:"耕而食,织而衣"。《礼记·内则》把"组"

---

❶ 史柏年:《治理:社区建设的新视野》,《理论探索》2006 年第 7 期,第 4—10 页。

❷ 〔美〕塞缪尔·亨廷顿:《变化社会中的政治秩序》,王冠华、刘为等译,上海:上海人民出版社,2008 年版,第 382 页。

❸ James G March, Herbet A Sirnon (1958) Organization New York: Wiley Press, p. 1.

❹ 〔美〕W. 理查德·斯格特:《组织理论:理性、自然和开放系统》,北京:华夏出版社,2002 年版,第 3 页。

与"织"两字连起来使用,有"纸妊组纴"之说。"组织"一词的最初本义是纺织,这是一个双音词,其中的"组"是编织的意思,"织"泛指织物。以后又用于将一些元素组成另一个东西之义。后来,人们据此加以引申,将其含义扩展为两重意思:一是组合过程;二是经联合而形成的整体。

在英语中,"tissue"与"organization"是历史最悠久、应用最广泛的两个被翻译为"组织"的英文单词。前者实际上来源于法文,原意为"编织物"(即使是现在,仍保留了"薄的织物,薄纱"等本义),而其内涵的变化则与医学中的"组织学(histology)"关联密切。组织学是研究机体微细结构及其相关功能的科学。从细胞的发现和细胞学说的建立起始,组织学发展迄今为止已有400余年的历史。英国人胡克(1635—1703)用放大镜观察软木塞薄片,首先描述了细胞壁所成的小室,称之为"cell"。荷兰人列文虎克(1632—1723)用较高倍的放大镜发现了精子、红细胞、肌细胞、神经细胞等,荷兰人格拉夫(1641—1673)观察报道了卵泡。法国人比沙(1771—1822)用放大镜观察肉眼解剖的组织,并于1801年发表《膜的研究》一文,首次提出了"组织"(tissue)一词,还将人体的组织分为21种。之后,该词被引入英文之中。现在,医学上"tissue"被广泛认同的定义是"由许多形态和功能相同的细胞和细胞间质(intercelllular substance)组成,众多细胞由细胞间质组合在一起构成细胞群体"。以一种组织为主体,几种组织有机地结合在一起,就形成了具有一定形态、结构和功能特点的器官(organ)。而"organization"一词恰恰是从"organ"(指器官)一词引申而来的。后来,"组织"被运用到社会学和管理学中。组织是指人们为实现一定的目标,互相协作结合而成的集体或团体。本书所研究的"组织"是在一定范围内形成的,具有稳定的内部结构,能在一定环境下生存和运行,有着明确的边界和目标,并且与周围社会环境进行互动,对环境既要适应,又要改造。❶

4. 组织再造

"组织"是研究"组织再造"的基础和前提。前文已经对本书所要研究的"组织"进行了定义,那么,"组织再造"的定义是什么呢?从管理学的角度来说,所谓"组织再造",是指"以工作流程为中心,重新设计企业组织的结构形式及运作方式"。从公共行政和公共管理角度来说,"组

---

❶ 朱国云:《组织理论:历史与流派》,南京:南京大学出版社,2014年版,第3页。

织再造"这一概念最先是由戴维·奥斯本和彼得·普拉斯特里克提出的。他们所说的组织是从企业和政府角度而言的。❶ "组织再造"这一企业实践，目前在西方国家被广泛运用于政府、企业及公私部门。❷ 可见，"组织再造"这一概念产生于西方企业管理领域，目前被运用于中国社会学的研究领域。国内有学者从社会分化的动力角度对"组织再造"进行了定义，即"指针对我国改革开放过程中出现的社会成员'去组织化'现象，而对社会成员进行的再组织化改造"。❸ 改革开放以来，市场经济的推行，改变了计划经济体制下单位制构筑而成的"总体性社会"，由此出现了社会"去组织化"现象，从而出现了一系列社会问题。诚然，社会分化是促进社会变迁的动力因素，但是，当社会分化达到一定程度的时候，社会整合就成为执政党不得不面对的一个重大问题。因此，本书所研究的"组织再造"这一概念，是指作为执政党的中国共产党是组织再造的主体，社会力量形成的团体、组织或者群体是组织再造的客体，通过党建的方式，将组织再造的主体和组织再造的客体的力量融合起来，以达到社会整合的目的。也就是说，组织再造的主体、客体、方式、环境、要素和功能共同构成了其内涵。可以说，组织再造是组织主体面对新的环境变化而进行的内部结构调整，它既是组织内部与外部环境互动的过程，也是提升自身组织力的一种方式，最终可实现组织的目的。同时，作为一种人类建构起来的产物，组织总是与人类的行为，或者说人类的集体行动联系在一起。它是基于具有共同利益或者共同目标的人而形成的"组织起来"的行为。组织再造同样如此，也必须围绕具体的一个"中心点"而"组织起来"。艾哈尔·费埃德伯格指出："任何集体行动，无论其行程多么短暂，至少都会生产出一些最低限度的组织。任何集体行动，迟早都会产生正式化组织的中心点位（node），围绕这一中心点位，某种利益可以将它们动员起来，并且把'它们组织起来'。"❶ 综上所述，本书所研究的"组织再造"可以通过一个简图

---

❶〔美〕戴维·奥斯本、彼得·普拉斯特里克：《再造政府》，谭功荣、刘霞译，北京：中国人民大学出版社，2010年版，第14页。

❷ 尹继卫：《"组织再造"——现代行政科学的新范式》，《中国行政管理》1998年第5期，第22—24页。

❸ 郝宇青：《从分化到整合：改革开放社会变迁的动力及其转换》，《江西师范大学学报》2018年第5期，第3—13页。

❶〔法〕艾哈尔·费埃德伯格：《权力与规则——组织行动的动力》，张月等译，上海：上海人民出版社，1997年版，第5页。

来阐明其主要的核心要素,组织再造要素及流程如图绪-3所示。

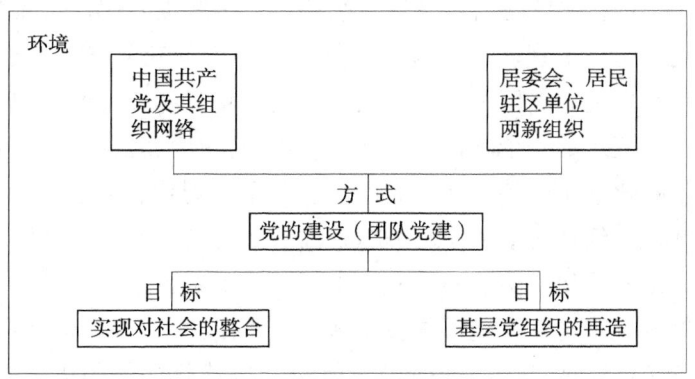

图绪-3 组织再造要素及流程

一是组织再造的主体。中国共产党是中国唯一的执政党,是中国社会主义建设事业的核心领导力量。正如亨廷顿所指出的:"政党的功能在于组织参与、综合不同利益、充当社会势力和政府之间的桥梁。"❶ 中国共产党是架起国家和社会的桥梁,协调社会不同的利益主体,因此,它是推进社会进行组织再造的主体。

二是组织再造的客体。社会不同的利益主体、集团和群体成为中国共产党进行组织再造的客体。他们接受中国共产党的统一领导,因此,应该将党的组织力量嵌入到社会组织和经济组织等群体当中,因为"组织规范了权力关系的发展过程。通过内部组织和规则,组织限定了其内部的个人或团体的行动自由,并且因此深深地影响了他们各自决策的方向和内容"。❷ 从城市社区治理来看,组织再造的客体包含居委会以及居民、"两新"组织和驻区单位,这三者是基层党组织进行组织再造的客体。在此,需要说明的是,本书所研究的"城市社区治理的组织再造"的客体,主要指居委会和居民。

三是组织再造的环境。组织理论专家詹姆斯·汤普森认为,组织应该针对目标、技术、任务环境、因果理解、组织内部的依赖关系等不确定因

---

❶ 〔美〕塞缪尔·亨廷顿:《变化社会中的政治秩序》,王冠华、刘为等译,上海:上海人民出版社,2008年版,第70页。

❷ 〔法〕米歇尔·克罗齐尔、埃哈尔·费埃德伯格:《行动者与系统——集体行动的政治学》,上海:格致出版社、上海人民出版社,2017年版,第46页。

素来建立适应性的组织结构和行为模式。组织行政的基本方法是,一方面尽量通过内部结构和流程再造来适应组织理性的需要;另一方面则需要通过设立或优化边界扩展部门来应对组织任务环境的变化。❶ 中国共产党之所以推进组织再造,是因为它所面临的社会环境发生了变化。其中,组织的变迁是社会变迁的一个非常重要的方面。现代社会是一种高度组织化的社会,低组织化的中国传统社会显然已经跟不上现代化发展的潮流了,中国共产党在计划经济时期建立起来的单位制构筑了"铁板一块"的高度组织化社会,随着现代化步伐的推进和市场经济的纵深发展,这种高度组织化的社会结构逐步瓦解,组织再造就是在中国改革进入攻坚期和深水区,社会分化非常严重的情况下出现的。因为"现代化是人类历史上最剧烈、最深远并且显然是无可避免的一场社会变革。是福是祸暂且不论,这些变革终究会波及与业已拥有现代化各种模式的国家有所接触的一切民族。现存社会模式无一例外地遭到破坏,现代化总是成为一种目标"。❷ 法国学者米歇尔·克罗齐尔和埃哈尔·费埃德伯格指出,"追求其'目标'的实现过程中——我们已经谈及过——所有组织,不管它是什么样的组织,都必须与其环境进行协商谈判"。❸ 因此,环境要素是组织再造的一个非常重要的组成部分。

　　四是组织再造的方式。中国共产党是组织再造的主体,将党的力量与社会力量有机地结合起来,共同推动中国社会的变迁,就构成了组织再造的方式。转型期,中国社会普遍存在社会"原子化"现象。就城市社区治理层面来说,社区党组织对游离于"体制"之外的"原子化"居民个体往往无法触及。而连接居民个体与党组织的社区团队,成为基层党组织推进组织再造的组织载体,因此,"团队党建"成为基层党组织在城市社区推进组织再造的方式。

　　五是组织再造的目标。组织学专家米歇尔·克罗齐尔指出,"人们建

---

❶ 〔美〕詹姆斯·汤普森:《行动者的组织》,敬乂嘉译,上海:上海人民出版社,2007年版,第18—113页。

❷ 〔美〕吉尔伯特·罗兹曼主编:《中国的现代化》,南京:江苏人民出版社,1988年版,第5页。

❸ 〔法〕米歇尔·克罗齐尔、埃哈尔·费埃德伯格:《行动者与系统——集体行动的政治学》,上海:格致出版社、上海人民出版社,2017年版,第108页。

立组织,意在解决不这么做就无法解决的问题。"❶ 同理,组织再造也是为了实现组织本身的目的,即在组织进行"再组织化"的过程中实现自身的目的。"组织在现实中当然不会像独立自主的行动者那样行动。组织只是结构,它们将诸种限制性力量强加在行动者身上,不过它们也使行动者有能力行动起来。组织构成活动的一部分,只要没有长时间的分离,行动者就不得不与之保持休戚相关的联系。我们在此使组织人格化的作法,不应该让人产生这样一个印象:我们将组织视为统一的行动者,这些行动者有着他们的'需要'、他们的'目标'等。组织只不过是一种风格化的刺激之物,是一种方便使用的速写,然而,人们一定不要让它遮蔽它所代表的诸种错综复杂的过程"❷。可见,组织的"目标"和组织的"需要"是在诸种错综复杂的过程中实现的。在全面深化改革的社会背景下,社会分化所带来的负面效应远远超过了它推动社会变迁的动力效应。因此,中国共产党推进城市社区治理中的组织再造,其核心目标就是为了将社会"原子化"个体组织起来,从而实现党和国家对社会的整合。同时,也实现了中国共产党自身组织体系的再造。

(二) 理论资源

1. 系统理论

系统理论由美国著名政治学家戴维·伊斯顿(David Easton)创立。他所创立的一般政治系统理论和分析框架的标志性著作是相互联系的三部作品,即《政治系统:政治学现状研究》(1953)、《政治分析的框架》(1965)和《政治生活的系统分析》(1965)。系统理论研究关注政策分析、系统内部与外部环境的互动等内容,其中很多观点对本书有重要的指导作用。

一是研究政策分析。政策分析是系统思想的核心部分。政策的产生需要一个过程,即环境对政治系统输入信息,政治系统做出反馈后,输出给环境,也就是官方政策的形成过程。社区治理的过程也是国家政策在社区落实的过程,因此,系统理论的政策分析观点对研究城市社区治理的组织

---

❶ Crozier Michel, Friedberg Erhard (1980) Actors and Systems: The Politics of Collective Action. Chicago: The University of Chicago Press.

❷ 〔法〕米歇尔·克罗齐尔、埃哈尔·费埃德伯格:《行动者与系统——集体行动的政治学》,上海:格致出版社、上海人民出版社,2017年版,第124页作者注释。

再造具有指导作用。

二是研究系统内部与外部环境的互动。其有助于对社区治理过程中组织再造的具体举措及其进展的把握。戴维·伊斯顿认为:"把政治生活当作是一个被各种不同的环境所包围的系统。由于它是一个开放的系统,它始终有可能受到来自这些环境的压力。然而,尽管对政治生活有这样一些危险,许多系统仍有可能采取必要的措施,以保证自己的永久持续。我们的问题将难以置信的简单:甚至在经常而不断的危机下,任何类型的系统何能全然得以存在?政治系统只是社会内部系统的一个组成部分。在某个社会中,政治系统之外的许多系统造成了种种影响,从而创立和形成了政治系统自身必须在其中运行的条件。"❶ "系统中行动者之间的相互依赖,似乎首先表现为这样一个事实,那就是没有任何一个行动者可以单方面作出任何一个决策,所有行动的必不可少的先决条件,就是达成一个可接受的共识。"❷ 社区治理是一个多元主体互动的过程,决策和共识都必不可少。政治系统的简化系统❸如图绪-4所示。

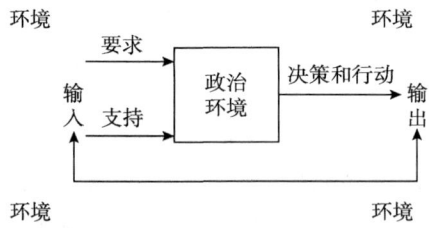

图绪-4 政治系统的简化系统

上述系统理论中的观点对本书研究组织再造对内部和外部环境变化的应对起到了指导作用。

2. 组织理论

英国学者 D.S. 皮尤在《组织理论精萃》一书中指出,组织理论就是研究和解释组织的结构、职能和运转及组织中群体行为与个人行为等现象,并

---

❶ 〔美〕戴维·伊斯顿:《政治生活的系统分析》,王浦劬译,北京:人民出版社,2012年版,第21页。
❷ 〔法〕米歇尔·克罗齐尔、埃哈尔·费埃德伯格:《行动者与系统——集体行动的政治学》,上海:格致出版社、上海人民出版社,2017年版,第174页。
❸ 〔美〕戴维·伊斯顿:《政治生活的系统分析》,王浦劬等译,北京:华夏出版社,1989年版,第35页。

指出其中的规律的理论和知识体系。❶ 詹姆斯·马奇和赫伯特·西蒙认为，组织理论描述的是促进组织及其成员共同生存的协作冲突、资源调度和行为协调的微妙改变。❷ 因此，组织理论注重研究组织与权力的关系、组织与内部成员之间的关系、组织的内部结构及其运转的关系以及组织与外部环境的互动及适应，组织理论中的很多观点对本书有重要的指导意义。

第一，组织与权力的关系。马克斯·韦伯在《行政组织理论》一书中指出，权力是组织存在的基础。传统权力、超凡魅力权力和法定权力是人类社会的三种主要权力形式。在现代社会，居民对城市社区的组织，即居委会或者居委会工作人员的态度，即可以看作是组织成员个体对组织和权力的认可和接受。

第二，组织与内部成员之间的关系。组织由不同的个体组成，不同个体之所以凝聚在一起，是因为组织为内部成员提供了一个共同愿景。❸ 在城市社区，很多居民个体基于自身的兴趣爱好而走到了一起，他们通过"趣缘"组队，形成了各种各样的社区团队。不同的社区团队，因"团队党建"产生了团队成员之间以及与组织之间的"黏合性"。基层党组织团队成员树立了他们共同的愿景，即一起致力于社区建设。

第三，组织的内部结构及其运转。组织的内部结构及其运转涉及组织的平衡。组织平衡问题是一个引人关注的课题。建立组织最终是为了组织的生存。要维持组织的生存，则需要每个成员个体贡献力量，因此，组织需要调动个体的积极性，确保组织的持续成长，以维持组织的平衡。组织再造的过程，就是为了保持组织的平衡，对组织内部结构进行调整，使组织顺畅运转，对社区治理、社会治理和国家治理都起到了重要的作用。

第四，组织领导理论。社区治理涉及组织领导的理论。计划、组织、领导和控制是管理的四大职能。在组织中要实施有效的领导，则需要管理者通过一定的计划、安排、指导、激励等手段来影响下属的思想和行为，从而努力实现组织的目标。❹ 社区治理实质上也是社区管理的过程，组织

---

❶ 〔英〕D. S. 皮尤：《组织理论精萃》，彭和平译，北京：中国人民大学出版社，1990年版，第3页。

❷ 〔美〕詹姆斯·马奇、赫伯特·西蒙：《组织》，北京：机械工业出版社，2008年版，第XVIII页。

❸ 张晓飞：《从组织再造看组织模式的变迁》，《管理现代化》2003年第1期，第40—42页。

❹ 刘延平主编：《组织理论代表人物评析》，北京：经济科学出版社，2010年版，第111页。

领导的理论对本书的研究起到了指导作用。

四、研究思路和研究框架

（一）研究思路

本书围绕"为什么要在城市社区治理中进行组织再造""如何在城市社区治理中进行组织再造"以及"在城市社区治理中进行组织再造带来什么样的影响"等问题展开研究。改革开放以来，随着社会主义市场经济体制的逐步确立，以单位制为组织载体的城市社会整合机制逐渐退出历史舞台，由此出现了社会"去组织化"现象。这主要表现为社会结构日益分化，社会呈现出碎片化、原子化特征。中国共产党作为执政党，如何应对日益分化的社会，如何将社会"原子化个体"整合起来，成为其在新世纪面临的重大社会问题。为此，研究城市社区治理中的"组织再造"，就成为推动当代中国基层社会治理的一项重要课题。

（二）研究框架

根据本书的研究思路，笔者制作的研究框架如图绪-5所示。

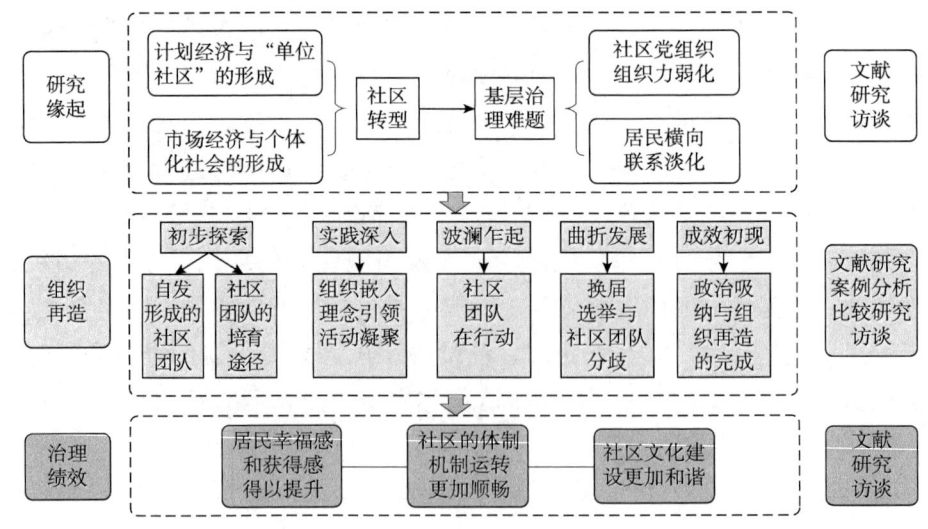

图绪-5 研究框架

从研究框架图可以看出，本书以历时性的纵向研究脉络，揭示了中华人民共和国成立以来中国基层城市社会变迁的发展特点，及由"单位社区"向个体化社会的转型，这是宏观社会变迁所带来的社区治理结构转型。将上海J街道在各个时段的社区治理主体的行为纳入更为广泛的社会背景中，从而发现社区治理存在的难题以及化解这些难题的"钥匙"，即"组织再造"。本书共有六章内容。

第一章主要介绍了社区转型与城市基层治理的难题。在计划经济时期，中国共产党实施了"组织起来"的政治战略部署，较好地实现了对社会的整合，建立了一套相对有效的社会主义政治经济秩序。随着市场经济的发展，"个体原子化"成为中国社会转型的典型特征。而个体原子化在增加社会活力的同时，也带来了"组织弱化"的社会问题，这在很大程度上使社区治理陷入困境。为有效破解社区治理面临的"组织弱化"的困境，上海J街道进行了积极探索，创造性地提出了破解组织弱化困境的对策，即"组织再造"。

第二章主要探讨了城市社区治理中组织再造的初步探索。在实施组织再造的方案之前，上海J街道党组织发现居委会已经运用社区团队的力量开展了社区治理工作。这些社区团队基本上是自发形成的，居民基于自己的兴趣爱好加入不同的社区团队。社区团队利用自己的团队专长或者优势，积极地寻求社会资源，谋求自身的生存与发展。与此同时，它们在社区治理中不断发挥出自己的优势和力量，为社区治理注入了活力。

第三章主要分析了城市社区治理中组织再造的实践深入。社区团队的规模和数量越来越大，这意味着上海J街道社区治理中组织再造的"组织载体"逐渐发展成熟。如何将这些社区团队纳入管理范围内，既能充分激发它们的活力，为社区治理做贡献，实现社区的自治，还能使其发展的方向"不跑偏"，就成为J街道党组织面临的一个重要问题。J街道通过组织嵌入、理念引领和活动凝聚三个方面实现了对社区团队的嵌入和引领。具体而言，"组织嵌入"是通过创新团队党支部和安排党员入团队实现的；"理念引领"是利用红色革命文化熏陶团队成员，确保社区团队的发展方向"不跑偏"；"活动凝聚"是文体娱乐活动、思想教育活动和志愿服务活动进入社区团队，以此凝聚居民的"心"。

第四章主要阐述了城市社区治理中组织再造的波澜乍起。上海J街道党组织在社区治理中推进组织再造的过程并不是一帆风顺的。在霍阳社区，因为业委会在社区治理方面存在诸多问题，导致该社区的居民自发形成了一个社区团队,即"跳舞鱼团队"。该团队的规模日益扩大,在霍阳社区推进组织再造的过程中掀起了一个又一个波澜,致使党的路线、方针政策无法在社区完全落实。

第五章主要论述了城市社区治理中组织再造的曲折发展。"跳舞鱼团队"的规模不断扩大,其希冀通过党总支选举的非制度化参与和居委会的制度化参与展现出强大的"组织动员能力",这给上海J街道开展社区治理中的组织再造工作带来巨大的压力。J街道为了顺利推进组织再造,进行了一系列部署,运用社区网络关系和选举策略来"回应""跳舞鱼团队"的行动。在这一过程中,"跳舞鱼团队"因内部成员立场不同、意见不合和利益分化而出现了内部分裂。相应地,霍阳社区陷入了治理的困境。因此,J街道在社区治理中推进组织再造进入了一个曲折发展的阶段。

第六章总结了城市社区治理中组织再造的成效。上海J街道党组织通过吸纳化解了因团队分裂所造成的社区治理困境,调动社区各参与力量共同致力于社区建设,这意味着J街道初步实现了城市社区治理的组织再造。与此同时,城市社区治理中组织再造的初步实现,提升了社区治理的绩效,即使居民的幸福感和获得感得以提升,社区的体制机制运转更加顺畅,社区的文化氛围更加和谐。

五、研究方法和研究创新

(一) 研究方法

本书遵循马克思主义的思想原则,以习近平新时代中国特色社会主义思想为指导,具体采用如下研究方法:

1. 文献研究法

文献研究法是对以往的研究文献进行梳理和总结,以此站在前辈们的臂膀上展开研究。首先,通过查阅国内外学者有关城市社区治理的已有文献,了解城市社区治理的研究现状,并且对已有文献进行梳理和分析,提出本书所研究的主要问题。同时,通过查阅年鉴、档案、史志等资料,了解上海J街道社区变迁的历程及其背后的动因,为后文的案例研究打下基础。

2. 案例分析法

考虑到实证调研的可操作性和便利性,以及案例的典型性,本书在借鉴和分析了国内外城市社区治理的理论成果和实践经验基础上，选取了"上海J街道"作为分析案例，以此突出在基层社区治理中探索出的新的党建模式，即居民区"团队党建"，并就居民区"团队党建"的缘起、动力、策略、推进及其效果进行具体而细致的分析，为推进城市社区的组织再造打好基础。

3. 访谈法

访谈法是当前进行基层社区研究工作普遍采取的一种研究方法。笔者通过与访谈对象接触、谈话、聊天等，有计划、有目的地收集了一些一手资料。本书中的访谈对象多达百人，有很多是在正式场合进行采访，有专门的访谈提纲，对访谈者进行提问。也有很多访谈是在非正式场合进行的，笔者通过一些活动，比如拔河比赛、跳舞等，与社区居民或社区工作者进行深度互动，以此获取一手资料，从而增强了资料的翔实性。

（二）研究创新

第一，研究内容创新。笔者通过对已有文献的梳理和分析发现，国内外学界主要是对城市社区治理主体、治理运行机制和治理模式等方面进行了大量的研究。尽管有学者提出要实现社区的"再组织化"，但并没有就如何展开"再组织化"，即"组织再造"进行具体和深入的研究，更没有从执政党的政治战略部署的角度出发去展开"组织再造"的研究。因此，本书在研究内容方面与前人不同。

第二，研究结论创新。本书明确提出，城市社区治理的组织再造是执政党和国家实现社会整合的一个重要组成部分，同时，也是基层党组织创新党建方式的一项新举措。这一研究结论是目前国内外学者尚未关注到的。但是需要注意的是，本书所关注的"组织再造"只是在社区层面，就整个社会的"组织再造"而言，未来还有很长的路要走，而且将一直"在路上"。

第一章　社区转型与城市基层治理的难题

> 无情的社会分化造成了目前人类生活状况的普遍的不稳定性和不确定性，从而引发了其他后现代特征，诸如矛盾重重、模棱两可、模糊不清、毫无保障、道德沦丧以及原有价值观念的彻底转变。
>
> ——［英］齐格蒙特·鲍曼：《个体社会化》

第一节　计划经济与"单位社区"的形成

在取得革命胜利后，中国共产党为巩固新政权和维护社会安定而在全国各地的城市建立了各种大小不一的"单位"。因安顿单位成员及其家属而建立起来的"单位社区"，成为中国历史上一种独特的社会管理组织载体。"单位社区"是计划经济体制的产物，它是基于中国共产党"组织起来"的战略安排而形成的。现上海的 J 街道❶就是由以前的"单位社区"发展转变而形成的。

一、上海 J 街道的历史发展

走入上海的 J 街道，映入眼帘的是纵横交错的道路，粗壮而高大的香樟树一排排整整齐齐地矗立在交通主干道的两旁，车水马龙，喧嚣的商业区。虽然有几个崭新的楼盘屹立在这片 30.72 平方千米的土地上，但是经过"旧房改造"后的"老公房"仍然是当地大多数居民们的生活住宅区，修缮后的"老公房"残留了 20 世纪建筑风格的痕迹。当然，个别小区的中间位置，会有那么一栋或几栋未被修缮和改造过的 20 世纪 80 年代的房

---

❶ 按照研究惯例，本书所提及的人名和地名都作了技术处理。为了便于写作和阅读，笔者根据内容的需要，在文章中作了不同分类的化名，具体内容见附录中的"访谈顺序以及访谈编码"。

屋"坚挺"地立在最显目的位置,形成了一道别有特色的"风景"。在这些房屋里面居住的绝大部分邻里,其实是在20世纪上半叶中国启动工业化时期陆续搬迁过来的。"古稀"年轮的历史,给这个街道的社区烙下了它独特的印迹,并且深深地影响了当地居民的种种行为和习惯。历史的积淀和居民生活习惯与行为方式的特点,构成了当前J街道社区治理的"别样景观"。在这里,一些上了岁数的老居民,时不时地回忆起以前的J街道,这是他们那代人"独有的记忆"。

早在20世纪50年代以前,J街道就有人群聚居,主要集中在黄浦江那一块。在那个时候,这里还是大片的荒地、坟场和农田。农田中间,有小河,夏天有虫鸣鸟叫,与今日繁华而喧嚣的闹市有着天壤之别。20世纪50年代末,这里建起来了中国的首批卫星城,社会主义建设呈现出欣欣向荣的景象。因为在20世纪50年代有四个著名的重工业企业迁往此处,即汽轮机厂、电机厂、锅炉厂和重型机器厂,它们被称作新中国重工业领域的"四大金刚",堪称"共和国长子",因此这里被称为"动力之乡"。这与当时国际形势有着重要的关系。在20世纪中叶,中国站在以苏联为首的社会主义阵营一边,因此,中国启动工业化建设是以苏联为模板来推动的。美国学者麦克法夸尔等指出,中国的"第一个五年计划的战略以马克思主义扩大再生产原则的信条为坚实基础,即确定生产生产资料的工业为增长的主要源泉。这个战略在类似于苏联1928—1937年盛行的那种资源筹措和分配的类型中得到了反映"。❶中国效仿苏联模式,首先是拟定工业化纲要,确定工业化起步的领域,即首先集中投资哪些领域。因此,代表中国重工业领域的"四大金刚"建立以后,大力生产生产资料,以满足现代化发展的需要。这些企业在生产过程中不断地创新技术和工艺,当时在全国范围内乃至世界范围内,起到了科技引领和示范作用,推动了中国工业化建设。除了"四大金刚"以外,为了配合"四大金刚"的生产以及满足居民的生活需要,这里还有大量其他的国营单位和集体企业,比如染化厂、印刷厂、化肥厂等。这些国营单位在当时具有相当高的社会地位,并发挥了重要的作用。社会主义建设发展到一定阶段,中国开始实行对外开放政策,这对于当时的J街道来说,具有重大的转折意义。20世纪70年

---

❶〔美〕R.麦克法夸尔、费正清:《剑桥中华人民共和国史——革命的中国的兴起1949—1965年》(上卷),谢亮生等译,北京:中国社会科学出版社,1990年版,第143页。

代末 80 年代初，中国的社会结构处于低度分化状态，现代化建设在计划经济体制的框架内进行。

J 街道建成于 2000 年。如今，J 街道共辖有 46 个居委会❶，区域面积 30.27 平方千米，总人口 196251 人❷，水运和铁路交通便利，经贸繁荣，具有"申江门户，水陆要津；农商云集，经贸重镇；群贤毕至，书香传世；国企摇篮，工业新城"等地域特点，因此人称"小上海"。J 街道行政区域图如图 1-1 所示。

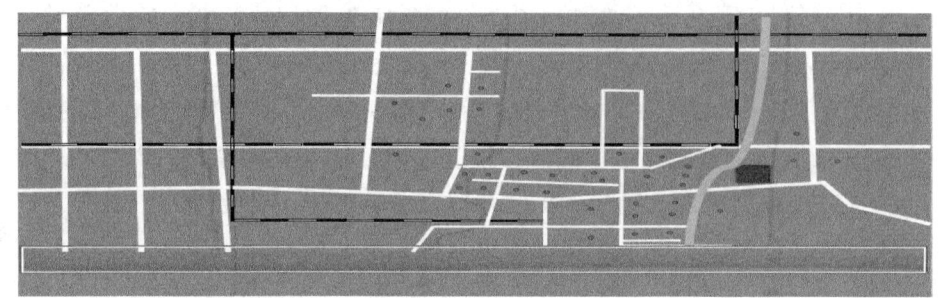

图 1-1　J 街道行政区域

资料来源：《J 街道历史文化图志》，图中白色部分为道路黑白色相间部分为铁路

从行政区划的时间来看，J 街道建成于 2000 年，区域面积也因行政区划而一直在变动❸。同时，随着人口的增多，房屋也在逐渐增多，社区类型也趋于多样化。然而，将近二十年形成的 J 街道社区治理模式受到了计划经济时期"单位社区"的深远影响。

二、工业化带来的"单位社区"

"现代化作为一个世界性的历史过程，是人类社会从工业革命以来所经历的一场急剧变革，这一变革以工业化为推动力，导致传统的农业向现代化工业社会的全球性的大转变，它使工业主义渗透到经济、政治、文

---

❶ 数据来源于 J 街道党建服务中心。
❷ 上海市 M 区地方志编纂委员会：《M 区年鉴》，2017 年版。
❸ J 街道在 2000 年建成的时候，面积大约是 18.9 平方千米。后来因为行政区划，从 MQ 镇和 W 镇两个地区划了一部分土地进来，面积逐步增加到今天的 30.2 平方千米。参见《M 区年鉴》(2001—2017)。

化、思想各个领域，引起深刻的相应变化。"❶ 我国社会主义现代化建设是在维护政权条件下进行的工业化，因此，我国的现代化进程是与工业发展、政权建设交织在一起的。国家通过"单位"这一组织载体实现了对社会的整合，巩固了政权，推动了中国的现代化建设。同时，城市化是工业化的必要条件，工业化必然伴随着城市化，政府必须最大限度地降低城市化的社会成本，尽可能集中资金用于工业的发展。因此，政府必须压低城市总消费和压低城市基础建设投资来达到降低成本的要求，这也是导致单位办社区形成的根源。❷ J街道的现代化起步可以追溯到20世纪50年代末。在国家未开展现代化建设之前，这里可以看见一片片田地，是典型的"农村"。J街道从农业社会走向工业社会，是工业化发展的结果。可以说，J街道是国家政策导向的结果，建立卫星城，大力推动工业发展，带来了一批重工业及其配套产业，从而带动了人口的流入。因此，J街道是工业化带来的"单位社区"。"单位社区"具有全能性的特点，因为在单位组织体系里面，单位不仅负责单位成员的一切活动，还可以实现政府对社会的管理和控制功能。单位成员从出生到死亡的所有活动和问题都可以在单位组织体系里面得以安排和解决。单位基本上覆盖了整个社会，它通过国家对其"赋权"而获得权威和资源，实现了对单位内所有成员的管理，从而实现了国家对社会的整合。具体而言，全能型的"单位社区"表现在两个方面：一方面，就社会个体成员而言，单位社区是单位成员的"理想城堡"；另一方面，就国家与社会的关系而言，单位社区是国家整合社会的组织载体。

（一）单位成员的"理想城堡"

单位涵盖了一个城镇居民生活的一切方面，它不仅是一种制度体系，还以个性化的方式刻画了一个人的具体存在方式。单位曾经是单位人的"铁饭碗"和"保险公司"，人们从摇篮到墓地，生生死死都离不开单

---

❶ 罗荣渠：《现代化新论：中国的现代化之路》，上海：华东师范大学出版社，2013年版，第13页。

❷ 周翼虎、杨晓民：《中国单位制度》，北京：中国经济出版社，1999年版，第105页。

位❶，因此，单位构成了中国人生活的原点。❷单位成员对单位具有高度依赖性，主要原因在于单位掌握着单位成员所需要的一切生产资料和生活资料。单位作为组织化的管理机构，与其成员之间存在着一种契约关系，这种关系体现在单位为其成员提供所需要的生产生活必需品，同时，单位成员对组织具有归属感和认同感。

第一，单位提供给单位成员所需要的"衣食住行"等方面的所有物质资源。马克思指出："人们为了能够'创造历史'，必须能够生活。为了生活，首先就需要吃喝住穿以及其他一些东西，因此第一个历史活动就是生产满足这些需要的资料，即生产物质生活本身，而且就是这样的历史活动，一切历史的一种基本条件，人们单是为了能够生活就必须每日每时去完成它，现在和几千年前都是这样。"❸也就是说，物质生产活动是人类生存和生活的首要活动。在计划经济时期，在作为生产场所的单位，单位成员不仅能够通过自己的劳动获得维持自己和家人生存的一份收入，还可以享受单位的一系列福利，比如教育、医疗、住房等。在单位社区内部，大部分大型的单位社区都开设了自己的托儿所、学校、医院和商店等机构，以满足单位成员工作之外的一切日常生活需要。单位不仅为单位成员提供工作及其一系列的福利待遇，还给单位成员的家属提供了一个暂时的"避风港"。单位成员的家属是一个边缘性群体，他们一般都被统筹到街道办事处和政府创办的群众团体，比如居委会和妇女联合会、工会、共产主义青年团等。他们当中很大一部分是属于单位体制内成员的家属，连带着享受体制内福利，而且有很大可能性成为体制内正式成员，如通过招工、顶替等手段，因此不能算作一个稳定的身份。❹"顶替"是中国计划经济时期独有的一种招工现象，它解决了单位成员子女的就业问题。这说明，单位不仅可以实现对单位成员的承诺，即稳定的收入和保障，按劳分配以及根据工作表现有升职加薪的激励措施来调动单位成员的积极性，还可以解决其子女问题，从而促使单位成为个体努力"进入"的理想城堡。

第二，单位成员对单位的认同感和归属感。人是一种社会性的群体动

---

❶ 李汉林：《变迁中的中国单位制度 回顾中的思考》，《社会》2008年第3期，第31—40页。
❷ 刘建军：《单位中国——社会调控体系重构中的个人、组织与国家》，天津：天津人民出版社，2000年版，第1页。
❸ 《马克思恩格斯选集》（第一卷），北京：人民出版社，1995年版，第79页。
❹ 周翼虎、杨晓民：《中国单位制度》，北京：中国经济出版社，1999年版，第80页。

物，生活在一定的社会关系当中，否则，就会产生孤独感和寂寞感。也就是说，人除了有物质需求以外，还有精神需求的存在。在不同的社会阶段，人的精神需求是不同的。众所周知，人类社会发展到一定社会阶段，是生产力发展的结果。任何一个社会阶段，都会有一种最基本的社会组织形式和意识形态与之相适应。在封建社会，中国依靠传统的伦理精神，即"三纲五常"，来支持皇权组织和家族组织的正常运转。同时，传统伦理精神通过人们的日常生活体现出来，并内化为人们的一种行为准则。人们正是将传统伦理精神内化为自己的精神支撑，才表现出对皇权和家族的忠诚和绝对维护。在计划经济时期，整体主义和平均主义构成了"单位精神"❶。整个社会是由单位和国家所构成，维系单位和国家的基本原则便成为全体社会成员的原则。整体主义强调的是整体的利益和秩序，个体则要完全服从整体的要求和安排。平均主义强调的是分配公平。整体主义和平均主义对当时渴望走向"社会主义新社会"的中国民众来说，具有极大的吸引力和号召力。单位制时代的"个人服从集体""吃大锅饭""按劳分配"等理念，就是整体主义和平均主义在社会生活中的具体延伸。在城市，基本上所有成员都属于某个单位，他们完全服从单位的安排，因为在他们看来，单位是党和国家的化身，只要跟着党和国家走，就能大步迈向社会主义。故此，单位成员从一出生，其社会化便通过单位社区来实现。在单位制时代，一个人在一个单位度过一生是很正常的事情。单位成员入党、深造、提干等人生重大的事情都是在一个单位完成。一个人几乎全部的社会关系存在于他所在的单位。单位或者单位的领导对他的评价、考核和认同，则成了唯一的标准。单位成员从单位的考核、评价中获得认同感和归属感。正是基于这一点，华尔德在分析单位制时代中国工业中的工作环境和权力结构时指出："企业是分派与发放各种社会和公共福利的主要地方，人们除了在这里之外无法从别处获得这些福利。党组织及其在工作单位中的各种辅助机构尽一切努力去削减工人中存在的不是由官方支持的非正式政治组织。由于党对于工作单位的系统性的组织，在正常情况下它总能做到这一点。工厂领导的权力范围相对来说不受规章和契约的约束，因此变得相当广泛。他们能在很大程度上影响职工的职务提升与工资增

---

❶ 曹锦清、陈中亚：《走出"理想"城堡——中国"单位"现象研究》，深圳：海天出版社，1997年版，第81页。

长,尤其是工人及其家属能享受到的由企业提供的非工资形式的福利待遇"。❶ 由此可知,单位领导对资源拥有绝对的支配权,因此,单位成员对单位领导的依赖,源于单位领导拥有资源的绝对支配权。他们相互之间形成了一种庇护与被庇护关系。另外,获得一个单位的成员身份,对于计划经济时代的个体来说,是一种"荣耀"。因为单位是个人的身份、地位甚至名誉的确立或获得提供者,它让单位成员产生一种油然而生的认同感、归属感和自豪感。单位因为能满足单位成员个体心理需求,驱使着一个个单位成员走上了单位的运行轨道。

单位通过提供给单位成员以上升的空间和通道,使单位成员与单位之间形成"服从—保护"和"依附—强制"关系,这是一种"人身依附"和"利益依赖"的关系❷,这种人身依附和利益依赖关系的背后,是"集体主义"和"整体主义"这种强大的意识形态感召力在起作用,即集体主义和整体主义在起作用。从消极意义来讲,集体主义和整体主义确实在很大程度上抑制了个人的主观能动性和个性的发挥。从积极意义来讲,它们促使所有单位成员获得一种安全感和归属感。对于饱经战乱和失业之苦的老一辈人来说,单位所带来的安全感和归属感确实是那个时代最紧迫的需要。雷锋同志说:"螺丝钉虽然渺小,但如果没有它,整个机器就无法运转……在伟大的革命事业中,我要做一颗永不生锈的螺丝钉。"雷锋精神的实质也是整体主义的要求,即强调个人对集体的无私奉献。这一精神成为计划经济时代整个中国社会的精神风貌,全体社会成员以此为荣,争相"做雷锋"。这恰恰反映了单位制时代,单位成员对整体主义和集体主义的认同和服从。因此,不管从物质层面来讲还是从精神层面来讲,"单位社区"曾经是每一个单位成员的"理想城堡"。

(二) 国家整合社会的组织载体

一个执政党和国家要进行有效的社会整合,一定需要组织基础或载体。"要进行有效的社会整合,就离不开高效的组织网络。有效的组织整

---

❶ 〔美〕华尔德:《共产党社会的新传统主义——中国工业中的工作环境和权力结构》,龚小夏译,香港:牛津大学出版社,1996年版,第12—13页。

❷ 吴晓刚:《从人身依附到利益依赖》,北京:北京大学硕士学位论文,1994年。

合是社会整合的前提与基础。"❶ 单位作为一种特殊的组织形式，是我国政治、经济和社会体制的基础。❷ 它是计划经济时期国家整合社会的组织载体。在计划经济时期，中国整个城市社会形成了一整套以"国家—单位—个人"为核心的刚性结构的社会管理运行机制。❸ 总之，单位作为一种特殊的组织形式，给单位制时代的个人命运打下了深深的烙印，对执政党和国家巩固政权、维护社会稳定和安定团结发挥了巨大的作用。"单位社区"是国家对社会整合的载体，主要是通过组织整合、意识形态整合和制度整合三个方面实现国家对单位成员的整合。

第一，组织整合。在计划经济时期，中国社会是分化程度很低的总体性社会，单位是连接国家与社会的中介。中国共产党通过把党的各个层级的基层组织建立在单位内部，即党通过将自身的组织网络深入到单位组织架构中，这种"支部建在单位"的组织形式在全国范围内得以建立起来，实现了党对中国社会的高度整合。从历史角度来看，"支部建在单位"是中国共产党"支部建在连上"在中国建设时期的延伸。当时，中国共产党对社会整合形成的是"轴心与外围"的组织网络。党自身的组织以及自己创造的外围组织足以覆盖整个社会，从而实现全社会的整合。❶ 在"四大金刚"和其他国营企业和单位内部，建立规模或大或小的党总支或党支部，可以确保党对企业的领导，从而推动企业的生产，促进社会的稳定。

第二，意识形态整合。科尔奈在《社会主义体制》一书中，对"官方意识形态"做出了如下论述："权力和意识形态就像身体和灵魂，两者须臾不可分离。是制度和组织建立了经典体制，还是思想鼓舞着制度和组织中的成员？究竟谁在前，谁在后，就像是鸡生蛋还是蛋生鸡，其实不必费力深究。在整个过程中，无论是革命之前、过渡时期，还是经典体制的演化阶段，语言和思想都活生生地体现在人的行动之中。反过来说，人的行动以及体制的逐步发展都要求为自己提供合法性和正确解释，行动本身又不断地对思想进行调整和修正，直到经典体制的意识形态发展成熟。一边

---

❶ 王邦佐：《执政党与社会整合：中国共产党与新中国社会整合实例分析》，上海：上海人民出版社，2007年版，第257页。

❷ 路风：《单位：一种特殊的社会组织形式》，《中国社会科学》1989年第1期，第71—88页。

❸ 田毅鹏、薛文龙：《"后单位社会"基层社会治理及运行机制研究》，《学术研究》2015年第2期，第31—40页。

❶ 林尚立：《轴心与外围：共产党的组织网络与中国社会的整合》，载陈明明、何俊志：《中国民主的制度结构》，上海：上海人民出版社，2008年版，第352页。

是制度、组织和运动;另一边是计划、构想、信念、道德、责任和价值,所有这些都捆在了一起,共同维持着经典体制。"❶ 在单位制时期,国家对社会的意识形态整合,主要是通过整体主义和集体主义来实现的。"整体主义要求个人无条件地服从单位,要求单位无条件地服从国家。单位这种特殊类型的社会组织及其相应的整体主义精神,犹如水泥和水,将一盘散沙的传统中国社会凝结成一个坚固的整体;又如一只巨大的麻袋和一根粗长的绳索,将散乱的马铃薯装捆在麻袋内。这种以单位为组织基础,以整体主义为思想基础而建立起来的国家,使得中央政治权力达到空前集中的程度。这种高度中央集权的政治体制固然能将全国亿万群众团结得像一个人那样独立行动,将全社会一切可以动员和集中的资源投放到它希望的任何地方或方向,从而使这一方向出现突飞猛进的发展;获得举世瞩目的辉煌成就。"❷ 1959 年进入电机厂工作,在电机厂工作四十余年的刘士华,做过车间的技术工,也从事过厂部的宣传工作,他说:

"以前在单位,我们当时创作了很多革命歌曲,我宣传工作很突出。记得 70 年代初,当时,中央总理批准拍一个电影,来了一个伊文斯,我们按照他的思路,创造风格,拍摄了'愚公移山',原版在上海某大学放着。主要讲的是:我们的改革不能像在沙漠上开汽车,想开车开不动,我们应该脚踏实地地干。党委觉得挺好,要重新恢复,就把人员重新召集起来。我们进行一切创作工作,都是要服务于单位和集体的需要。我们当时开很多会,学习的内容基本上都是围绕当时进行社会主义建设的要求。"❸

刘士华的这段话体现出,单位通过宣传和开会等措施将符合社会主义建设要求的集体主义和整体主义融入单位的具体生产实践过程中,以实现单位成员对集体主义和整体主义的认同和接受,从而实现单位对单位成员的意识形态整合。

第三,制度整合。如果说中国共产党建立的组织网络是一个"身体",

---

❶ 〔匈牙利〕雅诺什·科尔奈:《社会主义体制:共产主义政治经济学》,张安译,北京:中央编译出版社,2007 年版,第 56 页。
❷ 曹锦清、陈中亚:《走出"理想"城堡——中国"单位"现象研究》,深圳:海天出版社,1997 年版,第 87 页。
❸ 访谈编码:20181011LSL。

意识形态就是"灵魂",而要使"身体"和"灵魂"在一个既定的框架范围之内活动的话,就需要制度来加以规范和保障。在"中国的单位形态里,政治作为一种组织化的形态整合了单位,成为单位结构的一部分;意识形态在中国单位里也被赋予了特殊的意义。作为一个'社会人',只要他进入了单位,在单位形态里生活和工作,就会不可避免地、自觉或不自觉地被社会化为一个'单位人',扮演着单位中特定的社会角色,具有特定的社会地位,把单位形态中的行为规范和取向作为自己的行为规范和取向。恰恰在这个意义上,单位作为一种制度,作为定义和规范人们行为的制度形态。"❶ 在单位制时代,居住在单位社区的单位成员除了被限定在一定的活动空间范围内,还要严格按照一系列制度从事活动,比如档案制度、户籍制度、人事制度、财政制度等,这些制度规范确保单位成员是在这种制度规范的范围内行动。在汽轮机厂工作了三十多年的退休居民刘国文说:

> "我们那个时候,档案就相当于现在的'身份证',工作在哪里,档案就在哪里。我记得我以前出差,住宾馆,人家会问我:你单位哪里的啊?不像现在住宾馆要出示身份证。从我出身、家庭人员、成分、学习经历、工作经历、奖惩等这些,都是在档案里面记录的。我在汽轮机厂三十多年了,我的档案跟着我走,关系到我在单位的职业升迁……"❷

正是因为"档案"把单位成员一生的经历都"记录在册",在改革开放以前以"阶级斗争"为纲的社会形态下,单位成员对"档案中记录的每一笔"都谨小慎微。严格的档案管理制度在规范单位成员方面起到了重要的约束作用。这种制度方面的约束和规范,体现在单位成员的方方面面,囊括了他们的所有。正如华尔德所言:"区分户口制度也是其中的一部分,它重新再造了居住者群体的边界。这些进程,改变了1949年之前的社会流动格局。"❸ 户口制度和档案制度等共同界定了单位成员的活动范围,使单

---

❶ 李汉林:《转型社会中的整合与控制——关于中国单位制度变迁的思考》,《吉林大学社会科学学报》2007年第4期,第46—55页。

❷ 访谈编码:20181011LGW。

❸ A Walder (1984) The Remaking of the Working Class: 1949—1981. Modern China, (10): 3-48.

位成员不能逾越单位所限定的范围。单位成员为了满足生存的需求以及自身的发展，不管是出于主观意愿还是被动接受，都在工作和生活中遵循单位所制定的各种规章制度，而这恰恰使得单位实现对单位成员的制度整合。

综上所述，中国共产党基于组织、意识形态和制度而完成了国家对单位成员的整合。更进一步地讲，这一系列组织、意识形态和制度安排都是基于中国共产党"组织起来"的战略安排而形成的。

三、"铁板一块"：高度组织化的社区

毛泽东曾说："一张白纸，没有负担，好写最新最美的文字，好画最新最美的画图。"❶ 在J街道建成以前的这片荒地上，"四大金刚"促使十万人流注入这里，是"工业化导致了都市化的潮流。现代意义的都市社区是资本主义工业化的产物，由于大工业集中生产的需要，大量的乡村和小城镇发展成为大都市。这种都市的成长不像古代城市的成长那样是个缓慢而自然的过程，而是一个有较多人为痕迹的迅速成长的过程。机器大工业需要大量的劳动力集中起来从事生产，其结果是人口大量从农村流向城市，流向工商行业；工业人口的集中又要求有一定数量的服务设施，如住房、道路、交通工具等。同时，大工业生产的大量产品需要储藏、运输、销售，也同样需要批发、零售市场。这样，城市就在大工业这只魔手下迅速发展起来，而且规模越来越大，结构越来越复杂"。❷ 恩格斯在《英国工人阶级状况》一书中曾对工业革命时期由工业化而导致的高速城市化做了生动的描述，他说："大工业革命需要许多工人在同一个建筑物里共同劳动，这些工人必须住在附近，甚至在不同的工厂近旁，他们也会形成一个完整的村镇，他们都有一定的需要。为了满足这些需要，还必须有其他的人，于是手工业者、裁缝、鞋匠、面包师、泥瓦匠、木匠都搬到这里来了。这种村镇里的居民，特别是年轻的一代，逐渐习惯这种工作。当第一个工厂很自然地已经不能保证一切希望工作的人都有工作的时候，工资就会下降，结果是新的厂主搬到这个地方来。于是村镇就变成了小城市，而小城市又变成了大都市，城市愈大，搬到里面来就愈有利，因为这里有铁

---

❶ 毛泽东：《介绍一个合作社》，《红旗》1958年第1期，第1页。
❷ 黎熙元：《现代社区概论》（第二版），广州：中山大学出版社，2007年版，第169页。

路、运河、公路，可以挑选的熟练工人愈来愈多。由于建筑业和机器制造业中的竞争，在这种一切都方便的地方开设新的企业，比起不仅建筑材料和机器要预先从其他地方运来的比较遥远的地方，花费比较少的钱就行了，这里有顾客云集的市场和交易所，这里原料市场的成品与销售市场有直接的关系，这就决定了大工厂城市惊人迅速地成长。"❶

和恩格斯描述的一样，J街道也是在工业化的迅速扩张中逐步壮大起来的，但是它所形成的城市社会，在计划经济时期，呈现出来的是一种封闭的单位社区形态。这种单位社区的成员具有高度同质化特点，社区结构和功能都比较单一，因而也便于国家通过"单位制"这一组织载体实现对这种城市社会的管理。计划经济时期的中国社会是一种"总体性社会"。孙立平对改革开放以前的中国社会持这样的观点："总的来说，改革前中国社会是一个分化程度较低、分化速度缓慢、具有较强同质性的社会，其主要表现是：第一，社会的政治中心、意识形态中心、经济中心重合为一，国家与社会合为一体，以及资源和权力的高度集中，使国家具有很强的动员与组织能力，但结构较为僵硬、凝滞。这种结构形态可称为'总体性社会'。第二，社会的组织类型和组织方式简单划一，都是按相同的模式建构和按统一的方式运行，所有的社会组织，不管是行政的、事业的或经济的、政治的，均有政府控制和管理，均有一定的行政隶属关系和行政级别，并依次从政府那里获得按计划分配的资源。同一类、同一级组织在内部结构、社会地位以及行动方式上没有什么不同；不同类别、不同等级的组织之间虽然在资源获取多少、权力大小、专业职能等方面存在一定的差异，但在行为方式和制度框架上没有什么显著的不同。在与国家的关系上，所有社会组织都缺乏独立利益和自主权。整个国家和社会资源高度集中的结果，使每个组织除从国家获取所需资源外，没有任何获取资源的渠道。另外，除了国家统一调拨、统一分配外，组织之间缺乏横向联系，要素和资源很难横向流动，这就使各类组织一方面高度依赖于国家，另一方面由于条块体制的分割而成为某种'自足'的、功能齐全的'单位'。"❷J街道作为整个中国在计划经济时期"单位社区"的缩影，具有"单位社区"的共性，即单位社区的高度组织化和单位成员的高度同质化。诚然，

---

❶《马克思恩格斯全集》（第二卷），北京：人民出版社，1972年版，第300—301页。
❷ 孙立平：《转型与断裂：改革以来中国社会结构的变迁》，北京：清华大学出版社，2004年版，第5—6页。

J街道也具有它的"特性",即J街道作为工业化带来的单位社区,经历了一个"从无到有"的发展历程。同时,它承载着国家现代化建设的任务,将社会个体纳入"单位社区"中进行全面的管理和控制,由此形成的单位社区是"铁板一块"的高度组织化社区。

第二节 市场经济与中国社会的个体化

"现代社会愈来愈复杂、愈来愈分裂,是一张由大量相互差别、各自独立的社会子系统组成的网。"❶ 中国现代社会这张不断被分化的"大网",是在国家发生整体性变迁的过程中形成的。改革开放四十多年来,中国发生了整体性变迁。中国社会结构面临着重大转型,尤其是所有制的改革,中国开始从计划经济向市场经济转型,这意味着社会结构面临着重构,全能型的"父爱主义"国家不再是社会资源分配的唯一主体,以单位为中介组织形成的中国总体性社会开始逐步分化。单位制解体带来的"社会原子化"现象,推动个体化社会的逐渐形成。作为中国基层社会的J街道,也在主动地适应社会整体性变迁,寻求自身的转型与发展。

一、单位社区的解体

单位制是在资源严重短缺的中华人民共和国建立初期被广泛运用到城市社会的,它的建立是为了集中社会的一切资源,为建设社会主义现代化提供巨大的力量支撑。"这种在国家权威支配下的单位体制曾经爆发出巨大的能量,但也滋生了至今都难以解决的问题。当社会资源总量富足到一定程度时,当生产力的发展和社会资源的扩充超过了单位体制所容纳的限度时,单位制的改革也就提上议事日程了。"❷ 正如马克思所指出的:"当社会生存的物质条件发展到迫切需要变革它的官方政治形式的时候,旧政权的整个面貌就发生变化。"❸ 随着生产力的发展,单位制度已经不再适应社会主义现代化发展的需要,国家需要重新调整制度安排。经济体制的改

---

❶ 〔法〕玛丽-克劳德·斯莫茨:《治理在国际关系中的正确运用》,载俞可平:《治理与善治》,北京:社会科学文献出版社,2000年版,第271页。

❷ 刘建军:《单位中国——社会调控体系重构中的个人、组织与国家》,天津:天津人民出版社,2000年版,第147页。

❸ 《马克思恩格斯选集》(第一卷),北京:人民出版社,1972年版,第180页。

革，单位制固有的弊端暴露出来，促使国有企业进行全面改制和转轨。同时，单位逐步"去政治化"，单位成员之间联系的纽带缺失，计划经济时期形成的单位社区也随之解体。

（一）单位制固有的弊端

纵观世界各国发展的历史，现代化都是从经济领域开始启动的，以经济的现代化来带动政治的现代化和思想的现代化。中国作为现代化后发展的国家，是基于外源性因素开始了中国的现代化历程。1949年，中国实现了国家高度的政治统一和社会稳定，这标志着中国现代化进入了一个新的历史时期。❶在计划经济时期，中国是以公有制为单一主体的社会主义国家。计划经济是一种统制经济，它具有集中力量办大事的特点，能够集中全国范围内的所有资源和力量进行现代化建设。单位制的建构实为当代中国社会现代化的一个新起点。❷当时，中国通过"单位"这一组织载体实现了对全国资源的分配和调节，由单位及其组合形成的"单位社区"在分配资源方面和社会整合方面发挥着重要的作用。然而，由于中国现代化建设发展到一定阶段，"单位制"固有的弊端日益暴露出来，其阻碍了生产力的发展。单位制固有的弊端主要表现在以下两个方面。

第一，单位制生产效率较低，无法适应市场经济的发展。"单位办社会"，实质就是"企业办社会"。单位原本是作为一个"生产企业"以提供劳动场所的就业单位而存在的，但是其并不具有现代意义上的"企业"自负盈亏的特点，它所有"盈"与"亏"都是由"国家"来承担。当生产力发展到一定程度，国家并不能提供单位所需要的资源的时候，单位就相应地失去了给予其成员以必需的物质生活资料的能力。但单位的资源依赖惯性导致其始终处于生产率低下的状况而无法得到扭转，尤其是随着改革开放政策的推行，这个问题日渐显著。

在单位制时代，居民是通过单位发放的票证来换取生活所需的物品，社会所有的物资通过政府统一的分配，发放到单位成员的手上。然而，计划经济时期物资短缺，导致出现了供不应求的局面。华尔德指出："在中

---

❶ 罗荣渠：《现代化新论——中国的现代化之路》，上海：华东师范大学出版社，2013年版，第385页。

❷ 刘建军：《单位中国——社会调控体系重构中的个人、组织与国家》，天津：天津人民出版社，2000年版，第53页。

国，人们获得物质与社会服务——多寡决定了每个人的生活水平——的方式很大程度上不是通过市场上的金钱交易，而是通过官方机构直接分配或用规章来决定。住房、定量的耐用消费品、生活必需品（例如布和煤）、补贴食品、各种货物、重要的社会服务、医疗保健等主要是单位通过其行政（或事务）部门和单位里的工会来提供的。企业也负责管理国家提供的劳动保险、福利、社会保险，并提供各种各样的补助、补贴、贷款。"❶可见，在计划经济时代，政府实行统一配给资源，单位的经济职能并没有凸显出来，居民们的生活水平较低。

随着改革开放政策的推行，国家允许一部分地区和一部分人先富起来，社会活力被激发出来了，打破了计划经济时代"铁板一块"的高度组织化结构。以经济建设为中心，扩大社会资源总量，提高企业生产效率和个人生活水平，已经成为国家在市场经济时期的重点工作。

第二，单位体制下的整体主义和平均主义，抑制了个人主观能动性的发挥。正如美国学者 R. 麦克法夸尔和费正清所提到的："到了20世纪80年代，中国的情况已经很明显，创立一个有高度组织性的、平均主义的、艰苦朴素和生产性的城市社会的设想已出现了偏差，其结果是市民们远非像当局希望的那样都能够积极参加和投身到建设之中。"❷彼时，打破平均主义，发挥个人的主观能动性和创造性，已经成为激发民众工作积极性的必然之举。

单位封闭的结构体系不利于社会的自主发展，削弱了个人的自主意识和创新精神。封闭的单位造成单位成员生活单一，生活空间有限。❸"从宏观上来说，存在着单位体制同一性和社会生活发展的多样性之间的矛盾。社会生活是多姿多彩、五彩缤纷的，而单位制原则上说是一种比较单一的体制，要把整个社会生活容纳到单一的单位体制中去，不利于社会生活蓬勃和全面地发展，因而不能适应日新月异的社会。当然，这不是单位本身的问题，而是整个社会调控体制高度集中和整齐划一带来的。单位体制只

---

❶〔美〕华尔德：《共产党社会的新传统主义——中国工业中的工作环境和权力结构》，龚小夏译，香港：牛津大学出版社，1996年版，第64页。

❷〔美〕R. 麦克法夸尔、费正清：《剑桥中华人民共和国史——中国革命内部的革命1966—1982年》（下卷），俞金尧等译，北京：中国社会科学文献出版社，1991年版，第735页。

❸揭爱花：《单位：一种特殊的社会生活空间》，《浙江大学学报》2000年第5期，第76—82页。

是这种高度集中的体制的表现形态,在高度集中的体制不适应社会发展的要求时,单位体制的前提就动摇了,单位体制自然要发生变革。"❶ 可见,单位成员是单位体系里面的一颗"螺丝钉"。虽然从积极意义上来讲,他们对于在特殊时期推动现代化建设和巩固国家政权发挥了积极的作用。但是,从现代化的长远发展来看,计划经济的高度集中和生产效率较低,导致单位社区封闭和生活空间僵化。单位制固有的弊端,成为阻碍市场经济发展的绊脚石,无法适应社会主义现代化建设的需求,所以,进行经济体制改革,推行市场经济势不可挡,这意味着单位制及其相配套的单位社区也需要逐渐改革。

(二) 单位"去制度化"

随着市场经济的推行,中国的所有制形式从单一的公有制向以公有制为主体、多种所有制经济共存的经济结构转变,国有企业改制也随之进行。匈牙利著名政治学家雅诺什·科尔奈认为,在社会主义国家,"国有企业❷的名义所有者是国家,由中央政府代表。根据官方意识形态的解释,国有部门是'全体人民'或'全社会'的资产,因此,它不同于其他非私人的产权形式,例如地方组织所有的企业,或是合作社(按照官方意识形态的定义,合作社的所有者只是一部分人民,如当地人民或合作社社员)。""国有企业产权形式在社会主义经济中占据着'制高点'。"❸ 国有企业虽然是作为经济组织存在的,但是,在社会主义国家,国有企业集政治职能和经济职能于一身。"一种社会体制之所以无限负担企业责任,其原因不在于害怕企业破产,而是害怕破产带给国家的社会负担和后果。因此国家必须不断地增加预算,从而使企业养成了依靠国家的习惯。"❹ 也就是说,在社会主义国家的计划经济时期,国有企业的政治职能远比经济职能重要。然而,在市场经济时期,中国国有企业改制政策的推行,意味着

---

❶ 刘建军:《单位中国——社会调控体系重构中的个人、组织与国家》,天津:天津人民出版社,2000年版,第524页。

❷ 国有企业是指在以下领域中非国有部门职能处于被支配地位:采矿、能源生产与加工、交通、国内批发贸易、对外贸易、银行和保险。而农业、零售贸易和其他公共服务则不是"制高点",其中虽然也有国有企业,但也允许其他产权形式的组织广泛存在,甚至占主导地位。

❸〔匈牙利〕亚诺什·科奈尔:《社会主义体制——共产主义政治经济学》,北京:中央编译出版社,2007年版,第67页。

❹ 周翼虎、杨晓民:《中国单位制度》,北京:中国经济出版社,1999年版,第161页。

国家权力从国有企业"退出",实现了国有企业所有权和经营权的分离。邓小平在谈到"企业改革"时指出:"企业改革,主要是解决搞活国营大中型企业的问题。""用多种形式把所有权和经营权分开,以调动企业积极性;这是改革的一个很重要的方面。"❶

国家权力从单位退出,以及国有企业所有权和经营权的分离,促使了单位向"去制度化"趋势的发展。单位"去制度化"是指单位所承担的政治功能的弱化。因为随着政企分开,企业回归到它作为生产企业的本来功能上,改制后的企业与员工之间存在的是一种雇用和被雇用的关系,企业给成员提供相应的经济报酬和部分社会福利保障。国家已从全面性地掌握国有企业,转向对国有企业进行"授权式"控制。❷ 可见,随着国有企业改革,单位成员的生产和生活问题不再由单位社区全面管理,而居委和街道成了居民办理日常事务的地方。过去以单位制为主、街居制为辅的社会管理职能逐步往街居下沉,说明了单位在向"去制度化"趋势发展。毫无疑问,单位"去制度化"是促使单位社区解体的一个非常重要的原因。

(三) 单位成员联系纽带断裂

经济体制改革和国有企业改制,对社会成员的政治、经济、思想和社会交往等方面产生了极为深刻的影响。其中,最为突出的一点是单位成员联系纽带断裂,即表现为单位成员之间的业缘关系消失。随着市场经济和国有企业改革政策的推行,原先以业缘为基础建立起联系的单位成员,出现了下岗失业和转行的情况,城市中的社会成员从"单位人"向"社区人"转变。❸ 一方面,大量的"单位人"退出单位,走入了体制外的"社会组织",另一方面,很多"单位人"从一个"单位"进入了另外一个"单位"。❹ 计划经济时期形成的"铁板一块"的社会结构出现了巨大的缝隙,凝结为一体的"单位成员"因单位的解体而散落在社会的各个角落,

---

❶ 《邓小平文选》(第三卷),北京:人民出版社,1995年版,第192页。

❷ 李路路:《"单位制"的变迁与研究》,《吉林大学社会科学学报》2013年第1期,第11—14页。

❸ 胡晓慧:《从单位制到社区制:社会管理体制的转变分析》,《中国管理信息化》2016年第18期,第200—201页。

❹ 这里是指在国企改制的大环境下,很多国企里面的"单位人"在面临下岗失业以后,在可供选择的范围内,会优先选择像政府机关、事业单位这一类"单位",他们对国家依然抱有信心,对市场经济兴起之后产生的三资企业和其他社会组织并不持乐观态度。

这让他们产生一种无所适从、失落和迷茫的情绪。

从身份意义上来说,"单位人"转变为"社区人"是一个比较容易的过程。但是,从社会整合的角度来说,一旦人类社会纽带出现断裂,就会导致人类出现"无组织化"的混乱,从而出现社会失序和个体的孤独感、失落感。在计划经济体制下,"所有人的生活轨道都被编织到国家组织的网络中:农民进入国营农场或公社,工人归入国有企业,教师和学生纳入教育组织,一切都在国家机构的控制下。为了维持这种对社会的全面控制和对国家政策的执行,一个庞大的官僚机构随之出现"[1]。单位制的解体,单位成员个体出现了由"去组织化"所致的"个体安全感"缺失,还使以前单位成员之间出现了业缘联系纽带的断裂。

综上所述,单位社区的解体,是中国进行"四个现代化"建设,推行市场经济体制和实行国有企业改制所致。其一,单位社区所依托的单位制是计划经济的产物,随着生产力的发展,单位制固有的弊端明显阻碍了市场经济的发展。其二,国有企业作为国家经济领域的重要主体,因国家的放权,其所有权和经营权得以分离,使其不再承担所有员工的全部管理职能,便出现了单位的"去制度化"。其三,正因为单位"去政治化","单位人"成为"社会人"之后,原有的单位成员之间的业缘关系消失。这三者共同导致了单位社区的解体。

二、个体化社会的逐步形成

转型给中国社会带来了全面、快速的变革,也使社会结构、社会机制和社会观念等发生了深刻的变迁。[2] 就城市社会管理而言,个体在社会制度变迁与日常生活转型的双重过程中,价值多元化与个体原子化程度的加深[3],社会个体"原子化"是中国社会的转型之痛[4],给城市社会管理带来了巨大的挑战。改革开放的演进以及市场经济的纵深发展,使得单位社

---

[1] 周雪光:《国家与生活机遇——中国城市中的再分配与分层1949—1994》,郝大海等译,北京:中国人民大学出版社,2015年版,第36页。

[2] 郑杭生:《改革开放三十年:社会发展理论和社会转型理论》,《中国社会科学》2009年第2期,第10—19页。

[3] 王建民:《"去集体化"与"弱组织化"过程中个体安全的寻求》,《思想战线》2009年第6期,第48—52页。

[4] 田毅鹏:《转型期中国城市社会管理之痛——以社会原子化为分析视角》,《探索与争鸣》2012年第12期,第65—69页。

区渐趋瓦解。国家推动的来承接单位制解体之后的社会管理体制的"社区制"还处于探索之中。因此,大量从传统体系中解体的"原子化"个体,并未从制度机制角度来说成为真正意义上的"社会人",政府释放的管理和整合空间并没有完全被社会所承接❶。同时,房产制度的改革,使得现代社区呈现类型多样化、利益多元化和利益复杂化等特征,即"多元社区"构成了现代社区的主要特征。上海J街道就是在这样的社会背景下进行转型,即由以往的"单位社区"向"多元社区"转型。相应地,在这一社区转型过程中,个体化社会逐步形成。

(一)"社会原子化":人口的分化与构成

现代社会是一个不断分化的社会。齐格蒙特·鲍曼认为,现代性导致了传统共同体的瓦解,从而走向现代社会。❷ 在现代化转型期,中国城市社会管理主要体现在对"原子化"个体的管理。这是因为单位制的解体,意味着社会个体逐渐从稳固的组织中分离出来。一方面,个体下岗失业,离开单位,失去了固定的工作场所。另一方面,在个人与组织关系方面也呈现出弱化或者断裂的状态。总之,单位制的解体在实体与价值双重的意义上深刻地影响着个体的社会生活。❸ 简而言之,当个体与社会的联结纽带发生断裂之后,个体将处于一种"无组织"的状态。我们都知道,人是一种社会动物,人生活在一定的社会关系之中。"人的本质并不是单个人所固有的抽象物……它是一切社会关系的总合。"❶ 脱离了"组织"的个体就脱离了社会关系,他们没有了组织的约束,只会专注于自身的利益诉求,这就使得单位制时代的"纪律人""道德人"到市场经济时期变为了"市场人""自私人"。英国哲学家罗素曾指出:"没有一个由共同的根本目标所维系的真正的社会。这种缺乏共同目标的现象已变为不幸福的一个

---

❶ 谢和均:《转型·秩序与社会管理》,《理论月刊》2011年第4期,第149—152页。

❷ 〔英〕齐格蒙特·鲍曼:《全球化:人类的后果》,郭国良、徐建华译,北京:商务印书馆,1998年版,第13页。

❸ 王建民:《"去集体化"与"弱组织化"过程中个体安全的寻求》,《思想战线》2009年第6期,第48—52页。

❶ 《马克思恩格斯全集》(第三卷),北京:人民出版社,1960年版,第7页。

源泉。"❶ 然而，现代社会又有一股强大的力量推动人的原子化和个体化。❷

J街道一部分在任工作人员是1996年通过上海市社会公开招聘考进社区，也有一部分是在1997年开展国有企业改革后，下岗失业，通过再就业进入社区的。在单位制解体的过程中，国家的社会政策改革的主要动力是"趋向淡化国家在福利供给方面的角色，同时增加个人在社会保障和福利方面的责任"。❸ 也就是说，通过使国企下岗工人"再就业"，可以转移国家承担社会成员的责任，让社会成员个体担负起生存的责任。笔者在调研的过程中，遇到了一些居委书记和居委干部，他们都是在这个时期进入社区的。居委干部张桂梅说：

"当时我的单位面临破产，我感觉天都要塌下来了。你说我四十七岁，一直在工厂的一线做，天天接触模具，对现代技术又不懂，下岗了意味着什么呢？我的家庭收入没有了，我的孩子要上学，我的老母亲快八十岁了。幸亏党的政策好，我通过社会招聘考试，进入社区。我喜欢做社区工作，这一做就是八年了，明年就要退休啦。我以前的同事有很多经商了，也有的打临时工，还有就是离开这里了，估计这辈子是联系不上了。"❹

张桂梅所说的"天都要塌下来了"，说明她工作了二十几年的模具厂倒闭对她产生了巨大的影响。单位倒闭，她被迫下岗，不得不面临再就业。"在迅速变迁与分裂的社会中，社会化过程中的文化异质性和高度的不连续性，必然会产生心理上高度的混乱和不稳定性。"❺ 张桂梅是一个四十多岁的一线女工，没有年龄优势，没有技术特长，她对自己的未来充满了恐惧。加之，她上有老下有小，是家里的主要经济支柱。对于一个中年人来说，失去工作意味着整个家庭要遭遇"灭顶之灾"。党和国家在推动国有企业改革时，预测到了即将到来的"下岗工人大潮"。因此，在20世

---

❶〔英〕柏特兰·罗素：《社会改造原理》，张师竹译，上海：上海人民出版社，1959年版，第12页。
❷〔美〕乌尔里希·贝克：《个体化》，李荣山译，北京：北京出版社，2011年版。
❸ 李泉：《治理思想的中国表达：政策、结构与话语转变》，北京：中央编译出版社，2014年版，第33页。
❹ 访谈编码：20180422ZGM。
❺〔美〕加布里埃尔·A. 阿尔蒙德、西德尼·维巴：《公民文化——五个国家的政治态度和民主制度》，张明澍译，北京：商务印书馆，1989年版，第35页。

纪 90 年代，国内曾经流传"女工当空姐"❶的佳话。张桂梅虽然没有去当空姐，但是她和她的一部分同事到了社区。同时，张桂梅还提到了她的同事因为国企改制而"走散"了，他们的联系因此而永远断了。诚然，除了模具厂，还有印刷厂、染化厂等国有企业相继破产倒闭，不同行业领域的人走进了社区，就出现了社区人员的多元性、复杂性和流动性等特点。曾经在染化厂工作了二十二年的胡国平也是在这种情况下走进社区的，他说：

> "我也是没有办法，染化厂的环境太差了，对身体不好。我老婆在银行上班的，她一直让我出来，我都没有出来，因为我们染化厂的福利待遇好，比社区的工资高多了。那时候，不像现在啊，小年轻都挤破头皮到社区来。（二十世纪）九十年代，在社区工作的人都是在外面找不到工作的家庭妇女，我一个男人不好意思到社区来的啊，我也不喜欢做这婆婆妈妈的事情。后来，厂子开不下去了，没有办法，我不得不出来了。街道很多次去我们单位招工的，贴了招聘广告，我都不看的。"❷

像胡国平说的，街道和社区在 20 世纪是被人看不起的单位，因为工资待遇低，工作没有技术含量，被认为是做"婆婆妈妈"的事情。他迫于生存压力，最后选择进入社区。胡国平亲历了国有企业改革以及社区发展的历程，他在适应从"单位人"到"社区人"的过程中，曾经在思想上经历了长时间的思考和挣扎，也曾惊慌，也曾失落，也曾迷茫。和他有着一样经历的人，目前有很多在 J 街道的各个社区居委会或者街道的机关部门工作。还有很多从单位出来的"单位人"散落在社会的各个角落，从而产生了社会"原子化"现象。

（二）多元社区的出现

随着市场经济的发展和单位制逐步退出历史舞台，单位社区也面临解体，即一部分单位社区归集体所有，一部分归单位成员所有，还有一部分则可以放到市场进行出售。20 世纪 90 年代，中国开始进行房产制度改革。

---

❶ "女工当空姐"是指 1990—1996 年，上海纺织、仪电等系统 109 万人的职工下岗现象，是计划经济的就业制度，面临经济转型、产业调整的必然反应。

❷ 访谈编码：20180516HGP。

在城市，居民可以购买商品房住宅，产权归个人所有。这是一种完全区别于"单位社区"的"现代社区"。在商品房社区，居民，即业主，要缴纳物业管理费和维修资金来维护小区的居住环境以及房屋的修缮。所以，要引物业公司到社区，并成立业委会这样的自组织管理业主的维修资金。J街道同步推进城镇化和房产制度改革的进程，因为只有征收了村民的田地，才能够建商品房，才有商品房的出售。在这个时候，J街道出现了"单位社区"和"现代社区"并存的现象，即居民口中所说的"老公房和商品房"。与可以在市场上完全流转的商品房相比，J街道还存在另外一种类型的房屋，即"拆迁房"，这种房屋是分配给被征收了土地的村民，村民根据自家的人口或者土地面积进行分配，可以获得不同的房屋分配方案。"拆迁房"因为涉及政府的因素，需要经过三年甚至更长的时间，才能在市场上进行出售。一般来说，"拆迁房"被认为比"老公房"好❶，比"商品房"差的一种房屋，介于二者之间，因此，J街道存在着这三种不同类型的房屋。这三种类型房屋里所居住的居民在年龄、职业、文化、学历等方面存在很大的差异，因此，不同的社区具有不同的治理特点。J街道房屋情况如表1-1所示。

表1-1　J街道房屋情况

社区	竣工时间	老公房	拆迁房	商品房
如云社区	1959年	√		
仙雾社区	1960年	√		
大同社区	1987年	√		
美胜社区	1982年	√		
成霖社区	1979年	√		
古天社区	1984年	√		
科雅社区	1974年	√		
如梧社区	1989年	√		
荷奇社区	1992年	√		

---

❶　关于"老公房""商品房""拆迁房"的好坏，居民们一般就房地产开发商的性质来确定，具体表现在根据房屋的质量、社区的环境和周边的配套设施等方面来确定一个社区的"好坏"。不同类型的房屋，里面居住的居民确实存在较大差异，书中会详细论述。

续表

社区	竣工时间	老公房	拆迁房	商品房
项梅社区	1988 年		√	
苍玉社区	1991 年		√	
霍阳社区	2000 年			√
爱辉社区	2004 年		√	√
乐景社区	2005 年			√
南洋社区	2005 年			√
北欧社区	2000 年			√
荷清苑	2001 年			√
欧化社区	1998 年			√
浮式社区	2003 年			√
千代社区	2000 年			√
和生社区	2009 年			√
海富社区	2016 年			√
万古社区	2016 年			√
风桦社区	2016 年			√
紫星社区	2017 年			√

资料来源：访谈

从表1-1可以看出，J街道主要包括三种类型的房屋，即老公房、拆迁房和商品房。这三种不同的住房，形成了三种不同类型的社区。不同类型的社区，社区治理方式是不一样的，J街道党建服务中心副主任魏槐应说：

"老公房老人多，老党员也多，老党员党性很强的，他们基本上是小区治理的主力军。从我们党建服务中心这一块来说，老公房来'搞事情'❶的人不多的，老爷爷老奶奶们吃好饭，棋牌室坐坐，广场舞跳跳，开心啊。"❷

从街道层面来说，社区问题最好能在社区内部消化掉。如云社区的居委书记如是说：

---

❶ 魏主任这里说的"搞事情"是指到街道去上访或者"闹事"的。
❷ 访谈编码：20180322WHY。

"我们小区是老公房啊，（二十世纪）六十年代建的，本来是街道最'破'的小区，美丽家园改造之后，我们不是最差的小区了。但是我们这里住的都是老人，老龄化比较严重，我们居民以前是小三线造炮弹的，到了八十年代，就不需要了。我这边养老的问题就比较多，比如那个年代，只有一个孩子，在四十岁左右，正好是上有老，下有小，一个家庭中只要有一个老人生病，这样的情况，就要进养老院，我们街道的养老院资源不足的。都是退休员工，拿退休工资的，都希望到地段的养老院，便宜。但是要排队，外面私立的贵啊。这种问题街道也解决不了。我一般是和居民说，你们有问题，我去反映，能解决的，肯定给大家解决……"❶

在J街道，养老问题已经成为"老公房"社区治理中非常突出的一个问题，但对于商品房来说，也存在养老的问题。然而，不同类型房屋的居民利益诉求却存在很大差异。商品房居民更关注小区的公共环境，比如环境卫生是否整洁、小区配套设施是否齐全，小区的公共收益情况等方面。在商品房里居住的居民大多是年轻人，一方面是因为商品房价格较高，物业收费贵，老人的购买力有限，商品房多为年轻人的选择；另一方面，住惯了"单位大院"的老年人喜欢与熟悉的邻里为伴，不愿意随意更换居所，而年轻人反之。爱辉社区是商品房，居委书记蔡诚说：

"我们是商品房小区，小区年轻人多，所以要多搞活动，比如亲子运动会、美食节、歌唱比赛、时装秀等，我们基本上是一周一次小活动，一个月一次大型活动，还有街道和共建单位的活动，大大小小的活动不少了。另外，我们居民很愿意参与到小区管理的，你看我们小区中央广场那一块，都是我们团队的成员和工程队的人在说，应该修成什么样，他们在这方面是专业人士。我一个80后的书记，就是要尊重小区的'老人们'❷，多向他们学习，大家都是为了小区好嘛。"❸

显然，商品房居民由于年龄和职业等方面的差异，小区居民之间的利益诉求更为多元，他们对社区治理的要求，更多地体现在亲子互动、健身运动和娱乐休闲等方面。主要原因在于经济发展和社会转型后，"多元社

---

❶ 访谈编码：20180502GWH。
❷ 蔡书记这里说的"老人们"，是指有技术专长的居民。
❸ 访谈编码：20180422CC。

区"产生了社会人员的分层。值得注意的是，随着互联网技术的发展，"多元社区"的居民不再像"单位社区"的居民一样，热衷于社区的公共事务。邻里之间由一种"熟人关系"开始转为"陌生人关系"，这种关系转变是个体化社会来临的重要表现。由于"多元社区"的出现，居民对房屋的选择机会增多了，这增强了居民的流动性，从而出现社区居民主体的职业身份多元化、个体利益诉求多样性、个人流动性等特点。

综上所述，市场经济的推行，导致总体性社会向各个领域转型和分化。社会分化的加剧，促使个体化社会逐步形成。"单位社区"的解体，标志着"单位人"向"社会人"转变。社会"原子化"成为转型社会的典型特征。在此背景下，J街道在社区转型过程中，面对个体化社会所表现出来的社会主体利益诉求的多元化和复杂化的情况，遇到了社区治理的难题。

第三节 社区治理难题的出现及其成因

转型已经构成了中国改革开放四十多年来的一个典型特征。转型给中国社会带来了全面、快速的变革，也使社会结构、社会机制和社会观念等发生了深刻的变迁。[1] J街道在个体化社会逐步形成的过程中，出现了社区治理难题，诸如社区治理结构中的"单位缺失"使得社区治理失去了"抓手"、互联网的发展淡化了居民之间的联系等。面对不断分化的社会力量和层出不穷的社会问题，社区依靠自身的力量去完成日益增多的公共事务已经变得不太可能。因此，造成J街道出现社区治理难题的原因主要表现在两个方面：一是基层党组织组织力的弱化，亟须探索新的党建方式，建立起居民与社区党组织之间的纵向联系纽带。二是社会个体"原子化"程度加剧，出现社区"去组织化"现象，社区亟须构建起居民与社会之间的横向联系纽带。

一、社区党组织组织力有待提升

"组织"在中国共产党的全部生活中、在引领经济社会发展中、在化

---

[1] 郑杭生：《改革开放三十年：社会发展理论和社会转型理论》，《中国社会科学》2009年第2期，第10—19页。

解社会矛盾和领导社会治理中，都占据着十分重要的位置。❶ 截至 2017 年 12 月 31 日，中国共产党党员总数为 8956.4 万名，中国共产党共有基层组织 457.2 万个❷。可见，中国共产党是一个庞大的纵向组织，从上到下遍及整个国家和社会。然而，改革开放以来，受多种因素的综合影响，J 街道出现了基层党组织弱化❸的现象，具体表现为基层党组织组织力的弱化，因此提升社区党组织组织力是社区治理面临的一大难题。那么，什么是基层党组织的组织力呢？基层党组织的组织力是指基层党组织依靠群众、动员群众、组织群众进行物质生产活动、精神文化活动、革命斗争和社会变革活动的能力。其包括三个方面的内容：基层党组织的组织能力、动员能力和贯彻能力。❹ 由此可知，J 街道党组织组织力因组织能力、动员能力和贯彻能力未能很好地体现而导致社区治理难题的出现。

（一）组织能力弱化

J 街道党组织的组织能力是指社区党组织把群众组织起来、联合起来、凝聚起来的能力。J 街道党组织的组织能力之所以未能很好地体现，具体体现在两个方面：一是社区党员的管理与作用发挥不足。二是社区党组织的结构和功能弱化。

第一，社区党员的管理与作用发挥不足。党员是党的主人，是党的一切活动的主体。列宁指出："党内的一切事务由全体党员直接或者通过代表，在一律平等和毫无例外的条件下来处理；并且，党的负责人员、所有领导成员、所有机构都是选举产生的，必须向党员报告工作，并可以撤换。"❺ 党员是一面旗帜，要走在前面，才能凝聚力量；党员是一盏明灯，要走在前面，才能指引方向。我们党要团结带领全国各族人民实现中华民

---

❶ 郝宇青：《加强基层党组织建设的政治逻辑》，《行政论坛》2018 年第 1 期，第 16—22 页。

❷ 数据来源于 2017 年中国共产党党内统计公报，引自共产党员网：http://news.12371.cn/2018/06/30/ARTI1530343889643695.shtml。

❸ 关于"组织弱化"的说法来自十九大报告："党支部要担负好直接教育党员、管理党员、监督党员和组织群众、宣传群众、凝聚群众、服务群众的职责，引导广大党员发挥先锋模范作用。坚持'三会一课'制度，推进党的基层组织设置和活动方式创新，加强基层党组织带头人队伍建设，扩大基层党组织覆盖面，着力解决一些基层党组织弱化、虚化、边缘化问题。"本章节所指的组织弱化是指自改革开放到 2017 年十九大召开之前这一时期，基层党组织所出现的"虚化、弱化、边缘化"问题。为便于写作，本书以"组织弱化"加以概括。

❹ 郝宇青：《加强基层党组织建设的政治逻辑》，《行政论坛》2018 年第 1 期，第 16—22 页。

❺ 《列宁全集》（第 14 卷），北京：人民出版社，1988 年版，第 249 页。

族伟大复兴的中国梦,广大党员就必须时刻走在前面、冲在前面。然而,J街道出现了"失联党员"和"隐身党员",党员先锋模范带头作用则无从谈起。

其一,社区存在"失联党员"。J街道有九千多名党员,其中,居民区党员占了七千多人。近年来,经过排查,J街道发现有一半左右的党员处于"失联"状态。于是,J街道于2016年❶在各个社区开始寻找"失联党员"。这些"失联党员"多是年轻党员,他们成长在改革开放后,受市场经济的影响,政治信仰不够坚定,不履行党员的义务和责任,比如不缴纳党费,不参加党小组会议,不过党组织生活。在这些"失联党员"中,有的党员从事自由职业,行踪"漂浮不定",还有一些党员去外地工作了,或者有的党员卖掉房子以后,没有转走组织关系。总之,是多种因素造成了党员的"失联",具体可以归因于两方面:一是市场因素冲击了部分党员的价值观念,其党性逐渐遭到侵蚀;二是部分党员入党动机不纯,立场不坚定,党员意识不强。党员的普遍"失联"导致党务工作难以开展,这就是社区党组织组织力弱化非常严重的一个表现,同时也是造成社区党组织组织力弱化的原因,因为"失联党员"使得社区事务工作的开展失去了凝聚群众和组织群众的主体。

其二,社区党员处于隐身状态。如果说社区"失联党员"是普遍情况,那么没有失联的社区党员在社区中是否起到了先锋模范带头作用呢?国内已有研究表明:"社区80%以上的党员'隐身',没有发挥作用。在社区生活的人们中,有6000多万人是共产党员。根据调查,社区的在册党员主要是退休工人、退伍军人、无职业者。经抽样推算,组织关系在社区的党员不到1200万名。这样算来,在社区生活的6000多万党员中,只有不到20%的党员在社区党组织有登记,而80%以上党员的组织关系不在社区,他们在社区既不需要显露其党员身份,也无须参加社区党组织活动,谈不上发挥先锋模范作用,实际上处于'隐身'状态。"❷"隐身党员"之

---

❶ 中共中央组织部下发文件:《中共中央组织部关于做好与党组织失去联系党员规范管理和组织处置工作的通知》(中组发〔2016〕30号),文件指出:"各地区各部门各单位党组织高度重视,精心组织安排,采取切实有效措施,全面梳理党员组织关系管理情况,对与党组织失去六个月联系以上的党员进行排摸查找,与绝大多数党员取得了联系。"J街道就在这一情况下对"失联党员"进行排摸查找的。资料来源于J街道党建服务中心。

❷ 高同星:《关于发挥城市社区"隐身"党员作用的思考》,《政治学研究》2012年第1期,第50—53页。

所以存在，可以归因于经济和个人心理两方面的因素。一个因素是，因为受到市场经济的发展的影响，人们迫于生存的压力，将自己的党员身份隐藏起来。"隐身党员"这一现象说明，许多社区党员并没有在社区的公共事务中亮出自己的身份，没有起到凝聚群众和组织群众的作用，更没有起到发挥先锋模范带头的作用，以至于群众根本没有觉察到自己身边的邻居或者朋友是党员。另一个因素是党员在心理层面上对党组织的认同感和归属感弱化。"隐身"是对党员身份的否认，他们不仅不能发挥先锋模范作用，而且还可能对身边的群众产生消极影响。一个党组织能够良好运行的结构性要素之一，就是拥有政治忠诚的党员。然而，"隐身党员"的大量存在则证明了社区党组织的组织力弱化。

第二，社区党组织的结构不合理和功能弱化。一般来说，政党都具有完整的组织结构，包括中央组织、地方组织和基层组织。列宁曾经说过，"党应当是组织的总和"。中国共产党按照马克思主义的建党要求，建立了一个包含中央组织、地方组织以及基层党组织在内的、严密的组织结构。这三个部分处于不同的地位、发挥着不同的职能和作用，共同体现出政党的性质和宗旨。值得注意的是，党的基层组织是整个党组织的"神经末梢"，基层党组织功能的发挥直接关系党的执政基础，深刻影响党组织的凝聚力和战斗力。随着市场经济的深入发展，J街道社区党组织的结构不合理和功能出现弱化，主要表现在两个方面：从静态层面来讲，J街道社区党组织的结构和功能弱化表现为社区党组织的人员结构设置不合理，比如人员不足、人员素质普遍较低和人员年龄结构不合理等；从动态层面来讲，J街道社区党组织的结构不合理和功能弱化表现为社区党组织在社区事务中的核心地位弱化，即社区党组织在社区事务中的作用"去核心化"。

其一，社区党组织的人员结构设置不合理。"党支部是党的基础组织，担负直接教育党员、管理党员、监督党员和组织群众、宣传群众、凝聚群众、服务群众的职责。"❶ 根据《中国共产党支部工作条例（试行）》，在社区中，凡是有正式党员3人以上的，都应当成立党支部。然而，现实的情况却是，成立一个党支部需要居委党总支部支配备相应的管理人员，因为党组织生活会议以及日常的一些活动，都需要有人出来组织和安排，这对于居委干部来说，是一件难以实现的事情。社区党组织的"人员不足、

---

❶ 《中国共产党章程》，北京：人民出版社，2017年版，第23页。

人员素质不高、人员结构设置不合理"这三方面的原因，导致社区党组织的政治功能和服务功能不能真正地落实。

其二，社区党组织作用在社区事务中的"去核心化"。中国共产党是中国唯一的执政党，它的性质决定了它最根本的功能是政治功能。❶ "基层党组织的政治功能，是指基层党组织贯彻党的路线方针政策，保持党的先进性和纯洁性，领导本组织内的党员，履行党的义务，保障党员权利，发挥党员的先锋模范作用以及党组织的战斗堡垒作用，确保执政党在基层执政基础坚实牢固。"❷ J街道社区党组织在政治上处于领导地位，但是市场经济的纵深发展，社会主体的多元化和社会利益的多样性，导致基层党组织在基层社会中的核心作用发生了变化。社区事务多是细致而具体的工作，体现的是社区党组织的服务功能，即服务群众、服务发展、服务民生。随着市场经济制度的推行，大量的社会组织兴起并蓬勃发展，它们为居民提供了多方位的服务，并且得到了居民的认可和好评。社区很多项目是政府通过购买服务的方式进入社区，居民接受服务之后，只记住了服务提供商这一社会组织，并不知道是党和政府在背后提供资源和力量支撑。近年来，J街道通过政府购买服务的方式，引入社会组织进入社区，社会组织在社区发挥的作用越来越凸显，居民对社会组织的认同感逐步增强。这从侧面折射出社区党组织作用的"去核心化"，即表现为社区党组织功能的弱化。

（二）动员能力弱化

一个国家中的社会运动主要会采取哪一种动员形式与该国家中的国家和社会的关系密切相关。❸ 不可否认的是，任何社会都存在社会动员，所不同的是内容和方式而已。❹ 自中国共产党成立以来，中国共产党对社会的动员包括组织动员、资源动员和思想动员。❺ 在改革开放之前的"总体

---

❶ 冯小敏：《增强基层党组织的政治功能》，《"'三个代表'重要思想与执政党建设"理论研讨会会议资料汇编》2001年6月。

❷ 范富、张盛华：《强化基层党组织政治功能研究》，《中共太原市委党校学报》2017年第5期，第3—7页。

❸ 赵鼎新：《社会与政治运动讲义》，北京：社会科学文献出版社，2012年版，第259页。

❹ 吴海琳、王晓欢：《"单位文艺"与国企动员——计划经济时期Y厂的个案分析》，《社会科学战线》2017年第8期，第186—195页。

❺ 彭红波：《中国转型期的国家动员研究》，北京：中共中央党校博士学位论文，2013年。

性社会"里,强大的社会动员能力来源于政治与社会在结构上的一体化,即国家权力全面渗透社会生活,对社会形成强大的管理,在这种渗透和管理中,国家与社会"合为一体"。然而,随着政治经济体制的改变以及社会环境的变化,对于基层社区治理而言,中国共产党的基层党组织在动员社会的过程中出现了弱化的现象,具体表现在思想动员失效、资源动员失灵、组织动员失宜。J 街道在社区治理的组织再造过程中也面临着同样的问题。

第一,思想动员失效。思想动员是指政党、国家和社会团体等组织发动、组织社会成员个体参与的、有一定规模的、集体的乃至全社会的实践活动,要求社会成员个体或者群体行动具有很高的协同性,即促使社会成员群体协调统一行动,从而使社会成员达成思想共识,形成群体精神动力。❶ 任何群体都有一定的群体精神,在群体精神结构中,"正确的价值观念、明确的发展目标、良好的行为规范、浓厚的群体情感、活跃的精神氛围、统一的意志行动,将有效地动员群众、组织群众,团结群众,增强群体的凝聚力和原动力,极大地促进群体主体的实践活动,推动群体事业的发展"。❷ 中国共产党"通过自己的政策主张和竞选纲领动员民众。"❸ 不管何种内涵的社会动员,也不管何种方式的社会动员,思想动员是其前提和基础。❹ 然而,伴随个体化社会的来临,现代化转型期民众的社会价值观念多元化、民众的权利意识增强,中国共产党在革命和计划经济时期建立起来的共产主义意识形态宣传功能部分失效,集体主义观念遭到"金钱逻辑"的冲击,逐步趋于淡化。同时,社区党员不太愿意参加党组织的各项活动,政治仪式感弱化。由此可见,在社区公共事务中,J 街道党组织面临思想动员的难题,即思想动员失效。

其一,集体主义观念淡化。中国共产党在革命和建设时期,意识形态发挥了极为重要的作用。集体主义确立起个人与集体的关系,即个人服从集体,为实现集体的利益而牺牲个人利益,在这种意识形态下,集体主义为社会成员所接受,能充分调动全体社会成员参与到社会主义建设中。集

---

❶ 甘泉、骆郁廷:《社会动员的本质探析》,《学术探索》2011 年第 6 期,第 24—28 页。
❷ 骆郁廷:《精神动力论》,武汉:武汉大学出版社,2003 年版,第 166 页。
❸ 燕继荣:《政治学十五讲》(第二版),北京:北京大学出版社,2013 年版,第 166 页。
❹ 彭红波:《贫困治理中党建扶贫中的内在机制及深化路径》,《行政与法》2017 年第 12 期,第 59—68 页。

体主义意识形态在一代人的身上打下了烙印。无私奉献、乐于助人、服从集体的观念，让他们感恩生活，与人为善。恰恰是具有这种精神的人走进社区，把自己的正能量带到了社区。然而，受市场经济"洪流"影响的居民，大部分只关注自己的私人领域，忽视或者无视集体的利益。因此，较之于计划经济时期的意识形态宣传和教育民众致力于社会主义事业建设，思想动员的作用式微。

其二，政治仪式感弱化。社区党员包括在职党员和退休党员。在职党员的党组织关系在单位，所以，他们在单位参加党组织活动。J街道的社区退休党员参加党组织活动的情况不尽如人意，这是政治仪式感弱化的表现。党员是一种政治身份，党员参加党组织生活是一种政治象征。政治象征体系是政治体制的重要组成部分，因为政治象征体系是进行政治动员、政治行为合理化、权力合法化的重要工具。政治仪式则是政治象征的具体化，体现出政治生活的神圣性和严肃性。然而，在社区中，政治象征、政治仪式在社区党员的政治生活中极度弱化。党员作为一面旗帜，是社区治理的先锋，他们的思想引导着群众的行为。正如恩格斯所认为的，人的行动的一切动力，都一定要通过人的头脑，成为头脑中反映和意识的动力，才能推动人行动起来。这种动力就是精神动力，精神动力对人的一切活动产生推动作用。因此，要动员社会成员参与重大的社会实践活动，核心是要进行思想动员，即影响和改变社会成员的思想和心理状态。充分调动社会成员的积极性、主动性、创造性，形成与实践活动方向一致并能有效促进这种实践活动的精神动力。只有形成了与动员方向一致的精神动力，才能进一步有效引导社会成员积极参与到动员所倡导的社会实践活动之中。❶事实证明，社区党员的集体观念淡化和政治仪式感弱化反映出社区党组织思想动员失效，即社区党组织的动员能力失效。

第二，资源动员失灵。马克思在他早期所著的《神圣家族》一书中指出："'思想'一旦离开'利益'，就一定会使自己出丑。"❷市场经济的发展，驱使居民去"市场"上寻求更多的资源。以前的居委工作都是社区"婆婆妈妈们"的活儿，但是J街道于1996年向社会公开招聘了一批企业的员工进入社区，2007年开始招聘第一批大学生进社区，社区工作人员的

---

❶ 甘泉、骆郁廷：《社会动员的本质探析》，《学术探索》2011年第12期，第24—28页。
❷ 《马克思恩格斯全集》（第二卷），北京：人民出版社，1957年版，第146页。

素质和水平在提高。这一批进来的大学生有十几个人，年龄均在三十岁左右，都很年轻。有的是刚刚从大学毕业出来的，有的是大学毕业后在企业工作几年，然后从企业里面出来，进入到社区工作的人。他们刚进社区，满怀激情和希望，希冀在社区这个平台上一展"抱负"。然而，2007年那一批大学生大部分都选择了离开社区。曼瑟尔·奥尔森指出，每个人都是追求自身效用最大化的理性人，参加集体行动也是为了实现自身效用的最大化。❶ 可见，随着市场经济的发展和社会环境的变化，J街道党组织培养基层干部队伍以及在动员居委干部方面出现了严重的资源动员弱化问题。同样地，"体制内"的居委干部尚且无法发挥资源动员的作用，对于普通民众来说，资源动员的效果就更显得微乎其微了。

第三，组织动员失宜。随着市场经济的发展，中国的总体性社会逐步分化，单位制作为城市控制机制的组织载体已经解体，社会流动性加大，个体原子化程度加剧，这些因素使得国家的控制能力相对弱化。❷ 社区制是继单位制解体之后，中国城市社会治理出现的又一种组织载体。单位解体之后，社会个体呈现出"原子化"的状态，能承载"原子化"个体的组织载体便是社区，因为个体必须有一个自己独立生存和生活的空间。然而，社区的复杂性和异质性形成了居民之间的"陌生"关系，尽管社区居民在日常生活中交往，彼此产生互动，但形成的社会关系并不稳固。同时，现代社会的流动性加大了国家对"原子化个体"控制的难度，所以，国家通过大力推动社区建设来承接社会管理职能，但在实践中并没有起到很好的组织作用。居委会是作为国家的"代理机关"进入社区，但是它并不能完全承担起组织居民的责任。如果居委会无法发挥一个自治组织的功能，不能调动居民的积极性，不能让居民有一种主人翁的意识去处理自己小区事务，那么，居民是不可能站在"政府"的角度去"费时费力"的。换言之，居委会的组织动员能力处于弱化的状态。基于社会环境的变化以及党员个体素质的差异，党员对社区工作处于一种"游离"，或者说"不在意"的状态，因为没有硬性的奖惩制度对他们形成制约和约束。因此，社区党组织的组织动员能力在很大程度上出现了弱化。

---

❶ 〔美〕曼瑟尔·奥尔森：《集体行动的逻辑》，陈郁、郭宇峰、李崇新译，上海：上海人民出版社，1995年版。

❷ 彭红波：《中国转型期的国家动员研究》，北京：中共中央党校博士学位论文，2013年。

（三）贯彻能力弱化

基层党组织的贯彻能力是指基层党组织团结带领群众贯彻党的理论和路线方针政策，落实党的任务的能力。❶ 贯彻能力之于基层党组织的组织力，是最终的落脚点和着力点。中国实行的是一种压力型体制❷，这种压力型体制对于基层组织和基层干部产生了很大的影响。中国的政治体制在运转过程中往往是上级机构以派发任务的方式把工作交给下级机构，导致基层的工作"超负荷"。❸ 加之，基层工作面临上级考核的要求，导致基层组织并不能按质按量地完成上级分派的任务，从而出现了贯彻能力的弱化。具体而言，基层党组织贯彻能力"打折扣"的原因在于：社区党组织和居委会"分工不分家"导致行事低效；基层干部对社区事务进行"选择性应付"。

一方面，社区党组织和居委会"分工不分家"导致行事低效。我国是人民民主专政的国家，人民是国家的主人。中国共产党是我国社会主义革命和建设事业的领导核心，中国共产党带领全国各族人民一起致力于社会主义现代化建设。中国共产党的十九大报告指出，"党政军民学，东西南北中，党是领导一切的"，❶ 更加突出和强调党在国家和社会各项事务中的核心领导地位。对于城市社区治理而言，社区党总支和居委会虽然是两个不同的职能部门，但是在实际工作运行中，存在"分工不分家"的现象，也就是"一套班子、两块牌子"现象，党的事务和行政事务被置于一个领导班子下，这样就不可避免地造成了党务部门和行政部门之间的事务不明

---

❶ 郝宇青：《加强基层党组织建设的政治逻辑》，《行政论坛》2018 年第 1 期，第 16—22 页。

❷ "压力型体制"是指在中国政治体系中，各级党委、政府为了加快本地社会经济发展，完成上级下达的各项命令和任务，而构建的一套把行政命令与物质利益、职位晋升相结合的工作机制的组合。参见杨雪冬：《市场发育、社会成长和公共权力构建》，郑州：河南人民出版社，2002 年版，第 107 页。

❸ "压力型体制"实质上是一种数量化的任务分解机制，自上而下的干部考评机制，最初主要是用于描述中国地方各级政府为了完成经济任务而将任务指标量化，并将量化的任务指标层层分解到下级部门和个人，为确保任务完成，层层签订责任状或制定严格的考核程序，这种自上而下通过评价考核产生压力的体制就叫压力型体制。参见荣敬本、崔之元、王拴正等：《从压力型体制向民主合作体制的转变——县乡两级政治体制改革》，北京：中央编译出版社，1998 年版，第 28 页。

❶ 习近平：《决胜全面建成小康社会 夺取新时代中国特色社会主义伟大胜利——在中国共产党第十九次全国代表大会上的报告》，《人民日报》，2017 年 10 月 18 日。

确和权责不清晰，由此而导致社区公共事务在执行和贯彻的过程中出现了"踢皮球"的现象。在社区层面，居委会党总支和居委会主任是两个不同部门的领导人，他们分管事务的性质具有很大的差异。然而，在现实中往往出现居委书记和居委主任之间"相互推诿、相互扯皮"的现象。这一现象必然会导致社区事务工作得不到有效落实。在"党建引领社区治理"的理念指导下，居委书记已经是社区制度规定下的"一把手"，但不可否认的是，居委主任和居委书记之间在具体社区公共事务的贯彻和执行过程中，还存在"分工不分家"的行事低效的现象。概言之，居委书记和居委主任"分工不分家"导致了"行事低效"，社区公共事务未能得以执行，这是基层党组织贯彻能力弱化的体现。

另一方面，基层干部对社区事务进行"选择性应付"。在 J 街道的基层社区事务中，居委干部普遍存在"应付"的心理。当然，这种"应付"的心理是基于对具体事务进行分类的"选择性应付"。❶ 社区党组织的功能主要包含政治功能和服务功能两部分。对于社区公共事务来说，社区党组织坚持党的领导和贯彻落实党的路线方针，能按部就班地达到上级的要求，就算是完成了政治任务。至于实施的效果如何，则基于政治事务的重要性而言。也就是说，这种"选择性应付"具有一定的灵活性。有研究者认为，从法律规定来看，基层的公共事务条目达到了 104 条之多。❷ J 街道也同样存在这样的情况，即"选择性应付"，这种现象成为 J 街道党组织贯彻能力得不到很好体现的一个重要因素。

在 J 街道爱辉社区调研期间，笔者参与了社区日常工作的开展，跟着居委书记一起开会，与居委干部一起走访居民家庭，就社区发生的各种公

---

❶ "选择性应付"是指某些城市社区居委会有选择地采取各种办法应付上级派发的各种工作的现象。具体内容参见杨爱平、余雁鸿：《"选择性应付"：社区居委会行动逻辑的组织分析——以 G 市 L 社区为例》，《社会学研究》2012 年第 4 期，第 105—126 页。该文通过构建街道办（政府）、居委会、居民三者间行动逻辑和策略选择的理论框架，通过分析得出如下结论：其一，居委会组织内部人力、财力、权力、时间等资源的极度短缺，造成了居委会协管能力严重不足，作为"弱者"，居委会只能以应付的方式来完成上级政府的超负荷工作。其二，在职责同构和压力型体制的行政环境下，上级政府尤其是街道办事处迫于向居委会寻求政绩支持的需要，默认乃至容忍了后者的选择性应付行为。其三，辖区居民受经济理性的影响，只关注居委会能否回应和解决居民事务的基本诉求，对于居委会的选择性应付行为采取了听之任之的冷漠态度。因此，居委会的选择性应付行为便有了重复发生的生存土壤。

❷ 杨爱平、余雁鸿：《"选择性应付"：社区居委会行动逻辑的组织分析——以 G 市 L 社区为例》，《社会学研究》2012 年第 4 期，第 105—126 页。

共事务进行了深入交流，和他们一起处理社区发生的大小事务。都说社区公共事务是"小事政治"，这小事政治被若干"条线工作"所囊括。学界已经有研究者对社区公共事务做了分类，即分为政治性事务、行政性事务和民众性事务。笔者在前人研究的基础上、结合相关法律法规和调研情况做了进一步的细化，J街道社区公共事务主要内容如表1-2所示。

表1-2　J街道社区公共事务汇总

	法律规定	实际执行
政治性事务	宣传宪法、法律、法规和国家的政策；开展社会主义精神文明建设活动	党务工作、党建活动、模范评选、道德教育、文件学习、自治选举等
行政性事务	协助维护社会治安；协助人民政府或者其他派出机关做好与居民利益有关的公共卫生、计划生育、优抚救济、青少年教育等工作	教育、卫生、科技、妇女、少年儿童、老年、治安、计划生育、民政等各条线布置的统计、通知、协助等任务
民众性事务	办理本居住区居民的公共事务，公益事业；维护居民的合法权益；调解民间纠纷；协助维护社会治安；向人民政府或者其他派出机关反映居民的意见、要求和提出建议	开具各种证明、进行卫生整治、组织文体活动、调解居民纠纷、进行治安巡逻、争取民政补助、争取惠民项目、管理集体资产等

资料来源：访谈以及相关法律法规

从表1-2即可看出，基层社区工作"多如牛毛"，而社区居委干部人力资源有限，每位居委干部除了负责自己所管辖的"条线工作"以外，还要参与整个社区的大型活动，抑或代表社区去参加街道或者市级、区级层面的活动。在这种情况下，居委干部所管理的"条线工作"就会受到一定程度的影响。居委干部会在"形式上"完成自己的条线任务，表明这项任务还是"硬指标"，因为街道会派人来检查。而对于"能混就混过去"，则属于"软指标"，这种指标不在必须检查的范围之内，或者说不是抽查的项目。所以，居委干部会根据自己所负责的条线进行一定的分类，分辨出"轻重缓急"，以此来安排自己的工作任务。这种做法是对上级分派任务的

"变通"❶，上级部门在一定范围内也"默认"这种情况的出现，从而出现了街道和社区的"共谋"现象❷。然而，随着党的工作重心下移，社会利益和社会矛盾日益集中在基层社区爆发，有时候由于基层干部的"选择性应付"，一些具体的事务没有得到执行和落实，有可能造成居民利益"被践踏"或者"被忽视"，这无疑是与加强基层党组织建设的目标相背离。因此，"选择性应付"是基层党组织贯彻能力弱化的一个重要表现。

综上所述，社区党组织在社区治理中组织能力、动员能力和贯彻能力出现了一定程度的弱化，导致社区事务不能及时有效地处理，不利于居民对美好生活的追求以及社区治理能力的提高。与此同时，居民之间的横向联系淡化也是造成社区治理难题的缘由之一。

二、居民之间的横向联系淡化

在 J 街道从"单位社区"向"多元社区"转型的过程中，基于单位的业缘而建立起来的居民横向联系淡化，社会个体"原子化"现象凸显。如何通过社区来构建起居民之间的横向联系，成为党政部门的重要工作。1985 年，民政部第一次在全国城市工作会议上提出开展"社区服务"工作。从 1995 年第四季度到 1996 年第一季度，上海市委组织了一次社区管理和基层政权建设的大型调查研究，形成了调查研究总报告和一批专题报

---

❶ 在基层公共事务中，基层政府常常运用"变通"的策略执行公共事务。孙立平、郭于华的研究表明，在征收农业税时，村干部往往不是使用正式制度的语言，而是用非正式关系这种"变通"方式来说服农民，这说明灵活的"变通"在政策执行过程中起着重要作用。参见孙立平、郭于华：《"软硬兼施"：正式权力非正式运作的过程分析——华北 B 镇定收粮的个案研究》，厦门：鹭江出版社，2000 年版。应星在研究农民上访现象时注意到，基层干部一般采取"变通"国家政策和上级指示来解决或缓和基层问题与冲突。参见应星：《村庄审判史中的道德与政治：1951—1976 年中国西南一个山村的故事》，北京：知识出版社，2009 年版。周雪光在研究中国基层政府间"上有政策、下有对策"的各种政策执行做法时，发展出基层政府间"共谋"的概念，并从政府组织制度的三个悖论，即政策一统性与执行灵活性的悖论、激励强度与目标替代的悖论、科层制度非人格化与行政关系人缘化的悖论，对此现象做出深入的解释。参见周雪光：《中国国家治理制度的逻辑：一个组织学研究》，北京：生活·读书·新知三联书店，2017 年版。艾云等人的研究也对基层组织"应付"上级部门的考核检查进行了研究。上述学者的研究使用了"变通""共谋""应付""选择性政策执行"等概念，但是都在一定程度上有了一致的结果，即"应付"行为之所以产生，主要是因为监督、激励制度与组织目标和组织环境等的不兼容。参见艾云：《上下级政府间"考核检查"与"应对"过程的组织学分析——以 A 县"计划生育"年终考核为例》，《社会》2011 年第 3 期，第 68—87 页。

❷ 周雪光：《中国国家治理制度的逻辑：一个组织学研究》，北京：生活·读书·新知三联书店，2017 年版。

告。1996年3月27日，上海市委、市政府召开上海市城区工作会议。时任上海市委书记的黄菊同志在会上作关于《加强社区建设和管理，不断提高城市现代化管理水平》的讲话。他提出，1996年上海加强社区建设和管理总的要求是：明确具体目标，突出工作重点，解决薄弱环节，落实相应措施，取得实际成效。广大街道、居委会干部要进一步增强责任感，进一步加强学习，不断提高政治素质、业务水平和管理能力，把上海社区建设和管理的各项工作提高到一个新水平。❶

黄菊同志在讲话中，提到了"广大街道、居委干部要进一步增强责任感，进一步加强学习，不断提高政治素质、业务水平和管理能力"，这意味着黄菊同志重视基层干部的政治素质和能力。笔者在调研过程中，遇到了一批居委书记和居委会主任，他们就是1996年通过社区招聘考试进社区工作的，这一批居委干部具有一个特点，即他们在以前的工作岗位上当过领导，具有一定的管理和领导能力，而且他们基本上都是党员。1996年考进社区的这一批居委干部，都是享受事业编制待遇的。除此之外，长期在社区工作的居委干部，也享有特殊的待遇，即连续在社区工作十五年的居委书记可以转为事业编制。已经退休的居委书记邹晓梅回忆说：

"1996年，一批人考事业编制考进来的，好像就是黄菊市长在的时候，就这个时候考进来一批。好在，黄菊书记当时对社区工作很重视，当时市里开了社区工作会议，社区工作会议对我们这些在社区工作的居委干部很重视。我们当时没有编制的，但是我在这个工作岗位年限满十五年了，给事业编制。编制就这样解决了，那么待遇就上去了，从三十几元到两百、三百元，完了在岗位上面再努力一点，就可以升副科，正科。"❷

邹晓梅同志认为，1996年上海市委召开的城市社区会议，不仅给他们个人提供了福利待遇和上升的职业空间。更为重要的是，上海市已经开始重点关注社区工作了。这是经济社会发展的客观要求，也是加强基层党组织建设的必然结果。

1998年9月27日，上海市委组织部印发《关于进一步推进社区党的

---

❶《上海市年鉴》（1997年），引自上海市政府网：http://www.shtong.gov.cn/Newsite/node2/node19828/node19886/node19894/node23159/userobject1ai62254.html。

❷ 访谈编码：20180424ZXM。

建设工作的意见（试行）》（下文称《意见》）。《意见》就社区党建工作的指导思想和主要目标、进一步加强社区党的基层组织建设、丰富和健全社区党员活动、重视社区党组织的自身建设、发挥区（县）委对社区工作的领导作用等问题作了规定。❶ 可见，社区党建已经提上了上海市委组织部工作的日程。2000年时J街道所辖的居民区已经不再具有传统的"单位社区"同质化程度很高的特征。从"四大金刚"走出来的单位成员，有一部分去非单位组织寻找新的工作，有一部分人则因不具有适应市场经济发展的技能而长期处于失业状态，这部分人就成为单位社区解体之后，政府需要特别关注的群体。不同类型的社区居民在年龄、学历和文化等方面存在显著差异，由此也导致了居民主体利益复杂性和多元性的特点，这无疑加大了社区治理的难度。然而，由民政部推进的社区建设从1996年起步，社区的各项工作都处于探索之中。社区作为承接单位制解体之后"单位人"转向的"社会人"的组织载体，如何发挥组织功能，将社区的各个居民有效地组织起来，建立起居民之间的横向联系，则成为社区治理面临的一个关键问题。

综上所述，社区党组织的弱化和居民之间的横向联系淡化共同造成了社区治理的困境。正如安东尼奥·葛兰西所指出的："危机正好出现在这样一种情况下，一方面，年暮之人已行将就木；另一方面，新生代却迟迟不能降生。在这一间隙，各种各样的病态征兆大量涌现。"❷ 这句话在一定程度上可以反映我国转型期在政治、经济、文化和社会等方面呈现出来的复杂情况。中国共产党是中国社会主义事业建设的核心领导力量，它指引着中国社会变迁的方向。在面临社会转型以及自身内部组织力弱化的情况下，如何加强党的建设，以应对这些情况及其带来的问题，就显得尤为重要。

---

❶ 参见《关于进一步推进社区党的建设工作的意见（试行）》（沪委组（1998）568号）。引自上海政府网 http://www.shtong.gov.cn/Newsite/node2/node19828/node19945/node19953/node27287/userobject1ai58655.html

❷ 〔意〕安东尼奥·葛兰西：《狱中札记》，曹雷雨、姜丽、张跣译，郑州：河南大学出版社，2014年版，271页。

第二章 萌芽与发展:城市社区治理中组织再造的初步探索

> 我们怎样把进步所必需的那种程度的个人主动性和生存所必需的那种程度的社会凝聚力结合起来?从人性中的各种冲动入手,正是这些冲动促使社会合作成为了可能。
>
> ——[英]伯特兰·罗素:《个人与权威》

"城市社会治理的难点在社区治理。而在社区治理中,最受关注的议题始终是社会多元力量如何在社区层面上实现合作治理。"❶ 随着社会主义市场经济的推行,社会活力得以释放,大量的社会组织蓬勃发展,尤其是广受关注的社区团队在社区治理过程中发挥了巨大的作用,引起了市、区以及街道三级层面的关注。进入 21 世纪以来,J 街道通过"社区团队"这一基层党建工作抓手,开始酝酿和筹划"组织再造"。❷ 首先,社区工作人员挖掘社区里各种各样的团队,掌握团队运转的基本情况。其次,根据 J 街道社区治理的需要,培育一批满足居民需求和社区治理需要的社区团队。于是,J 街道的"组织再造"开始进入初步探索的阶段。

---

❶ 李威利:《党建引领的城市社区治理体系:上海经验》,《重庆社会科学》2017 年第 10 期,第 34—40 页。

❷ J 街道以社区团队作为党建抓手的具体时间节点尚不明确。根据 J 街道正式文件的记录,居民区"团队党建"实施时间是 2007 年,即 J 街道在居民区开始进行组织再造的时间。然而,根据笔者的调研情况来看,事实上,社区团队在社区治理中发挥作用要早于 2007 年,党的力量已经影响到社区团队的发展,但没有形成制度化和常态化的"团队党建"格局。J 街道建成于 2000 年,因此,笔者初步推断 J 街道在社区治理中的组织再造萌发时间为 2000 年至 2007 年之间。

第一节 自发形成的社区团队

理论源于实践。在J街道推行组织再造的方案之前，J街道党组织发现居委会已经运用社区团队的力量开展社区治理工作。这些社区团队基本上是自发形成的，居民基于自己的兴趣爱好而加入了不同的社区团队。社区团队利用自己的团队专长或者优势，积极地寻求社会资源，谋求自身的生存与发展。与此同时，它们在社区治理中不断凸显出它们的优势和力量，为社区治理注入了活力。

一、"趣缘"组队：横向纽带联结

在传统中国社会中，人与人之间的社会联系是基于血缘而建立起来的。费孝通认为，传统中国是一个乡土社会的国家，乡土中国呈现出来的是一种"差序格局"。他是这么描述传统的乡土中国的："我们的社会结构本身和西洋的格局是不相同的，我们的格局不是一捆一捆扎起来的柴，而是好像把一块石头丢在水面上所发生的一圈圈推出去的波纹。"[1]费孝通认为这个差序格局具有伸缩性，它可大可小，大到像一个国家，小到像一个家庭。西方社会的团体格局在中国是不存在的，所以，中国乡土社会是没有团体的。中国乡土社会中最基本的社群，具有"家"的性质。因此，中国的社群是在基于血缘关系的"家"的基础上而扩展开来的，比如宗族、氏族。可见，在传统中国社会中，人与人之间的横向联系是基于血缘和地缘而建立起来的。中华人民共和国建立以后，中国共产党为重建社会秩序，采用了革命时期"支部建在连上"的军事管理办法，在城市和农村，建立大大小小的各种各样的"单位"。中国共产党通过将"党支部建在单位"，实现了对社会的整合，巩固了政权，维护了社会秩序。"支部建在单位"是在计划经济时期特殊的时代背景下出现的，整个社会的横向联系呈闭合状态。随着市场经济的推行以及单位制的解体，单位成员之间的"业缘"横向联系开始消失，社会成员散落到社会各个角落，呈现出"社会原子化"的状态。在这种情况下，中国共产党找到了"社区"这一组织载体，将社会成员再次整合起来。然而，如何构建社会成员之间的横向纽带

---

[1] 费孝通：《乡土中国》，北京：人民出版社，2008年版，第28页。

联系，就成为中国共产党，尤其是基层党组织需要解决的重大问题。

当然，社会具有一定的自我调适和修复的功能。当单位制解体，单位成员关系不复存在时，社区成员因"趣缘"走到了一起，他们自发组织团队，比如舞蹈队、沪剧队、合唱队、读报班、时装队、电子琴班、日语班、英语班、巡逻队、马路队等，这些团队是因个人兴趣和爱好而组成的。在社区治理方面，有一些居民因特别关注并积极参与社区公共事务，组成了治理型的社区团队，比如后文谈到的"跳舞鱼团队"。这些自发形成的社区团队，不仅丰富了居民的社区生活，还给社区治理提供了很多良言良策。"风之韵"舞蹈队的负责人何珍说：

"我1967年参加工作，在汽轮机厂做党务工作。2002年退休以后，就在小区成立了舞蹈队，起初就是小区的退休妈妈们在一起跳舞，锻炼锻炼身体，但是我这个人嘛，做什么事情都要做好，要么不做，要么就要做出特色。我在单位上班的时候也是积极分子，我当时负责我条线上的党务活动，我做出来那就是和其他条线不一样，给人家眼睛一亮的感觉。所以，在小区跳舞的队伍很多，流动性很大，但是我这个舞蹈队的人很稳定，她们觉得我选的舞蹈跳出来好看。还有，我的队友们和我一样，当楼组长、志愿者。"❶

何珍这段话体现了两个内容：一方面，何珍是J街道的一个"名人"❷，她对舞蹈队的要求很高。另一方面，在何珍的舞蹈队里，许多队员都在为小区做贡献，比如当志愿者、楼组长或者党员骨干。何珍是一个老党员，她二十岁加入了中国共产党。另外，由于她父亲是某大学的校长，她从小就接受了严格的家教，从小立志成为一名对社会有所贡献的人。她具有乐于奉献和勇于担当的精神。她说：

"这可能和我的性格有关系，我做事情向来要求完美。每一件事情交到我手上，我就会做出与众不同的效果出来。"❸

---

❶ 访谈编码：20180510HZ。
❷ 何珍是J街道一位非常有名的社区"团队领袖"，她带领"风之韵"舞蹈团队在上海市、区级层面多次表演，并且获得了好评。另外，她还是J街道"宣讲团"成员，口才出众，演说能力强，能从日常生活的小事中发现"正能量"。同时，还能将党和国家的一些政策通过表演和演讲的形式，宣传给居民们。
❸ 访谈编码：20180510HZ。

在 J 街道有很多舞蹈团队，他们大多是居民自发形成的，有着广泛的群众基础。但是，何珍的"风之韵"舞蹈团队却是独一无二的，"风之韵"舞蹈团队不仅在 J 街道和区里参加演出，还曾代表 J 街道参加上海市的比赛，获得了金奖。用党建服务中心薛绰英主任的话说："风之韵"是一支具有专业水平的业余舞蹈团队，她们每一次演出都跳出了专业水准。更重要的是，这是一支拥有广泛群众基础和具有良好口碑的社区团队。

二、自力更生：寻找社会资源

独立自主之于一个组织的重要性是不言而喻的。任何一个群体要谋求生存，除了有外部的援助之外，主要是靠自己的力量去求生存。J 街道有很多自发形成的社区团队，它们在刚成立的时候，完全依靠自己的力量，维持整个团队的正常运转。前文提到的"风之韵"舞蹈队创始人何珍，热爱跳舞、刺绣、画画、看书。退休前，她在汽轮机厂从事党务工作。她介绍了舞蹈队成立初期的情况，她说：

> "起初，我们舞蹈队的运转，大家每年交十元钱，一起买衣服。但是我看十元钱也买不到好衣服，所以，我就带着舞蹈队去外面表演，出去拿赞助，购买舞蹈的衣服以及作为外出表演的活动经费啦，有的出演单位每次会有一笔表演活动经费，所以，我们基本上都能把活动搞得很精彩的。所以，我们舞蹈队穿的舞蹈服装都很漂亮，而且买的都不差。经过这么多年的积累，我们每表演一个曲目，就会有相应的服装匹配。"❶

何珍是一个非常随和热情的人，她的个人魅力影响着整个团队成员。一个团队有什么样的"领袖"，就会变成什么样的团队。"团队领袖"在引导团队发展的过程中起着至关重要的作用，甚至关乎一个团队的存亡。像"风之韵"这种自发形成的团队多到无法统计。J 街道党建服务中心薛绰英主任说：

> "社区团队的数量不好统计，去年，我们接到搞'团队党建'十周年的活动，曾经对各个社区的团队摸过一次底，很多团队有时候形成没几天，因为团队领头人搬家就散了，或者团队之间的流动性很

---

❶ 访谈编码：20180510HXY。

大，很多成员去了其他团队，或者有的团队负责人年龄太大了，'后继无人'了，这样的团队就自动解散了。自发形成的团队很多，随时随地都在产生。"❶

笔者采访的第二个自发形成的团队是如云社区的"读报组"，负责人是八十九岁的杨南希。笔者能采访到杨南希老先生，是因为J街道举办的"邮票党课"❷。2018年4月13日，J街道围绕改革开放四十周年举办一系列"邮票党课"，党建办公室主任方文兵和党建服务中心主任薛绰英邀请了上海市邮票协会的理事朱建刚来商讨如何把这次"邮票党课"上好。2017年年底，J街道已经为这场"邮票党课"打响了"名号"，舆论造势出来的效果很好，备受M区的关注。薛绰英主任准备做一个红色路线或者类似专题的项目，请专门的设计人员进行策划。她说：

"我们这次活动，去共建单位里面找人讲，成立讲师团。一定要做得专业，把活动做出效果来，内容要围绕改革开放四十周年来谈，把我们国家的辉煌成就展示出来，也要把我们J街道的历史变迁及其新变化凸显出来。"❸

薛绰英主任是"讲师团"❹的成员。这次"邮票党课"的主题是"纪念改革开放四十周年"，同时，也融入了区域化党建的内容。2018年6月11日，爱辉社区居委书记蔡诚给社区党员和其他居民申请去党建服务中心听"邮票党课"，笔者随同社区干部和一群老党员、志愿者以及其他居民一同前往党建服务中心。这次"邮票党课"是由锅炉厂的一名讲师团成员上课，这位讲解员从纵向的历史维度，用图片、文字和视频的形式来反映J街道因时代变迁而发生的变化，以及这些变化为今日J街道的发展积淀的坚实基础，包括经济、文化和社会等领域的现代化建设。第二次听"邮票党课"是2018年6月27日，薛绰英主任是主讲。正是在这次"邮票党课"上，经金天朗书记的介绍和推荐，笔者认识了J街道第一个自发形成

---

❶ 访谈编码：20180316XCY。

❷ "邮票党课"是把邮票当作一种教学载体，将邮票中蕴含的寓意与党建的内容结合起来，这是一种颠覆传统党课的讲授方式。党课的形式日益多样化，比如有"喜剧党课""电影党课"等，邮票党课是J街道党课的一种创新形式。

❸ 访谈编码：20180425XCY。

❹ 这里的"讲师团"是指J街道党组织从党政机关、社区和共建单位选拔一批优秀骨干，宣传党的路线方针政策。

的"读报组"负责人杨南希。杨南希住在如云社区,退休以后,在如云社区居委党支部任委员。这位老党员退休以前,就喜欢读书看报。他进入社区工作后,依然保持"读报"的习惯。但是,他看到小区很多和他一样的老人,每天"宅"在家里,无所事事。为了老人们的健康,他想着怎么样让小区的老人们"走出家门"。于是,在小区成立"读报组"的想法萌生,他邀请三五好友和他一起读报。久而久之,这种自发的读报会,每周三下午一点半到三点半在居委会活动室开展,几个固定不变的核心成员带领居民一起读报。于是,这种自发形成的"读报会"变成了一种有组织的活动。杨南希说:

>"我自己有这个兴趣爱好,没有这个读报组,我也会坚持读报。有了这个读报组,我就更要读报了,我每年都要自己掏腰包订阅几十份报纸。自己提前都阅读好,然后和大家一起交流、互动。老人只有多'走出家门',才能身心愉快。尤其是像我们这种老年人居多的小区,更要多搞一些活动。"❶

杨南希说到的自己"掏腰包订阅几十份报纸",就是"独立自主"的表现。正是因为读报这一活动,老年人不仅获得了精神上的愉悦,还增进了与邻里之间的感情交流。后来,在社区团队的培育期间,读报组被J街道推广到其他社区。

综上所述,我们可以看到自发形成的社区团队,基本上是在居民的兴趣、爱好、需求和利益等因素的作用下所形成。他们没有固定的活动场地,没有固定的经济资源作为保障,他们的人员不断地流动,因此,自发形成的团队没有组织的纪律性和约束性。但是,我们依然能看到,自发形成的社区团队对社区治理产生的积极影响,在"组织群众、动员群众、宣传群众和凝聚群众"方面起到了很大的作用。所以,J街道对自发形成的社区团队进行了全面摸底后,掌握了居民们的需求和愿望,培育出来了一批带有"正能量"的社区团队。

第二节 社区团队的培育途径

自发形成的各种各样的社区团队,以不同的方式活跃在J街道的社区、

---

❶ 访谈编码:20180627YNX。

公园、学校、马路、商业街等活动场所,他们的身影时常映入居民的眼帘,在居民们的脑海里留下了深刻的印象。当然,更值得一提的是,他们吸引了社区工作者和党务工作者的眼球。社区活动的开展以及党务工作的安排,可以通过社区团队的骨干或者党员去宣传、动员和组织。因此,社区团队在社区治理中起到了"组织群众、宣传群众、动员群众、凝聚群众"的作用。然而,社会处于不断的变化和发展中,社区居民的需求也是变动的。市场经济的发展,推动了居民对自身利益的关注和追求,他们也更加重视自身利益在社区治理中得到满足和实现。因此,J街道以居民需求为导向、与社区治理相结合,培养了一批优秀的社区团队。

一、以居民需求为导向

马克思指出:"思想、观念、意识的生产最初是直接与人们的物质生活,与人们的物质交往,与现实生活的语言交织在一起的。人们的想象、思维、精神交往在这里还是人们物质行动的直接产物。表现在某一民族的政治、法律、道德、宗教、形而上学等的语言中的精神生产也是这样。"❶ 随着市场经济的深入发展,生产力水平提高,物质财富极大丰富,居民已经能够满足自己的物质生活需求,摆脱了"对物的依赖",在生活品质和精神层面有了更高的追求。2017年10月28日,党的十九大报告指出:"中国特色社会主义进入新时代,我国社会主要矛盾已经转化为人民日益增长的美好生活需要和不平衡不充分的发展之间的矛盾。"❷ 社区治理作为国家治理的基础和末梢,对居民美好生活需要的满足起到了至关重要的作用。因此,在社区推进组织再造,应该以居民的需求为导向,这样才能将居民组织起来、凝聚起来。只有满足了居民对美好生活的需要,才能更好地促进居民的成长以及社区治理实践。正如马克思所指出的:"培养社会的人的一切属性,并且把他作为具有尽可能丰富的属性和联系的人,因而具有尽可能广泛需要的人生产出来。"❸ 正是人的广泛需要促进了人自身的发展,增强了本质力量,人才能追求更美好的生活。可见,党中央已经将人民追求美好生活的需求当作一个重大问题提上了政治议程。同时,每天

---

❶《马克思恩格斯文集》(第一卷),北京:人民出版社,2009年版,第524页。
❷ 习近平:《决胜全面建成小康社会 夺取新时代中国特色社会主义伟大胜利——在中国共产党第十九次全国代表大会上的报告》,《人民日报》,2017年10月18。
❸《马克思恩格斯文集》(第八卷),北京:人民出版社,2009年版,第90页。

与居民打成一片的居委干部,早就发现了居民需求的存在。一些自发形成的社区团队,由于资源、资金和活动场所等方面遇到困难,主动寻求居委会的帮助。随着社区团队的发展和壮大,居委会变成了他们最大的"合作伙伴"。J街道在自发形成的团队基础上,鼓励46个居委会挖掘现有的社区团队。同时,根据居民的需要和社区治理的需求,居委会培育了一批社区团队,即文体型团队、学习型团队、巡逻型团队和议事型团队。

第一,文体型团队。顾名思义,文体型团队包括文艺型团队和体育健身团队。文艺型团队最初是从"广场舞"发展而来的,主要开展唱歌、跳舞、戏剧、时装表演等文艺性活动。文体型团队以丰富居民们的业余生活为目的。J街道原是一个工业化社区,社区成员大多是退休人员,他们有稳定的退休工资,没有衣食方面的后顾之忧,因此,他们对生活品质和精神有了更高的追求。加之,随着居民生活水平的提高,社区成员可以通过参与文艺型团队,开展娱乐活动,获得精神上的愉悦。他们也可以参加体育健身活动,强身健体,增进健康。

在J街道文艺型团队中,或者说在全国范围甚至世界范围内,最为醒目的是"广场舞团队"。近些年来,广场舞风靡全国,甚至已经走向世界,在异域他乡的华人当中广为流传。广场舞由民间自发产生,参加人数之多,涉及地域之广,所具有的影响力也是空前的。有研究认为,近二十年来,"广场舞"已经成为中国普通百姓尤其是初老龄女性积极参与的一种大众文化形式。❶ "广场舞"体现出"集体取向"的共同体行为特征❷,但是,也有学者持不同意见,他们认为,广场舞"去意识形态化",主要是以健身为主要目的。其中,舞蹈团队骨干具有极强的组织群众和动员群众的能力。紫霞社区的刘盈盈说:

"退休了,没事干,出来和姐妹们跳跳舞,挺开心的。我以前是小学老师,学校的文艺活动,我是积极分子,每次都参与,后来我就是我们学校的文艺骨干了,凡是有活动,我负责组织,也学了不少舞蹈,自己还编了不少舞曲。现在退休了嘛,爱好还是要保持下去的,

---

❶ 周怡:《"大家在一起":上海广场舞群体的"亚文化"实践——表意、拼贴与同构》,《社会学研究》2018年第5期,第46—65页。

❷ 杨继星:《个体化时代的集体行动:社区草根体育组织的动机诉求与矛盾冲突——以广场舞为例》,《体育与科学》2016年第5期,第82—88页。

喜欢跳，每天不跳舞，就感觉少了点什么。我们除了跳广场舞，还会参加小区和街道的一些文艺汇演。平时，居委会有啥活动，我们也参与的，我们团队里面有好几个楼组长和党员志愿者。有时，我们姐妹们一起出去旅游，开心得很呐。"❶

可见，文艺型团队积极参与社区治理，发挥了重要的作用。J街道还成立了以男性居多的体育团队，以增进老年人的健康。另外，体育团队还具有公益推广的功能。J街道有一位从事毽球推广的体育爱好者，他叫邓江，是体协的退休人员。他年轻的时候是一个足球爱好者，尤其钟爱"毽球"这种小众化的足球运动。"毽球"曾经是中国传统的体育运动，现在渐渐地处于没落状态。邓江找居委会"借场地"，仙雾社区居委书记曾露将毽球这项传统体育项目归入自己的社区团队中，为其寻找场地和资源，将热爱这项运动的居民组织成一个团队。由于J街道有很多老小区，一些老年居民对传统项目有情怀。加之，老龄化已经成为社区治理的一个难题，要关注老龄化问题，就要关注老年人的健康。邓江说：

"我今年六十六岁了，你看我面色很好，精气神足吧，这里有两点，我自己很注重。第一，我很注重吃，不乱吃东西，现在的食品不安全啊，但是食品安全很重要啊，外面的食品不安全，我基本上不去饭店吃饭，都在家里做饭。吃的食品也是环保超市生产的，平时也很关注健康方面的知识。现在的人，都没有健康的理念。第二，我长期踢毽球，对身体好。对老年人来说，毽球不大，便于携带，几个人一组，还有趣味性，身体的各个部位都锻炼到位了。我们这一片，都是老小区，老龄化很严重，像我一样的喜欢踢毽球的人还是不少。"❷

邓江的这段话体现出，社区治理的重点关注对象是老人，将老年人"组织起来"，让他们走出家门，给老年人一个安乐的晚年，社区团队发挥了重要的作用。爱辉社区的居委干部胡贵平负责本社区的体育、社区学校❸、社区团队和学习班的工作，他说：

"我们小区从周一到周五全部排满了各种学习班和团队活动，你

---

❶ 访谈编码：20180319LYY。
❷ 访谈编码：20181018DJ。
❸ "社区学校"多以老年人的教育为主，J街道社区校长也说，现在的社区学校实际上是老年人学校。

看看二楼上面的活动室，周一电子琴、周二日语、周三百姓论坛、周四英语、周五合唱，这都是上午的安排，下午十二点半左右，就是'雷打不动'的棋牌活动，都是社区里熟悉的老阿姨们，不管刮风下雨下雪，一年三百六十五天按时按点地来，她们已经形成习惯了。"❶

社区团队活动每一期都有活动记录，每个成员到场都需要签到，团队有活动的章程和制度规约，胡贵平对这些团队活动的流程已经烂熟于心。当问及负责团队管理工作烦不烦时，他说：

"有时候活动一多，就很忙了。但是小区嘛，还是要多搞活动，这样，他们（居民们）就不会搞事情（无所事事）了。社区治理嘛，活动是抓手啊。"❷

可见，文艺型团队和体育型团队在组织居民和凝聚居民方面发挥了重要的作用。J街道46个居委会在培育了一批社区团队后，经常会举办各种规模不一的活动，来调动居民对活动的积极性以及增强团队的凝聚力。爱辉社区居委会举办了两届社区运动会和"美食节"，都赢得了居民们的好评。J街道在2018年举办了首届大型运动会，将46个居委会中的文体型团队项目推到了运动会的比赛现场。对于J街道这种老龄化比较突出的大型社区，健康和心情愉悦是老年人特别关注的两个方面。从这个角度而言，文体型团队是中国老年人建立良好社会关系的一个桥梁。由此可见，J街道是以需求为导向的治理，激发居民主动持续地参与，实现精准治理，提高治理绩效，在需求被满足的过程中达成对公共利益的共识并激发持续性参与。❸

第二，学习型团队。现代社会发展日新月异，一个人要跟上时代的步伐，对国家和社会有正确的认识，就必须不断地进行"充电"。居民想要对自己感兴趣和热爱的事物有所了解，就必须学习，所谓"活到老，学到老"。J街道培育了类型多样的学习型团队，比如电子琴班、英语班、日语班、"相约星期三"读报班等社区团队，都是围绕居民的兴趣爱好来开展活动。这些团队专门开设了学习班，有专门的指导老师上课。每个学习型

---

❶ 访谈编码：20180516HGP。
❷ 访谈编码：20180516HGP。
❸ 杨莉：《以需求把居民带回来——促进居民参与社区治理的路径探析》，《社会科学战线》2018年第9期，第195—201页。

团队的背后都有一个"故事",比如电子琴班。时任爱辉社区居委书记的薛绰英回忆道:

"说起电子琴这个班,还是蛮有劲的。当时电子琴班的这个老师'落难了'。他是我们小区的居民,自己在外面上课教学,后面由于某些原因,没有地方教学了,但是他手上有一些学员,还想继续跟着他上课,但是他又没有场地。于是找到了我,问我居委会有没有活动室可以提供给他上课。我当时一听就答应了,但是有一个前提条件,那就是在居委会开课不能对他所教的学员收取费用,而且对我们小区愿意上电子琴课的居民提供免费的课程。他答应了我的条件,也就是这样,我们就开始'合作'了。这个电子琴班自开设以来,已经有五个年头了。"❶

随着居民物质生活条件的提高,居民出国旅游的机会越来越多。英语作为一门全球通用语言,对于想要到国外旅行的居民来说,是一门必备的语言技能。如云社区的退休党员李霞,上过大学,文化层次比较高,英语沟通能力强。在居民的推荐下,李霞每周给居民们上英语课。如云社区居委书记高卫华说:

"我们小区团队有十三个,广场舞两个,合唱团有两个,太极拳、拳操队、夕阳红、志愿队、"相约星期三"等,我们英语班开了三年了,李霞是英语老师,她每年都会组织英语班的成员举行一个汇报演出,每年都唱'Happy New Year'。不用考试,就是自娱自乐,中级班和初级班内容一样。这些老人不一定是为了来学东西,主要是为了开心。"❷

在J街道,社区里不乏对日语饶有兴趣的居民。他们学习日语,有的是因为子女在日本定居了,平时就会接触到日语;有的是因为想多了解日本,对日本的文化很感兴趣;也有的纯粹是享受日语课上和居民们"叽里呱啦"一直说个不停的感觉。不管居民们出于何种原因加入"日语学习班",大家愿意"走出家门",参与到公共社交当中,对于社区治理来说,就有益处。J街道有很多学习型团队,诸如"相约星期三"、读报班、英语

---

❶ 访谈编码:20180425XCY,有删减。
❷ 访谈编码:20180502GWH。

班、日语班、电子琴班等,由于它们当中很多是在自发形成过程中介入了居委会的力量,所以,它们很快就凸显出社区治理的作用。作为因居民兴趣爱好而形成的社区团队,它们起初只具有自娱自乐的性质,这一点和巡逻型团队与议事型团队不同。巡逻型团队和议事型团队在成立初期就具有社区公益和服务群众的性质。这也是J街道在46个居民区全面铺开、精心培育和发展与社区治理相结合的社区团队的结果。

二、与社区治理相结合

社区工作主要是做人的工作。社区治理好了,居民才有一个安全、和谐和舒适的居住环境。对于生活在现代的居民来说,社区占据了他们生命中近三分之二的时间。居民对社区是否有安全感、幸福感和获得感,是通过社区治理得以体现的。然而,社区治理的关键力量在于社区团队的力量。《习近平谈治国理政》一书中指出:"党的力量来自组织,组织能使力量倍增。"❶ 所以,在社区治理的组织再造过程中,只有将社区团队的发展与社区治理相结合才能使力量倍增,更好地为居民服务。J街道利用社区团队的力量进行了"旧房改造""违章搭建""美丽家园建设"等改善民生的重大项目。对于小区的一些公共项目的实施,从项目制定、执行到验收的整个过程,社区志愿者团队主动参与进来,并以一种主人翁的精神和责任感承担起小区的治理项目。社区事务具体且烦琐,有的是突发性事务,比如邻里纠纷;有的是一些季节性的事情,比如夏天驱除蚊虫。如云社区有了夕阳红志愿队,很多社区里的事务都能很快得到解决。具体而言,J街道根据与社区治理相结合的原则培育了巡逻型团队和议事型团队。

第一,巡逻型团队。巡逻型团队是社区管理过程中群防群治的一个组织载体,它是基于社区公共安全,由社区党员志愿者和群众志愿者自发组织形成的。生活在城市社区的老居民们经常听到高音喇叭喊"天干物燥、小心火烛""请居民关好门窗,谨防盗窃"等,这是城市社区巡逻型团队一年三百六十五天每日不间断重复的话语。社区安全关系到每一个居民家庭的财产安全和人身安全。在单位社区时代,人们同住一个单位大院,居民之间非常熟悉,关系紧密,这样的熟人社区,社区安全性相对较高。但是,到了现代社会,人口的大量流动以及"多元社区"的出现,提高了社

---

❶ 习近平:《习近平谈治国理政》,北京:外文出版社,2014年版,第395页。

区住户的流动性以及复杂程度。"现代社区"具有开放的特点，外来人员只需登记一下，甚至有些社区无须登记，就可以随意进出，造成了社区安全的隐患。J街道的科雅社区，曾经一度频发自行车、助动车丢失案件，居民们整日提心吊胆。频繁发生的盗窃案一般发生在星期二，居民们称星期二为"黑色星期二"，并对"黑色星期二"充满恐慌。科雅社区的巡逻型团队就是在这种情况下成立起来，这是一个社区治理当中与社区安全紧密结合的社区团队。笔者曾经到科雅社区调研，看到两个头上戴着黄色平安帽子、肩上带着巡逻字样的红袖章的巡逻志愿者❶。笔者在和她们聊天的过程中，证实了"黑色星期二"的存在。具体内容见调研日记：

问：阿姨，你们是在巡逻吗？

阿姨A：是啊，你是哪里来的？（一脸惊讶地看着我这位不熟悉的面孔，巡逻队成员的安全意识果然强。）

阿姨B：没有见过你嘛，你不是我们社区的吧？

答：是的，阿姨，我不是这个社区的，我现在J街道党建服务中心调研，我出来逛一逛，看一看社区的环境，学习学习。

阿姨A：哦，你是街道来的啊。（脸上马上有了表情，开始带着微笑了。）

阿姨B：那你在街道做什么工作啊？是来检查我们社区工作嘛？（这位阿姨疑惑地看着我，生怕是自己的工作疏漏了，影响了社区安全工作的考评❷。）

答：不是啊，阿姨，我在J街道调研，是因为有一个关于社区治理的课题，要到社区来学习。

阿姨B：哦，这样啊，那你看我们社区环境还不错吧。（这位阿姨解除了疑惑，对我放下防备心，开始介绍社区了。）

阿姨A：那你以后会留在街道上班吗？（这位阿姨好像对我未来会不会影响到她们社区的看法存在疑问。）

答：不会的，我调研结束就要回学校的。

两位阿姨一起笑了。

---

❶ 这两位巡逻志愿者都是女性，为区分两位巡逻志愿者以及撰写调研日记的需要，分别取名为阿姨A和阿姨B。

❷ J街道的居委会每一个条线都接受街道的考核，社区安全和卫生是考核条线之一。

问：阿姨，你们每天都要巡逻吗？

阿姨A：是的，我们有一支巡逻队，有二十几个人，我们一个班两个人一组，轮流值班，一天两次，上午九点到十点，晚上七点到八点。

问：你们都是党员吗？

阿姨A：不是，有党员，也有群众。

阿姨B：党员好像要多一点，我是党员。

问：你们社区安全情况如何？

阿姨B：以前很乱的，我们社区在J街道是出了名的"乱"，老是有偷自行车和电动车的，严重的还有进门偷了金银首饰和现金的。（怨气和愤恨的情绪油然而生。）

阿姨A：是的，我家自行车就被偷过，该死的"贼"。（阿姨很生气地骂起了小偷。）

问：以前有没有巡逻队呢？

阿姨A：以前社区都是居委会的人管，他们人手不够，也没有号召和组织党员和群众来管这个事情（社区安全），反正以前的治安意识没有现在强，我们巡逻队的成员，现在不管值班不值班，反正只要路过那个门洞，没有关大门的，就主动去关一下。

问：也就是说以前没有巡逻队呢？

阿姨B：对，以前没有的。就是因为我们社区的"黑色星期二"，这个你不知道吧？那些"贼"专门选星期二这一天来偷，不知道他们是有意的还是无意的，反正星期二这天，被偷东西的人家最多。我们星期二就很注意了。

阿姨A：是啊，以前真是人心惶惶的，社区居民每次一见面就问：你家被偷了没？

问：这是发生在哪一年的事情呢？

阿姨A：好多年前了吧，我住进来都十几年了。

问：那你们巡逻团队是什么时候成立的呢？

阿姨A：就是被偷最厉害的时候，我们居民就向居委会反映啊，居民也一起想办法啊。

问：巡逻队是居委会牵头成立的？

阿姨B：嗯，那肯定要居委会出面的啊，我们有意见了，天天去反映，他们也"头疼"。

阿姨A：居委会以前也巡逻的，就是因为没有人手，平时在办公室也有一堆事情要做。个么（上海话，意思是"那么"）好啦，我们党员主动报名参与巡逻，这就解决了他们人手问题，反正我们平时在社区也没有什么事情，每天都要出来遛一遛。

阿姨B：对啊，反正闲着也是闲着。

问：巡逻队成立后，科雅社区确实少了很多盗窃案？

阿姨A：是的，很明显。还有就是美丽家园建设的时候，我们社区安装了很多探头，这个可能也有关系。但是探头作用还是有限，巡逻队还是发挥作用的。

阿姨B：对啊，你看门洞大门没有关，陌生人进去，撬门入室，还是有可能的。❶

··········

通过和两位阿姨的聊天，笔者了解到这两位阿姨的基本情况：一位是从其他镇拆迁过来的阿姨A，当时六十五岁，女儿嫁到J街道，现在还没有养小孩，所以在社区做志愿者。另一位是六十八岁的阿姨B，是J街道本地人，她有一个儿子，儿子已经结婚生子了，孙子已经上小学四年级了，不需要她照看。阿姨B和阿姨A关系很好。阿姨A参加巡逻队后，阿姨B也一起加入了，两个人每天在小区巡逻，聊聊天，打发点时间。社区里面有很多老年人，他们关注社区安全，也愿意参与到社区治理当中。巡逻队的组建，既将他们的余热发挥出来了，还将他们"组织起来"了。同时，也满足了居民对社区安全的要求，社区治理得越来越好。

第二，议事型团队。议事型团队与社区治理结合得非常紧密。议事型团队充分体现了团队在社区治理中发挥的作用，这里的"议事"不仅"议"的是社区的家长里短，还有国家发展的形势政策，更多的是在社区治理过程中遇到的一些困难和问题。J街道的美胜社区成立了"百姓议事团"，它是"团队党建"的先行试点。"百姓议事团"是2003年自发形成的非正式团体，在2007年成为"团队党建"的试点，然后经过不断地发展，转变成正式团体。这期间，百姓论坛和党员议事组在美胜社区具体的社区治理事务中发挥了作用，百姓论坛是一个群众性团队，党员议事组是

---

❶ 资料来源于2018年4月22日的调研日记。

由党员组成的一个专门商议社区事务的组织,社区公共事务的最终决策和处理是经党员议事组商议和决定的。从操作层面来讲,"百姓论坛"论的是百姓的事情,党员议事组是总结和归纳百姓论坛里面提出来的问题,针对百姓论坛中的问题如何解决进行讨论和商议,这是两个不同的组织。这两个组织为"团队党建"提供了良好的组织基础。2018年3月19日,时任美胜社区党支部书记顾韧芳带领她的"班子"❶来到党建服务中心接受某媒体的采访,媒体方就美胜社区的"小板凳议事团"及其"小板凳议事精神"的形成过程进行提问。笔者刚好参与了此次采访,听到了顾韧芳书记介绍"百姓议事团"的成立和发展历程。她说:

"2003年4月份,我到美胜社区担任居委书记。我退休以前,是在汽轮机厂的工会上班,美胜社区是我们厂里的公房,所以,这里住的居民大部分都是我们厂退休的。刚来的时候,社区环境很不好:社区四通八达的,有七个出入口;房子都是木结构的,煤卫合用;社区大门没有栏杆……这个'老小区'的环境可以说是比较恶劣了,要怎么开展工作呢?当时社区里的党员人数多达一百六十个,其中六十岁以上的党员同志占到了86%。所以,我就要利用党员的先进模范带头作用,发挥他们在社区治理中的作用。在正式开展工作前,我花了三个月时间走访了社区一百六十个党员,所以,他们很快就认识了我这位新来的书记。每进一个家门,他们都和我谈社区的情况,有好多话要讲。我一直有个想法,在社区里面,一定要尽量让每个人发声,要让他们把自己的心里话都说出来。做社区工作嘛,只有听见老百姓的声音,知道他们的需求和困难,才能把社区搞好。刚开始进来,第一件事情就是搭建班子,把班子搭好了,才能有力量做事情,光靠我一个人是不行的,'光杆司令'成不了事。我的班子基本上是党员,党员是工作开展的保障。有了班子,就开始搞活动了。有一天,我突然在人民日报上看到了一篇文章'和谐三体','和谐'两个字吸引了我,文章中提到的'家庭和谐,朋友和谐,还要和社会和谐',这和我进行社区治理很契合。于是,我和班子通气之后,大家都很支持,就有了2005年的'和谐美胜系列活动'。和谐的基础搞好了,老百姓

---

❶ 顾韧芳书记当天带着三个居委干部一起接受采访。其中两名男性,发言较多。另外一名是女性,主要是旁听。

就愿意说话了，干部也愿意干事了，那时候，居委会就自然能成立一些组织了。

2007年1月，街道党的第四届党代会召开，成立'百姓议事团'的想法也逐步成型。组织生活一个月一次，留给大家说话的时间太短，'百姓议事团'的成立就是给足大家说话发声的时间。刚开始的组织是试验性的，由党员代表、居民代表、生活困难代表等组成。第一批试验性'百姓议事团'共有三十个人，每半个月要碰一次头，汇总社区内的情况。想不到效果很好，各方面代表都愿意说话，而且把社区方方面面的问题都反映了出来，甚至包括家庭内部的。

百姓发完声，就轮到党员同志们发声解决问题了。每次组织生活会上，我会特意留出二十分钟给党员说话。组织生活会开好以后，手下的班子人员、小组长、支部委员等都要留下来，将收集到的问题归类，安排好每周需要处理的一星问题、两星问题、三星问题。当时啊，美胜社区还没有成立党总支，但'党建引领'的概念一直扎根在我脑海中。每次支部委员的讨论，都会进行档案材料的记录和整理。等到下一次'百姓议事团'开会，便要向老百姓汇报，上次一共收集到多少条内容，这次完成了多少条内容，几条尚未完成。只有将结果告知百姓，百姓才能刚性承认。

人人都有发表意见的时间了，发表意见的场合和环境也需要进一步考虑。以前空下来大家喜欢站在门口说说话，搬张凳子坐着聊天。居委会也就三十平方米（的空间），到了组织生活开会时，一百六十个党员根本坐不下，便把旁边两间小房间腾出来，我就站在中间讲话，有的党员干脆坐在了楼梯上。

2007年5月，各类百姓发声的团体已经有了阶段性的成果，是时候变成一个有组织性的、有规律的正式团体了。借M区要率先进行优化组织结构试点的机会，我就找到共建单位——汽轮机厂的党组织，协商做了一百六十个高高的小板凳。板凳做出来的时候真的很激动，居委会还特意为板凳编号，每个来领的人都会高呼自己领的是几号板凳。一百六十个党员也终于成立了党总支，下分四个支部。此后的'组织生活会议'就不再局限在居委的小房间了，大家都拎着自己的小板凳，有时在居委会大门口开会，有时也饶有兴致地到小公园开会。每当居民看到他们手里拿的小板凳，都会笑呵呵地说，党员又来

开会啦。有了小板凳，党员议事组在哪里都可以发声了。"❶

从顾韧芳书记的这段话中可以看出，"百姓议事团"的产生是根据社区治理的需要逐步形成和发展起来的。社区党组织通过将团队与社区治理相结合，通过社区党组织的引领，将社区团队的活动与社区建设相结合，这样不仅促使社区团队对小区建设有作为，做贡献，党组织在社区中的领导核心地位也得以体现。

综上所述，社区团队在蓬勃兴起的过程中，为社区治理注入了一股积极的力量，释放了社区的潜能，调动了居民参与公共事务的积极性，为社区建设和发展做出了重要的贡献。然而，社区团队具有活动无序性、成员流动性、成员构成复杂性等特点，团队成员之间以及团队与团队之间存在一些矛盾和冲突，这些问题和矛盾随着时间的推移以及活动的举办而逐渐浮出"水面"。这个时候，对于如何规范社区团队的发展并且将其纳入一定的制度框架内，使之活动的范围、内容不"偏离"社会发展的方向，社区党组织是引领社区发展的核心力量，它的介入将社区团队的行为纳入合法化和秩序化的轨道之中。

---

❶ 访谈编码：20180319GRF。

第三章 嵌入与引领：城市社区治理中组织再造的实践深入

> 在任何集体社会中，生活经验的全部组织结构都必须重新加以编织。
> ——［美］哈罗德·D. 拉斯韦尔：
> 《政治学：谁得到什么？何时和如何得到？》

随着"党建引领、社会治理"理念在社区治理实践中的推行，J 街道采取了以党组织体系为依托，通过党建工作体系吸纳社会力量参与❶社区治理的方式来推动社区治理中的组织再造。具体而言，J 街道对社区团队进行嵌入和引领，是指社区党组织通过思想教育、动员、宣传等方式对社区团队施加影响，并将社区团队的发展纳入有序化政治参与的过程。塞缪尔·亨廷顿指出："组织是通往政治权力之路，也是稳定的基础，因而是政治自由的前提。"❷ 显然，公共权力触及基层，必须依托组织的途径，方能实现国家和社会的稳定。在当代世界各国，基层社区的稳定是社会稳定和国家稳定的基础，通过组织这一途径实现基层社区的稳定，是基层社区治理的一种必不可少的手段。社区团队的规模和数量越来越大，意味着 J 街道社区治理中组织再造的"组织载体"发展成熟。J 街道要如何将这些社区团队纳入自己的管理范围内，既能充分激发它们的活力，为社区治理做贡献，实现社区的自治，还能使其发展的方向"不跑偏"，就成为 J 街道党工委和社区党组织面临的一个重要问题。在这种情况下，2007 年，J 街道开始以"趣缘"为纽带，创新工作机制，形成了"支部领导团队，党

---

❶ 李威利：《党建引领的城市社区治理体系：上海经验》，《重庆社会科学》2017 年第 10 期，第 34—40 页。

❷ ［美］塞缪尔·P. 亨廷顿：《变化社会中的政治秩序》，王冠华、刘为等译，上海：上海人民出版社，2008 年版，第 382 页。

员融入团队,团队凝聚群众"的党建格局,将社区团队纳入党建范畴内,J街道开始探索"团队党建"的基层党建新形式。于是,"团队党建"成为J街道社区治理中进行组织再造的一个重要组成部分。J街道在社区治理中通过组织嵌入、理念引领和活动凝聚的方式来引领社区团队的发展,将社区中的多方力量凝聚到一起,形成合力,共同谋划社区发展。因此,"党建引领、社区治理"成为J街道党政部门工作的指导理念。

第一节 组织嵌入:政党权威入团队

"组织嵌入是党加强对社会组织领导的重要方式,是在社会组织发挥力量的领域发展党员,实现对该领域的领导和控制。"❶ J街道党组织通过两个途径将众多社区团队纳入自己的组织体系中,并对其产生影响:一是安排党员进入社区团队,让党员传递声音,将社区团队的发展纳入党的管理范围内。二是在社区团队建立党支部,使其在有效运转时,党组织能够发挥权威性的影响。埃哈尔·费埃德伯格指出:"组织事实上如何接受引导,将环境中的某些组成部分整合到组织之中,将它们的功能与环境的其他分离部分紧密地联系在一起,竭力找出环境中的持久互动的伙伴。"❷ 在社区团队建立党支部便是社区团队将自身的生存与党紧密地结合起来,在同一制度框架内保持组织的一致性。"在环境中的其他组织内建立自己的组织网络,这是政党在找寻环境中的互动伙伴,有利于减弱外部环境的不确定性。"❸ 因此,安排党员进入社区团队,并且在社区团队建立团队党支部,根据党的组织体系来管理和规范社区团队的发展路径,是J街道党组织进行组织嵌入的表现,也是开展社区治理中组织再造非常重要的一个环节。

---

❶ 罗峰:《政权系统中党的组织建设:历程、特征及其有效性分析》,《政治学研究》2009年第4期,第24—30页。美国社会学家 M. E. 格兰诺维特将嵌入的方式分为"关系性嵌入"和"结构性嵌入"。参见 Granovertte M E (1985) Economic Action and Social Structure: Theory of Embeddedness. American Journal of Sociology, 91 (3): 481-510.

❷ 周翼虎、杨晓民:《中国单位制度》,北京:中国经济出版社,1999年版,第82页。

❸ 罗峰:《政权系统中党的组织建设:历程、特征及其有效性分析》,《政治学研究》2009年第4期,第24—30页。

一、安排党员入团队

安排党员入团队是J街道党组织对社区团队进行的"结构性嵌入"。格兰诺维特指出:"'结构性嵌入'是指一些行动者嵌入更为广阔的社会关系网络,这种社会结构为交易提供了具体的规则性期望,并能有效地阻止违反个人互惠性义务的行为发生。"❶ 也就是说,社区党组织安排党员干部进入社区团队,是使党员干部嵌入在一定的社会关系网络中,党员干部通过自己的"声音传递"为社区团队确定具体的行为和活动范围,以防止社区团队的发展脱离社区党组织的领导。"党的干部不同于一般党员,是党的骨干。干部在党的组织中占重要地位。党看重干部的作用,认为没有坚强的干部队伍,我们党的事业就不能发展,就不能取得革命胜利。"❷ 在革命年代,政治上的忠诚、会做群众工作和具备一定的军事素养是革命后干部晋升、精英选拔的必要条件。❸ 在社会主义建设新时期,干部人事制度的设计与运作同样沿用了其中的重要标准,即政治上的忠诚和会做群众工作。这也成为当前城市社区党员干部的明显特征。笔者多次参加了J街道社区团队活动,采访了多名居委书记。其中,如云社区的居委书记高卫华说:

"我们小区有十三个团队,广场舞两个,两个合唱班。太极拳、拳操队、夕阳红、志愿队,相约星期三,还有办了三年的英语班。平时,英语老师教会他们简单的英语对话,会唱一唱节日歌,大家图个开心就好。也没有必要搞那么复杂或者流行的英语歌曲唱,她这么一说,我倒觉得也是,社区团队的'学习班'不同于学校或者培训机构的学习班,它主要还是要针对居民的特点,满足居民的兴趣爱好和需求,定位也不要太高,大家开心就好。只要方向没有跑偏,上课的内容在'范围之内',我也就不管英语老师怎么授课了,居民们满意

---

❶ "关系型嵌入"是指经济行动者嵌于个人关系之中,相互赞同的渴求、互惠性交换是经济行动者所面对的主要社会因素。参见朱国宏:《经济社会学》,上海:复旦大学出版社,1999年版,第110页。

❷ 〔美〕詹姆斯·R.汤森、布兰特利·沃马克:《中国政治》,南京:江苏人民出版社,2004年版,第182页。

❸ 罗峰:《政党在国家构建中的人事嵌入:从革命到执政的纵向考察》,《上海行政学院学报》2009年第6期,第24—31页。

就好。"❶

当问及高卫华书记，如果英语班上课的内容跑偏了，怎么办呢？高书记说：

"这个不用担心的，我们在每个团队和学习班里安排了党员，比如，我们小区读书班很好的，民众发发牢骚，我搞了庆典，对优秀学员表彰，买个大蛋糕，请人来参会。"三八义务队"，团队都有党员，读书班有人喜欢"搞事情"，所以，我就让党员当中的人去参加读书班，有人歪曲的，党员就站起来说话了。所以，我们的队伍里面都有党员，其实刚开始他们不愿意的，但是，慢慢地发现这里的人蛮有正气的。这都是党员的带动作用，刚开始，总会有几个'唱反调'的，党员'站出来'说了几次话，和他们一起讨论问题，说得很有道理，大家都认可党员的说法，说的次数多了，自然就把'调子'定下来了。"❷

可见，安排党员进社区团队，让党员将党的"声音"传递给团队的各个成员，是一种非常有效的组织嵌入手段。因为在群体中，人们都有一种从众的心理和行为，群体"领袖"的意见往往起到了关键的作用，它决定着事务发展的方向。正如勒庞在《乌合之众：大众心理研究》中所言："聚集成群的人，他们的感情和思想全都转到同一个方向，他们自觉的个性消失了，形成了一种集体心理。它无疑是暂时的，然而它确实表现出了一些非常明确的特点。这些聚集成群的人进入一种状态，我姑且把它称为一个组织化的群体，或换个也许更为可取的说法，一个心理群体。它形成了一种独特的存在，受群体精神同一律的支配。"❸ 党员干部的"声音"在社区团队发挥"领袖意见"的作用，引导社区团队的发展方向，这是 J 街道党组织在社区团队进行组织嵌入的结果。

二、创新团队党支部

中国共产党有一套自己的组织网络和组织体系，以此来实现对社会的

---

❶ 访谈编码：20180502GWH。
❷ 访谈编码：20180502GWH。
❸ 〔法〕古斯塔夫·勒庞：《乌合之众：大众心理研究》，冯克利译，北京：中央编译出版社，2005 年版，第 12 页。

整合。在革命时期，中国共产党通过"支部建在连上"，集中了军队的力量，最终赢得了革命的胜利。在计划经济时期，中国共产党通过"支部建在单位"，建立了高度组织化的"单位中国"。在市场经济时期，随着单位制的解体，大量社会组织和社会团体的兴起以及社会矛盾"下沉"到社区，中国共产党通过"社会组织党建""社区党建"将社会组织和社会团体纳入党的管理范围内。《中国共产党党章》第五章第三十四条规定："党支部是党的基础组织，担负直接教育党员、管理党员、监督党员和组织群众、宣传群众、凝聚群众、服务群众的职责。"❶ 因此，在社区团队中建立党支部，为党在基层社区组织群众、宣传群众、凝聚群众和服务群众提供了制度保障。与传统的党建工作思路不同，J街道打破了以往的"以地域和人数为依据"来建立党支部的党建模式，而是以社区团队为基础建立党支部。这一举措，解决了"传统党建"制度不完善的难题，实现了对党组织结构设置的创新，同时也是政治吸纳的有效措施。

（一）混合式党支部

J街道党组织设置创新的一种形式是成立混合式党支部。混合式党支部，是指将团队中的党员与普通党员混合起来成立的党支部。J街道党组织建立党支部的传统做法是以地域和人数为依据，比如说，J街道有46个居委会，每个居委党总支管辖社区范围内的党员。按照《中国共产党支部工作条例（试行）》的要求，三个正式党员应该成立一个支部。因此，传统党组织结构设置受到了地域和人数的限制，而混合式党支部和组合式党支部的建立，是对传统党组织结构设置的制度创新。混合式党支部不仅涵盖了社区团队的党员，还将社区内的其他普通党员一起组织起来了。这一做法，突破了传统党组织结构设置受地域和人数的限制，有利于实现"群众在哪里，党员就在哪里"的党组织全覆盖目标。爱辉社区的"百姓论坛"采取了混合式党支部的做法，笔者采访了爱辉社区党总支书记蔡诚，访谈内容如下：

问：百姓论坛大概有多少人呢？

答：百姓论坛，从我接手的那时候开始，在二十四人左右，但是二十四人来的话，基本上也就是在三分之二的样子，因为这十年下

---

❶ 《中国共产党党章》，北京：人民出版社，2017年版，第23页。

来，这些人已经老了十岁了，这个人员也有更新，特别是近期，我们也有吸收一些新的年轻的人员进来，最近来了一批党员啊，群众啊。

问：党员和群众同时纳入到这个团队里了？

答：党员多，党员会多一点。

问：在咱们团队下面下设了几个党支部？

答：我这边是党总支，下面设了四个党支部。百姓论坛只是一个团队，不是一个党支部，是这样的，没有说一个团队是专门成立党支部的，我有下设四个二级支部，这些二级支部是各个党员和骨干活跃在各个团队，是这个意思。

问：这四个党支部分别是？

答：社区第一、第二、第三加文体支部。

问：目前，小区里面有多少个党员？

答：一百七十四个。文体类还蛮多的，电子琴啊，时装啊，舞蹈啊，广场舞啊，歌咏班啊，英文、日文啊，除了这些以外，近年来，"团队党建"主推的就是"阳光工作室。"❶

从上述采访内容可以看出，并不是每一个团队单独地建立一个党支部，而是让党员和骨干活跃在各个团队，这种做法是混合式党支部的模式，即让社区团队党员和社区的普通党员共同参加党支部活动。每一个社区都会有一个专门管团队的居委干部，霍阳社区的居委干部陈晓说：

"我们小区有三百多个党员，要分布在七个党支部，多成立一个党支部要做多很多事情，要设一个书记和两个委员。我们的七个支部是：第一支部、第二支部、第三支部、第四支部、第五支部、业委会支部和志愿者团队支部。巡逻团队总共有四十八人，都是群众，所以不能设立党支部。但是参加巡逻队的党员，是我们各个支部的党员安排进去的，党员也参加巡逻团队的活动的。哪个支部都有党员。我们现在一共有七个支部，志愿者团队有五十人，都是党员组成，设立了党支部，主要负责文体活动的组织安排工作。志愿者团队的党员不能参与别的支部。"❷

---

❶ 访谈编码：20180420CC。
❷ 访谈编码：20180711CX。

陈晓和蔡诚书记的说法基本是一致的，在社区团队建立党支部，不是纯粹地在某一个团队建立党支部，而是使社区的党员和骨干"活跃"于各个社区团队，也就是说，每个社区团队都有党员参与管理，特别是那些人数少、规模小的团队，以发挥党员和骨干的引领力和号召力。混合式党支部的成立，强化了社区党组织对社区团队的影响和管理。

（二）组合式党支部

J街道党组织设置创新的另一种形式是成立组合式党支部。组合式党支部，是指将多个小区里同一类型的团队混编在一起而成立的党支部。在J街道三百多个社区团队中，每个社区团队规模大小不一、团队类型各种各样。很多规模很小的团队里，只有几个团队成员，而且他们都是群众。这个时候，社区党组织通过成立组合式党支部，对这类团队进行管理。爱辉社区的居委干部许裕兵说：

>"我们小区周一上午的电子琴班，除了老师是我们小区的，学员都是其他小区的。"❶

关于爱辉社区电子琴班的开设有这么一段故事，这也是爱辉社区的电子琴班，除了指导老师以外，其余成员都是其他小区居民的原因所在。时任爱辉社区居委书记，现任J街道党建服务中心的薛绰英说：

>"说起电子琴班，还是蛮有劲的（笑）。这个电子琴老师是我们小区的居民，她'落难'的时候找到了我，为什么这么说呢？因为她以前是在外面开设电子琴课程的，由于场地问题，没有地方可以教课了。她就找到了居委，和我说能不能利用居委的活动室开设一门电子琴课。我说没有问题啊。但是有一个前提，就是在居委开课是不能收费的。她答应了我的条件，我们就这样'合作'了。从2013年开始，已经有五个年头了，每周一上午九点到十一点在居委活动室上课，慢慢地，这门课程固定下来，由此也就形成了我们居委的团队——电子琴团队，她们有时候也出来代表居委团队进行表演。这也是在我们党总支领导下的一个团队，我们当时也在小区发通知了，看看我们小区有没有居民对电子琴感兴趣，可以加入进来一起学习，但是一直都没

---

❶ 访谈编码：20180517XYB。

有居民来报名。至今，应该还是那位老师带的'原班人马'。这也是符合我们 J 街道'团队党建'发展方向的，小区之间资源互补，共建共治，成立组合式的团队，只要是在党总支的领导之下，这就是一种创新。我们街道现在也有很多这样的组合式团队。"❶

薛绰英从一名居委书记走到了 J 街道党建服务中心主任这个工作岗位，她懂得居民需要什么样的资源、平台和服务。同时，她敢于创新，建立组合式团队党支部，充分发挥社区居民的资源优势。她的眼光长远，全面谋划党建工作，积极创新不同领域的党建工作方式。

诚然，成立混合式党支部和组合式党支部是 J 街道党组织对社区团队进行组织嵌入的一种有效的制度形式。这种制度创新源于实践。J 街道将这种创新形式推广到 46 个居民区，其背后的根源在于社区团队是基于居民兴趣和社区治理需要而成立，并开展与民众利益诉求相一致的有效活动来赢得民众的支持与认同。

第二节 理念引领：确保团队"不跑偏"

理念引领是指社区党组织通过对社区团队的宣传、教育和服务，引领社区团队往党的路线、方针和政策目标方向发展的一系列行动方略。安东尼奥·葛兰西指出："任何政党的领导地位都主要包含两个方面，即'统治'和'智识与道德'的领导权。"❷ 也就是说，J 街道党组织对社区团队的理念嵌入是党建的灵魂和根本。社区团队脱胎于社会，它的力量来自居民个体的联合。区别于计划经济时代的社会组织，社区团队可以在社会中寻求自身的发展，并且随着国家的"放权"，社区团队可以在法制的框架之下满足自己的利益需求，从而获得自身生存和发展的合法性。然而，J 街道在社区治理中开展组织再造，首要的工作是确保社区团队始终坚持党的领导。正如习近平总书记在十九大报告中所指出的："党政军民学，东西南北中，党是领导一切的。"❸ 诚然，J 街道党组织在对社区团队进行理

---

❶ 访谈编码：20180425XCY。

❷〔意〕安东尼奥·葛兰西：《狱中札记》，曹雷雨、姜丽、张跣译，北京：中国社会科学出版社，2000 年版，第 38 页。

❸ 习近平：《决胜全面建成小康社会 夺取新时代中国特色社会主义伟大胜利——在中国共产党第十九次全国代表大会上的报告》，《人民日报》，2017 年 10 月 18 日。

念引领的过程中，将居民的需求和利益结合起来。"某种意识形态想要在日常生活中引导人们，那么，它必须表达他们的各种利益与愿望。"❶ 因此，要保证党对社区团队的理念引领，需要从三个方面着手：一是发挥社会主义先进文化对社区团队的引领作用；二是促进红色革命文化对社区团队成员的熏陶；三是促进中华优秀传统文化对社区团队成员的浸润。

一、社会主义先进文化的引领

社会主义先进文化，是指以马克思主义为指导，以培养有理想、有道德、有文化、有纪律的四有公民为目标的面向现代化、面向世界、面向未来的、民族的、科学的、大众的、社会健康积极向上的、具有中国特色社会主义的文化。在中国，中国共产党代表社会主义先进文化发展的方向，社会主义先进文化的传播者则是中国共产党党员。在社区中，群众性团队中的党员是团队的骨干和领袖，他们是宣传党的思想的主要发起者和推动者。毛泽东在《人的正确思想是从哪里来的？》一书中写道："人的正确思想是从哪里来的？是从天上掉下来的吗？不是。是自己头脑里固有的吗？不是。人的正确思想，只能从社会实践中来，只能从社会的生产斗争、阶级斗争和科学实验这三项实践中来。人们的社会存在，决定人们的思想。而代表先进阶级的正确思想，一旦被群众掌握，就会变成改造社会、改造世界的物质力量。"❷ 因此，在社区治理中，发挥团队党员骨干的先锋作用，可以带领团队成员一起学习社会主义先进文化。爱辉居委的"百姓论坛"是引领社区团队学习社会主义先进文化的典型。爱辉居委党总支书记蔡诚说：

> "爱辉社区'百姓论坛'的前身是理论教育大众化读报组，阅读的报纸主要是人民日报、新华晚报、解放日报和文汇报等主流报刊。百姓论坛以社区百姓参与讨论为主，爱辉党总支时常保持与百姓论坛紧密联系，不仅参与每次活动，梳理民意，上情下达，还会围绕团队计划，准备丰富的学习、讨论议题方案供论坛选择，引导社区百姓关

---

❶ Schumpeter J A（1950）Capitalism Socialism and Democracy. New York：Harper and Row, p. 264.

❷ 《毛泽东文集》（第八卷），北京：人民出版社，1999 年版，第 320 页

注社会热点，关心小区建设。"❶

可见，"百姓论坛"是在爱辉居委党总支的引领下开展团队建设，"百姓论坛"的团队计划的制订、每一个议题的讨论都是紧紧围绕社区治理、国家和社会发展的热点，充分体现了社会主义先进文化的引领作用。"社区作为基层社会的结构单元，是老百姓日常生活家园。在社区治理实践中，社区党组织应采取各种让社区成员喜闻乐见的方式来宣传社会主义核心价值观，成为密切联系群众的第一责任人和凝聚社区灵魂的积极实践者，发挥社区党组织的先锋模范作用，以党组织建设和工作的开展来引导、带动社区治理工作的有效实施。在社区治理中，党组织应带领党员带头落实社区治理的各项方针政策，开展宣传和动员工作，充分体现社区党组织在社区工作中的重要地位，营造邻里和谐、互敬互爱、互帮互助的社区文化，推动和谐社区建设与进步。"❷ 2018年5月7日，笔者参加了爱辉社区第103期的百姓论坛活动。此次活动是由七十六岁的苏全武主持，会议由一名居委干部做记录。该活动首先从美文欣赏开始，居委干部读了《空船理论》和《善交友、交善友》两篇文章，文章皆围绕建立社区和谐的、互助的、友爱的人际关系主题而展开。其次，朗读了习近平总书记在博鳌论坛开幕式上的讲话。最后，全体团队成员一起围绕中美贸易战展开讨论。显然，此次"百姓论坛"的主题是紧紧围绕社区治理和时政要闻而展开。从整场讨论来看，前面四位成员就中美贸易问题表达了各自的看法。最后发言的是一位老党员，女性，六十八岁，义正词严，她一开口就直言：中国共产党是领导中国社会主义建设事业的领导核心，任何有违党和国家的言论都应该受到批判和谴责。她的言论为当天的发言确定了基调，观点鲜明，引导讨论的主题朝社会主义先进文化这一内容的方向发展。这恰恰是爱辉居委党总支引领社区团队的方式之一，不仅对百姓论坛的议题进行了限定，而且在整个讨论的过程中，有专门的人负责确定讨论的发展方向，从而确保议政的方向"不跑偏"。即日，爱辉社区党总支书记询问对此次"百姓论坛"的看法。具体内容如下：

问：今天参加百姓论坛怎么样啊？

---

❶ 访谈编码：20180420CC。
❷ 刘可：《社区党组织对社区有效治理的实践与反思》，《甘肃社会科学》2015年第5期，第130—134页。

答：我非常受教啊。现场讨论气氛很热烈，你们社区高手如云啊，提出来的问题很有高度和深度，老师们的理论知识广而精。

问：百姓论坛团队的老师都很厉害，他们对时政要闻特别关注。

答：您只要把握好方向，有一大群高手当智囊团，社区治理自然一级棒哦。我听下来的感觉是：主题围绕中央精神，紧跟时代步伐，把握国际国内重点和热点，老师们的思想有见地、深刻而不趋同。

问：是的。

答：我已经深深地感受到爱辉家园的和谐、团结、融洽和有爱。❶

从百姓论坛的活动开展情况来看，团队骨干和党员在引领团队话题讨论的方向方面发挥了极为重要的作用。他们往往与团队成员"打成一片"，但是他们的立场比群众的立场更坚定，而且他们更忠诚于党的理想信念。因此，团队党员能够引领社区团队发挥社会主义先进文化的引领作用。雅诺什·科尔奈在谈到党员的政治和道德动机的时候指出："党员主要动力包括：忠诚于党的思想，赞成官方意识形态；对完成计划目标充满热情。"❷ 从"百姓论坛"团队活动来看，这实际上是党管理言论和思想的平台，党员进入社区团队，尤其是有明确目的的党员的进入，实际上是一种梳理居民思想和占领言论阵地的重要形式。同时，也是J街道在组织再造中实现理念嵌入的一种具体形式。

二、红色革命文化的熏陶

红色革命文化是中国共产党领导中国人民在新民主主义革命过程中，将马克思主义与中国具体实践相结合，为实现国家统一、民族独立和人民解放而浴血奋战形成的革命精神和优良传统，主要包括苏区精神、井冈山精神、长征精神、延安精神、西柏坡精神等，是激励中国人民克服一切艰难险阻、为实现中华民族伟大复兴而奋斗的强大精神动力。❸ 2018年3月，习近平总书记在参加第十三届全国人大一次会议山东代表团审议时强调，"红色基因就是要传承。中华民族从站起来、富起来到强起来，经历了多

---

❶ 访谈编码：20180507CC。
❷〔匈牙利〕雅诺什·科尔奈：《社会主义体制：共产主义政治经济学》，张安译，北京：中央编译出版社，2007年版，第45页。
❸ 黄蓉生、丁玉峰：《习近平红色文化论述的思想政治教育价值探析》，《思想教育研究》2018年第9期，第3—8页。

少坎坷，创造了多少奇迹，要让后代牢记，我们要不忘初心，永远不可迷失了方向和道路。红色基因是转变党建工作观念、促进管理模式发展完善的关键要素。因此，要将红色基因合理、有效地融入到党建工作中，进一步凝聚牢记使命、勇于担当、改革进取的发展共识，驱动党建工作不断变革、持续创新，为全面贯彻落实党的路线方针政策奠定坚实基础。"❶ 在 J 街道进行社区治理的过程中，各社区党总支坚持"把红色资源利用好、把红色传统发扬好、把红色基因传承好"❷ 的工作理念，引领和凝聚广大人民群众，吸引和调动基层社区居民参与到社区治理当中。2018 年 6 月 5 日，笔者随同爱辉居委一起参观了"陈云故居"。这是爱辉社区党总支组织的一次"红色教育活动"。此次同行者有社区的楼组长、地段医院的医生、物业的工作人员、"百姓论坛"和"阳光工作室"的成员以及居委干部。由于党总支书记外出培训，此次活动由居委主任❸黄菲带队。黄菲主任说：

> "这次书记外出培训，她不能来，给大家录了一段'视频'。我们开展这样的活动，就是要改变一下传统的党课形式，这次是参观陈云故居，我们过几天还要去'一大会址'重温入党誓词，去年去了街道文化陈列馆，每年都会去不一样的地方，对不同的'红色文化'有所了解。我们党总支每年组织'红色之旅'嘛，主要是通过以红色教育主题的活动，联络感情，顺带布置一下接下来的工作，希望得到各方的协助。前台是我们居委干部，后台其实就是广大的党员和群众，团队骨干在我们的工作中发挥了很大的力量。你看我们两辆车，共计 100 多人，其中有 7 个楼组长因事不能参加，一大早找我要点心，我没同意，如果这样的话，则后续工作不好开展。以后组织外出红色教育活动，就会召集不到人。所以，我们还是很严肃的。该讲原则的还是要讲的。"❹

爱辉社区党总支带领社区团队以及各方协作单位前往陈云故居参观学

---

❶ 刘淑娥：《红色基因助力党建工作创新》，《人民论坛》2018 年第 24 期，第 94—95 页。
❷ 习近平：《贯彻全军政治工作会议精神 扎实推进依法治军从严治军》，《人民日报》，2014 年 12 月 16 日。
❸ 在 J 街道，社区居委主任是社区党总支的副书记，当书记外出有事的时候，一般是居委副书记带领党员开展党内活动。
❹ 访谈编码：20180605HF。

习，让参观的党员和协作单位成员共同接受红色革命文化的熏陶，以更好地促进社区工作的开展。很多党员跟着讲解员边走边听，听得很认真。在回程的路上，苏全武说：

"陈云还是很厉害的，解放前，陈云打了中国经济的'第一战'，上海那时候通货膨胀很厉害的，物价飞涨，大量印钞票，一千元都出来了……你看到了吧，那一幅幅历史照片和一篇篇文献手稿背后的故事中，我还是蛮受教育的，感触良多。陈云同志是伟大的无产阶级革命家、政治家、杰出的马克思主义者，是我们党和国家的重要领导人，给后人留下了宝贵的精神财富。陈云同志的光辉业绩和不朽风范，给我们上了一堂生动的党性教育课。"❶

现在的年轻人或许无法体会苏全武所说的这番话的感情，但对于一个有着五十多年党龄的老党员苏全武来说，他们见证了中华人民共和国的成立及改革开放带来的巨大变化，参观"陈云故居"等红色教育基地，对党员来说，无疑是一次思想上的洗礼。此外，爱辉社区还围绕"七一"开展"一核多元"的专题组织生活会，打造红色基因品牌，比如参观一处爱国主义教育基地、观摩一场爱国主义电影、读一本好书、慰问一次老党员、举办一出专题文艺汇演、表彰一批先进人物、重温一遍入党誓词。通过红色文化熏陶，传承红色基因，使党员时刻铭记初心，砥砺前行。爱辉社区的党务工作者陈冰说：

"现在的党务工作要不断地创新形式，我们经常组织党员出去参观学习。比如街道文化陈列馆建成后，组织参观学习，使大家摆脱了室内讨论的拘谨，让讨论的形式更灵活。"❷

可见，爱辉社区党总支充分发挥了红色教育基地的文化资源，将社区居民、党员、楼组长、物业和相关部门的工作人员组织起来、凝聚起来。发扬红色文化，传承红色基因，已经成为J街道党组织引领社区团队发展的重要方式。

---

❶ 访谈编码：20180605SQW。
❷ 访谈编码：20180519CB。

三、中华优秀传统文化的浸润

中华文明源远流长，中华精神浩气长存。中华文化强调"民惟邦本""天人合一""和而不同"；"天行健，君子以自强不息""大道之行也，天下为公"；"天下兴亡，匹夫有责""以德治国、以文化人"；"君子喻于义""君子坦荡荡""君子义以为质"；"言必信，行必果""人而无信，不知其可也"；"德不孤，必有邻""仁者爱人""与人为善""己所不欲，勿施于人""出入相友，守望相助""老吾老以及人之老，幼吾幼以及人之幼""不患寡而患不均"等。习近平总书记在党的十九大报告中指出："中国特色社会主义文化，源自于中华民族五千多年文明历史所孕育的中华优秀传统文化，熔铸于党领导人民在革命、建设、改革中创造的革命文化和社会主义先进文化，植根于中国特色社会主义伟大实践。"❶可见，中华优秀传统文化影响着每一个"成长在红旗之下"的中国公民。在城市，大街小巷，公交车站、路牌等公共场所，随处可见中华优秀传统文化的"踪影"。在社区，亦是如此。社区的公共宣传栏、房屋的墙壁或者用于居民休闲的公共活动区域，都张贴或者粉刷了社区公共宣传标语❷：

国是家、善作魂、勤为本、俭养德、和为贵、孝当先、忠无私、诚立身、信致远、心向党、手足情。

从社区公共宣传标语可以看到，中华优秀传统文化已经作为"意识形态化身"出现在社区，这是基层党组织"于无声处"影响和引领居民思想的做法。同时，将中华优秀传统文化与社区治理的内容相结合，也是一种很常见的做法。在创建全国文明城市活动（简称"创全"）中，J街道居委会要动员居民们一起参与到"创全"的工作中，就必须做好宣传和动员工作，于是，在小区里张贴了"创全"公告，如表3-1所示。

---

❶ 习近平：《决胜全面建成小康社会　夺取新时代中国特色社会主义伟大胜利——在中国共产党第十九次全国代表大会上的报告》，《人民日报》，2017年10月18日。

❷ 资料来源于爱辉社区。

表 3-1　J 街道"创全"公告

邀你一起来"创全"
【文明在口中】
公德始于心，文明我先行，告别陋习俗，人人树新风。
【文明在心里】
微笑问声好，温馨传真情，言谈有礼貌，优雅赢尊重。
【文明在手上】
垃圾不落地，爱护我环境，大手拉小手，共建文明城。
【文明在脚下】
行路有规矩，三让记心中，排队不拥挤，礼让路畅通。

资料来源：爱辉社区公共宣传栏

"邀你一起来'创全'"中蕴含了"文明礼让""邻里互助"的美德，这是中国优秀传统文化在社区的具体延伸，也是 J 街道为培养社会主义公德心，使居民争做和谐社会文明人的举措。同时，"中华优秀传统文化是文化自信之基"❶。新时代，社会主义核心价值观是中国传统文化的现代性转换，以此"应对实行改革开放特别是市场经济体制之后我国社会及民众精神层面出现的新情况、新变化"❷。2012 年，中共十八大提出要加强核心价值体系建设，"倡导富强、民主、文明、和谐，倡导自由、平等、公正、法治，倡导爱国、敬业、诚信、友善，积极培育和践行社会主义核心价值观"❸。J 街道将社会主义核心价值观的内容具化为居民的文明公约，如表 3-2 所示。

表 3-2　J 街道市民文明公约

市民文明公约
安全出行，尊重礼让；健康生活，低碳环保。
维护环境，整洁楼道；垃圾袋装，严谨洒抛。
停放车辆，规范有序；饲养宠物，处处管好。
食品安全，关乎你我；节俭养德，陶冶情操。
感恩博爱，共创祥和；践行公德，我定做到。
爱国爱家，建设家园；共建文明，共享美好。
爱国敬业，无私奉献；崇尚科学，尊师重教。
团结友善，关爱守望；家庭和睦，爱幼敬老。
助人为乐，崇德向善；明礼诚信，平等公道。
爱护文物，传承经典；外出旅游，文明首要。

资料来源：爱辉社区居委会

---

❶ 单丽：《中华优秀传统文化是自信之基》，《人民论坛》2018 年第 35 期，第 134—135 页。
❷ 江畅、蔡梦雪：《从革命价值观到核心价值观——中国现代价值观构建的三阶段》，《江汉论坛》2018 年第 12 期，第 15—23 页。
❸ 胡锦涛：《坚定不移沿着中国特色社会主义道路前进 为全面建成小康社会而奋斗》，《人民日报》，2012 年 11 月 18 日。

表 3-2 是以文字的形式来发挥中华优秀传统文化对社区治理的引领作用。另外，传统佳节也是传承中华优秀传统文化的一种非常重要的形式。J 街道所辖的居委会通过举办庆祝传统节日的方式，对社区团队进行理念引领。笔者参加了爱辉社区居委会举办的"粽情欢乐——爱辉社区庆端午"的活动。此次活动由爱辉居委党总支和居委会提供场地和原材料，社区团队成员负责包粽子。端午节的前一天，居委主任黄菲买回来了米、油、肉、花生、红枣等食材，一个舞蹈团队成员对食材进行加工，为第二天的端午节活动做准备。居委会二楼的活动室布置得很温馨，气球和彩条悬挂在窗户两边，进门就能看见黑板上写着"粽情欢乐——爱辉社区庆端午"的醒目字体。居委副主任李旺在搬桌椅，总共有六张大桌子，三桌为一列，分为两列。居委干部陈冰在通知社区团队的骨干关于包粽子的事情。书记在外开会，端午节的一切事务由居委主任安排。端午节当天，居委会人来人往，热闹非凡。大部分居民都是在二楼活动室包粽子，居委主任黄菲说：

"我们小区每年都包粽子的，居民们很喜欢。小区的老阿姨们手都很巧，包得好。包好之后，送给一些老弱病残的家庭，表示慰问，志愿者和社区团队的成员也发一些，过节嘛，大家开心哈。你看看，来包粽子的都是我们团队的骨干和成员，老阿姨们唱歌跳舞很厉害，包粽子也很厉害的。（笑）"❶

黄菲主任的这段话中有一点值得注意，即"社区团队的骨干和成员"负责包粽子。可见，居委会只是作为活动的"组织方"，具体的实施过程由"社区团队"负责。在传统节日活动中，居委会可以依托社区团队来完成社区治理的内容，即"让志愿者和社区团队骨干"去给一些有老弱病残人员的家庭送粽子，以示慰问。爱辉社区舞蹈团队成员郑美英参加了这次包粽子的活动，她说：

"我每年都来包粽子的，我们团队都是女的，基本上都来包粽子。在家里也能包粽子，大家都喜欢来居委会包粽子，有节日气氛嘛，过节就要热热闹闹的。所以，每年过节，比如端午节包粽子、中秋节做月饼、重阳

---

❶ 访谈编码：20180605HF。

节做面条,这些活动我们都不会忘,每年惦记着了呢。(笑)"❶

可见,在爱辉社区,居民可以感受到中华优秀传统文化对自己的影响。社区党组织通过中华优秀传统文化对社区团队进行引领,将社区团队的发展纳入到当前社区治理的范围之中。爱辉社区治理绩效突出,社区活动内容丰富,邻里和睦,居民对社区具有强烈的归属感和认同感。这是社区党组织带领社区团队共同参与社区治理的结果。

综上所述,J街道党组织通过发挥社会主义先进文化对社区团队的引领作用,促进红色革命文化对社区团队成员的熏陶,以及促进中华优秀传统文化对社区团队成员的浸润三个方面实现了对社区团队的理念引领。

第三节 活动凝聚:多样活动聚人心

"活动凝聚"是指社区党组织通过开展各种各样的活动,吸引社区团队参与进来,并以活动的方式将社区党组织的路线、方针和政策宣传给居民的一系列活动方略。同时,居民也从社区党组织领导社区团队开展的活动中获得服务和福利。"社会组织党组织只有不断创新内容方式,立足社会组织所需、党员群众欢迎、符合自身特点,组织活动才能有声有色地开展起来,党的声音在社会组织才能愈发响亮。"❷ 前文已经有多位居委干部提到,"活动"是社区治理的一个工作抓手。居委党支部和居委会可以举办和开展各种有利于居民健康的节目(运动会、美食节等)、丰富居民生活的节目(风筝节、科技节等)、社区管理项目(消防演习、垃圾分类活动等)、为老服务活动(免费理发、免费午餐等)、亲子活动(儿童节、三八妇女节等)、传统节日活动(端午节包粽子、中秋节做月饼等)、民间特色活动(纳凉晚会、沪剧节等)等。J街道每年要举办大大小小的活动不计其数,因此,J街道是通过各种各样的活动进团队的方式,凝聚居民,实现社区党组织对社区团队的领导。具体而言,J街道党组织的"活动凝聚"主要通过文体娱乐、思想教育和志愿服务三种类型的活动体现基层党组织对社区团队的领导。

---

❶ 访谈编码:20180605ZMY。
❷ 朱亚勤、张玉洁:《聚焦社会组织党建工作难题:党组织活动怎么搞》,《中国组织人事报》,2015年12月16日。

一、文体娱乐活动

党的十九大报告指出:"当前我国社会主要矛盾已经转化为人民日益增长的美好生活需要和不平衡不充分的发展之间的矛盾。"❶ 人民日益增长的美好生活需要必须通过开展各种社区活动得以满足,尤其是文体娱乐活动。根据国家统计局的数据,2017 年中国人均 GDP 为 59660 元人民币❷,中国城市居民基本上解决了温饱问题,对物质文化和精神生活有了更高的追求和向往。J 街道每年举办社区运动会和文艺汇演等活动,通过文体活动来引领社区团队。居委书记张艺军说:

>"现在社区就是要多搞活动,搞居民们喜欢的活动。我们这里有 800 多户,277 名中共党员,85% 的老年人,60 岁以上的离退休老人有 30%,所以,我们这里就要搞一些书画班、沪剧班啊,适合老年人的团队,我去年还给一位老人办了一个绘画的作品展。这个展出是这么来的,我们小区这个老人啊,国画画得特别好,本来是报名参加了上海市一个画展,后来画展取消了。这个老人的儿媳妇找到我说:书记啊,居委能不能腾个地方给老人办个人画展。我觉得,挺好啊,老人的心愿有条件满足就一定要去满足。反正现在居委每年街道都有活动经费拨款的,我这边居委党总支有 10 万元活动经费,居委会有 10 万元的行政活动经费。有时候,我们搞大型活动,找共建单位一起做,自己也出不了什么钱,社区居民的内部活动,走居委活动经费就行了。而且,这个老人的画作真的不错,很多作品,我都和'国庆节'主题联系起来了,这样一来,既满足了老人的心愿,也算我们完成了党总支的一个主题党日活动。这种'两全其美'事情,何乐而不为呢?"❸

在 J 街道,广场舞团队尤其多。广场舞团队因为要跳不同的舞蹈,需要添置不同的服装,所以,服装经费是一笔很大的费用。爱辉社区的居委

---

❶ 习近平:《决胜全面建成小康社会 夺取新时代中国特色社会主义伟大胜利——在中国共产党第十九次全国代表大会上的报告》,《人民日报》,2017 年 10 月 18 日。

❷ 引自国家统计局: http://data.stats.gov.cn/search.htm?s=%E5%9B%BD%E5%86%85%E4%BA%BA%E5%9D%87GDP。

❸ 访谈编码: 20180418ZYJ。

书记蔡诚说：

"像文体类的，还是以开展活动为主，都是小区的一些阿姨们。时装也好，舞蹈也好，太极拳操，这些老师全是我们小区的一些人，参与的也主要是以我们小区为主。那平时这个活动还主要是在我这块，还有服务，要添置一些服装，把预算做进去，因此我这边活动还蛮多的，我这边有活动，也是会把她们加进来，给她们一个平台，让她们通过活动去展示，就是把团队建设与活动相结合起来，通过活动开展，让她们有一个展示平台，这个建设也是从侧面来的。"❶

张艺军书记和蔡诚书记的说法是一致的，他们提到的"把团队建设与主题党日活动开展相结合"这一点，是 J 街道党组织领导社区团队的重要途径。2018 年 7 月 31 日，J 街道的项梅社区举办了"在党的旗帜下——庆祝建军 91 周年文艺纳凉晚会"。这次纳凉晚会由项梅社区党总支、居委共同举办，J 街道某中心小学协办。同时，市环卫综合服务有限公司、中国邮政集团公司某分部、上海某电器有限公司和上海大众燃气营业所为共建单位。此次活动内容涉及"创全"以及垃圾分类宣传、法律咨询、物业服务咨询、政策宣传和咨询、金融防诈骗宣传、燃气安全宣传、治安宣传等内容，这些内容在文艺汇演之前进行。晚上，则由社区团队充当"主角"，上演了一台精彩的文艺汇演。从文艺汇演的节目单即可看出，文体团队的演出内容紧紧围绕建军 91 周年的主题。文艺汇演的节目单内容如表 3 - 3 所示。

表 3 - 3　项梅社区"在党的旗帜下——庆祝建军 91 周年文艺纳凉晚会文艺汇演节目单"

项梅合唱队：《毛委员和我们在一起》
女声小组唱：《红梅赞》
沪剧：《妈妈手中鲜花开》
风之韵乐器队：合奏《步步高》《紫竹调》
风之韵舞蹈队：《风含情、水含笑》
萨克斯独奏：《十五的月亮》
新苑舞蹈队：《许我来生再爱你》
二胡演奏：赛马（老人和小孩）
新疆舞：《孜啦啦》（新疆人）
笛子独奏：《黄莺亮翅》杨果
项梅戏曲队：《唱支山歌给党听》

资料来源：项梅社区居委书记

---

❶ 访谈编码：20180420CC。

从表3-3即可看出，这场文艺汇演是以歌颂党和国家为主题，传递给居民正能量，以激发居民对党、国家、社会和家庭的热爱。在J街道，文体团队的人数最多，规模最大，所以，将文体团队的活动与主题党日活动结合起来，是社区党组织以活动凝聚社区团队的有效形式。在这一过程中，社区党组织为文体团队提供了场地、资源、服务和平台，文体团队将党的主张和理念融于表演之中，以一种更生动、直观的形式传达给居民，这是一种"润物细无声"的"意识形态灌输"。正如匈牙利政治学家雅诺什·科尔奈在《社会主义体制》一书中指出："党的各级机构、政府以及群众组织不遗余力地通过新闻舆论、其他媒体宣传、教育、科学和文化活动等各种方式向人们灌输官方意识形态。"❶ 社区党组织领导社区团队开展的文体活动起到了凝聚居民群众的作用。

二、思想教育活动

马克思在《关于费尔巴哈的提纲》中写道："哲学家们只是用不同的方式解释世界，而问题在于改变世界。"❷ 改变世界的物质力量是在将思想观念灌输和教育给群众的过程中产生的。正如马克思在《〈黑格尔法哲学批判〉导言》中指出的："批判的武器当然不能代替武器的批判，物质力量只能用物质力量来摧毁，但是理论一经掌握群众，也会变成物质力量。理论只要说服人，就能掌握群众；而理论只要彻底，就能说服人。所谓彻底，就是抓住事物的根本，但人的根本就是人本身。"❸ J街道党组织紧紧抓住了思想理论对党员和人民群众的教育作用，通过学习党的章程以及党和国家的政策文件，实现党的意识形态社会化。另外，在社区治理的组织再造过程中，J街道还通过表彰社区团队的优秀骨干和积极分子，使其成为社区团队的成员以及社区居民学习的典范，从而起到很好的示范效应和榜样作用。

（一）学习党的章程

中国共产党党章是关于党的性质、宗旨、指导思想、奋斗纲领和治党

---

❶〔匈牙利〕雅诺什·科尔奈：《社会主义体制：共产主义政治经济学》，张安译，北京：中央编译出版社，2007年版，第45页。

❷《马克思恩格斯选集》（第一卷），北京：人民出版社，1995年版，第61页。

❸《马克思恩格斯选集》（第一卷），北京：人民出版社，1995年版，第9页。

管党的总章程，是"全党必须遵循的总规矩"❶。作为党的政治主张的集中反映，党的纲领决定着政党举什么旗、走什么路，为党的未来发展明确目标和方向。党章是党的根本大法，是立党、管党、治党的总章程，是全党上下必须共同遵循的总规矩、总规范与总引领。党的纲领诠释党的目标和任务，党的章程体现党的整体利益和意志，党员干部能否在知行合一中始终做到对党绝对忠诚，关键要看能否在行动中真正忠诚和拥护党的纲领和党的章程。❷ J街道党组织要将社区团队纳入其管辖的范围之内，就是为了确保党的路线、方针、政策和决议贯彻到社区当中。因此，组织社区团队成员学习党的章程，是J街道党组织以思想教育活动来领导社区团队的重要形式之一。马克思在《路易·波拿巴的雾月十八日》中谈到由情感、幻想、思想方式和人生观构成的上层建筑时指出："通过传统和教育承受了这些情感和观点❸的个人，会以为这些情感和观点就是他的行为的真实动机和出发点。"❹党的意识形态通过党章和党的政策这两种载体来体现。党章和党的政策对党员价值观的形成以及党员的行为起到了指导作用。如云社区负责党务工作的关雨涵说：

"自从十八大召开以后，我们经常组织党员学习'两学一做'，党章是首要的学习内容。党小组会、党员大会、主题党日活动，大大小小的会议和活动不断。"❺

关雨涵作为一名党员，尤其是一名党务工作者，关雨涵需要经常召集党员来开会，但这并不是一件容易的事情。然而，由于这是工作的任务以及上级的严格要求，她努力组织安排各项会议。随着"两学一做"会议的经常召开，成效很明显，她说：

"我经常打电话给社区里的党员来参加会议，我对每位党员的情况都了如指掌，他们都认识我的，我起初打电话，他们不是很愿意来

---

❶ 《习近平关于严明党的纪律和规矩论述摘编》，北京：中央文献出版社，2016年版，第3页。
❷ 孙大海：《忠诚于党的纲领和党的章程》，《党建》2018年第9期，第17页。
❸ 在这里，"情感和观点"在广义上特指某种意识形态。
❹ 《马克思恩格斯选集》（第一卷），北京：人民出版社，1972年版，第629页。
❺ 2016年2月，中共中央办公厅印发了《关于在全体党员中开展"学党章党规、学系列讲话，做合格党员"学习教育方案》，并发出通知，要求各地区各部门认真贯彻执行。开展"两学一做"学习教育，是面向全体党员深化党内教育的重要实践，是推动党内教育从"关键少数"向广大党员拓展、从集中性教育向经常性教育延伸的重要举措。

参加的,我打的多了,他们老是推辞也不好意思,都是一个小区的,总归还是会来参加的。领导安排的任务嘛,我总是要完成的。以前从来不露面的党员,这几年也开始露面了。其实,他们也挺好的,以前我也是对他们不了解,打电话通知他们来开会,不来就算了。其实我多沟通几次,他们还是会来的。这个就是'看面子',你懂的。再说了,党员嘛,毕竟思想觉悟还是高的,我一直打电话,表明这个事情很重要,人家拎得清的。"❶

不管是迫于工作的压力也好,还是已经找到了党务工作的诀窍也好,关雨涵完成了领导交给她的任务。如云社区的党建工作做得有声有色,"两学一做"学习教育活动的开展情况也非常好。可见,通过学习党章和主题党日活动,J 街道党组织实现了对社区团队党员的领导。

(二) 宣传好人好事

社会主义国家坚持集体主义的价值观。集体主义具有强大的号召力、感染力和引领力,它推崇个人的无私奉献和服务精神,由此激发群众的效仿意识。匈牙利政治学家雅诺什·科尔奈在《社会主义体制》一书中指出:"在经典体制的建设过程中,所有'层面'都涂满了意识形态的涂料。意识形态与社会主义体制的发展、稳定并最终固化密不可分,因为在这一过程中,意识形态始终发挥着重要作用,并为现实中出现的东西提供了合法性支持。"❷ J 街道 46 个居委的公开宣传栏都设置了一个板块,即"好人好事宣传栏",这一宣传栏就是为了表彰对社区治理做出突出贡献的党员和群众而开设的,定期地评选和表彰社区的优秀先进分子,以调动居民参与社区治理的积极性。宣传"好人好事",不仅营造了一个和谐、温馨、团结、邻里守望的社区氛围,还对其他居民起到了示范的作用。一方面,通过开展各种社区活动,将社区团队中的骨干和积极分子的作用和地位"凸显"出来;另一方面,将社区党组织的理念灌输到具体的活动中,从而起到宣传和教育的作用。下面是爱辉社区宣传栏"高举中国特色社会主义伟大旗帜"这一栏对社区的好人好事进行的宣传。每一位被宣传和表彰

---

❶ 访谈编码:20181004GYH。

❷ 〔匈牙利〕雅诺什·科尔奈:《社会主义体制:共产主义政治经济学》,张安译,北京:中央编译出版社,2007 年版,第 46 页。

的居民都附有照片、简介和优秀事迹。表彰社区团队成员的优秀事迹材料见表3-4。

表3-4 爱辉社区"好人好事"优秀事迹材料

"范秀,家住20号门,文艺范儿十足的她,善舞蹈,精装扮,投身于小区舞蹈队,作为指导老师,她和姐妹们一起把舞蹈团队建设得有声有色,曾连续三届获得了J街道四星级文艺团队的荣誉称号,楼组长工作很负责任,积极完成居委会交给的任务;及时反映居民关心的问题;主动化解邻里间的矛盾。范秀是个兼具外在美、内在美的小区热心人!"

"郑美英,家住12号门,娇小的郑美英是我们小区的文艺活动的积极分子。每天傍晚,在金榜广场都会看到她的身影,她经常配合老师教大家广场舞。小区的各类文艺活动,她都积极参加,她的沪剧很受大家欢迎。她还积极参加小区运动会;小区美食节时,她也和小姐妹一起做了好吃的点心给大家品尝。郑美英是个多才多艺、心灵手巧的热心人!"

"张金,家住18号门,共产党员,'阳光工作室'志愿者,张金同志虽然退休了,但每周一至每周五仍然要'上班',早出晚归全天候照顾九十高龄的父亲母亲,幸好周六周日有弟弟妹妹'换班',所以,'双休日'对张金同志来说也是难得的休整时间。然而老张时刻不忘自己是共产党员,经常牺牲难得的'双休日'参加党员义务劳动和小区巡逻。处处以身作则,积极参加党员志愿者活动,张金同志积极乐观,是一个充满正能量的热心人。"

"翁梦,家住26号门。虽然她已经七十多岁,但为人非常热心。每天晚上都配合老师带领大家跳广场舞、做健身操,而且记忆力超强。有时老师没在,她就主动带着大家跳广场舞。跳广场舞的老姐妹们都很喜欢她。在小区'创全'拆违章建筑时,主动拆除了违章防盗门,对小区的其他活动也积极参加:首届'爱辉杯'运动会中参加广播操比赛;小区美食节活动时,做了糕点美食让大家品尝,翁梦真是我们小区的热心人。"

"何华,家住58号。早上四点出门,你便可以看到何阿姨甩开膀子劳动的身影,平日里做好保洁工作的同时还会留心小区建设,及时反映问题。作为物业保洁队队长完成本职工作的同时,何阿姨还是我们小区垃圾分类的志愿者。虽然年逾六十岁,却依旧有着谦虚好学的心,垃圾分裂扫码软件的操作培训课后,多次请教,只希望把工作做好,不要耽误居民早上出行上班时间。平日里,她还是上情下达、下情上传的楼组长,及时分发宣传物资、宣传资料,做好各项入户工作。何华是绿色先行、踏实肯干的热心人。"

"董凤,家住42号门。她性格稳重,待人真诚。作为爱辉第一党支部的党小组长和一位有着几十年党龄的老党员,退休后在社区仍不放松对自己的高标准严要求,一言一行始终保持着一位老党员的操守。她身体虽然不太好,但是每次开展组织生活都能积极参加,支部安排的党小组工作,也从不推辞认真完成。她爱好广泛,在小区里积极参加歌咏班,在金榜广场上也经常能看到她和老师一起带领大家做操。踊跃参加首届'爱辉杯'运动会和小区美食节活动。董凤真是热心公益、关心小区的好榜样!"

"王慧,家住30号门。她是居委巡管员。工作认真负责,在每天巡查中都仔细排查安全隐患,发现问题及时上报,用心维护爱辉小区。非但如此,王慧还积极带动家人一起关心小区建设,在爱人身体不好的情况下,主动挑起了楼组长的担子,关爱邻里,帮助困难居民。夫妻俩都是热心肠的人,凡是了解到小区发生了非正常状况后,都会第一时间告知居委,并协助居委一起及时妥善处理,避免事件恶化,用实际行动维护着小区的和谐。她是朴实低调、埋头奉献的热心人!"

资料来源:爱辉社区居委会公开宣传栏

从表3-4所示爱辉居委"好人好事"优秀事迹材料可以看出来,被表彰的居民虽然在社区不同的岗位上工作,但是都具有乐于服务、无私奉献、勤劳肯干、乐观积极、吃苦耐劳、敢为人先的精神。他们的行为与社区治理融为一体,他们成为社区的积极分子和工作的推动力量,得到了社区党总支的认可和表彰。反过来看，社区党总支也是通过这些被表彰的社区团队骨干和积极分子来贯彻和宣传党的方针政策和决议，这恰恰是 J 街道党组织在社区治理中进行组织再造的有效形式。

三、志愿服务活动

我国社区志愿服务是"随着社会主义市场经济的发展和基层社会结构的变革应运而生的，最早的社区志愿服务发端于 1988 年天津市和平区新兴街道朝阳里居民委员会的 13 名积极分子自发组建的为民服务志愿者小组"。❶ "经过三十多年的发展，社区志愿服务已经成为完善社区治理体系的必要环节，也是培育社区居民公共意识与公益精神的重要途径。"❷ 同时，志愿服务作为一种特有的文化现象，对于激活社会资源、整合公益力量、协调人际关系、创新社会治理，具有天然的文化示范作用。❸ 也就是说，志愿服务对创新社会治理发挥了重要的作用。党的十九大报告指出："要打造共建共治共享的治理格局。"❹ 充分发挥社会组织作用，实现政府治理和社会调节、居民自治良性互动。在社区治理的过程中，社区团队开展的志愿服务活动就是政府和社会实现良性互动的结果。前文已经论述了 J 街道的社区团队的两个培育途径，即满足居民的需要和社区治理的需求，由此而产生了文体型团队、学习型团队、巡逻型团队和议事型团队。J 街道的社区团队普遍将志愿服务纳入自己的活动范围内。有研究者认为，各居委党总支"要完善社区志愿服务各类群体的利益，整合社区社会资本，培育深厚的社会底蕴，搭建社区志愿服务供需对接平台，努力实现各类志愿服务资源的有效整合，从而满足各方利益"。❺ 就社区团队的成员而言，他们是社区的一分子，也是社区志愿服务的一分子。爱辉社区的"阳光工作室"是在爱辉居委党总支的领导下，由志愿者组成的社区团队，他们在

---

❶ 梁绿琦：《中国社区志愿服务的发展历程》，《北京青年政治学院学报》2008 年第 3 期，第 5—13 页。
❷ 陈伟东、吴岚波：《困境与治理：社区志愿服务持续化运作机制研究》，《河南大学学报》（社会科学版）2018 年第 5 期，第 42—50 页。
❸ 胡雪梅：《让志愿服务文化深入人心》，《人民论坛》2018 年第 34 期，第 76—77 页。
❹ 习近平：《决胜全面建成小康社会 夺取新时代中国特色社会主义伟大胜利——在中国共产党第十九次全国代表大会上的报告》，《人民日报》，2017 年 10 月 18 日。
❺ 张勤、武志芳：《社会管理创新中社区志愿服务利益表达的有效性》，《理论探讨》2012 年第 6 期，第 17—21 页。

小区"自治、共治"过程中发挥了重要的作用。具体内容如表3-5所示。

表3-5 爱辉社区"阳光工作室"志愿服务活动案例

一、案例背景

爱辉社区位于地铁站旁,管辖三个社区,三个社区彼此连通没有围墙隔离。总户数1606户。经过十多年的时间,三个社区已经失去昔日光鲜亮丽的外表,正如事物的发展规律,开始出现矛盾。在党建引领城市化生活品质的精致化提升的浪潮下,为发挥社区团队在居民区自治中的示范性和推动力,爱辉社区通过阳光工作室志愿者平台,推动社区的治理和发展,使居民自治有标杆、有活力、有保障,让人感觉温暖可靠。

二、案例描述

针对本小区实际,党总支于2015年4月成立了爱辉"阳光工作室",在绝对自愿的前提下把小区中最积极、最活跃的力量组织起来。目前"阳光工作室"已进入第四个年头,共有52名志愿者。他们有党员中的积极分子,也有群众,是联系群众的直通车、扶危助困的活雷锋、小区自治的排头兵、谏言献策的智囊团,在居民自治中起到了非常积极的作用。

补绿护绿,用主题活动"织"出一丝"清新"。小区绿化带黄土裸露,影响美观,视觉冲击强烈,居民提出了补植绿化的诉求,但是物业运作水平有限,于是党总支开展"绿化突击行动"。活动中,党员们自己动手种下了12000多棵红叶石楠、600棵瓜子黄杨,扮靓了三个花坛,新增绿化带850米,看到实实在在的变化,群众非常满意。为提高小区环境水平,每月开展一次集体劳动进行环境综合整治,捡拾绿化带中的垃圾,铲除黑广告,环境美丽了,大家心情也就好了。

看家护院,以群防群治"铺"就安全底色。由于位居地铁沿线,小区进出人员复杂,流动人口较多,存在安全隐患,居民安全居住获得感受到影响。在平安志愿者的运作机制下,小区安全居住获得感建设取得实效。基于基层党组织阵地建设的制度化、完整性,组织阳光工作室党员志愿者进行双休日小区巡逻,作为群防群治工作抓手的补充。全年双休日小区巡逻200人次,成为找茬"啄木鸟",记录巡逻中发现的问题、隐患,及时上报微信群,促使小区环境整治工作闭环式管理有实效。他们更是移动的宣传"小喇叭",向居民宣传用电、用气安全,筑牢安全意识防线,每个平安的小家才能真正构成平安家园。

文化活动,"描"绘出精神文明的悦丽画面。物质生活丰富后,居民日益增长的美好生活需要和精神文明建设不充分发展之间的矛盾拉大。居委工作人员力量有限,促使居民"共治、共建、共享",依靠大型活动集聚效应探索创建"熟人"社区,调动整合资源。党员先知道、先讨论、先行动,党员同志是社区的文艺骨干,在歌咏班、舞蹈队、时装队等文艺团队中都是最积极的中坚力量,各团队也分别荣获街道四星级、二星级文艺团队荣誉称号。党员进社区议事会、百姓论坛,为小区建设出谋划策。在社区大型活动中,党员同志认领工作模块,与居委会协同配合,吸引四百余人参与社区运动会,社区美食节形成千人尝百家饭的盛况。以党员主体使居民自治由"无序化"向"有序化"转变、由"零散化"向"组织化"转变,聚是一团火,散作满天星,成为社区凝聚力的点火器。

资料来源:爱辉社区居委会

从表3-5可以看出,爱辉社区的"阳光工作室"以志愿服务为引领,每月固定劳动日,为"两学一做"的"做"明确了方向,广大党员更加自觉地用行动来表达自己的信念和信仰,捡拾垃圾、清除黑广告、擦拭楼道大门,小区综合环境得到有效改善,全年双休日小区巡逻200人次,义务劳动近300人次。在"创全"工作、美丽家园建设中积极带头,成为小区环境整治"啄木鸟",记录巡逻中发现的问题、通过"微信群"及时上报问题,促使小区环境整治工作闭环式管理有实效。更是移动的宣传"小喇叭",与楼组长配合上门做"美丽家园""创全"宣传工作,确保知晓率、参与率。

通过爱辉社区"阳光工作室"开展的活动内容,我们可以看到爱辉居委党总支将社区治理中的具体事务通过"阳光工作室"来推动和实施,并且取得了良好的效果。同时,歌咏班、舞蹈队、时装队、"百姓论坛"等社区团队也积极地参与小区的志愿服务活动。它们为小区面貌的改变、丰富居民业余生活和营造良好的社区氛围做出了贡献,从而反映出爱辉居委党总支通过社区团队的志愿服务活动凝聚了更多的居民参与到社区治理之中。

综上所述,J街道通过组织嵌入、理念引领和活动凝聚实现了对社区团队的嵌入和引领。具体而言,"组织嵌入"通过创新团队党支部和安排党员入团队得以实现;"理念引领"利用红色革命文化熏陶团队成员,确保社区团队的发展方向"不跑偏";"活动凝聚"通过文体娱乐活动、思想教育活动和志愿服务活动进入社区团队而得以实现,以凝聚居民的"心"。党建工作最终做的是"走心"的工作,不与居民融为一体,把居民们的日常需要当作最重要的事情对待,党建工作是无法开展的。因此,党组织始终要将居民的利益放在首位。正如美国学者哈罗德·D. 拉斯韦尔研究政治学时所指出的:"慰问加面包的效力远远超过给面包的效力。节省面包比节省慰问更为安全。"❶ 与居民融为一体,拉近心灵的距离,J街道党组织在对社区团队进行嵌入和引领之时,才能以更低成本和更便捷有效的方式,将党的路线方针政策贯彻到社区治理的过程中。社区党组织也能充分运用自身或社区骨干掌握的组织资源,通过教育、动员、宣传等方式对社区团队施加影响,将社区团队纳入有序化的政治参与过程,由此获取自身的权威和民众的认同。

---

❶ 〔美〕哈罗德·D. 拉斯韦尔:《政治学:谁得到什么?何时和如何得到?》,杨昌裕译,北京:商务印书馆,2010年版,第64页。

第四章　团队在行动：城市社区治理中组织再造的波澜乍起

为在公民社会里争取充分的成员资格的斗争，成为现代社会冲突的伟大主题之一。

——［英］拉尔夫·达仁道夫：《现代社会冲突》

J街道共辖有46个居委会，在社区治理中推进组织再造的过程并不是一帆风顺的。在霍阳社区，因为业委会在社区治理方面存在诸多问题，导致该社区的居民自发形成了一个社区团队，即"跳舞鱼团队"。该团队的规模日益扩大，在霍阳社区推进组织再造的过程中掀起了一个又一个波澜，致使党的路线、方针政策无法在社区完全落实。

第一节　社区团队的成立

"跳舞鱼团队"是霍阳社区的一个"议事型"❶社区团队，它成立于2016年。之所以能接触到"跳舞鱼团队"，是因为2017年J街道开展"团队党建"十周年纪念活动，出版了一套丛书。其中，有一本是专门介绍J街道46个居民区的"优秀团队骨干"的，其中霍阳社区的业委会主任"李银柱"被评为业委会党支部的"优秀团队骨干"，但由于"跳舞鱼团队"的反对而被取消了资格。在党建服务中心工作人员的帮助下，笔者进入霍阳社区开展社区治理调研。

---

❶ 前文已经论述了J街道的社区团队分为四类，即文体型团队、学习型团队、议事型团队和巡逻型团队。根据这种分类，跳舞鱼团队属于议事型社区团队，后文将详细介绍。

一、霍阳社区"三派势力"的形成

J街道霍阳社区于1999年至2004年分四期建设,规划用地总面积161102平方米,总建筑面积238179平方米,属于多类型混合型住宅小区(高层、多层和商业),居住户2573户,常住人口6742人。❶霍阳社区是当时J街道最"高档"的小区,里面住了街道的领导、国有企业的领导、房地产开发商老板、当地的一些拆迁户,还有文化水平比较高的"新上海人"。可见,霍阳社区的住户情况具有出身背景复杂、学历层次不齐、职业差异较大和利益多元的特点。霍阳社区住户之所以呈现多元性和复杂性的特点,是因为"市场选择加剧了在居住、交往及身份认同方面的阶层化进程"。❷霍阳社区分为三派,即"新上海人"、"中间派"和生长于此的"本地人"。其中,"新上海人"是这三派力量中发展最为迅速,参与社区公共事务意愿最为强烈的群体。走进霍阳社区,和居民聊天,很快就能感受到居民对社区治理充满了怨言和不满。居民自发形成近500人的"团队",即"跳舞鱼团队"。在霍阳社区,上访和频繁拨打市政电话投诉的居民也不少,街道和居委会层对霍阳社区的社区治理感到头疼,这个局面出现的缘由,还得慢慢道来。先从社区的三派力量开始说起。

(一)"新上海人":业主权利代表的群体

"新上海人"是户籍在外地的人通过人才引进的方式来到上海落户、定居的居民群体。他们通常是接受过高等教育的知识分子或者某些领域的技术专才,所以,"新上海人"往往很熟悉国家政策,且关注街道对国家政策的执行情况。尤其在社区治理层面,对涉及他们切身利益的公共事务,他们热衷于参与,并积极地表达出自己的利益诉求。随着现代化建设的推进,公民素质得到了提高,尤其是社区存在一群具有高等文化水平的人,他们自发地形成了以"新上海人"为标签的群体。"新上海人"是如何走到一起的?他们具有什么样的特征呢?他们是出于什么样的目的自发地组织起来的呢?孙立平对转型社会的研究指出,"进入20世纪90年代,特别是90年代中后期,情况发生了根本性的变化。从这个时候起,定型化

---

❶ 资料源于霍阳社区公众号"平安霍阳社区"——霍阳小区基本信息,截至2018年9月1日。
❷ 刘精明、李路路:《阶层化:居住空间生活方式、社会交往与阶层认同》,载李路路、边燕杰主编《制度转型与社会分层》,北京:中国人民大学出版社,2008年版,第144页。

的过程开始了。表现在：第一，阶层之间的边界开始形成。最显而易见的是不同居住区域的分离。如果说由居住分区形成的阶层边界是有形的，那么，由生活方式和文化形成的阶层边界是无形的。但这种无形的边界，不仅可以作为阶层边界的象征，而且，如法国著名社会学家布尔迪厄所说，还是阶层结构再生产的机制。第二，内部认同的形成，阶层内部认同的形成是与阶层之间的边界联系在一起的。因为人们正是从这种边界中萌发'我们'和'他们'的概念和意识的"。❶ "新上海人"与J街道本地人的边界划分主要体现在三个方面，即语言差异、地域不同、学历和文化水平的分化。

第一，语言差异。语言不仅是交流的工具，也是文化的载体。"新上海人"在社区治理过程中，要融入这个"集体"当中，首先遇到的障碍是语言。虽然中国在全国范围内普及普通话的学习和规范，但是对于年龄稍长的上海本地人，他们只能以上海话进行沟通和交流。同时，即使有很多会讲普通话的上海本地人，他们出于语言习惯也更倾向于与上海人交流。虽然没有具体的数据能够说明这一观点，但是笔者在调研的过程中听到一位J街道本地人说过这么一句话：

"他们（新上海人）一开口，我就知道他是'外地人'，他们不会讲上海话，一口普通话，我就不愿意与他多说一句话了。"❷

语言的差异，确实是"新上海人"与"本地人"之间的一个分界线，但是这并不能代表所有的"本地人"与"新上海人"之间的利益完全相冲突。就社区治理层面而言，他们同为业主，也存在利益一致的地方，他们也会形成某种程度的"联合"，只有"当权"的本地人与"夺权"的"新上海人"之间，才会形成鲜明的分野，比如，社区治理的方式和意见表达方面存在分歧。后文将具体说明这一点。

第二，地域不同。"新上海人"之所以"新"，是因为他们的出生地和籍贯不在上海，他们来自其他省市，他们的"根"在家乡，也就意味着他们与上海本地人的"家乡文化"截然不同。梁漱溟在《中国文化要义》中提出，文化是人类生活的样法，是吾人生活所依靠之一切，人是文化最重

---

❶ 孙立平：《重建社会——转型社会的秩序再造》，北京：社会科学文献出版社，2009年版，第250页。

❷ 访谈编码：20181001ZAY。

要的因素，文化与人们的生产生活密切相关。❶ 文化不仅仅是指生活于其中的人在意识观念和思维方法方面存在不同，更体现为一种生活方式。"新上海人"的行为方式与本地人的行为方式是不一样的，由于"新上海人"来自全国各地，他们呈现出多样性的行为方式，不同地域文化成长起来的人自然有着难以改变的一些习惯和行为方式。文化和价值观念不同，是一种深层次的区别，这种差异在短时间内难以消除。

第三，学历和文化水平的分化。"新上海人"是高学历的人才，具有较强的职业竞争力。前文提到了"新上海人"对社区公共事务的参与意愿强。很多"新上海人"把社区当作自己的家园，迫切地希望融入社区治理当中，成为社区治理的主体。"新上海人"依法提出了自己的合理诉求，通过"社区"这一平台来实现居民个体社会化和提高公共事务管理能力。

霍阳社区的"新上海人"❷ 对社区公共事务有强烈的参与意愿，他们通过自己的一系列行动来表达自己的"声音"。首先，"新上海人"群体通过"凉亭聚会"和网络平台实现了力量的联合，并喊出了"我的社区，我做主"的口号。其次，"新上海人"在"草根领袖"的带领下参加并影响了J街道的一些重大政治活动，比如居委党总支选举和居委会选举等，他们寻找机会表达自己的合理诉求，不完全服从街道的安排。同时，"草根领袖"拒绝被吸纳，一次又一次地将社区治理中存在的一些问题暴露出来，这使得J街道的领导和居委干部伤透了脑筋。

（二）"本地人"：社区公共权力持有群体

J街道社区治理以上海人居多，所以，在选派居委干部和构建社区积极分子网络方面，均以本地人为主。也就是说，社区公共事务的主导权集中在"本地人"手上。"新上海人"作为拥有上海合法身份的"外地人"，也希望通过正常的制度参与到社区公共事务中。换言之，"新上海人"想要"抢夺"本地人在社区治理事务中的权力。因此，这两类群体自然就形成了竞争关系。从居委干部的占比即可看出，本地人在社区治理中占据了绝对的优势和地位。下面对霍阳社区居委会的居委干部的职务、姓名、工作范围、党员情况以及是否是上海本地人进行分析和统

---

❶ 梁漱溟：《中国文化要义》，上海：上海人民出版社，2011年版，第1章。
❷ 这里的"新上海人"并不是泛指霍阳社区全部的"新上海人"，而是特指一部分"新上海人"，这一部分社区参与意愿强烈的"新上海人"，基本上是"跳舞鱼团队"的成员。

计。统计情况如表 4-1 所示。

表 4-1　霍阳社区居委干部基本情况

序号	职务	姓名	工作范围	是否党员	是否本地人
1	居委书记	陈辉	主持全面工作兼任社区工作站站长	是	是
2	居委副书记（主任）	赵素廷	居委会主任行政事务	是	是
3	社区工作站站长助理	夏茹	主要负责综合治理、大联动工作站等条线工作	是	是
4	居委会工作人员	陆伟	主要负责精防、兵役等条线工作	是	是
5	居委会工作人员	陈晓	主要负责科普、文体、党务、工会条线工作	是	是
6	居委会工作人员	卢飒	主要负责计生、妇代、调解等条线工作	否	是
7	居委会工作人员	宋丽娟	主要负责民政、老龄化等条线工作	否	是
8	居委会工作人员	戴玲	主要负责卫生等条线工作	否	是

资料来源：霍阳社区公众号"平安霍阳小区"和访谈，截至 2018 年 12 月

从表 4-1 的内容可以看出，霍阳社区居委干部全部是"本地人"，其中党员和群众各占一半比例党员占比大。当然，基层社区治理具有治理对象的特殊性。从地理位置来说，全国各地居住的居民，都以土生土长的"土著居民"居多，即使有大量流动人口和外来移民流入，但人口流入的比例相对于本地人依然很低。J 街道 2012—2016 年的人口情况如图 4-1 所示。

从 J 街道 2012—2016 年的流动人口数据来看，外来人口占总人口人数基本不到 1/4。尽管户籍人口包括上海本地人和"新上海人"，也无从考证具体的数量比例，但是通过与居民的交谈和笔者一年多的调研观察可知，J 街道基本上是以上海本地人居多，因 J 街道是一个老龄化特别严重的"老城区"，大部分本地居民退休后，在此养老。在一个本地人居多的环境中，本地人本能地认为，他们应该拥有对社区公共事务的管理权和主导权。

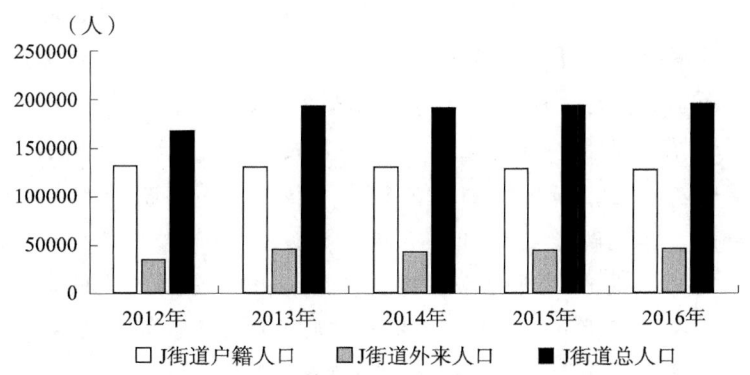

图 4-1　J 街道 2012—2016 年人口情况

资料来源：M 区年鉴 2013—2017 年，统计了到 2016 年的人口数据

（三）"观望派"：不参与社区公共事务的居民群体

在"新上海人"和本地人这两个群体之间，还存在着另外一种居民群体，即不参与社区公共事务的人，他们中有"新上海人"，也有本地人，但是，他们不太关注社区事务，也不主动参与社区公共事务的管理，只是持一种"观望"的态度。霍阳社区的居民魏裕创立了一个公众号，名为"霍阳之声"。他对霍阳社区的居民对待社区管理的心态做了如下分析和概括❶：

  a. 有些业主，把房子租出去了，对小区的社区管理，房主漠不关心，房客既没资格，同时更不关心。有一位老业主，曾很肯定地说，这样的情况（单指出租），约占小区业主总户数的 20%，不仅比例相当大，而且租客群体，其特殊心态影响和导致小区的格调被拉低，维权力量被稀释，但是谁也不能反对，人家把房子租出去，这是个很别扭的事！

  b. 有些业主，对于小区的社区管理，也同样漠不关心。一是苟且心理，得过且过，维权意识淡薄；二是没自信，认为小区业主，就是一盘散沙，现在只是一些态度激进的业主，在闹腾，缺少绝大部分业主的参与，维权就是白费力气，不会成功，所以抱着置身事外的心态。

---

❶ 资料来源于"霍阳之声"创始人魏裕。

c. 有些业主，只关心与自己有纠葛的具体琐碎问题，对于其他公益性的事情，别说参与其中，就是让他在群里表个态，都不愿多说一句，属于典型的自私自利，鸡肠小肚，鼠目寸光！

d. 有些业主，只愿坐而议，不愿起而行，只愿在群里或底下，发牢骚和抱怨，如果请他参与集体社区管理，总有一千个理由在嘴边等着，客气解释自己因故不能参加，非常抱歉，但是遥祝维权成功云云……属于天桥把式，只说不练，油头滑脑，静观其变，成最好，不成拉倒，一门心思，要把自己的维权成本，控制在最小范围。

e. 有些业主，谨小慎微，有强烈的戒备心，对倡导维权的积极分子，抱有强烈的疑心，认为这些人是借维权之名，企图达到个人目的，所以给自己定下三条戒律：不露面，不表态，不参与。

f. 有些业主，曾因被怂恿和鼓动，有过不愉快甚至是痛苦的挫败经历，觉得天下乌鸦一般黑，认为那些冲到前面的人，都是为争权夺利，让这些业主的内心，深受伤害，觉得自己当初被当枪使，不幸成为炮灰，自此之后，凡听到这一类事时，本能地，抱着不再上当受骗的态度，正所谓，哀，莫大于心死！

g. 有些业主，一心希望搭顺风车，每当遇见维权骨干时，当面总是极尽称赞，言语之谦卑，甚至会让你感觉到，维权缺你不可，而他可有可无！其内心小算盘，就是希望其他维权业主，冲锋陷阵在前，喊破喉咙跑断腿，自己呢，只需躺在自家的沙发上，动动手指，在手机上刷刷屏，点个赞，助助威，最终坐享其成，如果有社区管理，盛邀他参加，表面上，这类业主一般并不拒绝，但在关键时刻，一定会向熟悉的人微信呐喊：抱歉！我今天突然有事，实在去不了啦，请帮我签个名！

h. 有些业主，自我感觉良好，平时在群里，深藏不露，一直处于潜水状态，偶尔露个头，冒个泡，发表几句貌似深思熟虑的不凡见解，颇有不屑沧桑、站在云端的架势，只可惜那些正确的废话，既无实操性，也不接地气，可以说，毫无价值。

i. 有些业主，属于小区某一派系的"余孽"或"死粉"，只懂站队，不辨是非，平日蛰伏在群里，只为收集信息，掌握群内动态。

j. 有的业主，心无旁骛，为个人事业奔波，却不懂安居和乐业的逻辑关系，视其他一切为闲事，认为多挣银子才是正事，对维权话题，不闻不问，无动于衷。

k. 有的业主，长期赋闲在家，喜欢轻松搞笑的话题，对于比较沉重的事情，比如社区管理，兴趣淡薄，也不抱希望和期待，平日在群里，只为围观，或是看看热闹，作为一名业主，对于自己的权益受到侵害，反应迟钝。

l. 有的业主，本身就是害群之马，或是小区管理混乱的受益者，虽然表面上，不敢与维权业主，公开叫板，但对日渐高涨的社区管理，不仅恨得牙根痒痒，甚至有些气急败坏。

m. 有的业主，已有明确计划，准备卖掉房子，搬离小区，这类业主，对小区的任何话题，已无兴趣。

n. 有些业主，不在群里，或因上了年纪，不懂上网，也不玩微信，对群里发布的维权信息，不清不楚。

欢迎各位业主对号入座！

魏裕分析了小区居民的14种心态，他从一个业主维权的角度写了这篇文章。从上述14种心态中可以发现，有13种心态反映出"不参与社区公共事务"的人具有的心理特征。其中具有"l"心态的人，是与业主利益不一致，并损害业主利益的群体。笔者采访了魏裕，他道出了在自己的公众号上面写这篇关于业主心态的文章的缘由。他说：

"我是去年才搬到这个小区的，以前对小区的情况也不了解，是因为去年年底到今年年初，小区发生了一些令整个小区沸腾的事情，❶我就开始慢慢关注小区的一些事情，也加入了很多群和论坛，抱着去看一看的心态，经过一年的跟踪与学习，我自己就开通了一个公众号，写了这么一篇关于小区业主不同心态的文章，我觉得还挺有意思的。"❷

笔者通过与多名居民和居委干部交谈得知，他们认为魏裕分析得很到位，比较准确地描述了小区居民们的心态。居委干部陈晓说：

"魏裕是一个"80'后"的小伙子，书生气很浓，有时候来我们居

---

❶ 这里的"令整个小区沸腾的事情"是指"跳舞鱼团队"组织的"贴二维码""扫楼"等行动，后文将详细介绍。

❷ 访谈编码：20181028WY。

委办证件敲章,对小区的一些问题表达了他的一些看法,我觉得他还蛮阳光、蛮正气的。他写的小区居民心态,确实反映了这个小区居民的各种各样的心态,还是蛮客观的。我比较看好这个小伙子,有什么想法就表达出来,不是'暗搓搓'地做一些小动作……"❶

14 种居民心态说明了,霍阳社区存在对社区公共事务漠不关心或者有心却无力推动社区发展的一部分业主。较之"新上海人"和本地人,这一部分居民不愿意,也不可能从行动上去行使一个业主享有的权利或者履行一个业主应尽的义务,即社区治理难题的一部分原因在于"社区行动者的理性无知"。❷ 在霍阳社区普遍存在大多数不参与社区治理的群体,后文的论述中将得到体现。

霍阳社区三派力量并存,它们随时有可能因为某一件事情而产生冲突,街道、居委会和居民们对霍阳社区的问题看得很清楚,但是谁也没有能力去把这个小区建设好。居住在霍阳社区的居民何芳说:

"这个小区很乱的,你看对面那个小区就很安静。因为街道派来一个年轻人(40 岁的居委书记陈辉),她根本管不了,居委干部分派,居民也分帮结派,乱糟糟的……他们里面内部搞,街道也不管了,居委干部也不管了,大家都不管了,就让它一直这么乱着。现在看来没有一个人愿意来的,'老法师'来了,也不管用的。"❸

何芳认为,当前社区居民之间"派别林立",居委干部不团结,面对这样的社区现状,即使 J 街道派出一位很能干的书记,也无法将这个社区建设好。加之,J 街道派了一个 40 岁左右,没有社区管理经验的书记来管理小区,她对这个社区的治理表示担忧。那么,这个小区为什么会出现这样混乱的局面呢?社区"三派力量"是在什么样的情况下形成的呢?是自该小区成立就有,还是因为某些因素导致这一局面的出现呢?这是本章要回答的问题。

---

❶ 访谈编码: 20180925CX。

❷ 陈伟东:《社区行动者逻辑:破解社区治理难题》,《政治学研究》2018 年第 1 期,第 103—106 页。

❸ 访谈编码: 20180504HF。

二、社区参与：业委会的成立

"20世纪90年代以来，住房商品化改革、大规模的城市改造、被迅速催生的房地产行业，带来了居住方式的革命，随之而来的是城市商品房小区治理问题的凸显。业委会作为回应城市商品房社区治理问题的一种组织形式，在20世纪90年代初期从新加坡引进而来，最初被称为'物业管理委员会'。"❶ 直到2003年《物业管理条例》颁布之后，"业主委员会"（后文简称"业委会"）这一称呼才在全国范围内获得正名，并在组织制度形式上获得正式的法律确认。❷ 对于社区业主来说，"利益第一次与其居住的社区紧密结合起来，业主们也第一次真正将社区看作自己要努力爱护的家园"。❸ 可见，业委会对社区治理产生了极为重要的作用。霍阳社区在社区治理中存在的问题，在于业委会的成立以及在运转过程中出现的问题，从而导致社区治理混乱的局面。作为城市社区治理的主体之一，业委会发挥了重要的作用。在城市社区由国家治理单元向地域性社会生活共同体转型的过程中，社区参与可以分为福利性参与、志愿性参与、娱乐性参与和权益性参与。❹ 那么，业委会参与社区治理，则表现为一种权益性参与。有利益的地方，就会有矛盾和冲突。因此，业委会被认为是社区中问题和矛盾最为突出的地方。霍阳社区从2003年开始筹备第一届业委会开始，截至2018年11月，一共产生了四届业委会。第一届业委会历时很短，被居民们称为"短命的业委会"。第三届"业委会"通过"自愿报名、公开招聘和公开选举"的方式产生"业委会"成员，是霍阳社区业委会选举形式的创新。然而，这其中出现了很多问题，为后面"跳舞鱼团队"的产生埋下了伏笔。"跳舞鱼团队"的产生应该从"老易"的出场说起。

---

❶ 朱健刚、景燕春、杨磊：《社区社会组织的动力机制与精英依赖——对D小区业委会筹建的民族志研究》，《广西民族大学学报》（哲学社会科学版）2018年第4期，第96—102页。

❷ 陈鹏：《国家—市场—社会三维视野下的业委会研究》，《公共管理学报》2013年第3期，第75—89页。

❸ 夏建中：《中国公民社会的先声——以业主委员会为例》，《文史哲》2003年第3期，第115—121页。

❹ 杨敏：《作为国家治理单元的社区——对城市社区建设运动过程中居民社区参与和社区认知的个案研究》，《社会学研究》2007年第4期，第137—164页。

（一）"老易"的出场

霍阳社区于 2003 年开始筹备第一届业委会。该届业委会是在一个姓顾的女书记领导下成立的，但因业委会和物业关系处理不妥，很快就解散了。直到 2007 年，第二届业委会成立，主任是吴达新，他退休前是 M 区信访办主任，退休后回到社区发挥余热。在担任业委会主任期间，因为看不惯霍阳社区新民物业公司的一些做法，吴达新辞去了业委会的职务，因此，第二届业委会于 2009 年自动解散。霍阳社区的第一届业委会和第二届业委会都是因为与物业关系处理不好，导致了"短命"。在第二届业委会"下台"之后，霍阳社区开始着手筹备第三届业委会。此次业委会筹备组成员通过群众推荐和投票选举产生。票数最多者为筹备组组长，"老易"就这样出场了。他是获得居民投票数最多者，并被海选出来的几个筹备组成员推举为筹备组组长。

说起老易，他是霍阳社区的居民们广为议论的一个人。他今年（2019 年）85 岁，所以，居民们都叫他"老易"。老易于 1933 年出生，祖籍山西。父亲是国民党中央银行的高管。1948 年，他从太原去了北京，就读于北京八中。1953 年考上北京理工学院，留校任教两年。1960 年在北京航天所上班。1965 年被安排到上海松江工作，1979 年来到 J 街道，因航天事业制造线路导弹，需要铁路轨道，当时 J 街道具备这种条件。所以，老易从 1979 年开始，一直居住在 J 街道。当年，航天所建立了"单位社区"，一共盖了四栋楼，两栋是两居室的，两栋是三居室的。根据每个家庭的人数分配住房，航天所给老易分配了一套两居室住房。在 1999 年以前，老易一直住在单位给他分配的房子里。老易退休之后，在小区当起了志愿者，发挥党员的余热，这是他从一名"航天人"向"社区人"转变的起点。他在小区当了四年志愿者，在居委做了四年的党总支委员，同时，他还是 J 街道党团议事组的成员。1999 年，老易买了霍阳社区的期房，装修之后，于 2001 年住进了小区。他认为，当时霍阳社区是整个街道最好的社区。[1] 由于老易有了"业主"这一身份，他进入社区工作，便有了"合法性"，他能以业主的身份参与到社区治理中。同时，他能将以往在工作期间积累的

---

[1] 老易在买房子的时候，认为霍阳社区是当时 J 街道最好的社区，这种想法成为他后来不满意社区环境恶化的缘由之一。于是，他成立了一个社区团队，并吸引了大量居民加入。

经验充分展示出来。老易说，他先后担任过航天所"生产部门负责人"，他的管理能力、动员能力、组织能力和协调能力非常出色。他还是一名"高级工程师"，他工作认真、严谨和细致。他当过"纪委书记"，曾经因一个生产一线零部件问题而查出来一个110多万元的腐败问题。关键是，他不畏惧领导权威，能将自己的观点有理有据地表达出来。此外，老易是一个理想信念特别坚定的中国共产党党员。由于他是国民党中央银行高管的儿子，他申请加入中国共产党，历经28年，才得以如愿。因此，他很珍惜"党员"这个身份。从他的身上，确实能看出早期中国共产党党员对党的忠诚和拥护，对集体的责任心，对群众的爱心，对国家大事、社会热点和社区公共事务的关心。他不止一次说起他入党的那一段经历，这可能也是他后来在"跳舞鱼团队"成员要做出影响党总支选举的行动时，他优先考虑的一个因素。他说：

"我今年八十五岁了，我还在学习，做笔记。我什么不做，多舒服啊。但是觉得对不起这个身份，我1952年争取入党，到1980年才入上，邓小平当主席时，我才入党了，如果不是他当主席，我还入不了。我曾经当市级干部，条件审查很严格，像我这种人很少，这20多年不是随随便便的，起码每年要写两次思想汇报，还要人帮助，我这个党员身份来之不易啊。"❶

老易很珍惜他的"党员"身份，因此，他以一个党员的标准严格要求自己，他除了正常参加党的各项会议和活动以外，还热衷于社区的一些志愿活动和公益活动。若发现社区治理中出现了问题，他敢于"发声"，敢于批评社区工作做得不好的居委干部。他的为人处世引发了霍阳社区居民们的争议，一位支持老易的社区党员尹顺英说：

"老易这个人非常正义，很多人反他，是因为他发现了小区的问题，而且他抓的这些点很准。现在像他这样的党员不多了，敢于出面维护业主的权益。在很多方面，我是赞同他的观点，一个小区要搞得好，总要有人去监督他们（居委会党总支、居委会、业委会、物业）。现在啊，很多党员都是老好人，这也好，那也好，就是不敢站出来说问题，明明小区有一些问题，都不说出来，这问题不就永远解决不了

---

❶ 访谈编码：20180930YZL。

吗？问题先提出来，然后一起想办法去解决，这样小区才搞得好。"❶

当然，有一些居民对老易持有纠结态度。一方面，他们肯定老易的做法，觉得老易是为业主利益着想；另一方面，他们对老易的做法过于激进而持反对意见，霍阳小区的居民金欣说：

> "老易这个人啊，有些做法，我还是认同的，毕竟小区的'钱袋子'没有看好，不明不白地花出去了，老易拿出来的那一堆材料，很有说服力的。但是，老易做事太冒进了，把自己搞'臭'了，现在街道都在盯着他，他应该在幕后出谋划策，自己不要抛头露面，让几个人在前台'唱戏'，这样子，事情要好办多了。也不至于搞成现在这个样子"。❷

每一个人的角色和立场不同，对老易的看法就会不同。老易热衷于社区公共事务，因为他能从参与社区公共事务中感受到社区的政治效能感。这种社区政治效能感的产生，是因为他"相信自己的行为会对社区居委会及其成员乃至社区公共事务产生影响，并且认为是社区居委会会对社区居民的诉求有所回应的一种主观感知"。❸ 因此，他与居委会的工作人员走得很近，一些从霍阳社区调离到其他居委的居委干部，对老易的看法有褒有贬。然而，他们站在居委的立场，更多的是一种负面的评价。曾经与老易打交道的社区居委干部崔彩说：

> "老易的权力欲很强的，他一直都要把权力集中在他一个人手里，以前丁聪书记❹对他多好啊，连居委会的钥匙都给他了。丁聪书记还和他说了很多关于街道的秘密，后来，老易到处说丁聪书记的坏话，搞得丁聪书记在这里待不下去了，调到其他小区当书记了。"❺

不同的人有不同的立场，对老易的看法和态度自然不同。老易自己有一种解释：他有文化，敢于领头，有理想信念，有广泛的党内基础和群众

---

❶ 访谈编码：20181001YSY。
❷ 访谈编码：20181001JX。
❸ 李蓉蓉：《城市居民社区政治效能感与社区自治》，《中国行政管理》2013年第3期，第53—57页。
❹ 丁聪的父亲和老易是同事，在老易担任第三届业主委员会筹备组组长的时候，丁聪是霍阳社区的居委书记，后来调到其他居委任书记。
❺ 访谈编码：20180514CC。

基础,知道居委的一些底细,还能抓住问题的要害。在霍阳社区,像老易这样的知识分子并不少,但是敢于领头,不畏惧权威的人却不多。老易是这么说的:

> "我在街道是挂了号的。作为居民,在社区里有一些看法和思路、办法,实践证明也是可行的。2011年,党的九十周年,那时候,我已经不是筹备组的组织委员了,而且我当时到北京去送我孙女去美国上初中。在我不在场的情况下,大家都选我为'优秀共产党员',我听了非常感动。我是这么想的,假如我在的话,大家选了我。我觉得很正常。但是我不在,选了我,我很感动。我有时候想,我老了还想喊两声,他们要不要听,我不管。我要喊到点子上,你们还不能把我怎么样。我还有这么一个信念。我以前做这些事情,党员们认账。于是,我带着一帮人也做了一些事情,每个点抓到位了。"❶

一个敢于领头的老易,他"不畏惧权威,敢为人先"的行为方式,得到了大量居民的支持和拥护,在前面两届业委会都"短命"之后,老易被推到众人面前,成为改变社区治理局面的"草根领袖"。彼时,担任第三届业委会筹备组组长,已经成为他义不容辞的责任。

(二)"公开招聘":第三届"业委会"候选人的产生

老易被选为第三届业委会筹备组组长之后,面临的第一个问题是,业委会候选人的产生形式,是内部推荐还是自愿报名进行公开招聘。针对这个问题,霍阳社区党总支的七个委员产生了分歧。当时,丁聪是霍阳社区的居委书记,霍阳社区党总支的七个委员,除了老易,其余六个支部委员都同意以内部推荐的方式产生业委会成员。因为根据往常惯例,业委会成员都是由组织内部推荐产生的。然而,老易当了第三届业委会筹备组组长,他以社区党总支委员的身份提出了建议,即采取"自愿报名、公开招聘"的方式产生业委会的成员。他有两个理由:一是他反对组织推荐,因为居委会的人少,不一定能选出真正为老百姓办事情的人;二是公开招聘,让有意愿参与到社区公共事务的居民管理小区,不仅有利于发挥其主观能动性,还可以落实基层民主。

---

❶ 访谈编码:20180930YZL。

老易提出"自愿报名、公开招聘"业委会候选人这个想法以后，他认为，只有自己的意见成为党总支决议，才有信服力和执行力，才能在社区得到贯彻和执行。因为在当前的社区选举过程中，无论居委会换届选举还是业委会换届选举，基层党组织扮演的是社区选举的发动机角色。❶ 加之，丁聪的父亲和老易是同事，老易看着丁聪在他们航天大院里长大。在丁聪被调到霍阳社区任居委书记之前，丁聪的父亲叮嘱他要多听一听老易的意见。这也是老易敢于尝试和执行"自愿报名、公开招聘"业主委员候选人的重要因素之一。老易说：

"我在第一次总支会上提出来了，没有获得通过。接着，我就开始做党总支几个委员的工作，我一家一家地去做工作，我做工作的时候，他们（支部委员）都说可以。但是一到开会就不行了。第二次党总支会议还是没有通过。我说再考虑考虑。丁聪说'事不过三'。于是，我又一家一家地去做工作，第三次总支开会，总算通过了。公开招聘，就不是我老易的事了，是总支决议。这个很重要，我们党内是民主集中制。每个人可以提出意见，集中之后就是组织的。"❷

老易提出的"自愿报名、公开招聘"业委会候选人终于在第三次党总支会议上形成了决议。他带领筹备组成员开始"网罗"候选人，主要采取了两种形式：一种是业主自愿报名，另一种是筹备组成员在小区里面"物色"一些适合的人选来报名。那么，如何让全体业主知晓"自愿报名、公开招聘"业委会候选人这件事情呢？老易及其筹备组的成员认为，应该开动员大会。于是，老易开始发动群众，开动员会。动员会分两次进行：第一次是动员退休党员，第二次是动员在职党员。两次动员会均取得了很好的效果。也就是说，以老易为首的第三届业委会筹备组把小区的居民调动了起来。但是，遭到了物业公司经理白磊的反对。在基层社区，业委会和物业管理公司之间一直存在利益冲突。从法理上来说，物业管理公司是由业委会通过"购买服务"引进社区的，业主通过支付"物业费"来获得物业管理公司提供的服务。现代城市社区出现后，公共物业及其配套设施的供给、占用和管理问题，以及社区秩序维护等公共秩序的治理问题随之出

---

❶ 熊易寒、姚银科：《迈向多动力选举：党组织在社区选举中的角色转型》，《中共天津市委党校学报》2011年第2期，第12—16页。

❷ 访谈编码：20180924YZL。

现。同时，居委会、业委会和物业管理公司作为社区治理的"三驾马车"应运而生。❶ 然而，霍阳社区却出现了"两驾马车"打架的情况，即业委会和新民物业公司一直存在矛盾和冲突。在老易开完第二次动员会之后，新民物业公司对老易在动员会上提到新民物业公司服务不到位以及社区治理存在的很多问题表示不满。丁聪打电话给老易说了这件事情。老易认为，自己说得没有错，物业管理公司收了钱，就应该为业主服务，为社区提供公共服务。老易说：

"第二次动员大会完了，第二天早上，我们几个在小区广场进行晨练。就在这个锻炼场所，丁聪打电话给我说：你昨天晚上动员有问题，白磊找我来了。我说你让白磊来找我，我吼了一声。就把电话挂了。晚上丁聪到我家问我：为什么动员会上要提新民物业公司？我说：为什么不能提？我讲了很多问题，为什么不能讲？物业就应该为业主服务。白磊的父亲是区里的干部，根子全在这里。白磊就是有这种关系。我为什么讲有问题呢？白磊的很多副总都住在这里，他们听到我在动员会上说白磊的不好了，回去就和白磊说。我就说，你让白磊来找我，我哪里讲得不对？我从来不讲没有根据的话。我讲过的话，我负责。"❷

老易道出来了霍阳社区物业公司和业委会之间的问题。从他的言语中可以看出，他对物业公司非常不满意，并且认为社区之所以从一个刚开盘时候的"一房难求"的高档楼盘变得比周边楼盘价格低很多，原因就在于物业不作为。既然"公开招聘"第三届业委会候选人已经成为党总支决议，老易在继续"张罗"这件事情。他和他的"铁杆们"在周末通过拉横幅、设摊等方式吸引居民，22名业主主动报名参与"公开招聘"。老易非常高兴，因为他认为居民有能力、有意愿参与社区事务，自己管理自己的事务，这是民主的体现。公民参与社区治理的一个直接而有效的实践途径，就是通过参加社区业委会的招聘，进入社区公共事务的管理中。有研究认为，"公民参与社区治理的实践基本上经历了从最初的被动员参与到

---

❶ 李友梅：《基层社区组织的实际生活方式——对上海康健社区实地调查的初步认识》，《教学研究》2002年第4期，第15—23页。

❷ 访谈编码：20180930YZL。

自主性参与,再到组织化参与的演变历程,是一个渐进发展的过程"。❶ 霍阳社区在业委会成立的环节,充分体现了公民自主性参与的意愿和行为,即有22名来自不同行业、领域的候选人自愿报名参加"业委会"的选举,这22个人来自不同的行业、领域,有的是老工人、知识分子、民主党派、政协委员等。招聘到自愿报名的候选人,接下来进行公开选举。要公开选举,首先要确定评委。老易找了不同领域的一些专家和知识分子,尽量做到行业和知识面广一些。待评分规则、场地、监票人、唱票人和一些基本设施都确定了,老易把公开选举的一系列流程定下来之后,就正式进入选举环节,开始真正地实践基层民主了。通过公开、公正、透明的程序,进行公开选举,9名业委会候选人产生了,他们是高林胜、沈宇前、马刚、竺英町、袁文路、夏春辉、叶素素、何耀林、徐森。然而,候选人产生了,并不代表他们可以"走马上任"了。老易认为,以前业委会之所以短命是因为业委会没有规章制度。同时,对业委会的具体职责和权利不明确。因此,他带领9个候选人一起学习《中华人民共和国物权法》、国务院《物业管理条例》、《上海市住宅物业管理规定》❷ 和相关规定,并且结合霍阳社区的实际情况,制定了霍阳社区的《业主大会议事规则》《业主大会管理规约》和《维修资金管理规约》。这三个文件分发到每一户家庭,并且在文件前面有一个说明,即告诉每栋楼的楼组长,每家要放一天,一个楼要放十五天,以征求业主的意见。其中,对通过公开招聘来确定第三届业委会候选人的形式,老易希望能将之制度化和常态化。因为在《业主大会管理规约》中有这么一条:

  业委会委员候选人采取公开招聘、业主自荐、面试考评的方式通过竞选产生,并按规定在物业管理区域内公示、公告。❸

也就是说,霍阳社区以后的业委会候选人都将以公开招聘、业主自荐和面试考评的方式通过竞选产生。老易身为一名老党员,始终认为自己的所有行为应当在法律允许的范围和党的领导下进行。老易说:

  "第一步,公开招聘,对小区内守法业主公开招聘,这是明面的。第二步,我们要体现党的领导,要动员社区里合适的人来参选。我就

---

❶ 夏晓丽:《城市社区治理中的公民参与问题研究》,济南:山东大学博士学位论文,2011年。
❷ 这三项法规都是为了规范住宅物业管理活动,维护业主和物业服务企业的合法权益。
❸ 《霍阳小区业主大会管理规约》的内容,资料来源于老易。

是这么做的。"❶

业委会有了制度和章程之后，接下来，老易就如何行使业主的权利进行了思考。他提出根据单元来选出业主代表，业主代表负责收集所在单元的意见和建议，在业委会进行集中讨论，以此形成决议，为改进社区的管理和服务而采取具体的举措。在中国，实行社会主义民主的必要准备有三个：人民代表大会、"群众化"的工作方式和民主集中制。❷ 老易这一提法很快获得了第三届业委会筹备组的认可并开始执行。霍阳社区有108个单元，故而产生了54名代表。这一点在《霍阳社区业主大会议事规则》中有所体现。业主代表产生方式如下：

> 由单元（门号）的过半数业主推荐，产生一名代表候选人；再经2—3个单元（门号）的业主代表候选人协商，推荐产生一名业主小组代表（不跨幢）参加业主代表大会。❸

在业委会成员和业主代表已经产生以及业主大会议事规则已经制定好的前提下，第三届业委会终于成立并开始运转。由于业委会只有七个名额，九个候选人一同参与了整个选举过程，于是，得票前七名是业委会的正式成员，第八名和第九名为兼职委员。霍阳社区第三届业委会七名正式委员的名单以及基本信息如表4–1所示。

表4–1 霍阳社区第三届业委会成员信息

职位	姓名	是否党员	退休前的职务	是否本地人
主任	高林胜	是	警官	是
副主任	沈宇前	是	区市政公司物流经理	是
副主任	马刚	否	司法局公证处工作人员	是
财务	竺英町	是	税务机关	是
委员	夏春辉	是	区市政公司员工	是
委员	李思玉	否	设备专家	是
委员	徐森	是	工人	是

资料来源：霍阳社区居委会

---

❶ 访谈编码：20180930YZL。
❷ 周抗：《社会主义民主论》，上海：上海社会科学院出版社1987年版，第168—173页。
❸ 《霍阳社区业主大会议事规则》内容，资料来源于老易。

从表 4-1 可以看出，第三届业委会的成员都是退休人员。因为从当前中国业委会成立的情况来看，基本上以退休业主为主，年轻业主忙于工作和发展事业，无暇顾及小区公共事务，由此，老年人在社区的公共事务中发挥了重要的作用。有研究认为，老年群体是社区"公共空间"的积极者。❶ 而霍阳社区第三届业委会成员是来自不同领域的一些老年"专家"，即他们在以往的工作中有丰富的领导和管理经验。而且，他们当中有五个党员，这在一定程度上可以说明，这是一支思想觉悟比较高的"队伍"。令人失望的是，正是基于对这一届业委会成员有较高的期望，后面出现了高林胜和竺英町联合动用维修资金而未经过两位副主任同意的事件，这一事件遭到了居民们尤其是老易，对这一届业委会成员的质疑和批评。老易在党总支会议上，对高林胜和竺英町发起了质问，他说：

> "根据《维修资金管理规约》，动用维修资金需要三个主任的签章，竺英町负责财务，保管三个主任的印章。他和高林胜联合起来，一上任，就支出了一笔费用，说是给第二届业委会的欠款。我已经问过上一届的主任，还有一位委员（退休前是律师），他们都说没有任何欠款。更蹊跷的是，第三届业委会刚刚成立，高林胜和竺英町就这么快支付物业一笔钱。这说明了什么问题？他们'倒戈'了。"❷

于是，霍阳社区第三届业委会内部人员出现了"五打二"的情况，甚至有居民笑称，老易身为筹备组组长，选出了一个"警匪一家"❸ 的业委会。马刚不是党员，但老易认为他的作为比"党员"还正气。因为马刚被选上第三届业委会副主任时，新民物业公司找到了马刚的领导，劝说马刚不要当"业委会副主任"，马刚没有屈服于领导的权威，坚持自己的做法。同时，霍阳社区的新民物业公司有一笔 8000 元的电梯检测费，物业公司一定要用维修资金出，高林胜已经盖章了，马刚不同意，他没有盖章。马刚

---

❶ 田毅鹏：《老年群体与都市公共性构建》，《福建论坛·人文社会科学版》2011 年第 10 期，第 191—196 页。

❷ 访谈编码：20180930YZL。

❸ 第三届业主委员会主任是高林胜，他退休前是警察。在中国民间流传着一个说法，即"警匪一家"，也就是说警察成为"土匪"的可能性很大，因为他们经常与犯罪分子在一起博弈和斗争，被"吸纳"为犯罪分子的可能性很大。在这里，居民们的言外之意是，老易身为霍阳小区第三届业主委员会筹备组组长，业委会主任是老易"物色"的人选，高林胜出了问题，老易就是"间接罪犯"。

认为，电梯坏了，维修费从维修资金中支出。但是检测费应该由物业公司出。马刚的坚持，维护了霍阳社区业主的利益。后来，凡是高林胜单独支付一笔钱，其余五个委员均会反对，因为按照《维修资金管理规约》，必须经过集体商议和讨论决定，且有三个主任的签章才能生效。但是，老易认为，根子还在于签章在财务竺英町手上，两个副主任应该去要回来。马刚同意这种做法，但是副主任沈宇前表现出了他的"软弱性"。老易说：

"竺英町和高林胜勾结起来，沈宇前和马刚都不知道，盖了很多章，签名了，花了很多钱。2012年12月，高林胜用了沈宇前和马刚的图章，通阴沟，两笔钱，一次一万，给了物业两万。12月多冷啊，从来没有通过阴沟。我们可以上建设银行网，输入高林胜的名字，就有两笔钱转给物业了，我们的规定是一次不能超过8000，他已经超过了，给了两万。就这两万，竺英町和高林胜都说不清楚。马刚反得很厉害，很多人说他在挑事情。我找沈宇前在小公园、车里、他家里谈，不能在小区谈。章没有收回，马刚很坚决，马刚想着和沈宇前一起，马刚不是党员，因为沈宇前没有收图章，马刚也就没有收回。所以，业主的钱也花了，那也就是花了二十万、三十万，我们都忍耐不下去了。可以说，内部还是抵制得很好。第三届最大的贡献就是'捂住了钱袋子'。"❶

副主任沈宇前没有收回图章，表现出他的"软弱性"，这也对他后面加入"跳舞鱼团队"具有极强的"革命性"产生了影响。由于第三届业委会的决策权和财务权都在高林胜和竺英町手上，马刚多次进行干预和反对都无效。于是，他以个人名义写了一份材料，贴在小区的各个门洞上，但是，很快都被物业处理掉了。很多事实都可以反映出马刚对业主利益的维护以及对损害业主利益的行为进行了坚决的抵制。

第三届业委会虽然以公开招聘的方式产生，但是终究没有抵住"人性的弱点"，"五打二"的局面僵持了三年多，相互斗来斗去。最后，由于"五人组"的主动解散，导致这一届的业委会也随之解散了。但是，老易认为，第三届业委会最大的贡献就是捂住了"钱袋子"。然而，有居民和居委干部的看法是，第三届业委会虽没有花出去钱，但是事也没有干几

---

❶ 访谈编码：20180930YZL。

件,并没有给居民带来利益。也有居民认为,老易"孵化"的第三届业委会之所以失败,原因在于没有制度建设。还有居民认为,选举制度并不适合中国,因为选举的结果并不一定能够充分做到"选贤与能"。❶ 不管是什么原因导致的失败,老易始终坚信,他主张实行的"自愿报名、公开招聘"业委会候选人这一做法是基层民主成功的实践形式。

(三) 第四届业委会的"上台"

在筹备第三届业委会时,丁聪担任霍阳社区的居委书记,鉴于老易和丁聪父亲是同事,老易在推动"自愿报名、公开招聘"第三届业委会成员方面,丁聪的支持起到了决定性的作用。❷ 老易认为,如果没有丁聪的支持,他的提议不一定能形成总支决议,更无法通过"自愿报名、公开招聘"来产生业委会成员。然而,2012年,丁聪被调到其他居委当书记,J街道从其他居委调来了一位女书记,她叫辛意璐,50多岁,有着丰富的社区治理经验,辛意璐在任时,书记和主任"一肩挑",她在霍阳社区工作了三年,就调到J街道慈善中心去工作了。2013年年底,霍阳社区第五任书记金煜从其他居委被调过来。当时,第三届业委会已经解散,正面临第四届业委会的换届工作。金煜是一个什么样的人呢?他是否和丁聪一样,会支持老易提议的"自愿报名、公开招聘"来产生第四届业委会成员呢?

根据《霍阳社区业主大会议事规则》,第四届业委会的产生应该通过公开招聘的方式产生。然而,J街道这次派出了房管办科长华欣蕾到霍阳社区任第四届业委会筹备组组长,金煜任副组长。金煜刚来当书记时,出于与丁聪的关系,对老易很尊重。同时,霍阳社区从其他居委调来了一个名叫赵素廷的居委主任。由于老易在霍阳社区的"口碑",赵素廷要亲自上门拜访老易,老易谢绝了。老易第一次见到赵素廷,说他是"永久牌",金煜是"飞鸽牌",如果赵素廷工作干不好,居民们会戳他的脊梁骨。❸ 起初,赵素廷和老易相谈甚欢,推心置腹,向老易透露了关于街道和居委会

---

❶ 何俊志:《选举政治学》,上海:复旦大学出版社,2009年版,第46页。

❷ 之所以说丁聪对老易主张的"自愿报名、公开招聘"产生业委会成员起了决定性作用,是因为居委书记的支持是社区团队和社区居民开展社区公共事务的基础和前提。后文内容可对这个观点进行确证。

❸ 老易之所以说赵素廷是"永久牌",是因为赵素廷是属地化居委干部,是霍阳社区的业主。金煜是外地人,退休了是要离开上海的,所以说他是"飞鸽牌"。

的一些内情。直到J街道派华欣蕾任第四届业委会筹备组组长，赵素廷告诉了老易"内幕"。老易回忆道：

"我知道第四届业委会的筹备，门口还贴着业委会候选人要大家推荐。但是赵素廷和我说，已经定了赵素廷是主任，还说沈宇前要当副主任的，但是沈宇前家违章搭建。过了两天，赵素廷说搞错了，他家不是。我说，那你去向沈宇前道歉啊。后来，沈宇前搬走了，但是自始至终他都没有向沈宇前道歉❶。"❷

沈宇前是第三届业委会的副主任。按照以往的惯例，为了维持下一届业委会的正常运转，一般会从上一届业委会成员里面选出两名成员到下一届业委会任职，这样有利于工作的持续开展。华欣蕾来了之后，老易一直想和他谈一谈自己对第四届业委会成立的看法。但是，华欣蕾自始至终都以"没有时间为由"拒绝与老易见面。老易对这一点非常气愤，他说：

"金煜和赵素廷来了，业委会要改选。街道房管办科长华欣蕾来了，当业委会筹备组组长来了，他一来，我就嗅到了华欣蕾是来镇压我们了。他知道这里有个老易要折腾的。何况赵素廷和我说，已经内定了人，赵素廷是主任，沈宇前不能当副主任，竺英町继续当业委会成员，负责财务，你看看，把他们弄进了业委会，一个当主任，一个当会计。这么重要的职务，被这两人毁了（业委会）吧。华欣蕾来了，他要按照他们那一套搞业委会了。我就找华欣蕾谈话，从他筹备开始，到业委会成立，我没有见过他，华欣蕾是组长，赵素廷是副组长。大家提意见的时候，他们都不见我们。我讲得很清楚，是他不谈，还是没有时间。华欣蕾一直说没有时间，都不谈，成立后，也没有见着，我就去找党工委书记牛旭斌，牛书记不认识华欣蕾，政法委书记说：华欣蕾已经退休了。"❸

就这样，第四届业委会在街道房管办华欣蕾和居委书记金煜的安排下，产生了七名正式成员。具体情况如表4-2所示。

---

❶ 赵素廷说沈宇前家有违章建筑，与事实不符，也没有向沈宇前道歉。这一事件在后文"十问赵素廷"事件中具体体现出来。
❷ 访谈编码：20180930YZL。
❸ 访谈编码：20180930YZL。

表 4-2 霍阳社区第四届业委会成员情况

职位	姓名	是否党员	职务	是否本地人
主任	陆伟	否	霍阳社区居委干部	是
副主任	赵双城	是	社区学院副院长	是
副主任	李银柱	是	副校长退休	是
财务	竺英町	是	税务机关退休	是
委员	岳绍	是	退休工人	是
委员	赵素廷	是	霍阳居委主任	是
委员	贺刚	是	其他社区居委书记	是

资料来源：访谈

从表 4-2 可以看出，这七个业委会成员都不是老易心中的"合适人选"。2015 年 11 月，第四届业委会成立并开始运转。老易对第四届业委会的成立一直持否定态度：一是居委党总支没有按照霍阳社区的公众号"平安霍阳社区"上面公布的《霍阳社区业主大会议事规则》和《业主代表大会管理规约》来成立第四届业委会，即以老易为首的第三届筹备组成员制定的各种议事规则和制度被"束之高阁"；二是街道派来的华欣蕾没有回应老易多次发出的"见面"请求，让老易以及其他居民对第四届业委会成员产生的"合法性"提出了质疑。他们觉得这是以"强权镇压、暗箱操作"的方式产生的业委会，这样无视居民诉求的业委会并不能真正地代表"民意"。正是从这个时候开始，老易的态度开始发生转变，他不认可街道和金煜居委书记领导社区党总支的做法。老易始终坚信自己作为一名老共产党员，也是一名业主，就应该有所作为，应该把全体业主的利益放在首位，一心一意为业主服务，而不应该让那些忽视业主利益的人"得逞"。老易维权的"声音"得到了他的"铁杆们"的支持，"跳舞鱼团队"的雏形"花坛结盟"出现了。

三、"跳舞鱼团队"的成立

（一）"花坛结盟"

经过 2015 年的寒冬之后，在 2016 年春暖花开的四月天，沈宇前、马刚、老易、杨振，四个人在小区花坛边聊天。在有一茬没一茬的聊天当中，突然，杨振提议建立一个群，❶ 推选老易为"群主"。用老易的话说，他们这个群就是为了反对以金煜为首的第四届业委会。老易回忆道：

"2016年初夏，沈宇前、马刚、我、杨振，四个人在小区花坛边聊天。我稀里糊涂地成为'群主'。当时我们建的这个群，名叫'霍阳邻里群'。现在这个名字大概还在。我们从四个人，慢慢地变成29人，我们四个铁杆了，就是反他们的了。"❷

老易说得很直白，他们四个人"建群"，就是为了反对以金煜为首的第四届业委会，来维护业主们的利益。正如米歇尔·克罗齐耶和埃哈尔·费埃德伯格所说的："人们建立组织，意在解决不这么做就无法解决的问题。"❸那么，为什么这四个"铁杆"会走到一起呢？如果说沈宇前、马刚和老易走到一起，是因为在第三届业委会从筹备到解散的过程中，老易始终是一个"出谋划策者"和领导者，那么，杨振是谁呢？他为什么要和三个与第三届业委会有着千丝万缕联系的人走到一起呢？是因为他也是业主，他要维权，还是因为老易的"领袖魅力"的感召力和吸引力？他们的联合行动存在着共同利益的考虑，但更多的是一种情感上的信任与支持。正如埃哈尔·费埃德伯格指出的："在这里，行动不可能简化为计算，相反，它是从人们意识到的、不在场的凝聚团结之中产生出来的，它是忠实并献身于共同事业的逻辑产物，也是这一逻辑的表现，也就是说，这一逻辑是情感逻辑，而不是一种工具逻辑。"❹"花坛结盟"更多的是基于一种情感的逻辑。塞缪尔·亨廷顿指出："个人对群体的认同愈强烈，便愈可

---

❶ 这里说的"群"，是指在互联网平台上进行沟通和交流的"线上组织"。有研究者认为，互联网作为一个新媒介，不仅改变了以往的新闻和信息传播格局，而且为公众提供一个前所未有的自由讨论公共事务、参与政治的活动空间。参见李强、胡宝荣：《当代中国网络思想动态及其反思》，《毛泽东邓小平理论研究》2013年第1期，第43—49页。互联网快速发展提供的技术支持和中国网民积极自发的社会参与，使得中国网络空间在很大程度上具备了哈贝马斯意义上"公共领域"的特征。参见张建民主编：《中国人民大学中国社会发展研究报告：中国网络社会的快速发展与治理创新》，北京：中国人民大学出版社，2017年版，第77页。

❷ 访谈编码：20180930YZL。

❸ Crozier Michel, Friedberg Erhard (1980) Actors and Systems: The Politics of Collective Action. Chicago: The University of Chicago Press.

❹〔法〕埃哈尔·费埃德伯格：《权力与规则——组织行动的动力》，张月等译，上海：上海人民出版社，1997年版，第5页。

能涉入组织和参与政治。"❶

杨振,出生于1970年,与其他三个人比起来,他是"小年轻",很有干劲和活力。当时,他在某集团任办公室主任,因与老总在某些问题上产生了分歧,辞职回家了。老易是在杨振辞职这段时间,与他建立了非常紧密的联系。杨振辞职之后,心情很不好,有时候出门在小区转悠,遇到了经常在小区广场晨练的老易,渐渐地,两人"一回生,二回熟",越聊越带劲,有一种"忘年交"的感觉。据老易说,杨振好几次在小区主动帮助邻居,老易觉得这个小伙子不错,人挺热心。所以,他在心里对杨振心存有几分好感。杨振从与老易的聊天当中,也听到了很多关于业委会的事情。作为业主,他看到了小区绿化率减少,垃圾处理不及时等一些问题,再加上老易出色的语言表达能力,他很快就为老易的才识和胆量所吸引。于是,他对老易要建立符合"民意"的公开招聘业委会的想法表示支持。就这样,杨振成了老易的"铁杆"之一。

马刚是第三届业委会的副主任,不是党员,但是他曾第一个站出来反对物业乱收费。同时,因为第三届业委会主任高林胜不走流程动用维修资金,马刚多次公开反对,并以个人名义写材料告知全体业主关于第三届业委会的内部情况。他是第三届业委会成员当中"反对声音"最响亮的一个。因此,对于杨振提出建立"维权"群,他表示大力支持。

沈宇前是第三届业委会副主任,他退休以前是外资公司的经理,为人耿直。他是老易在第三届业委会进行公开招聘的时候物色到的人选。前文已经提到沈宇前在收回姓名签章时表现出的软弱性。在"花坛结盟"以及后来"跳舞鱼团队"的活动过程中,沈宇前表现出了很强的"革命性",据老易所说,他可能想要弥补当时由于个人原因导致的维修资金的损失。"花坛结盟"成员信息情况如表4-3所示。

---

❶〔美〕塞缪尔·P. 亨廷顿、琼·纳尔逊:《难以抉择》,汪晓涛、吴志华、项继权译,北京:华夏出版社,1989年版,第95页。

表 4-3 "花坛结盟"成员信息

姓名	年龄	退休前的职务	是否本地人	是否党员	学历
老易	83	航天所高级工程师	否	是	北京理工学院
沈宇前	60	区市政公司物流经理	是	是	炮兵学院
马刚	62	司法局公证处工作人员	是	否	当兵回来
杨振	44	政府机关工作	是	是	本科

资料来源：访谈，表格中的年龄以成立时的年龄为准

从表 4-3 的内容来看，"花坛结盟"的四个人，首先，从年龄结构来看，一位中年人，年富力强，三位老年人已经从单位退休，有充足的时间可以自己支配。其次，从文化素质来看，学历层次较高，文化水平高，公共事务参与意愿强烈，维权意识也很强。最后，从工作经验来看，他们均具有一定的领导、组织和管理能力。"花坛结盟"的目标就是恢复最初的组织形式，维权"革命"的序幕已经拉开。

（二）"霍阳之心"

埃哈尔·费埃德伯格指出："任何集体行动，无论其行程多么短暂，至少都会生产出一些最低限度的组织。任何集体行动，迟早都会产生正式化组织的中心点位（node），围绕这一中心点位，某种利益可以将它们动员起来，并且把'它们组织起来'。"❶霍阳社区的"业主利益"是"跳舞鱼团队"正式化组织的"中心点位"。自从"花坛结盟"以后，老易及其"铁杆"们就到处宣传他们的"维权理念"，他们的"四人群"开始逐步壮大，从四人发展到 29 人，有过一段时间"冻结"，然后继续发展到将近 200 人。在这个时候，也就是 2017 年 11 月，群里有一个叫许琳琳的成员，建议成立一个核心群，主要负责组织、策划和执行要求第四届业委会改选的具体步骤和举措。老易说：

"我们有一个核心群，就是江都大学❷的那些人。那时候，许琳琳不在核心群，她感觉气候不对，要有一个核心组织，所以，她拉了一个由 29 个人组成的核心群。当时霍阳社区邻里群在 200 人的时候，从

---

❶〔法〕埃哈尔·费埃德伯格：《权力与规则——组织行动的动力》，张月等译，上海：上海人民出版社，1997 年版，第 5 页。

❷ 江都大学是化名，此处的江都大学是国内某 985 高校，该学校与 J 街道是共建单位。

里面拉了一拨人出来。这个核心群是许琳琳取的名，叫'霍阳之心'，她取这个名字的意思是，共产党员就应该有一个核心组织。这个群里的人，也就是'跳舞鱼团队'的核心成员，只有具有一定层次、有见解、有想法的人才能进来的。"❶

许琳琳是谁呢？老易说她在一所大学做行政工作，很有想法，写作能力很强。笔者采访了许琳琳，她出生于1977年，祖籍湖北，父亲是天津人，母亲是湖北人，她从小在湖北长大，2002年来到江都大学上班。2013年住进霍阳社区。她父亲是知识分子，和她一起居住。与许琳琳交谈，确实能感受到她是一个思路清晰、办事利索的人。当问及她是出于什么原因加入"跳舞鱼团队"的时候，她说：

> "我是2017年11月底才被拉进去（邻里群），突然间进去的，才知道小区管理这么乱。我作为小区的业主，要罢免业委会，就是因为业委会不作为。我白天上班，管孩子，其实挺忙的。后来是老易把我拉进去，他一直在小区维权。这个我是知道的。我们小区最根本的原因就在于'四位一体'，在不正常的情况下，居委党总支和居委会基本上是街道派人过来，物业公司是请来的（市场化的行为），只有业委会是选举产生的。在这样一种情况下，就要通过民主公平的方式进行。但是，我们小区第四届业委会不是选举产生的，这就带来后面一系列乱象，因为没有当家人去维护业主的利益。现在讲'四位一体'，其实就是没有监督权。其实居委会并不是自治组织，权力已经深入基层，核心在政府手上。居委会主任没有选举过程，最后也是任命过来的，只有业委会的产生可以选举。所以，我就是基于这样一种理念加入进去的。起初，群里就二百人左右的样子，但是核心人物也就十来个人。"❷

从许琳琳的叙述中可以了解到，她是基于对小区治理的不满而被老易拉入邻里群，核心群的"群主"是许琳琳，她自己没有谈到这个问题，但是从林思的访谈内容中体现了出来。林思说：

> "我是2017年11月中旬进入的，许琳琳当时拉来七八个人进了一

---

❶ 访谈编码：20180930YZL。
❷ 访谈编码：20181015XLL。

个群,叫'霍阳之心',我当时在里面。当时许琳琳是群主,但是开会都是老易在主持。我当时没有很想做这件事情,就是想着能帮一把就帮一把。当时小区搞得差,我也有一些看法。所以,当时我提出了很多建议,没有声音,我觉得他们和我的理念不一样,我在里面待了一段时间就退群了。后来,另外一个人拉我到这个群里,我就在群里随便说了我的理念,❶ 这个时候,我又进了'霍阳之心'。"❷

可见,许琳琳是"霍阳之心"的建立者。老易也多次提到许琳琳组建"霍阳之心"花了很大的力气,拉进来了很多人,比如林思、冯志、韩斌、许琳琳的老公和父亲等人,这些人推动了"跳舞鱼团队"的发展。许琳琳的组织、动员和宣传能力出众,老易非常肯定她的能力。他说:

"先有邻里群,邻里群成气候了,许琳琳拉了霍阳之心,我就明白了。霍阳之心,我说你领头,她说做秘书工作,我是群主。出面讲话的大多是我,大家也喜欢开这种会,商量一些事情。许琳琳发挥了很大作用,他动员自己的父亲和老公都进来了。'霍阳之心',就是许琳琳建立起来的,但是许琳琳说,易老师还是您当群主,我就做点秘书的工作就好了。她不太喜欢抛头露面,这可能和她的工作有关,毕竟是在体制内上班。但是许琳琳特别肯干,有时候写东西写到凌晨一两点。"❸

自从"霍阳之心"成立以后,"跳舞鱼团队"的重要会议在老易家召开,老易家成为"霍阳之心"的成员们一起商量小区问题的地方,尤其是涉及业主利益的问题。那么,这里有一个问题,许琳琳提到了核心组开会一般是十个人左右,而老易说,核心组有二十九个人,原因就在于"霍阳之心"处于一个不断发展和壮大的过程。从起先"花坛结盟"的四个人,到后来许琳琳拉了七八个人进入了核心组,陆续有很多居民通过"扫码"和"扫楼"的方式加入了"霍阳邻里群",在这个群里面积极发言。对一些有思想和见地的人,老易都会选择性地和他们"约谈",并把他们拉入"核心组",即"霍阳之心",从而强化"跳舞鱼团队"的核心领导力量。行文至此,只提到了"花坛结盟"和"霍阳之心",那它们和"跳舞鱼团

---

❶ 林思所指的"理念"是指"扫楼"。后文将详细论述。
❷ 访谈编码:20181028LS。
❸ 访谈编码:20180930YZL。

队"有什么关系呢？为什么要命名为"跳舞鱼团队"呢？这个要从许琳琳加入老易的团队后，她拉了一个网名叫"会跳舞的鱼"的人进入"霍阳邻里群"说起。

（三）"会跳舞的鱼"的出现

"会跳舞的鱼"是一个网名，他是许琳琳在2017年11月拉入"霍阳邻里群"的，因写作才华出众和对社区治理见解独特而被拉入"霍阳之心"。同时，自从"会跳舞的鱼"加入后，"会跳舞的鱼"在老易的"授意"下，制作了五篇霍阳社区社区治理"乱象探源"的文章。这五篇文章为居民广为阅读、转发和推送，"点燃"了居民对社区治理不满的"火药线"。同时，这五篇文章以五本小册子的形式交给J街道党工委和相关部门，落款为"跳舞鱼团队出品"，由此引起了J街道对该团队的高度关注。"跳舞鱼团队"从最开始四人建立的"霍阳邻里群"发展到将近200人的时候组建了"霍阳之心"，两个群并存。当"霍阳邻里群"的人数将近500人时，"社区治理乱象探源"也"出来"了，书面落款为"跳舞鱼团队出品"。"跳舞鱼团队"因此而得名。那么，"会跳舞的鱼"是一个什么样的人呢？

"会跳舞的鱼"，真名叫韩斌，1987年出生，研究生学历，在汽轮机厂担任技术工程师，祖籍江西，是一名"新上海人"。笔者通过多个渠道和途径欲采访韩斌，但都遇到了困难。对于他不接受采访的说法基本是一致的：有人说韩斌因为面临换工作，特别忙，无暇顾及社区的事情，也有人说由于韩斌家人的反对，所以，他在2018年年初就退出了"跳舞鱼团队"。不管韩斌出于何种理由退出了"跳舞鱼团队"，可以肯定的是，他是出于私人原因退出了"跳舞鱼团队"。然而，他于2017年11月到2018年3月这段时间留下来的"五本小册子"，还有他与"战友们"的共同经历，可以充分说明他在"跳舞鱼团队"的地位和作用不容小觑。推荐他入群的许琳琳说：

"韩斌是我拉进来的，他工科毕业，在汽轮机厂做研发工程师，他比我先退出来。'会跳舞的鱼'就是他。我和他都是'笔杆子'，在幕后做一些事情，我和他一起写了那五本小册子。他之前说要跳槽，

不知道跳了没？"❶

除了许琳琳以外，老易是最熟悉和了解韩斌的人，因为韩斌多次去老易家开会，并且和老易讨论了他生活和工作方面的问题。可见，他们的私交甚好。老易对韩斌的才能和人品都给予了很高的评价，他说：

"韩斌是这样的，做了很多工作，五个材料，都是他做的，他很有水平，我开会讲的东西，都在材料里面体现出来了，而且我看他也没有做什么记录，思路也是我的，好像就是我要说的话，但是他比我说得还好。可能因为他是知识分子，他有点患得患失，不如许琳琳稳。韩斌，他跳槽，离职有很多事情要办，家里要买车，要照顾小孩子，我感觉他不想参与了。他确实是有很多事情要处理。"❷

笔者在通过朋友关系寻找韩斌的过程中，结识了韩斌在汽轮机厂的同事魏裕，魏裕不仅和韩斌是同事，还是邻居。魏裕是霍阳社区的一个"小名人"，前文分析霍阳社区的居民心态的文章就是出自他手。他于2017年搬到霍阳社区，在"扫楼"过程中，因结识了"霍阳之心"的成员林思，❸之后开始关注小区问题。魏裕说：

"我和韩斌是同事，我们还住一个小区，他和我年纪差不多，我和他微信联系了，他没有回复我，我给他打电话了，是他家人接的。而且他最近刚刚离职，我估计他是不愿意接受采访。"❹

由此可见，与韩斌有过"交集"的人对他的评价都非常高。由以老易为首的"霍阳之心"集体决策、韩斌和许琳琳执笔合作而成的五本册子，对于推动"跳舞鱼团队"的发展产生了巨大的影响，其中有两篇是关于霍阳居委书记金煜和业委会主任李银柱的文章，这两篇文章是以老易为首的"跳舞鱼团队"进行"维权斗争"的两个非常重要的步骤，即"拉金：平安英雄被拉下马"和"反李：取消优秀团队骨干资格"。至于"跳舞鱼团队"的具体情况，下文描述的具体事件可体现出来。韩斌主笔的五本小册子对"跳舞鱼团队"的介绍如下：

---

❶ 访谈编码：20181015XLL。
❷ 访谈编码：20180930YZL。
❸ 后文会详细介绍林思。
❹ 访谈编码：20181028WY。

跳舞鱼是一个由霍阳小区老、中、青三代数十人组成的行动小组，我们追求的目标是建设美丽家园，也就是让十九大精神在小区落地落实。

我们反对人治，倡导法治。因为：

人治就是独断专行，就是取消业主对小区大事的知情权、参与权和监督权；

人治就是搞小圈子，就那么几个人这么两年时间把我们好端端的家园搞得如此破烂不堪；

人治就会在业主根本不知情的情况下，以业主授权的名义与物业签订丧权辱民的合同；

人治就会把业主房产的养老金——维修资金掏空；

人治就会任意涨价，你交不交？不交就把你送上"市公共信用信息服务平台"，搞臭你！

为此，我们鲜明的旗帜就是习近平在十九大报告中强调的十四个坚持，此处精选四个：

坚持以人民为中心；

坚持人民当家做主；

坚持全面依法治国；

坚持从严治党；

我们小区，人民就是业主，业主就是人民！人民万岁！❶

从上述"跳舞鱼团队"的组成人员和口号即可看出，"跳舞鱼团队"代表的是霍阳社区一部分业主的心声，他们以法律和政策为基石，倡导个人权利的合法性，并主张将国家政策在社区落实。他们的口号和行动将在后文的事件描述过程中得到具体呈现。

第二节 团队行动"三部曲"及其规模的扩大

随着"会跳舞的鱼"的加入，"跳舞鱼团队"由老易"花坛结盟"的四人已经发展到200多人了，团队"三部曲"进一步扩大了团队的规模，"跳舞鱼团队"的人数达到了490多人。团队"三部曲"分别是指"跳舞

---

❶ 资料来源于老易。

鱼团队"采取行动取消了霍阳社区居委书记金煜的区"平安英雄"候选人资格、成功反对霍阳社区业委会主任李银柱当选为街道的"优秀团队骨干"和以"509户业主联合签名"要求改选第四届业委会。然而，只有前面"两部曲"获得了成功，"509户业主联合签名"要求改选第四届业委会的目标没有实现。但值得关注的是，"跳舞鱼团队"的行动"三部曲"都赢得了更多居民的支持并扩大了团队规模。

一、"拉金"："平安英雄"被拉下马

2015年以来，M区大力推进法治建设和平安建设。将维护百姓安全和社会正义的基层工作干部评选为"平安英雄"。❶ 2017年7月，M区开始启动第二届"平安英雄"的评选工作。本次活动由中共M区委宣传部、中共M区委政法委员会、M区社会治安综合治理委员会主办，区综治办、区政法各单位、各街镇（工业区）、M广播电视台、M门户网站承办。评选对象包括法官、检察官、人民警察、信访干部、人民调解员、律师、社工、社区保安、综治干部、平安志愿者和其他为平安建设做出突出贡献的公民。

J街道推出了两位"平安英雄"的候选人，其中一位是霍阳社区居委党总支书记金煜。那么，他做了哪些工作让自己成为M区的"平安英雄"候选人呢？金煜是2014年7月调任霍阳社区居委党总支书记。他于2015年11月协同房管办科长华欣蕾一起筹备了第四届业委会，华欣蕾担任第四届业委会筹备组组长，金煜任副组长。老易一直在主张"自愿报名、公开招聘"产生业委会候选人，不仅没有得到两位组长的认可，连组长的"面"都没有见着。虽然他找到了时任街道党工委书记牛旭斌，❷ 但得到的回复是：华欣蕾已经退休了。一个是未曾谋面而且已经退休的华欣蕾，另一个是在社区具体执行事务并且"独揽大权"的金煜，老易多次表达自己的看法，即第四届业委会的产生是金煜一手操控的。老易为什么会有这种感觉和认知呢？从金煜参与评选的优秀事迹中可以发现一些端倪。内容如下。

---

❶ 资料来源于"搜狐微博"的公众号"文明M"。
❷ 牛旭斌是党委书记王志文前面的一位党委书记，他因工作出色，被调任到上海市某机关部门任职。

他把"上为政府分忧,下为百姓解难",作为自己的座右铭;他带领霍阳社区居委会一班人努力奋斗,用自己对党的忠诚捍卫着社区的一方平安。他深入开展"四位一体",群策群力,有效改善霍阳社区治安现状,得到广大居民的认可和赞扬,居民的安全感、满意度和获得感得到了大幅提升。万家灯火,平安霍阳,是一名普通党总支书记的职责所在。❶

上述"优秀事迹"反映出金煜是一位"上为政府分忧,下为百姓解难"的好书记,尤其是他深入开展的"四位一体"对"平安霍阳"发挥了巨大的作用,获得了广大居民的认可和赞扬。因此,被评为"平安英雄"的候选人。那么,什么是"四位一体"呢?"四位一体"是指居委党总支、居委会、业委会和物业公司共同参与社区治理,其中,居委党总支是社区治理的领导核心,❷后三者是在居委党总支的领导下开展工作。"四位一体"是在什么背景下提出的呢?又是从什么时候开始在社区发挥作用呢?

从2007年开始,J街道按照M区要率先进行优化组织结构试点,先后推动了一批"团队党建"的试点,比如美胜社区的"百姓议事团"和爱辉社区的"阳光工作室"等,创新了基层党组织的组织形式和组织结构。2014年12月31日,上海市委"一号课题"出台,提出了"居委会和业委会的有机结合"这一理念。2015年,霍阳社区被J街道选为"建立业委会党支部"的示范小区,从"业委会"这一自治组织的角度创新基层社区党建的组织结构形式。那么,J街道为什么要选择霍阳社区来当党建创新试点呢?或者说金煜为什么要启动"四位一体"来管理霍阳社区呢?在上海市M区J街道工作委员会编纂的《推开记忆之门·口述团队党建发展历史》一书中,有一篇金煜口述的文章,内容如下:

我是2014年7月调到霍阳居民区的,当时这个居民区乱象丛生。

---

❶ 资料来源于J街道党建服务中心资料。

❷ 从文件的源头来看,"四位一体"中社区党总支居于核心领导地位这一说法,最早可以追溯到2004年11月推出并征求意见的《中华人民共和国城市居委会组织法(修订稿)》中增加了如下内容:"中国共产党在社区的党组织,按照中国共产党的章程进行工作,发挥领导核心作用;依照宪法和法律,支持和保障社区居民开展自治活动,充分行使民主权利。"有学者认为,中国的社区应以执政党为核心,党建是社区建设的核心问题。邓伟志:《关于当前中国的社区发展》,《江苏社会科学》1999年第6期,第165—170页。

2014年发生入室盗窃案9起，2015年发生入室盗窃7起，两年中发生电瓶车盗窃案和划车案多起；环境卫生状况也堪忧，2014年7月1日，多名居民聚集在居委"诉苦"，原因是小区一处道路被成堆的垃圾堵了一半，苍蝇密布，严重影响了小区业主的生活和出行。

居民说了一句触动人心的话："一堆垃圾近10天无人管，这个小区还让人怎么过日子？"在街道物业办华欣蕾的全力协调下，当晚调来5辆垃圾清运车，共清运生活垃圾7车，第二天在全小区清运15车。

不仅如此，小区停车难，乱停车现象严重，每天绿地内停车比比皆是。

为何会如此？物业公司认为，业委会不能提供应有的支持；广大业主认为，业委会和物业公司均不作为。而最根本的原因在于"四架马车"各自为政，业委会游离于党组织领导之外，所谓"四位一体"机制是纸上谈兵。2014年年底，居委、物业对小区的道路及窨井进行了全面的检查，将检查结果在"四位一体"负责人会议上进行了通报，并提议业委会、物业公司进行维修更换，由业委会按规定走维修资金使用流程。但是，在业委会主任召集的业委会成员全体会议上，这些提议被全部否决，理由是党总支提出让党总支出钱，居委提出让居委出钱等。❶

金煜所说的社区治理难题出在了"第三届业委会"，即"第三届业委会"没有按照"四位一体"的要求开展社区治理的工作，使得"四位一体"成为纸上谈兵。那么，如何避免出现"业委会游离于社区党总支领导之外"这一局面呢？金煜认为要让"居委会和业委会有机融合，成立业委会党支部"，这恰好与上海市委"一号课题"的内容相契合。金煜的口述内容如下：

在2014年10月召开的党总支委员会议上，我们霍阳居民区研究认为解决这些问题的关键在业委会。霍阳社区原来的业委会7人当中，有6人都有决策权，意见不能集中，导致该届业委会开始工作后的三年多时间里难以统一思想，几乎无所作为。

---

❶ 资料来源于J街道党建服务中心资料。金煜：成立业委会党支部，居民区从此变了样，《推开记忆之门·口述团队党建发展历史》，中共上海市M区J街道工作委员会编纂，第46页。

2014年市委一号课题（1+6）文件出台以后，我们对其进行了认真学习，其中有一条是：居委会和业委会有机融合。抓住了一点再结合自身居民区的实际情况，征得了街道房管办、自治办等领导的同意后，召开党组织会议专题讨论，大胆地推进了成立业委会党支部这一设想。

2015年下半年，业委会开始换届，我们抓住了这么一个机遇，向广大业主提议选居委会主任、社区工作者进入业委会的设想，得到广大业主的大力支持和赞同。居民认为：“居委会和业委会融合起来好办事，我们欢迎，期待新的业委会能让小区面貌有所改观。”经业主大会投票选举，在现任7名业主委员中有党员6人，组织关系在居民区的有三人，主任由党总支委员、退休老校长担任，副主任由居委会主任兼任和社区学院副院长担任，委员中有兄弟居委的书记主任、居民区的党员骨干担任，这些成员都是非常了解居民区的工作性质和要求的。牢牢地将业委会统筹在居民区党组织的领导下。

可以说，成立业委会党支部，是一种创新举措。以前的业委会组成人员里也有党员，但组织关系不一定在居民区，不受居民区党组织的领导，业委会游离于居民区党组织之外，居民区党组织对它们缺乏领导力和约束力。现在，业委会成立党支部后，一切发生了变化。因为，坚持党组织对业委会这一自治组织的绝对领导，有利于将来在为民解决各种问题时发挥积极作用。

为此，业委会换届选举后，注重居委会委员和业委会委员交叉任职，在党组织成员中推荐选拔业委会主任，保证了业委会主任的党组织关系在我们这里，这一点决定了业委会主要组织人员受党组织的领导。居委会委员和业委会委员有效交叉任职这个举措，更得到了广大业主的认同，这样一来，业委会和居委会有机融合，能更好为老百姓服务、为社区建设助力，这就是我们当初的出发点。

另外，在业委会里面组建党支部，这也使业委会得以理直气壮地履职。比如老百姓认为业委会是在党组织的领导，在居委会有效监督下开展工作的，是在有关机构行业监督下履职的，比如房管局在房管办监督下，他们工作起来会很有底气，避免产生以往业委会瞎搞的场面。以前业委会和居委会之间来往不多，也不接受后者的监督，现在更能顺应社区的发展需求，更有效地执行居民区四位一体联席会议做

出的决策。❶

从金煜口述的内容来看,将居委会和业委会融合,成立业委会党支部,是源自 2014 年上海市委"一号课题"的内容。从理论上来说这一举措与"一号课题"中"激活社会力量,创新社会治理"的理念相契合。美国政治学专家埃莉诺·奥斯特罗姆认为,社区治理可以通过对社会公共资源的开发和调适,来实现治理的目标。❷ 然而,金煜在霍阳社区实施的"四位一体"与上海市委"一号课题"中"激活社会力量,创新社会治理"是相违背的,这就导致霍阳社区的居民对"四位一体"的反感,他们认为"四位一体"是要剥夺他们作为业主的权利。许琳琳说:

"现在讲'四位一体',就没有监督权。业委会是在不正常的情况下产生的。不通过选举产生,不通过民主公平的方式进行,带来后面一系列乱象,因为没有当家人去维护业主的利益。业委会和居委会并不是自治组织,我看到的是,权力已经深入基层,核心在政府手上。"❸

从许琳琳的这段话中,可以看到居民与党和政府之间形成了一种张力,这种张力推动着"四位一体"的运转。那么,"居委会和业委会有机融合,成立业委会党支部"这一举措,确实解决了社区治理的难题,改善了以往"业委会游离于党组织领导之外"的局面吗?居民是否认同这样的社区治理模式?金煜口述的内容如下:

业委会换届成功以后,我们坚持一点:居民幸福感的基础是安全感,没有安全感,什么都是假的。把平安家园建设作为积极开展业主自治和社区共治的目标;在党建引领下,紧抓平安家园建设,实施一系列动作,业委会的公信力提高了。

同时着手进行一系列工作,动用了 240 多万的维修基金。这在 J 街道区域内是破天荒的。要知道动用居民的维修基金是很困难的事,正因为有效地发挥了"四位一体"的作用,居民对新一届业委会的信

---

❶ 资料来源于 J 街道党建服务中心资料。金煜:成立业委会党支部,居民区从此变了样,《推开记忆之门·口述团队党建发展历史》,中共上海市 M 区 J 街道工作委员会编纂,第 47 页。

❷ 〔美〕埃莉诺·奥斯特罗姆:《公共事务的治理之道》,余逊达、陈旭东译,上海:三联书店出版社,2000 年版,第 6 页。

❸ 访谈编码:20181015XLL。

任度提高了，才能有效使用这笔维修基金，进而居民区的面貌才会发生翻天覆地的变化。

经过三个月的施工，霍阳小区居民区一共安装了视频监控探头112个，基本做到视频监控的全覆盖，同时，对小区路灯进行维修更换，夜间小区的路灯更亮，行走更安全。2016年，该小区未发生一起入室盗窃案，电动车盗窃案发率下降了81%，新一届业委会得到广大居民的认可和表扬，居民的安全感、获得感得到了大幅提升。

此外，我们还对小区停车位进行了全方位改造。改造前，居民区实有私家车1000辆左右，但停车位仅有545个，停车位与实际车辆数缺口接近百分之百，导致小区道路严重拥堵，消防车、救护车等抢险救护无法实施，广大居民怨声载道。改造后，小区新增停车位480个，现有停车位总数达到960余个，涉及总面积6000余平方米，基本满足当前停车需求。道路畅通，停车有序，一改小区消防车进不来、绿地乱停车现象。

过去，小区内屋顶和天井违章搭建比比皆是，严重影响小区整体环境面貌，"五违"整治后，违章建筑被拆除了，不仅消除了安全隐患，小区环境也整洁了不少。为了巩固成果，居委会安排专项宣传牌制作费用2.8万元，制作室外不锈钢卡通宣传牌80块，楼道内版面200块，宣传内容涉及社会主义核心价值观、美丽家园（楼道）创建、文明停车、文明饲养宠物、保护绿化等方面。

霍阳居民区业委会成立党支部这一创新举措取得了丰硕成果，现在房管部和街道都在推广这一形式。因为这两年街道很重视对后备干部的培养，业委会换届选举后，相关部门便安排我做经验介绍，给年轻干部讲课。并在其他小区正在换届的业委会中，也积极推广这个成果。

不过，这是需要具备一定条件的，首先是居民委员要属地化，霍阳居民区这届业委会成员中，主任是某中学的退休老校长，副主任是居委会主任，另一个副主任是社区学院的副院长，委员是居委会的社工，居委会成员有两位同志在业委会，业委会主任又是居民区党组织的组织委员，其中一个委员是其他小区的书记兼主任，还有两个委员是其他系统退休的老党员。

我们还发现，业委会换届选举，越来越多的业主会倾向于选有社区工作经验的人。有社区工作经历和经验的人进入业委会，能和居委会更有效地进行沟通，实践也充分体现了这点。因为业委会工作在居民区有举足轻重的地位，很多居民区工作开展不起来，其实和业委会有很大关系。

由此，霍阳居民区业委会党支部也总在探索，在居民区工作中寻求突破，在党建引领下的一个全新而坚实的"四位一体"机制平台成功搭建。以问题为导向，"查找问题、解决问题"的居民自治成为"四位一体"机制的基本模式。❶

可见，"四位一体"和成立业委会党支部对霍阳社区的美丽家园建设和平安家园建设取得了很好的成效，这不仅是J街道在社区治理中探索党建工作方式的创举，也对J街道的其他社区推进"四位一体"和"建立业委会党支部"起到了很好的示范和推广效应。因此，基于金煜所述的社区治理经验和在建设"平安霍阳"方面做出的突出贡献，J街道是基于充分的事实和材料推荐金煜为M区"平安英雄"候选人的。那么，为什么金煜的"平安英雄"候选人会被"拉下马"呢？是上述材料不属实，还是另有隐情？从霍阳社区的众多居民口中和"跳舞鱼团队"的行动中，可以找到金煜"平安英雄"候选人被撤销的原因。

除了用关于金煜治理"平安霍阳"的文字材料来宣传优秀事迹以外，M区电视台为参与评选的所有"平安英雄"候选人录制了一段视频，并且在M区电台进行播放。霍阳社区的一部分居民是通过M区电视台播放视频录像知晓此事的，老易也通过这个渠道知道了金煜是"平安英雄"候选人。他说：

"区电视台放金煜是'平安英雄'候选人的一个录像片段，他坐在办公室，像一个老板一样，有这么一段录像，区电视台把所有平安英雄的候选人都放出来了。我们小区业主看到了，我没有看到，有人打电话告诉我，霍阳邻里群里的人数就往上增。没有这件事之前，邻里群不到100人。"❷

由此可见，"平安英雄"候选人这件事情，已经吸引了霍阳社区居民

---

❶ 资料来源于J街道党建服务中心资料。金煜：成立业委会党支部，居民区从此变了样，《推开记忆之门·口述团队党建发展历史》，中共上海市M区J街道工作委员会编纂，第47—48页。

❷ 访谈编码：20180930YZL。

的"眼球",霍阳邻里群里面一直在"热议"这件事情,吸引了一些居民参与进来,也扩大了这个事件的宣传效应。在"平安英雄"候选人事件之前,邻里群的人数维持在五六十个人,因为小区没有什么"热门事件"可讨论。有一段时间,甚至跌落到 29 人,并"冻结"了一段时间。与此同时,霍阳居委干部也知晓到了这一事件。按理说,居委干部应该最先知道居委会内部的情况,居委书记当选为"平安英雄"候选人这一好事,应该迅速宣传出去的。但是,据居委干部陈晓的说法,他们内部是不知情的,她说:

"评选'平安英雄',金煜自己写的申请材料,自己送上去的。当时我们已经和他不高兴了,他没有让我们投,我们是在'朋友圈'看到其他居委在发给'平安英雄候选人'金煜投一票,才知道的。"❶

陈晓透露出一个信息,即金煜领导的居委班子并不团结,这和金煜申请"平安英雄"候选人的"优秀事迹"材料是不相符的。另外,居委干部知道此事后,也不愿意给金煜投票,这是为什么呢?因为金煜任居委书记期间,居委干部内部有几个人非常反对金煜的独断专行。除了居委内部人员认为金煜独断专行以外,居民柏华也持有相同意见,他对金煜到霍阳社区以后做的几个项目都很不满意,他说:

"我们居民对小区现状不满,就是从 2015 年来了一个金煜,比较独断专行,层次不高。但是善于钻研,比较精明。金煜没文化,他老婆是知青,七八十年代上海女知青去外省市,扎根。'文革'结束,有政策知青可以回来,金煜老婆就把他带回来,他刚回来是当保安的。他肯钻研,混到社区当义工,一个层级一个层级地爬到社区书记,但是返聘的。退休之后,他还是回了老家。退休之前,他在小区做了几件事,让我们业主和居民们非常不满。一是道路的改造车位,他打着拓宽消防通道的名义,把停车位改造了,增加了一百多个。绿化的面积以前很好,以前我们这个小区在 J 街道是有名的,但是他改造完就成了一个破破烂烂的小区,到处都是垃圾。第二,监控工程改造,这两件事之后,大手笔地用小区维修资金,200 多万呢,这些钱是属于业主的,有程序走,要业委会开业主大会,合法地走流程才能

---

❶ 访谈编码:20180920CX。

动用维修资金。监控这块，搞完之后，灯特别刺眼，一般小区都是用红外线灯。结果他沽名钓誉，去街道邀功。还被评为'平安英雄'，给拉下来。当时，我还不认识老易他们。12月之前，我没有进群。我进群是十二月十几号。当时民怨很大。"❶

在"跳舞鱼团队"反对金煜参与"平安英雄"候选人时，柏华还没有加入"霍阳之心"核心群。但是，他对居委书记金煜在小区的做法有很多看法。他认为，金煜来了之后，小区的车位改造没有"合法性"，而且破坏了小区的环境。另外，监控系统改造，没有走业委会动用维修资金的合法程序，即非法挪用维修资金。然而，金煜却成为J街道"平安英雄"的候选人，他对此有很多疑惑和不满，老易等人把金煜拉下，柏华觉得这是一件大快人心的事情。

"平安英雄"候选人的评选投票工作出现在2017年11月12日"平安M区"的公众号上，并在"朋友圈"❷被大量推送，投票的起止时间为2017年11月15—24日。以老易为首的"跳舞鱼团队"采取了一系列行动，比如打电话向街道反映情况，去区里信访办上访，拨打市政服务热线等，这些行为都是在"霍阳之心"核心组的领导和决策下落实的具体行动计划。老易说：

"我记得当时有大量邻里进来了，进来的人都对金煜有很多看法。我的工作就是跟街道反映，一方面打市政电话投诉，也组织大家一起，或者在群里发表一些看法，是这样的。当时，许琳琳进来了。我们一起搞的，核心组也有了。打电话上访的人很多，有的不是我们群里的，金煜在霍阳小区引起了公愤。一般老百姓对他都有看法，打电话的人很多的。居民也有打电话反映的，有一个居民叫何志英，他哪个群都不参加，也不玩微信，但是他发言很厉害，到信访办、综治办说，这个人怎么能做平安英雄呢？沈宇前，他是憋着一口气，金煜冤枉他有违章建筑，他在群里，骂金煜很厉害的。揭露他干的一些非常糟糕的事情。"❸

老易的这段话道出了两个批评金煜在社区治理方面做得不好的人，即

---

❶ 访谈编码：20181103BH。
❷ 这里指的是"微信朋友圈"。
❸ 访谈编码：20180930YZL。

何志英和沈宇前。何志英当时65岁，他是J街道本地人，2002年就住进霍阳社区了。退休以前，他是一个公司的销售经理，所以，他对数字特别敏感，还养成了保存数据的习惯。何志英通过法律途径维权，但他和老易不同的是，他的矛头始终指向物业，因为他找到了物业公司"偷窃"维修资金的证据。他每年与物业公司打一次官司，坚持了十年之久，小区的居民都知道霍阳社区有一个特别喜欢"打官司"的何志英。何志英和老易的私人关系很好，他曾经在2010年陪老易在凌晨两点钟到小区去数私家车车辆的总数。另外，何志英对金煜很熟悉。他家住在六楼，在他家六楼墙面的一侧有一个100多斤重的罗马条纹松动了，摇摇欲坠，很危险。2014年，何志英去居委会找金煜反映这个情况，金煜不予理睬，他多次反映都没有得到解决。于是，他去J街道反映，仍然没有得到解决。他感到很失望，但是又没辙。有一天，这块100多斤重的罗马条纹从六楼掉下来，引发了区安全局的出动，这个问题才得以解决。然而，居委会并不修复破损的罗马条纹，而是以"消除安全隐患"为由全部拆除掉开发商装饰的罗马条纹。孰料，拆除掉罗马条纹后，墙面开始渗水，导致何志英家的红木家具受潮。何志英去居委会反映情况，依然没有得到解决。有一天，当他看到区电视台在播放"平安英雄"候选人，其中有金煜。他感到非常惊讶。他回忆了他反对金煜当"平安英雄"候选人的过程，他说：

"我打的是民生热线，然后那边和我讲打区监察局。电视里面反复播放视频，金煜正好拍的宣传片就在我楼道里面拍的，还做了一个"pose"，他说优秀事迹时说了'上为政府排忧，下为居民解难'之类的话，这明显不符合现实嘛。'对居民的诉求是有求必应'，他根本没有为我们居民做一件事情，根本没有尽到一个党总支书记的责任。这样的人，也能评选平安英雄，世界上就没有公平了。我说我有相应的材料，我给你们送过来，他们说知道了，有需要的话，再通知我。我以他不作为提出反对意见。我反映了情况，我打了以后，过了两三天就给我反馈了。我给他们看材料的内容：一个是反映我家房屋上面很危险的东西掉下来，后来，我们那个罗马条纹掉下来，他不理不睬，说他是我们利益的维护者，和你们的宣传片里面的内容完全不符。另一个是，他们搞雨污改造，把道路下面的钢筋埋下就完了。施工队偷工减料。我们反映到街道，我说金煜，你是小区的管理者，不监督工程的进展。但是你搞这些工程，没有恢复原样，破坏了小区绿化

40%，我们的绿化大遭殃。施工队偷工减料，无动于衷，居民不断反映，居委不监督。我把照片拍下来，街道后来返工才解决的。"❶

11月28日，就在何志英去J街道自治办公室反映情况的同一天，老易也去了，老易反映的内容和何志英差不多，基本上都是围绕金煜无视居民诉求以及小区工程存在问题等内容。11月29号，J街道政法委书记打电话告诉老易，撤销了金煜的"平安候选人"资格。

概言之，金煜在居委干部和居民眼里是一个无视居民利益，甚至损害居民利益的人。然而，他自己上报的"优秀事迹"却被J街道选为M区"平安英雄"候选人，一方面，与他善于"宣传"自己有关系；另一方面，他善于抓住时政要点，将社区的基本情况与社会发展形势相结合。但是，他在开展"四位一体"和推进"业委会成立党支部"这些社区重大事情方面，没有与居民形成良好的沟通与互动关系，没有让居民们及时地了解社区发展的新形势，更没有把社区的工作做细致、做到位。多位居民都表达了对金煜不理睬居民、无视居民诉求、不关注社区长远发展的想法，这也是霍阳社区的居民对金煜领导社区治理极为不满的原因。金煜被J街道评为"平安英雄"候选人促使"跳舞鱼团队"进一步联合，他们有组织、有计划、有步骤地实施"拉金"目标，直到取消金煜为M区"平安英雄"候选人资格为止。

二、"反李"："优秀团队骨干是假的"

一般来说，社区里存在大量优秀的自组织团队，将对社区治理产生积极的影响。优秀团队肯定有优秀的团队骨干领导。然而，在霍阳社区，J街道选出来的"优秀团队骨干"——李银柱，却不是居民们心目中的合适人选。

2017年，J街道开展了"团队党建"十周年的纪念活动，对过去十年间，基层社区涌现的一批先进团队党组织和党员骨干，进行了表彰和报道。J街道联合上海新闻晨报，共同编纂"J街道城市基层党建系列丛书"，包括《推开记忆之门·口述团队党建发展历史》《基层党建注活力·优秀团队党组织风采》《社区群众贴心人·优秀团队党员骨干集锦》《聚焦媒体视野·共话J街道基层党建发展》四册书籍，主要从居民区团队党建的历史发展、

---

❶ 访谈编码：20181120HZY。

经验分享、基层党建媒体报道等方面,全方位展示J街道基层党建工作的实践与成果。其中,《推开记忆之门·口述团队党建发展历史》一书邀请不同阶段的亲历者讲述了关于推动团队党建工作发展的故事;《基层党建注活力·优秀团队党组织风采》和《社区群众贴心人·优秀团队党员骨干集锦》两册书则选取优秀团队党组织和党员骨干代表的先进事迹,实现以点带面、树立典型、示范引领;《聚焦媒体视野·共话J街道基层党建发展》一书搜集在市级以上报刊上发表的关于J街道基层党建的新闻报道,以媒体的视野浅析J街道党建工作的创新发展。在《社区群众贴心人·优秀团队党员骨干集锦》这一册书中,有一篇关于霍阳社区党总支业委会党支部书记李银柱的报道,题目为"有一份热发一份光,努力做好社区治理'助手'",正是这篇报道引发了霍阳社区居民们的反感和不满。

李银柱是谁?根据《社区群众贴心人·优秀团队党员骨干集锦》一书对李银柱的介绍,李银柱是霍阳社区的业主,退休前担任某中学的副校长。退休以后,他被选为第四届业委会副主任,后来升为主任。同时,他还是霍阳社区党总支委员。李银柱在社区治理中所获荣誉有"2014年区优秀健康促进志愿者"和2016年被评为J街道优秀"三长"。他的优秀事迹如下:

  李银柱所在的小区曾经管理混乱,入室盗窃案频发。特别是2011年以来,小区发生的入室盗窃案一年比一年多,到2015年时达到了10次,几乎每月一次。业主们人心惶惶,居民们茶余饭后的谈资成了"听说谁家昨晚被盗了""是啊,损失惨重""我们小区怎么成了这样"。为了安全,有居民自己出钱在小区原有的围墙上装铁丝网,很是煞风景。房产中介带人来看房,人家看到一道又一道的铁丝网,马上猜到这个小区治安状况不好,房子也不买了。

  为了改变这种现状,党总支、居委会、物业公司、业委会多次召开"四位一体"会议,最终决定在小区安装监控探头。❶

  安装探头需要动用维修基金,业委会开始发挥作用。李银柱召集业委会成员反复开会讨论,一次次征询业主们的意见,最终决定由大家投票表决。"我们确保每家每户都征询到,最终超过2/3的业主同意了。2016年夏天,112只全新的监控探头出现在小区各个关键角落。

---

❶ 资料来源于J街道党建服务中心资料。

效果立竿见影。小区入室盗窃案从 2015 年的 10 次降到 2016 年的 1 次，2017 年至今一起也没有发生。居民都说：你们业委会为大家办了一件好事。虽然花了钱，但小区安全了，居民放心了。这钱用得值，李银柱心里很宽慰。❶

从李银柱评选"优秀团队骨干"的优秀事迹材料来看，李银柱当选霍阳社区业委会党支部这个"优秀团队"的骨干，因为他是霍阳社区业委会党支部书记。在任期内，他改变了霍阳社区曾经"管理混乱""人心惶惶""矛盾重重""官司连连""入民宅盗窃频发"的局面，而促使这种局面发生改变的一项举措是：李银柱在任的第四届业委会在小区实施了一项数字监控改造工程。这项数字监控改造工程花费 842386 元，具体情况如表 4-4 所示。

表 4-4 霍阳社区数字监控改造工程报价汇总

序号	工程名称	合计（元）	备注
一	极广之光西北区片数字监控改造工程	120118	
二	爱辉路 88 弄东北区片数字监控工程	246585	
三	爱辉路 26 弄东南区片数字监控改造工程	239572	
四	海清路 358 弄西南区片数字监控改造工程	236111	
合计总份	(1+2+3+4)	842386	

上海 HH 电子工程有限公司
2016.11.20

资料来源："跳舞鱼团队"

表 4-4 中的数字吸引了"跳舞鱼团队"成员的眼球，因为"跳舞鱼团队"有一个非常专业的数字监控系统人才，他就是崔华邦。崔华邦是国内某海事大学研究生毕业，在某国有企业上过几年班，后来自己出来创业。数字监控系统是海上航行的必需设备，崔华邦对数字监控系统很有研究，而且他很快捕捉到表 4-4 中报价汇总的信息，他指出了一个非常重要的问题：报价太高了。根据崔华邦的预算，这套监控系统的总费用应该在 45 万左右。同时，他和老易都指出，小区施工的项目应该通过招标的方式引入。"跳舞鱼团队"的成员一致认为，这个数字监控项目有问题。于是，以老易为首的"跳舞鱼团队"去街道反映情况，他们的理由是小区数字监

---

❶ 引自中共上海市 M 区 J 街道工作委员会：《社区群众贴心人·优秀团队党员骨干集锦》，第 24—25 页。

控系统费用存在问题,以及小区超过五万元的项目工程,应该通过招标的方式引入施工单位。然而,他们得到的回复是:不需要。于是,老易开始拨打市政热线电话进行投诉,上海市将问题反馈到 M 区信访局,M 区信访局要求 J 街道信访办处理此事。老易接到通知后,从信访办工作人员那里看到了表 4-4 这张报价表,于是,老易复印了这份报价表。

老易认为,小区要做一个 84 万多元的工程,要动用维修资金,必须召开业主代表大会表决通过才能生效。在这种情况下,他们看到了霍阳社区业主大会会议纪要❶:

上海市 M 区霍阳社区业主大会会议纪要
业主大会决议、业委会组成人员选举结果

上海市 M 区霍阳社区业主大会会议 2015 年 11 月 20 日上午 9:30 时,在霍阳居委会议室(地址:海清路 358 弄 65 号)举行公开验票,本社区业主人数 2414 人,专用部分建筑物面积 241542.1 平方米,表决票送达 2414 张,表决收回 2105 张,占业主人数 87.2%,占建筑物总面积 87.2%,符合业主大会会议召开条件。

业主在规定的时间内不反馈意见或者不提出同意、不同意(反对)、弃权意见的表决票共 409 张,计入大多数票数。

会议选举产生竺英町、李银柱、沈宇前、陆伟、何其振、穆茹、赵素廷为业委会委员。

相关人员签名:

主持人:

监票人、唱票、计票等工作人员:龚鹏、林震、崔诺、许恒、王佩林、沈宇前、戴美玲

上海市 M 区霍阳社区业委会换届选举小组

组长:华欣蕾

副组长:金煜

2015 年 11 月 20 日

"跳舞鱼团队"发现了一个有意思的事情,即霍阳社区数字监控改造工程报价汇总表时间为 2015 年 11 月 20 日,社区业主大会的会议纪要时间

---

❶ 资料来源于老易。

也是2015年11月20日,这一天是第四届业委会产生的第一天,也就是说,在第四届业委会成立的当天,就有公司出具了报价单。这与李银柱评选"优秀团队骨干"的材料中写的:"业委会成员反复开会讨论,一次次征询业主们意见"是不相符合的。"跳舞鱼团队"在"霍阳社区业主意见征询表决票"里面又发现了问题:报价汇总表上明明写的是842386元,为什么发给居民的"霍阳社区业主意见征询表决票"上的价格是85万元,这中间的差价去哪了?具体内容如表4-5所示。

表4-5 霍阳社区业主意见征询表决票

各位业主:

近年来,入室盗窃、电动车盗窃、划伤机动车等案件时有发生;小区车辆日渐增多,乱停车现象严重,车辆管理难度大,阻碍消防通道畅通,影响消防车、救护车进出小区,严重影响广大业主人身安全和财产安全。为此,急需加强技防设施和道路改造及部分增加停车位,完善车辆管理制度,经业委会前期论证,提请业主表决以下事项:

序号	表决事项	施工单位	工程内容	工程报价(万元)	支付款	同意	不同意	弃权
1	电子监控工程	上海HH电子工程有限公司	实施小区硬化道路监控全覆盖	85	维修资金支出			
2	消防通道拓宽工程	建筑安装工程有限公司	部分消防通道拓宽,部分增加停车位	133.44	维修资金支出			
3	电子挡车器工程	上海HH电子工程有限公司	统一进出闸道,南门进,西门一出,东门二出	22	新民物业出资建设			
4	车辆管理暂行办法		停车费使用办法在物业管理服务合同中再表决					

备注:弃权或者不表态视作同意大多数意见。

以上表决项目提请业主意见征询表决通过后,经建设银行审价后实施,电子监控工程最后由M区公安分局技防处验收,最终结算由建设银行审计后付款。

业主表决签名:
　　弄　号　室　　　　姓名：　　　　　电话：
　　　　　　　　　　　　　　　　　　　　　　2016年1月23—29日

资料来源:"跳舞鱼团队"。

另外,"跳舞鱼团队"还发现"意见征询表决票"中的问题:到底是征询还是表决,到底是要向业主征询什么,表决什么,因为在上述意见征询表决票里面列出了四个事项及其施工单位。"跳舞鱼团队"用一个例子提出了问题:

以"表决事项"中的"电子监控工程"为例,是:
征询/表决是否同意监控工程立项?
还是征询/表决是否同意选用"HH电子"这家公司?
还是征询/表决是否同意"85万"的报价呢?

"跳舞鱼团队"认为,这张"征询表决票"中至少包含了以上三个问题,却只给一次机会回答。尤其是对选择HH电子有限公司,"跳舞鱼团队"认为这中间存在很大的问题。前面已经讲过崔华邦根据自己的专业特长,报出的价格是45万,而且他们多次去街道反映超过5万的小区项目应该通过招标的方式引入,而街道给出的答复是:不需要。"跳舞鱼团队"继续深究这个问题。他们找到了第四届业委会关于商讨"电子监控系统"的会议纪要的内容,如图4-2所示。

业委会会议					
会议议题	三项工程最终实施方案 || 时间	2016.1.8	主持人	金煜
应到人数	8人		实到人数		
会议内容					
一、电子挡车器工程 二、电子监控工程 三、消防通道拓宽					
会议有关决定及表决结果(会议结果另附)					
一、电子挡车器工程由新民物业公司承担 二、电子监控工程由HX电子工程有限公司施工 三、消防通道拓宽由JC建筑安装工程有限公司施工					
暂由维修基金支出的,今后停车费收益分成逐年返还给基金账户。决定三项工程向全体业主征询,三分之二业主、三分之二面积以上同意后实施。					
会议决定、决议公告的时间					
出席成员名单及签章					
陆伟	竺英町	李银柱	岳绍	赵尚武	赵素廷

图4-2 霍阳社区业委会关于商讨"电子监控系统"的会议纪要
资料来源:"跳舞鱼团队"

这份业委会的会议纪要上写着：要动用维修资金来进行数字监控系统改造，停车费的收益分成是逐年返还。"跳舞鱼团队"不能理解为什么花了业主133万，不是拓宽消防通道，而是扩建停车位，并且停车位扩建之后的收益是要"逐年""分成""返还"。扩建停车位以后，到底会带来多少收益呢？根据霍阳社区公众号上的《停车费管理若干规定》的标准，内容如下❶：

根据霍阳社区公众号上的《停车费管理若干规定》的标准，由车位使用人向乙方交纳停车费：

1. 全年一次性付费1200元；
2. 每半年付费660元；
3. 每季度付费360元；
4. 每月付费150元。
5. 临时停车费1小时内免费；1小时以上8小时以内收费5元；8小时以上24小时以内收费10元；以后以此类推，城市之光小区临时停车2小时以内免费，2小时以上24小时以内收费10元；24小时以上20元，以后以此类推。

（二）业主清册（略《商业用房详见附件方》）

停车位（属于公用部分）租赁费扣除停车位物业服务费后的收益归全体业主共有，并按本合同第十六条第四款的约定公布。

（三）业主或物业使用人对车辆停放有保管要求的，与乙方另行约定。

（四）小区共用部分获取的收入分配详见《上海市M区霍阳社区关于选聘物业服务企业方案的表决票》中第一大点第2款规定，根据本市对公共部分收益使用规范的相关规定，利用物业共用部分经营所得收益：（1）补充相应的专项维修资金（原则上不低于50%）；（2）用于弥补物业服务费用不足，业主大会授权业委会依据第三方审计报告，对公共收益用于弥补物业费用不足的金额、比例作出决定。

第十二条　业主应当按照不约定筹集、使用和管理维修资金；

（一）业主应当按照规定交纳和续筹专项维修资金；

（二）专项维修资金的账务由乙方代替；

---

❶ 资料来源于《霍阳社区乱象探源》。

（三）业主在转让其物业时，其账户上的专项维修资金继续用作物业的共用部分、共用设备设施的维修、更新和改造。

（四）按照政府规定及相关使用和管理专项维修资金。

从上面的《停车费用管理规定》来看，停车费收益的一部分要与物业分成，或者说是物业管理经费不足。"跳舞鱼团队"认为，随着私家车数量的大量增多，适当扩建停车位是必须的。但是，以李银柱为首的第四届业委会以拓宽消防通道为由获得了J街道的审批，因为不管是拓宽消防通道还是扩建停车位，都会对小区的绿化造成一定程度的损坏，必须经过业主代表大会表决通过才能实行。然而，第四届业委会并没有征求业主们的意见，尤其是没有征求第三届业委会从108个单元选出来的54名业主代表的意见。

"跳舞鱼团队"还注意到业主大会的会议纪要上的召集人和记录人分别是金煜和陆伟。也就是说，当时李银柱只是副主任，并不是主任，更不是业委会党支部书记，这与优秀事迹材料里面的"业委会党支部书记"是不相符的。"跳舞鱼团队"的成员拍到了2015年霍阳社区业主大会和业委会的备案证，上面登记的主任是陆伟，副主任是赵尚武和赵素廷，如图4-3所示。

业　主　大　会　　　备　案　证
业　主　委　员　会
　　　　　　　　编号：SJ换届 第007号（2015）
业主大会名称：上海市M区霍阳社区业主大会
业主委员会名称：上海市M区霍阳社区业主委员会
业主委员会负责人：主任：陆伟　副主任：赵素廷、赵尚武
业主委员会地址：上海市M区海清路358弄66号
　　该业主委员会提交的材料符合备案要求。
　　特此证明。

　　　　　　　　　　备案机关：上海市J街道
　　　　　　　　　　　　　　二〇一五年十二月

图4-3　霍阳社区第四届业委会备案证

资料来源：跳舞鱼团队

从"优秀团队骨干"的优秀事迹材料中去找问题，他们发现李银柱是后来才成为主任。这一点并不能强有力地驳倒李银柱参与并推动小区的数

字监控工程项目。于是,"跳舞鱼团队"拿出了派出所对小区安装的数字探头的检查结果,以此说明花了100多万元经费买来的探头不能正常运转,作用发挥差,图像不清晰。这彻底激怒了"跳舞鱼团队"成员及广大霍阳社区的业主们。

表4-6 霍阳社区安全防范工作检查

	小区安全防范工作检查表							
基本情况	小区名称		霍阳社区		物业公司		新民物业	
	小区地址		海清路358弄、安宁路26弄、安宁路88弄					
	保安服务单位		■物业公司自聘 □保安公司,名称					
	保安队员人数		名					
	分级分色预警状态		未预警■ 橙色预警□ 红色预警□ 黑色预警□					
检查内容	人防	当日值班保安人数	共计 名	其中进口 名		其中出口 名		其中夜巡 名
		夜间巡逻记录	有■,记录规范□/记录不规范 无□					
		车辆进出口登记	有■,记录规范□/记录不规范 无□					
		对讲机配备	进口■ 出口■ 夜巡保安■ 均无□					
		橡胶棍佩戴	进口■ 出口■ 夜巡保安■ 均无□					
		自行车、电瓶车巡逻	有■ 无□					
		必到点巡逻	有■ 无□					
	物防	小区楼道门	关闭√ 开启□,具体门牌:					
		电子围栏	√					
			□电子围栏未经常性维护,定期检查制度不落实					
	技防	探头监控	探头总数	正常启用		出现故障		故障率
			117	√				
			■探头不能正常运转,作用发挥差					
			□探头设置位置不准确,被遮挡					
			□监控回放不正常 ■图像不清晰 □保存期不达标					
其他存在问题			提高门卫及训练保安的责任心,加强出入门口的管理以及巡逻的力度,同时加快监控探头增加安装和维护的速度					

检查民警:祝刚 陆欣   检查时间:2017年10月23日10时
资料来源:跳舞鱼团队

当"跳舞鱼团队"把这一系列材料摆在 J 街道领导面前时,J 街道政法委书记很快回复了他们的诉求:撤销李银柱十佳"优秀团队骨干"的资格。

综上所述,从"老易"当上第三届业委会筹备组组长那一刻开始,"跳舞鱼团队"的"草根领袖"就出场了。经过"花坛结盟""霍阳之心""拉金反李"事件之后,"跳舞鱼团队"茁壮成长,发展成为将近 500 人的社区团队,团队的凝聚力和号召力进一步增强,他们以维权之名,寻求进一步的联合。

三、联名:百户业主促改选

"跳舞鱼团队"为了团结和联合更多的业主加入团队中来,采取了两种方式,即贴"二维码"和"扫楼",其中,"扫楼"的效果非常明显,越来越多的居民知道"跳舞鱼团队"的存在。"要把群体利益转化为一个社会运动的动员能力,组织力量是关键。"❶ 在"拉金""反李"成功之后,"跳舞鱼团队"迅速发展,从近 200 人逐步上升到超过 400 人。"核心组"成员商量下一步的目标,即"要求改选业委会",怎么让第四届业委会自动辞职和解散呢?经过核心组成员的集体讨论,必须进一步扩大"跳舞鱼团队"的规模及其影响力。因此,"跳舞鱼团队"采取贴"二维码"和"扫楼"的方式来动员、组织和联合更多的业主参与维权行动。

(一)贴"二维码"

"根据中国互联网络信息中心(CNNIC)发布的第 42 次《中国互联网络发展状况统计报告》,截至 2018 年 6 月 30 日,我国网民规模达 8.02 亿,互联网普及率为 57.7%。我国手机网民规模达 7.88 亿,上半年新增手机网民 3509 万人,较之 2017 年末增加 4.7%。网民中使用手机上网人群的占比由 2017 年的 97.5% 提升至 98.3%,网民手机上网比例继续攀升。"❷ 在中国互联网技术和移动终端发达的现代社会,现代居民基本上都有移动手机,日常沟通以"微信"为主,因此,"跳舞鱼团队"采取通过扫"二维码"的方式,让更多的业主参与到他们的团队中。"跳舞鱼团队"的核

---

❶ 赵鼎新:《社会与政治运动讲义》,北京:社会科学文献出版社,2014 年版,第 190 页。
❷ 引自中国互联网络信息中心:http://www.cnnic.cn/hlwfzyj/hlwxzbg/hlwtjbg/201808/t20180820_70488.htm。

心人物崔华邦是贴"二维码"的提出者。崔华邦说：

"以前的问题就在于，大家动作都比较慢，如果没有人去组织，去扩大影响，就很难建立起来沟通的渠道，包括许琳琳、许琳琳老公和林思。为建立这么个几百人的群，也就是我们霍阳邻里群，我们付出了很大的努力，当时我进来，群里才110多人，贴'二维码'还没有开始。这个群起初是以老易为核心，从2015年建起来，多的时候有五六十人，后来慢慢少了，二十几个人，前面的人，都是来得比较早的。给小区治理提的意见，一直没有回应。我们对居委会、金煜和李银柱的做法极为不满。我们要求改选业委会，与业委会对话，他们就不出来，人不出来，事也不做了。实在是逼着大家'走到了一起'，不得不联合起来，人多力量大嘛。"❶

显然，崔华邦他们联合业主，是迫于小区"业委会"的不作为。个人力量单薄，只有"组织起来才有力量"。然而，现代中国城市居民为了生存和个人发展，忙于工作，奋斗事业，无暇顾及社区公共事务。一部分退休居民体弱多病、身体健康状态不佳，无精力关心社区公共事务。还有一部分退休居民忙于照顾孙辈，没有时间参与社区公共事务。只剩下一部分"有闲"的老年居民，热心参与到社区治理中。今年77岁的朱灿赫老先生属于后一种。他是"新上海人"，也是一名知识分子，还是水利水电工程方面的专家，享受国家国务院特殊津贴待遇。可见，他在专业技能方面具有很高的造诣。退休以来，朱灿赫一直忙于各种事务，没有时间和精力来关心小区的事情。直到2017年11月，"跳舞鱼团队"发到信箱里的"二维码"被朱灿赫看到了。十几年过去了，他发现小区治理不好，于是，他"扫码入群"了。朱灿赫是这么说的：

"我今年77岁，2005年搬到这里住，我女儿在美国。当时，我女儿在美国留学，说毕业回上海工作，后来她不回来，我就来住了。国内发展是上海比较好一些。我不经常住这里，去美国给女儿带了几年孩子。有时候回天津，小区这个事情，我也了解，加入了这个群。2017年11月，从天津回来，我'扫码'进去的。我以前不知道有这样一个群的，邻居认识得不多，我以前是自己一个人去街道反映的，

---

❶ 访谈编码：20181119CHB。

到了这个群里之后,大家可以一起讨论,商量着怎么办,可以集体反映意见了。"❶

在霍阳社区,像朱灿赫这样的人有很多,他们都是通过"扫码"进入"霍阳邻里群"。然而,贴"二维码"看似是一件很容易的事情,其实不然。霍阳社区区域面积比较大,为确保"二维码"每家每户都能看到并且成功地"扫码"入群,"跳舞鱼团队"想了一些办法。"跳舞鱼团队"根据霍阳社区的地域和规模分了组,还建立了一个"美丽霍阳志愿者群","群主"是崔华邦。"美丽霍阳志愿者群"里面有 23 名成员,❷ 每个成员负责几个单元。林思便是其中之一,她于 2017 年 11 月被许琳琳拉入"霍阳邻里群"。她说:

"我和许琳琳聊了很长时间,没有见面。她对我了解很全面,我进群做的第一件事,就是贴'二维码',我觉得非常好,我们没有做违法的事情。我们志愿者贴'二维码'的时候,心情都特别好。就是说想建立一个群,那时候还没有小区乱象。我当时还带了我女儿一起去贴,她当时正是高三,12 月很冷的啊,一个人负责几个单元,我就贴了我们那一片,贴得很开心。为了防止被撕下,还用了双面胶。大家都很有热情。"❸

一开始,志愿者们是在每一栋楼单元的铁门上贴"二维码",后来因为志愿者在贴"二维码"的过程中,前脚贴完,后脚就被"清洁工"给撕掉了,他们就将二维码放到信箱里面。在贴"二维码"的过程中,志愿者群的队伍在扩大,同时,每一组的"组长"逐步变成核心力量。"二维码"有一个特点,即它具有时效性,一个星期就失效了,即使业主拿到了二维码,也扫不进去。但值得肯定的是,贴"二维码"的活动已经扩大了"跳舞鱼团队"的影响力,越来越多的人知道了霍阳社区存在一个维护业主权利的"组织"。尽管清洁工不断地撕掉"二维码",但没有让团队的志愿者

---

❶ 访谈编码:20181101ZCH。

❷ 23 名组长各负责霍阳社区的几个单元,他们分区进行"扫码",后面的"扫楼"行动也遵循了这样一种方式。每一位居民通过"扫码"加入相应楼栋的"微信群",一个组长负责一个群,并根据 26 个英文字母取名为 A~W 群,林思是 W 群的组长。各个群的组长是"美丽霍阳志愿者群"的成员,由崔华邦统一管理和分配任务。

❸ 访谈编码:20181028LS。

们丧失斗志，他们开始寻找新的联合方式，即"扫楼"。

(二)"扫楼"

"扫楼"是指"跳舞鱼团队"的志愿者挨家挨户上门与业主进行沟通，宣传维权行动，是一种动员居民加入"跳舞鱼团队"的方式。"跳舞鱼团队"采取"扫楼"的方式来动员、组织和联合更多的业主参与到维权行动之中。正如美国学者曼瑟尔·奥尔森所指出的："有共同利益的个人组成集团通常总是试图增进那些共同利益，这一点至少在涉及经济目标时被认为是理所当然的。正如单独的个人往往被认为是为他们的个人利益而行事，有共同利益的个人所组成的集团被认为是为他们的共同利益而行事。"❶ 其实早在2016年年底，老易就有"扫楼"的想法，也进行过"试水"，但效果不佳。当他们在小区贴"二维码"遭遇困境之时，"扫楼"行动再次被提出来。崔华邦在"拉金"过程中做出了突出贡献，他因剪掉六次探照灯被带到派出所之后，依然无所畏惧，敢于与居委会"叫板"。此时，"跳舞鱼团队"正需要一位有魄力、有胆识，能在前面"冲锋"的人物。"扫楼"行动就是他再次提出来的。在行动之前，他征询了"霍阳之心"核心组成员朱灿赫的意见，朱灿赫说：

> "崔华邦打电话问我，如何推动业委会改选这个事情，我和他讲了，要大家联合签名。我们以前在单位就搞过，我们同事觉得工资低，要涨工资，大家一起签名，然后交到交通部去，马上就成功了。意见只有集中了，才会被重视，当时，崔华邦听了我的意见之后，就开始'扫楼'了。后来，他又打过一次电话问我，是春节前扫，还是节后扫，我说节前扫，因为过完春节，人心涣散了，组织不起来了。要扫就要趁着大家现在的热情'扫起来'。我记得在老易家开会的时候，我是第一个'签名'的。"❷

由此可见，"扫楼"行动从最初的一个想法，逐步变成了"霍阳之心"的集体决议。整个团队挨家挨户地上门宣传小区的治理乱象，提出改选第四届业委会的诉求。"跳舞鱼团队"首先通过"霍阳之心"核心组成员一

---

❶ 〔美〕曼瑟尔·奥尔森：《集体行动的逻辑》，陈郁、郭宇峰、李崇新译，上海：上海人民出版社，1995年版，第1页。

❷ 访谈编码：20181101ZCH。

起商量讨论，形成集体决议，然后进行分工。在这个时候，崔华邦发现了一个问题，即"霍阳之心"大部分核心组成员年龄偏大，性格不够开朗，不愿意抛头露面，这些人都不是"扫楼"的最佳人选。崔华邦是最先提议进行"扫楼"的人，他必须是"先行者"，他带动家人一起去扫楼。同时，他还发动自己身边的邻里朋友一起扫。在"扫楼"的过程中，越来越多的志愿者加入团队，他建立的"美丽霍阳志愿者群"是主力军。崔华邦到处发动居民参与进来，并做到人尽其才。"扫楼"不仅是一个体力活，还是一个技术活，必须挨家挨户去跑，详细给居民讲解，他们为什么要"扫楼"，以及如何配合他们的行动等。崔华邦说：

> "什么样的人做什么样的事情。扫楼的最佳人选是三十到四十岁的女性，有经验比较好。二十岁太年轻的，不行的。男的比女的'扫楼'效果又差一些。另外，我在'霍阳邻里群'里联系人，让志愿者和熟人一起去扫楼，先是在广场那边签字。有一些人不太会说话，志愿者能说，相互配合，这样'扫'起来也方便。群里那么多人，这也是我为什么在大群里面一直坚持让大家把楼栋门号写出来，方便联系、一起做事。'霍阳邻里群'里绝大部分的人一起做了很多事情。在'扫楼'这个方面，做了很多贡献。有的人可能签名了，或者说了一句话支持的话，这都是贡献。整个'扫楼'过程中，我基本上都在操作，'霍阳之心'里面有一部分的人都没有出来，里面总共有17个人，我就拉了一个30人的志愿者群，为扫楼而建立。那一段时间，我天天就做这个。做志愿者最关键的是，签名的时候一定要有热情，要肯干。"❶

前面在贴"二维码"的过程中，提到了林思。林思被霍阳社区的邻里称为"扫楼英雄"，因为她扫了88户人家。林思符合崔华邦所描述的扫楼的"最佳人选"标准：40出头，性格外向，热情，做事情执着。同时，林思在"跳舞鱼团队"是一个备受争议的人。她祖籍陕西，大学本科毕业，是一名"新上海人"，她在一个合资企业里面从事平面设计工作。她认为，自己是一个性格暴躁、敢闯敢做、有公益心、做事情有见解、有思路的人。"霍阳邻里群"里的成员认为，林思是一个积极的志愿者，在"扫楼"

---

❶ 访谈编码：20181101ZCH。

方面的表现非常突出，成绩斐然。虽然后期林思的思想发生了转变，但是，"跳舞鱼团队"的成员对她的"扫楼"成绩赞不绝口。她自己是这么说的：

"2017年年底开始扫楼。起先，老易担心没人签名，没把握。但是没有想到效果很好，后面他就极力主张，他先把自己住的这栋楼扫了。他们（跳舞鱼团队）把我拉进核心群了，说我们已经开始干了，我一直都有这样的理念：应该'扫楼'，大家联合起来。于是，我就开始干了，老易就给了我名单。我一个星期扫了88户。一般的志愿者最多也就扫二十几户，当时，我扫楼有了'投名状'，老易还在群里表扬了我。"❶

在"509户业主联合签名"当中，林思签了88户，这是一个非常大的数字，占据了将近1/6的比例。在近500人的"跳舞鱼团队"中，林思的"扫楼"行动很快就受到了老易、许琳琳、崔华邦等核心组成员的关注。林思也因此从一个普通的志愿者成为"核心组"的成员之一。林思为什么能拿到这么多的"签名"呢？她说：

"我为什么干劲这么大呢？我当时是这么想的，要是我让他们签字，他们不签，那证明这事干不下去。小区现在这么差，我本着这么一个好心，你们还不签名，如果十户只有两户签名，那我就没有必要了，我有这么一个衡量标准。但是没有想到，我发现，真的几乎十之八九都签了。我后来的一个志愿者，拉着我的手和我说，都是抱怨小区的，他们好渴望。我就特别有干劲。有一个李梅珍，我扫到她家了，她啊，就陪着我，一起去敲门，扫楼，扫完她家之后，她就跟了我三天。我扫楼过程中认识了一个上海本地人，我叫她周姐，她很能感受我说的这些话，我们产生了共鸣。我在扫楼之前就想好了怎么去解释我们为什么要'扫楼'，至少得统一啊，我就问崔华邦，你们想干啥。我们就是要罢免业委会，我当时根本不懂业委会是干啥的，我就把我简单的一些想法、理念啊，和他们说了，先让他们都可以报名，是否公开，以前都是内部。大家都签字，我还特意告诉他们，以

---

❶ 访谈编码：20181028LS。

后会有人打电话来核实，你要回应一下。"❶

林思"扫楼"成绩之所以很突出，一方面与她卖力肯干有直接关系；另一方面，她抓住了居民对小区治理乱象不满的情绪，居民与她产生了情感的共鸣。在整个"扫楼"过程中，她从前期与崔华邦统一说法，到寻本地志愿者阿姨，到合理解释他们为什么"扫楼"进行了规划和安排。因此，她的"扫楼战果"最大。当然，在2400多户居民当中，并不是每一户都参与进来了。林思描述了她在"扫楼"过程中遇到阻力的两户人家。她说：

"在扫楼过程中，有遇到不签字的，但是非常少，有一二户。有一个是住在二楼，她家门口坑坑洼洼的，我刚说话，她就耷拉着脸说：干嘛。我说我们是志愿者，大家把小区搞好的。她说，小区挺好的，不需要改变什么。我一听，她是上海本地人，也有可能是楼组长。另外一个说：我还不知道我啥时候死了，这是一个男人。就这两户。大部分的都是说，你啥时候扫我们那个楼啊，我带你去。我第一天的投名状，就有22户。你知道我一天时间在一户人家要待多久。后来，我和周姐一起，一人敲一家。我是有点情绪化，高兴就卖力地做。周姐就非常理性，她的干劲很大……"❷

"跳舞鱼团队"其他的"扫楼"志愿者也遇到了类似的情况，在"扫楼"过程中，"新上海人"会全力支持，少部分本地人是支持的，但是大部分本地人排斥"跳舞鱼团队"的"扫楼"行动。大部分本地人认为，"跳舞鱼团队"的"扫楼"行为是对他们权力的挑战。许琳琳在"扫楼"过程就遇到了这样的情况，她说：

"阿姨们觉得，你们都是外地人，不管你怎么说，他们就觉得小区再不好，也不能落在我们这些外地来的人手上。当时，我们在我们楼上签名的时候，就遇到了这样的问题。"❸

霍阳社区居委会的工作人员对"跳舞鱼团队""扫楼"的看法如何呢？夏茹说：

---

❶ 访谈编码：20181028LS。
❷ 访谈编码：20181028LS。
❸ 访谈编码：20181015XLL。

"业主之间拉帮结派,是'新上海人',他们一天到晚在微信上搞。我们单位有个同事在里面,他是居委会的,也是业委会的,年轻人,外地的。有规定的时间和地点聚会,他们经常在那边商量。我们看到他们经常扫码加微信。党员不加的,党员也不签字……我们一个楼组长就给我发微信说,他们一家一家地敲门签字。楼组长说:我才不签了,签什么签,我是党员,不能随便签字的啊,签字了是要负责任的。谁知道他们要拿着这个干什么呢?所以,我们党员和楼组长是不签字的。而且,我们楼组长基本上都是本地人,他们一听普通话,马上就提防了。我估计啊,他们如果找的志愿者是上海本地的阿姨,他们签的还要多,我毛估一下,这个数字也要1000户差不多了。虽然我们小区很多本地的阿姨也不满意现在的业委会和物业,但是,她们中很多人也不愿意与他们('新上海人')为伍。"❶

夏茹的说法证明了一点,即林思扫楼之所以"成绩斐然",是因为她找到了一个本地志愿者阿姨。同时,在"扫楼"的过程中,确实有很多业主加入了"霍阳邻里群"。很多通过"扫码"或者"扫楼"加入"跳舞鱼团队"的后来积极分子,受到了诸如林思这样"扫楼"志愿者的影响,他们当中大部分是70后、80后,他们对小区的乱象深恶痛绝,更具有"革命"的斗志和勇气。通过楼下邻居大爷上门"扫楼",加入"跳舞鱼团队"的何少峰说:

"我是我们楼下的大爷介绍进来的,他退休以前是在工商银行工作的,12月那么冷的天,他一个人挨家挨户地敲门,有时候,还在广场那边等着我们下班的人回来,就走过来说小区的情况,介绍团队的一些事情。我看着70多岁的老人都这么卖力地为小区'做贡献',想着自己也不能只看着,于是,我就陪他一起去扫楼啊,我就是从那个时候开始接触这个团队的。"❷

"扫楼"行动凝聚了很多居民,"霍阳邻里群"从"反对李银柱当优秀团队骨干"之后的200多人,迅速增长到400多人。在寒冬腊月,不管是年轻的志愿者,还是年迈的老年志愿者都加入到"扫楼"行动中,有的

---

❶ 访谈编码:20180518XR。
❷ 访谈编码:20181028HSF。

志愿者甚至因为站在寒风中等待下班回家的业主签名，而感染了风寒。季国民就是"扫楼"志愿者之一，他当时57岁，在工商银行工作，他2017年11月入群。他"扫楼"非常卖力，犯了腿疼的毛病。他说：

> "小区这么乱，作为居民，总是要有人站出来，老易起了这个头，我跟着他干。"❶

当"扫楼"超过500户，也就是达到509户的时候，老易提出停止"扫楼"，因为要求改选"业委会"，只需要20%的业主签名即可，尤其是他看到志愿者们"扫楼"过程中的辛苦和不易，非常心疼他们。他认为，只要完成"扫楼"行动的目标，❷ 就不必继续扫了。老易说：

> "'扫楼'真的很苦啊，当时，我们的志愿者挨家挨户地上门签字，我把我住的这栋楼'扫'了，我也去广场那边的亭子那里'扫'过两三次，天气很冷啊，我作为群主，大家都去扫，我也不能坐在家里，还是要出去'扫'一下。"❸

"扫楼"行动让更多的居民了解和加入了"跳舞鱼团队"。在老易提出停止"扫楼"之后，还有一些没有签名的业主，还在询问"扫楼"的志愿者，什么时候扫到他们楼，这反映了居民对"实名要求改选业委会"的支持。尽管"扫楼"行动只是作为"跳舞鱼团队"要求业委会改选的一个举措，但是"扫楼"行动反映出小区存在两派力量的博弈，即"跳舞鱼团队"和"本地维权派"，它们之间的矛盾和冲突在加剧，其实质是"跳舞鱼团队"的矛头指向了业委会和居委会，因为"跳舞鱼团队"对小区的"四位一体"、对居委干部在业委会任职、对业委会成立党支部不认可。

"509户业主联合签名"是为了改选"业委会"，所以，当"跳舞鱼团队"拿到签名和材料之后，他们将这些资料交到了街道房管办。然而，街道房管办的工作人员对此事作出这样的回复：可以改选"业委会"，但是要征得超过20%业主的同意，必须是房产证上面的名字。同时，除了提供签名以外，还需要房产证的复印件。房管办的回复引发了业主们的不满，

---

❶ 访谈编码：20181115JGM。

❷ 霍阳社区有2400多户人家。根据霍阳社区的《业主大会议事规则》，如果业主要求改选业主委员会，则需要征得超过20%的业主同意，方可执行。跳舞鱼团队拿到了509户业主的签名，已经超过了业主人数的20%，所以老易认为，"跳舞鱼团队"的"扫楼"目标已经实现。

❸ 访谈编码：20180930YZL。

"霍阳邻里群"里"炸开了锅",不顾严寒、辛辛苦苦地拿到的509户业主的签名,竟然没有得到房办的认可。一是签名当中有一些人的名字是家属签名,不是房产证上的名字;二是还需要提供房产证的复印件。居民们有意见了,他们纷纷指出房管办的"歪门邪说",哪一条法律规定了必须是房产证上面的名字,还需要提供房产证的复印件?他们很不服气。居民马采荷说:

"这就奇了怪了,我和我老公是夫妻,我们一起买房子的,房产证上面只写了他的名字,没有写我的名字,我就不是户主吗?法律还规定这个房子是我们婚后的共同财产了,他们有权利剥夺我当业主的权利……还要我提供房产证复印件,做梦去吧,你有本事就来我家里,我给你看看我是不是业主。"❶

J街道房管办的回复激怒了霍阳社区的居民,他们一直在指责和批评房管办和居委党总支、第四届业委会及物业公司沆瀣一气。然而,他们只是限于口头上的批评和指责,对于下一步,他们不知道怎么办?由此,"跳舞鱼团队"面临困境。

---

❶ 访谈编码:20181115MCH。

第五章　徘徊与反复：城市社区治理中组织再造的曲折发展

> 河水对河堤的压力已经很大，但却看不见；
> 只有等到洪水决堤的时候，才看到压力何等之大。
> ——［美］吉尔伯特·罗兹曼：《中国的现代化》

"跳舞鱼团队"通过团队行动"三部曲"在J街道推进组织再造的过程中掀起了一个又一个波澜，引起了J街道极大的关注。"跳舞鱼团队"行动"三部曲"折射出来一个问题，即"跳舞鱼团队"成员不满意霍阳社区的社区治理现状，因为第四届业委会"不合规章制度"的产生以及"不走流程"地动用维修资金，损害了广大业主的利益，尤其是居委书记、居委会主任与业委会主任"沆瀣一气"，业主的利益得不到维护。于是，"跳舞鱼团队"的"策略"开始发生转变，它从指向"体制内某个具体职位的个人"转向"体制内某个具体的组织"，因为它意识到只有进入"体制内组织"，才能实现他们要求改选第四届业委会的目的，从而从根本上维护业主的权益。正如马克斯·韦伯所指出的："'政治'意指力求分享权力或力求影响权力的分配。无论在各国还是国内的各个团体中都是如此。"❶ 因此，在"跳舞鱼团队"达到500人左右的规模后，他们希冀通过党总支选举和居委会选举来展开进一步的行动。"跳舞鱼团队"通过党总支选举的

---

❶ ［美］艾伦·C.艾萨克：《政治学：范围与方法》，郑永年等译，杭州：浙江人民出版社，1987年版，第21页。

非制度化参与和居委会的制度化参与❶展现出强大的"组织动员能力",这对J街道开展社区治理中的组织再造工作造成了巨大的压力。J街道为了顺利推进组织再造,进行了一系列政治部署,运用社区网络关系和选举策略来"回应""跳舞鱼团队"的行动。在这一过程中,"跳舞鱼团队"因内部成员立场不同、意见不合和利益分化而出现了内部分裂。相应地,霍阳社区陷入治理的困境。因此,J街道在社区治理中推进组织再造进入一个曲折发展的阶段。

第一节 换届选举与社区团队的政治参与

政治参与是民主政治的核心。❷ 社区选举是实现中国基层民主的重要体现。"在官方的意识形态中,社区选举是一个培育基层自治,为社区'民主'赋权的过程。"❸ 霍阳社区在2018年面临两次社区换届选举,即居委党总支的选举和居委会的选举。这两次社区选举为"跳舞鱼团队"提供了的契机,因为在拿到509户业主联合签名之后,"跳舞鱼团队"希冀通过此种途径实现第四届业委会的改选,但未达到目的。于是,"跳舞鱼团队"成员寄希望于通过行使自己作为党员或者公民的权利参与到两次社区选举中,从而为从根本上改变社区治理现状做出更多的努力。因为"利益团体除非'深入'政府的决策过程,否则它们无法影响决策"。❹ 然而,对于J街道而言,"跳舞鱼团队"通过在党总支选举中的非制度化参与和居委会选举中的制度化参与等一系列行为,对其造成了一定的压力,J街道不得不采取相应的措施予以回应。

---

❶ 《布莱克维尔政治学百科全书》对"政治参与"的定义是:"政治参与就是公民或公民团体试图影响政治系统决策过程的活动。"参见戴维·米勒,韦尔·波格丹诺:《布莱克维尔政治学百科全书》,北京:中国政法大学出版社2002年版,第608页。政治参与包括制度化和非制度化两个方面。制度化政治参与是指公民通过各种符合宪法和法律规定的方式、程序和要求来参与政治生活。而非制度化政治参与是指公民在参与政治生活时,采用的参与方式是有违制度要求的,或是违反宪法和法律规定的,这种政治参与行为属于无序的政治参与范畴。参见彭小霞:《被征地农民非制度化政治参与:特征、成因与制度化转向》,《求实》2014年第3期,第84—88页。

❷ 郭秋永:《当代三大民主理论》,北京:新星出版社,2006年版,第11页。

❸ 张乐天、国云丹:《城市社区选举制度化与另类政治参与——对上海H区居委会选举信访的实证研究》,《理论与改革》2009年第2期,第20—23页。

❹〔美〕艾伦·C. 艾萨克:《政治学:范围与方法》,郑永年等译,杭州:浙江人民出版社,1987年版,第320页。

一、党总支选举中的非制度化参与

在政治参与中，人们常常提到"有序表达"和"无序表达"。❶ 非制度化政治参与是一种"无序表达"。之所以说"跳舞鱼团队"在党总支选举中出现了非制度化参与，是因为"跳舞鱼团队"在拿到了"509户业主联合签名"后，交到街道房管办要求改选第四届业委会，但未达到目的。于是，"跳舞鱼团队"内部出现了以"509户业主联合签名"反赵素廷进党支部的"声音"，老易身为"团队领袖"，明确对此事表示反对。此时，"跳舞鱼团队"开始出现裂缝。赵素廷是霍阳社区的居委会主任，同时，他还是业委会副主任。在业委会主任李银柱辞职以后，赵素廷成为业委会的"第一负责人"。加之，金煜于2018年3月退休，因此，"跳舞鱼团队"的矛头指向了赵素廷。他们内部的分裂首先在"509户业主联合签名"这一材料如何使用这个问题上产生了分歧。同时，在居委党总支选举当天，林思和崔华邦在选举现场分发传单，干扰了选举秩序，而且上演了一场"你是假警察"的闹剧。林思和崔华邦这一系列行为不在法律所允许的范围内，因此，他们是以非制度化的政治参与方式参与到党总支的选举过程中。

（一）"闹"："你是假警察"

戴维斯·伊斯顿指出："需求可能被表达，也可能被隐匿在前一种情况下，如果它们被清楚地说出来或写出来，我们就可以很容易发现它们。在许多系统中，成员们主要是致力于阐明和传播需求的信息，寻求对它们的支持。但是，人们常只把需求隐含在行动中，这些需求偶尔也会被明确地口头表达出来。"❷ 也就是说，需求需要表达出来，这样才能有可能被输入政治系统中。林思和崔华邦认为，他们的需求要让更多的人知道，引起更多的人注意，因此，他们选择了"霍阳居委党总支换届选举"这样一个契机。

2018年春节过后，进入阳春三月，J街道面临的第一件重大工作，即每年一次的基层党组织换届选举工作。M区委组织部已经出了"红头文

---

❶ 杨少星：《制度转型期的利益集团现象及其治理》，北京：中国政法大学出版社，2015年版，第113页。

❷ 〔美〕戴维·伊斯顿：《政治生活的系统分析》，王浦劬译，北京：人民出版社，2012年版，第36页。

件",明确指出:

> 为深入贯彻落实党的十九大精神,认真做好新一届居(村)党组织领导班子换届工作,根据《中国共产党章程》《中国共产党基层组织选举工作暂行条例》等党内有关规定,按照市委组织部有关工作要求和区委工作安排,2018年居(村)党组织领导班子换届工作2018年3月开始到5月底基本结束。3月初,全市召开居(村)党组织换届动员部署会;3月中旬,全区召开居(村)党组织换届动员部署会,下发整体工作方案;各街镇根据市委和区委要求,细化工作方案,充分酝酿讨论人选,并梳理排摸居(村)党组织情况,理清难点居(村)、重点居(村)和困难居(村)情况,做到"一居一村一方案"。4月,全面启动居(村)党组织换届选举工作。5月底前,平稳有序完成换届选举工作,并做好工作总结。❶

2018年3月,金煜退休,由街道社保中心的社工陈辉来主持和领导霍阳社区的工作。陈辉四十出头,是一位没有社区工作经验的女书记。霍阳社区的居民们对这位初来乍到的女书记,充满了好奇和期望:一方面,想看看新书记是否"新官上任三把火",能否改变霍阳社区的现状;另一方面,也想看看新书记能否将居委班子带起来,使物业公司和业委会在社区治理方面有所改变,为居民谋福利。诚然,陈辉由于没有工作经验,必须依托现有的居委班子,即以赵素廷为居委会主任的居委班子,慢慢熟悉社区的情况和了解社区各个条线和业务部门之间的关系。陈辉到霍阳社区不足一个月,她面临的"第一要务"是进行社区党总支换届选举工作。3月底,J街道给46个居委召开了社区党总支换届选举的动员大会,主要由党建办公室和党建服务中心两个部门组织和负责社区党总支换届选举工作。

社区党总支动员大会刚刚开完,"跳舞鱼团队"部分成员知晓了此事,认为这是一个不错的机会,因为他们不满意的业委会副主任赵素廷要参加这次居委党总支选举。崔华邦征求老易的意见,随即林思起草了一个稿子,即以"509户业主联合签名"反对赵素廷进入居委党总支。老易当即否定了崔华邦这一做法,他是出于两个方面的考虑:一是他们进行"509户业主联合签名"是为了解散第四届业委会,而不是直接反对赵素廷,更

---

❶ 资料来源于中共M区委组织部:M组委〔2018〕8号文件。

不是为了干扰居委党总支换届选举；二是老易是一名老党员，前文已经介绍了老易的"党员身份"来之不易，他无比珍惜。因此，老易坚决反对崔华邦和林思以"509户业主联合签名"反对赵素廷进入居委党总支。老易说：

"林思和崔华邦利用这个群，去反对居委党总支改选。我们前面组织了一次509人的签名，我们这些人要做的是业委会改选，并不是直接反对赵素廷，可能这些人当中，包括我，对赵素廷有不满意的地方，但是我们不能用这个去干扰党总支改选，崔华邦这么做，是直接和政府对着干了。而且这种做法，我觉得不对，因为这和金煜他们有什么区别呢？做事情得讲原则。"❶

当天晚上，崔华邦离开老易家，马上给林思传达了老易的想法。林思不赞同老易的说法，她说：

"前一天晚上，群里都在说这件事情，意思是群里的党员，尤其是老党员要把大家的意思带出去，要有作为，他们刚好选那些人（赵素廷）。那么你们这些党员认为他们不好，总是要说话，为老百姓站出来。我在群里说，老易就一直不吱声。冯志就说，小区的党员要站出来。我那时候还没有站出来。但是，党总支换届选举，肯定要党员来反映这个问题。我问陈辉：我们老百姓是否可以参加。她回复我：老百姓可以参加，可以有代表参加。我们从来不知道有群众代表。于是，我就想着和崔华邦一起去看看。"❷

崔华邦对居委党总支改选的看法和林思是一致的。他认为，居委党总支换届选举是采用"公推直选"的办法，既可以是组织内部推荐候选人，党员推荐候选人，也可以由群众推荐候选人。崔华邦不是党员，为此，他专门打电话问了陈辉书记，在得到群众可以参加党总支换届选举大会之后，他和林思一致认为，"他们"应该"有所动静"。虽然老易明确提出反对以"509户业主联合签名"的材料去干扰党总支换届选举，但是，2018年5月4日上午，崔华邦和林思等人还是出现在了居委会楼下，林思道出了他们不能错过这次机会的原因，她说：

---

❶ 访谈编码：20180930YZL。
❷ 访谈编码：20181028LS。

"拿到了签名（509户业主联合签名）以后，找到房管办，也没有推进（业委会改选）。他们（以老易为首反对林思和崔华邦参加党总支换届选举的人）拉横幅、堵门、打12345投诉，这些方法一直在用，也不管用。那事情总是要推进的，我和崔华邦的想法是差不多的。"❶

在这个时候，"跳舞鱼团队"要求改选第四届业委会的目标并没有改变，但在选择实现这一目标运用的手段和方式方法上面，"跳舞鱼团队"内部出现了分歧。老易身为一个老党员，在做决策的时候，首先考虑到自己的党员身份，他的行为关涉党组织对他的评价。他作为一个近500人的"团队群主"，他的一言一行影响着团队的舆论导向和行动方向。因此，在崔华邦提出以"509户业主联合签名"反对赵素廷进入党总支的意见后，他明确表态：不行。然而，身为群众的崔华邦和林思，由于和老易的身份和立场不同，考虑问题和采取的行动也和老易不同。

在党总支选举的前一天晚上，"霍阳邻里群"已经出现了"党员派"和"群众派"两种声音，冯志❷最先提出让老易和群里的党员们"站出来"，反对赵素廷进入社区党总支。代表"群众派"声音的冯志遭到了"党员派"的反驳和批评，朱灿赫和秦金立是群里两位岁数比较大的老党员，他们一致认为，党总支选举是党内事务，群众不应该去干涉。从与多位采访者的谈话中，笔者了解到，党总支换届选举前一天晚上，"霍阳邻里群"里闹得很凶，表面上是冯志与朱灿赫、秦金立等人的相互反驳和指责，实质上是林思有了自己的主张和想法，但是未得到老易的认可，因此希冀在群里获得更多的支持。

第二天，林思和崔华邦拿着"509户业主联合签名"的材料和名单出现在选举会场。J街道和霍阳社区居委的工作人员已经进行了全面部署，在各个环节和流程都安排了专人负责。当天，党总支选举分为两个会场，一个是"党员会场"，另一个是"群众会场"。党员和群众进入会场的时候，会根据身份佩戴不同的吊牌，并被带到指定会场。林思和崔华邦到了居委会楼下后，并没有马上进入会场的室内，而是在会场楼下派发传单，

---

❶ 访谈编码：20181028LS。
❷ 冯志四十出头，上海本地人，是林思通过"扫楼"拉入志愿者群的，在社区治理的各个方面与林思的观点保持一致。

并提醒社区党员要慎重考虑是否投票给赵素廷。在他们发传单的过程中，社区片警祝刚来到他们面前，让他们迅速离开选举会场。但是，崔华邦和林思没有主动配合祝刚。于是，出现了"你是假警察"这么一出闹剧。关于林思和崔华邦被带到派出所这个过程，林思有自己的说法：

"我只是想去看一下而已，我怕人家不让我进去，我还让人家给我复印了509户业主的签名，我就说，我带了这个，我还是业主。我的意思，想去看看他们的演讲，我是这样的想法。崔华邦带了一把传单。另外一个人，静坐，拉横幅。我们约好的，在广场那块儿，集合了一下。我们最后加入进来和他们一起发传单的，纯粹是在签名的时候。突然间，许琳琳说，她单位要开党小组会议，她是党小组组长，临时不能来。老易也没有说能不能不来，他一直没有表态。我就盯着老易，因为群里所有的党员对这事不理不睬。这么大个群，街道肯定有对策的。我为了进会场，还拿了这么大一堆东西。崔华邦突然间发了（材料），我给抱着（材料）。我们发的是要求改选业委会的传单，也没有反党反政府的言论。当时，我说：啊，崔华邦怎么发这个。崔华邦说：'现在不发，等一下会都开完了。'我没有发传单，我在解释传单的内容。他们三个发传单，我就说：'我们小区搞得不太好，小区业委会那几个人做得不好，你们投票要考虑一下。要慎重地投这个票。他们是代表。'我没有发，但是我是说话了，我怕别人误解了。然后，片警过来了，保安也过来了，把我们几个带走了。我是气不过，我很委屈，我都哭了，我当时发表了很多。我还说了，准备把小区搞好，我就开始，我的理念就是大家都一起，把他们推倒之后，怎么办？我没有说'你是假警察'。他们有警号的，我们被带下楼来，祝刚对他们男的推推搡搡的，对我倒没有。我的意思，想去看看他们的演讲，什么都还没有说了。我就莫名其妙，我说怎么这个样子，怎么被带走了。我当时想着，我又没有违法违纪。我就坐在那，我下楼之后，不服气。因为推推搡搡，我怕这个事情搞大，但是我要先把这个事情说出来。我当着他的面，我打110。说我们小区怎么样，他们的支部选举，没有搞好，他们要带走我们，我就这样和警察说的。电话那头的警察问：你们在哪个小区，你们等着。但是，祝刚说他就是警察，110不用管。我还没信。我就看看他身上有警号。我对着电话念。对方说，你们等着。但是祝刚就是不管不顾，很快华坪派出所就来了警车,把我们带走了。怎么这个样子,像做梦一样。虽然没有没收手机,但是我们就这样被带'进去'❶ 了。还不让拍视频。我发的话,好几个人问。"❷

从林思的描述可看出,崔华邦才是在党总支换届选举现场发传单的"发起人",是崔华邦带来了传单,并要求他们发传单。但是,她承认她带着"509 户业主联合签名"的材料,可以证明她是有备而来,是不是如她所说,只是想看一下选举中的演讲,这里或许要打一个很大的问号。因为她和崔华邦想通过发传单,让具有投票权的党员慎重考虑投票给谁,其行为本身就是在干扰党总支换届选举。这也是祝刚作为社区警察不得不出面干预和阻止他们,并将她带离选举现场的一个原因。

和林思比起来,崔华邦被带到派出所,并没有什么太大的反应,可能是他曾经剪掉小区的探照灯进过派出所,也有可能是他早就预测到了街道对他们的行动会有所防备。崔华邦说:

"老易不同意我们在党总支换届选举中搞点'动作',后来,我们被关到派出所。3 月 28 日,除了党内投票,还有群众投票,金煜已经退休,李银柱也辞职了。赵素廷,我们就反对赵素廷进党总支当副书记,他(赵素廷)现在没有当上。我们四个人就到会场,一个小吴,发了一下传单,反对赵素廷。实际上,派出所在那等着了,一看我们发传单,就把我们带派出所去了。林思受刺激比较大,其实带到派出所去,没有什么事。小区片警祝刚,打着维护选举秩序的旗号,把我定性为破坏选举秩序。其实,是选举邀请我们来的吧,选举是欢迎群众投票、监督。大张旗鼓地贴在小区,我们发发传单有什么不行的呢?他们只是履行他们的职责。"❸

崔华邦和林思的说法基本上是一致的,他们都是为了反对赵素廷进入党总支。但是,崔华邦对从选举现场被带到派出所,有自己的看法。他认为,J 街道和居委会都将他们看成破坏选举秩序的人,其实他发传单是因为居委会在小区贴了通知,居委党总支选举希望群众参与,其中存在着一个"应然"和"实然"之间的矛盾。居委会张贴通知,是希望群众到选举

---

❶ 这里的"进去"是指进派出所了。
❷ 访谈编码:20181028LS。
❸ 访谈编码:20181119CHB。

现场监督选举过程，或者根据程序和流程来表达自己的想法和建议，而不是通过派发传单这种形式来引起居民的围观，从而影响选举秩序。

朱灿赫在党总支选举当天去了群众会场，他目睹了林思、崔华邦被祝刚带走的整个过程，还拍了照片。他以"旁观者"的身份详细地描述了这一过程：

"党总支换届选举，我的党组织关系在单位，我就没有选举权，但是那天，我作为群众去看了看，当天有两个会场，一个是党员会场，一个是群众会场，我一个老年人就进去看一看。他们（崔华邦、林思）在发传单。他们这是违反了规则，为什么呢？这是党总支会议，不合适的。人家把她请下来，她就骂。我也下来了。我当时在群众现场，所以，我就见证了这个过程，我还拍了照片。她好像是说了'你是假警察'。一开始，她就打110，报警。警察说，我就是110。林思说，你是假警察，刺激了他。警察就是要隔离她。他们四个人先下来，我才下来的，我当时在写一个意见。后来我过去了崔华邦那边，我和警察说：别把矛盾激化了，都是住在这边的居民，都在一个小区，矛盾激化了，以后工作就不好做。那么，我也不太了解这个祝刚。我到警察那边，对崔华邦说：这里的小区，你学历最高，这个事情，矛盾不要激化。后来，110来了，两个警察把他们几个带走了，目的就是隔离，如果拘留的话，要签名，没收手机，要写过程，但是都没有做，就是隔离。警察说：这就是我的职责。然后，我就找书记去了，我说，赶紧打电话到派出所，快把人放了，这里你是第一负责人，出了问题，矛盾激化，你的工作也不好开展。书记说她知道了。林思还没有出来以前，我去找老易了，到他家给他看了照片，他还穿着棉毛裤，老年人，我知道他在睡觉。"❶

朱灿赫作为群众现场的一位"目击者"，他看到林思一直在骂，并且激怒了祝刚，才导致他们被带到派出所。事后，作为一个劝导者，他让祝刚和崔华邦息事宁人，不要把矛盾激化。随后，他找了陈辉书记，让她解决问题。紧接着，他去找老易，因为他觉得老易是"群主"，他群里的成员"出事"了，他有知情权。当他赶到老易家的时候，老易正在午休。于

---

❶ 访谈编码：20181101ZCH。

是，就发生了后文中的"一幕"，即"开会重要还是捞人重要"，这成为"跳舞鱼团队"内部分裂的导火索。

（二）副书记"赵素廷"的当选

崔华邦和林思在选举会会场外面发传单以及被带到派出所的这一段时间，霍阳社区居委会二楼的党总支选举在正常进行。"跳舞鱼团队"反对"赵素廷"进入霍阳社区居委党总支当副书记，前面已经说明，老易身为"团队领袖"，已经摆明立场，他有资格在选举的时候，不投"赵素廷"的票，但是他反对"跳舞鱼团队"以"509户业主联合签名"去反对赵素廷进入居委党总支。然而，崔华邦和林思都是群众，没有投票权，所以，他们只能通过在会场外面发传单，提醒去投票的党员，不要给赵素廷投票。虽然赵素廷是组织推荐出来的"候选人"，但他最终能否当选，要经过"公推直选"整个流程中各个环节的考验。

从1999年开始，我国城市社区开始实行"公推直选"的基层民主选举制度。根据《中国共产党章程》和《中国共产党基层组织选举工作暂行条例》等有关规定，以及市委组织部有关要求，2018年M区居（村）党（总）支部委员会换届选举采取"公推直选"的办法。做好居民区党组织换届工作，是加强党的政治建设、夯实党的执政根基的重要任务，是社会治理重要的"底盘"，只有基层基础稳如泰山，社会发展才能行稳致远。2018年3月12日，M区副书记对全区居（村）党组织领导班子换届选举工作进行了全面部署，具体情况如图5-1所示。

J街道党工委接到区委组织部关于2018年M区居（村）党（总）支部委员会换届选举工作的各项决议和通知后，马上转发到党建办公室和党建服务中心，就2018年居民区党组织换届选举工作事宜进行安排和部署。3月15日，J街道召集46个居委党总支书记进行社区党总支换届选举的动员大会，由党建办公室和党建服务中心两个部门主要组织和负责社区党组织换届选举工作。根据党建办公室和党建服务中心的要求和指示，在准备阶段，霍阳社区党组织成立了公推直选的领导小组，在小区宣传栏和各个单元张贴此次社区党组织换届选举的工作通知，并且准备好相关的材料。崔华邦和林思就是在所住楼的大门上看到了此次社区党组织换届选举工作的通知，同时，社区党组织换届选举这件事情在网上迅速传播和扩散。此次公推候选人的办法有四种形式，即群众推荐、党员推荐、组织推荐及个

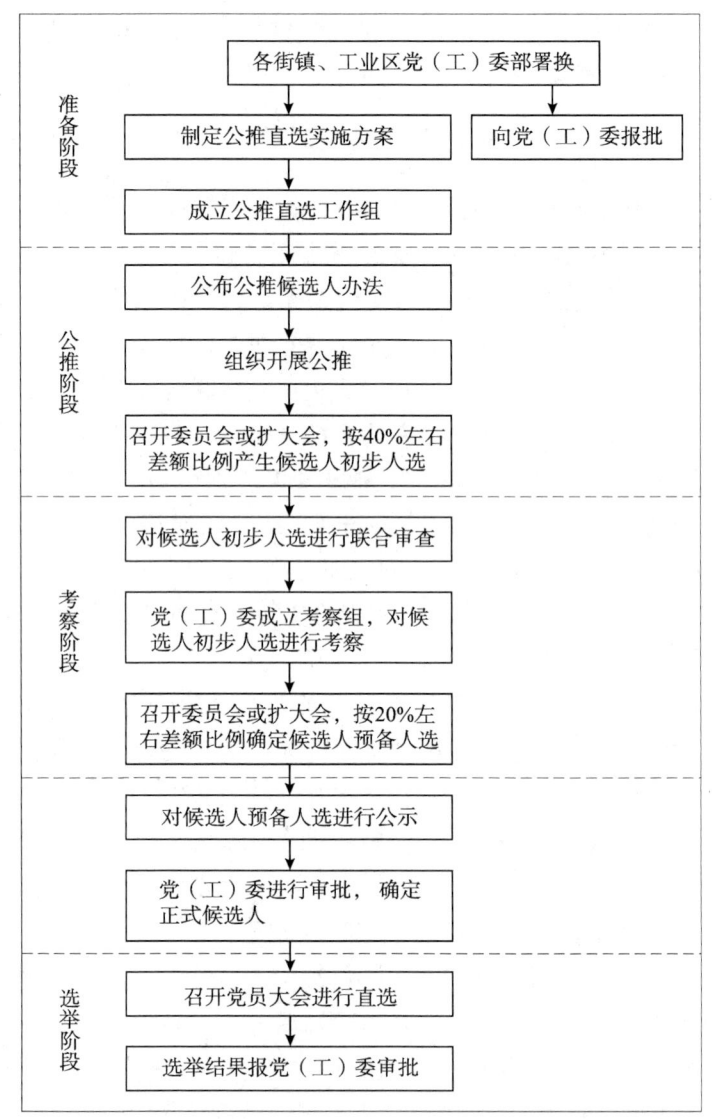

图 5-1　M 区居（村）党（总）支部委员会换届选举公推直选流程

资料来源：J 街道党建服务中心

人自荐。公推直选领导小组召开委员会或扩大会，按 40% 左右的差额比例产生候选人的初步人选。霍阳社区共有党员 295 个，按照 40% 的比例，产生公推候选人可以是 11 名或者 12 名。通过四种公推候选人的办法，霍阳社区公推直选领导小组根据票数的高低，确定了 11 名候选人的名单，并在小区的公开宣传栏进行公示。霍阳社区居委党总支换届选举初选中的公推候选人名单如表 5-1 所示。

表 5-1 霍阳社区居委党总支换届选举初选中的公推候选人名单

候选人序号	姓名	性别	年龄（岁）	是否党员	是否上海人
1	陈辉	女	41	是	是
2	赵素廷	男	56	是	是
3	吴智美	女	68	是	是
4	房烨星	男	68	是	是
5	尹顺英	女	58	是	是
6	秦金立	男	65	是	是
7	李潇潇	男	67	是	是
8	魏美玲	女	31	是	否
9	于卫军	男	71	是	是
10	夏茹	女	40	是	是
11	邹莉	女	45	是	是

资料来源：霍阳社区公开宣传栏

在霍阳社区的公开宣传公示栏贴出的候选人名单中，有三个人不符合或者不愿意成为公推候选人。其中，于卫军已经超过70岁，不符合公推候选人不能超过70岁的年龄限制要求。于卫军是上一届党总支成员，党员们之间相互认识和了解，他是通过党员推荐成为候选人之一的。魏美玲是群众推荐的候选人，31岁，在一个企业上班，平时上班比较忙，她对竞选党总支委员不感兴趣，并告知了公推直选领导小组的工作人员。秦金立是组织推荐产生的候选人，今年65岁，他是一个老党员，以前在远洋公司当经理以及支部书记，熟悉党务工作。同时，他是本地人，邻里关系融洽，居民们对他的评价很高。基于他良好的群众基础，组织推荐他为候选人。但是，秦金立心脏不太好，他以身体不佳为由放弃了他的候选人资格。上述四个公推候选人由于主观和客观的原因，不能成为党总支候选人。J街道党工委成立考察组，对霍阳社区其他候选的初步人选进行考察。同时，霍阳社区公推直选领导小组召开委员会，按照20%左右差额比例确定候选人预备人选，报给J街道党工委审批。报送给党工委审批的候选人需要通过"资格审查"这个环节，党建办公室和党建服务中心派人专门到社区向党员和群众了解候选人的情况。秦金立作为党员代表，他表达了对候选人赵素廷的看法。他说：

"当初,支部委员改选的时候,征求意见,我被拉过去了。既然拉过去,我对街道上门的人说,我对赵素廷有看法。我为什么对他有看法,办事浮,美丽家园搞得乱七八糟。这和业委会主任赵素廷脱不了干系。我天天进出小区,小区的树都死了,就是业委会监督不力。项目你清楚,你怎么不组织一帮人去监督呢?业委会,你是副主任,是二把手,一把手撂挑子,你既然是副主任,你挑起来,只要你干了,我就认可,你不干,磨洋工,你是给谁看,你是给不同意见的业主示威吗?就冲着这一点,我说我不同意赵素廷进居委党总支。以前我对他印象还可以,社区工作难搞,不能要求太高。但是赵素廷嘴巴不干净,不出来做事情。"❶

王汇以群众代表的名义参加了赵素廷作为党总支候选人的"资格审查",他以前没有见过赵素廷,但是,他在小区的宣传栏里看见过赵素廷的照片以及基本信息。其中,有一栏显示赵素廷是某中学毕业,恰好王汇也毕业于某中学,而且赵素廷和他是同一级的初中生。根据他的说法,赵素廷的学历存在不真实的情况,他向街道的工作人员反映了这个情况,他是这么说的:

"我是1962年出生,曾经就读于某中学,赵素廷和我是一届,我们那一届有点特殊,都没有毕业,就参加'文化大革命'了。所以,都没有毕业证书的。但是,赵素廷在信息栏里面填写自己是某中学毕业的,这肯定是不符合事实的。还有,你最高学历是大学文凭,这个也值得质疑。'文化大革命'结束以后,我们当中很多同学,要么读了技校,要么读了中专或者大专,我是读了某985高校的材料专业。我和街道的人当面反映了这个情况,后来,街道的人给我打电话,说赵素廷是2015年某网络学院毕业的,那把毕业证编号读给我听,让我有空去街道核实。我听了嘛,就知道了,网络学院嘛,现在大家都懂的,反正我也不说什么了。"❷

关于赵素廷作为居委党总支公推上去的候选人之一,遭到了"工作不作为和学历造假"的质疑,J街道派人核实了情况,也给予了答复。因此,

---

❶ 访谈编码:20181101QJL。
❷ 访谈编码:20181111WH。

赵素廷通过了"公推"环节的"资格审查",接下来是"直选"环节。

社区直选制度旨在扩大城市基层民主的广度、深度和范围,体现社区自治的发展要求。因此,我国许多地方都在进行社区直选的试点工作,并在试点工作中不断完善社区直选制度。从理论上讲,社区直选体现民意,保障全体选民依法行使选举权。❶ 在居委党总支选举的整个过程中,"直选"环节非常关键。J街道为此专门开设了培训课,即在社区居委党组织换届选举的前期动员阶段,社区党校邀请退休书记许河保❷给在任的居委书记进行换届选举工作的培训讲座。许河保书记分享了他作为老书记在换届选举工作期间的六点重要思想:

> "作为居委书记,一定掌握六点:第一,就是宣传的手段。第二,凝聚民心、感染民心的走访。第三,两个班子、两支队伍,也就是'党委和居委'要搭配好,'楼组长队伍和党员队伍'要抓好。第四,注意方式方法。第五,选好候选人。第六,严格控制选举的过程。"❸

从许河保书记的社区选举经验来看,第六条虽然放在最后,但也是极为重要的一条。一旦选举过程中出现了任何差错,将会导致选举结果出现偏差,这意味着J街道前期的组织工作没有做好。"公推"的党总支候选人未能通过"直选",从侧面反映出候选人未得到广大党员的"同意"。没有群众基础,即便能力再强,J街道有意培养的候选人,也不具有"合法性"。因此,J街道党工委和霍阳社区公推直选领导小组都非常关注"直选"过程。"直选"体现社区民主,但是,这种民主必须是置于党的领导之下实施的民主。这与M区副书记在此次换届选举工作中提到的"三个到位"中的"党建引领到位"是一致的。值得注意的是,这是J街道在党的十九大后首次开展的居民区党组织领导班子换届,同以往相比标准更高、要求更严、责任更大、使命更重,一定要提高政治站位,深刻认识到换届工作的重要性,确保圆满、顺利完成换届各项任务。

J街道考核组在对候选人"资格审查"环节,听到了关于赵素廷竞选

---

❶ 毛满长:《候选人社会资本视角下的社区直选探析——以W市J社区为个案》,《云南行政学院学报》2010年第1期,第61—64页。

❷ 许河保来社区工作之前是在染化厂工作,1996年通过上海市事业编制考试,考入J街道当居委书记。

❸ 访谈编码:20180326XHB。

居委副书记的职位的反对意见,霍阳社区成为J街道此次换届选举工作重点关注的小区。加之,张丰和林思等"跳舞鱼团队"部分成员在霍阳社区党总支换届选举前一天晚上在网上不断"滚屏",发出要干扰选举的信息,这些信息被J街道和居委人员所知晓,为确保选举工作的顺利完成,J街道及居委工作人员提前做好了安排和部署。

2018年3月28日,霍阳社区公推直选领导小组召开了委员会,按照20%左右的差额比例确定候选人人选。当天,在居委会二楼有两个会议室,左边的会议室是群众会场,右边的会议室是党员会场。在霍阳社区党总支换届选举的群众会场外面,上演了一出"你是假警察"的闹剧。然而,党员会场秩序井然。老易最后到达会场,他在第一排的空位置坐下来。他进来的时候,陈辉书记刚刚讲完话从台上下来,居委会工作人员准备发表格进行投票。老易本来准备上台发言十分钟,见情形不妙,放弃了。接下来,秦金立、魏美玲和于卫军几名候选人上台说明了各自的情况以及退出竞选的原因(因为他们是群众、党员和组织推选出来的候选人,推选人和组织有权知道他们退出竞选的原因。经过这个环节之后,全体党员进行投票选举。最终产生的九名候选人名单如表5-2所示。

表5-2 霍阳社区党总支候选人名单

候选人序号	姓名	性别	年龄(岁)	是否党员	是否上海人
1	陈辉	女	41	是	是
2	赵素廷	男	56	是	是
3	吴智美	女	68	是	是
4	房烨星	男	68	是	是
5	尹顺英	女	58	是	是
6	邹莉	女	45	是	是
7	李潇潇	男	67	是	是
8	陈玲	女	63	是	是
9	于卫军	男	71	是	是

资料来源:访谈

为什么不符合年龄条件的于卫军还在候选人之列呢?周新需是党建服务中心居民区党建办公室的负责人,社区党建工作经验非常丰富,用本地人的话说,她就是"老法师"。她谈了选举中"公推直选"的一些细节,她说:

"公推直选的程序和步骤：先报40%，再报20%，然后再选。他问领导也可以，有的居委会报的刚好是20%，我认为是按照规矩走比较好。这样就没人可以说到你。如果录7个，第一步就要报10个，不管下面的交上来几个，反正按照比例来，按照40%，就是要报10个。如果要录5个的话，第一步就要报7个。他们最后要按照票数多少来排序，序排好之后，就是前面的10个人。第一步40%，在这40%里面选20%，然后再开党员大会。居民区本来有要推的人，领导觉得我们整个组织要从宏观层面把控好，所以有时候要从这边拨一点人到那边去，或者从那边拨一点人到这边来，那也是正常的。那么，退休的，你认为他还很合适，但是他年龄已经很大了，从组织上考虑，和个人考虑不一样。从我私人来考虑，你能帮我服务，不是挺好的嘛。从上面看，那就抓得更细了，比方说，你万一在这个过程中有问题，组织上就要承担责任的。最后，要做到能把控住选举能够一次通过，这个是最重要的。"[1]

从周新霈这段话里可以发现几个要点：第一，J街道党工委全面掌握46个居民区的党组织干部队伍；第二，居民区党总支具有一定的灵活性。赵素廷、吴智美和房烨星是上一届党总支委员，尹顺英是新晋的候选人，邹莉是居委干部，陈辉书记为便于工作的开展，她觉得还是用上一届的党总支委员会比较好。据一位支部书记回忆，陈辉还考虑让李银柱成为党总支候选人，居委干部陈晓认为，虽然李银柱是第四届业委会主任，同时也是上一届党总支委员，但是李银柱曾经被评为J街道"优秀团队骨干"的资格被取消，是因为"跳舞鱼团队"不断地打上访电话所致。如果李银柱成为候选人，后面的居委工作将难以开展。另外，于卫军已经超过70岁，不符合候选人的年龄要求。陈晓认为于卫军年龄大一点没有关系，因为他没有引起居民的反感和不满，而且于卫军的得票也不低，排在第五位，证明他在党内有一定的党员基础。陈辉听了陈晓的建议，最终选择让于卫军成为候选人，没有让李银柱成为候选人。在"公推环节"，居委会做了大量的思想动员工作，严格把控住每一个候选人的资格审查。因此，J街道对3月28日初选出来的9名候选人进行了审批，确定他们为正式的候选人。这9名候选人的名单贴在了小区的公开宣传栏。

---

[1] 访谈编码：20180319ZXP。

对于霍阳社区而言，陈辉是新来的书记，群众基础不牢固；赵素廷在担任居委会主任和业委会副主任的任期内"不作为"，居民们不断地到街道去"投诉"。同时，"跳舞鱼团队"就小区治理方面的一些问题，不断地拨打市政热线电话进行投诉、去 M 区信访、在小区"贴二维码"和"扫楼"签名，以联合更多居民反对居委会的一系列行动，使得霍阳社区成为 J 街道，乃至 M 区一个非常"典型"的小区。面对存在一个强大的社区自组织，并且居委干部应付不来的霍阳社区，J 街道不得不加大力量对其进行指导，以保证换届选举工作顺利进行。

5 月 5 日，霍阳社区居委召开党员大会进行直选，居委党总支选举终选在海清小学的会议室举行。党建办公室主任邹颖、党建服务中心主任薛绰英和一个居民区党建负责人来到了选举现场。可见，J 街道对霍阳社区居委党总支换届选举工作非常重视。为保证选举工作的"公开、公平、公正"，有专人对选举过程进行全程录像。当天，党员到场 218 人，超过全体党员的 80%❶，对 9 名候选人进行投票，最终的投票结果如表 5-3 所示。

表 5-3 霍阳社区党总支成员名单

序号	姓名	职务	票数
1	陈辉	书记	218
2	赵素廷	副书记	208
3	吴智美	委员	180
4	房烨星	委员	187
5	尹顺英	委员	175
6	于卫军	委员	150
7	邹莉	委员	170

资料来源：访谈

经历了 3 月 28 日初选，5 月 5 日的霍阳社区党总支换届选举终选结果已经毫无悬念了，各项工作都在既定的安排下进行，党员们根据"政治中

---

❶ 霍阳社区党组织关系在社区的党员人数为 315，除去特殊情况（老弱病残）以外，218 人已经超过 80% 的比例。

的人性"❶ 投出了自己的一票,最终选出了以陈辉为党总支书记的领导班子,赵素廷也当选为霍阳社区党总支副书记。

二、居委会选举中的制度化参与

2018年5月社区党组织改选结束了,紧接着J街道就开始筹备居委会的换届选举。居委会换届选举是广大人民群众参与到国家政治生活中的一个非常重要的途径,是中国基层"直接民主"最重要的体现。詹姆斯·R.汤森和布莱特利·沃马克在《中国政治》一书中指出:"中国共产党的一项最具雄心的目标就是使每个中国公民能够加入基层有组织的定期政治活动,其实现的途径大多是参加群众运动、任基层政府的代表、获得群众组织的成员资格和参与初级生产和居住单位的管理。所有这些都是多功能的政治现象。这些都是为了贯彻中央政策……这些制度是人为塑造的,这些活动是仪式性的,参加者仍然可学到有关政府过程、政治联合的可能性和自己与政治的关系等方面,参与的行为即使是低效的,也有可能提高积极的政治认同感。"❷ 因此,对于每一个希望参与到公共政治生活中的居民来说,居委会选举是一个有效的政治参与途径。从法理上来说,居委会是一个基层自治组织,但为人们所诟病的是,其"行政化"性质遮蔽住了它的"自治性质"。恰恰因为现实情况如此,居民若能通过居委会换届选举,顺利地成为居委会成员,那么就能参与基层政治活动,了解到基层政治的真实情况,对基层社区公共事务有一定"话语权"或者"监督权"。出于这种原因的考虑,崔华邦等人被"跳舞鱼团队"推荐为居民代表,欲竞选居委会主任这一职务。

与居委党总支选举的非制度化参与不同的是,"跳舞鱼团队"在居委会选举中是通过制度化参与的方式来发挥他们的影响力。如果说崔华邦和林思在党总支换届选举的行动是"跳舞鱼团队"的"挫败之笔",一是因为他们不具有党员的参选资格,二是他们有"发传单"等偏激行为,并没

---

❶ "政治中的人性"指的是基于选举现场的情况所具有的心理、态度和能力,进而做出的投票行为。熊彼特在谈到关于投票人意志的明确性和独立性的时候,指出,投票人对实事的观察与解释能力,以及建立在这两者基础上的迅速作出合理推论的能力问题,是社会心理学的问题,可以取名为"政治中的人性"问题。参见熊彼特:《资本主义、社会主义与民主》,南京:江苏人民出版社,2017年版,第286页。

❷ 〔美〕詹姆斯·R.汤森、布莱特利·沃马克:《中国政治》,顾速、董方译,南京:江苏人民出版社,2010年版,第158页。

有达到实现"要求改选第四届业委会"的目的,那么,这次居委会换届选举给他们提供了一个合法且可行的机会,即他们有资格、有权利和有能力参加此次居委会换届选举。因此,"跳舞鱼团队"是以制度化参与❶形式来参与社区选举的。老易"退群"之后,"霍阳邻里群"剩下不到400人,但"跳舞鱼团队"维权的精神尚在,这给以崔华邦为首的"跳舞鱼团队"留下了一笔宝贵的"财富"。虽然"跳舞鱼团队"的"灵魂人物"❷不在了,人心也开始涣散,但崔华邦挑起了近400人团队的大梁。崔华邦、许琳琳和林思等人在核心组成员内部推选了几个人作为居民代表,参加竞选居委会主任和委员。然而,这个过程一波三折,崔华邦和林思"分道扬镳",最后以崔华邦落选而结束。之所以出现这种结果,崔华邦和几个核心组成员一致认为,他们没有"组织起来",也就是说,他们"打了一场没有准备的仗"。

霍阳社区居委会换届选举的组织阶段从5月28开始。6月的第一个星期,霍阳社区开始召开居民会议,推选居民代表和居民小组长。根据居委干部陈晓的说法,以往的居民代表和居民小组长都是楼组长担任。这次换届选举考虑到情况比较特殊和复杂,居委会同意"跳舞鱼团队"的两个成员作为居民代表。

"跳舞鱼团队"的行动从6月中下旬开始,推选出崔华邦、王柱营、❸林思和刘翎❹四个人,作为竞选候选人参加居委会的换届选举。他们起初的目标是:由崔华邦竞选居委会主任,其余的人竞选居委会委员。这四个人在居委会报名登记之后,街道就采取策略,"劝退"了林思、刘翎和王柱营,只有崔华邦一个人在"坚守",因为他认为,自己是团队几百号人推荐出来的,如果不去竞选,则对不起"队友们"的信任和支持。有人认为,竞选人不宜太多,否则票数会分散,还是要集中投一个人,这样胜算会更大,因此,最后崔华邦带着"使命"参选了。

---

❶ 彭小霞:《被征地农民非制度化政治参与:特征、成因与制度化转向》,《求实》2014年第3期,第84—88页。

❷ 许琳琳等核心组成员都认为老易是跳舞鱼团队的"灵魂人物",在前文的内容中有详细的论述。

❸ 王柱营是跳舞鱼团队成员,男,50多岁,党员,某国企的员工,他主动报名参加了居委会选举。

❹ 刘翎是跳舞鱼团队成员,男,30多岁,党员,汽轮机厂的中层干部,他主动报名参加了居委会选举。

社区作为社会的基本细胞,是民主生长和运作的最佳场所。❶ 崔华邦第一次参加居委会选举,没有竞选的经验,但他知道光有一腔热情还不够,必须把选举的整个流程弄清楚。一个居民送来了"及时雨"。崔华邦不认识这个居民,为什么他会来告知崔华邦选举的事情呢?崔华邦说:

"居委干部内部有矛盾,有一个居民到我家来,告诉我应该怎么选举,怎么登记,教我们怎么去和他们斗。我不认识这个居民,这个居民应该是认识他们内部的人。他们内部其实斗得也很厉害的。他们也很反对赵素廷。做人正派的话,终归会得到支持。居民也不是傻子。我能拿到这么多票,其实我的票数超过1/3的票。"❷

崔华邦在得到这个"内部信息"之后,和团队几个核心组成员一起商量下一步的行动计划。前文已经提到,崔华邦确定竞选居委会主任这一职务的时间是在6月28日。当时,崔华邦和家人在外度假,张丰和刘翎一直给他打电话,鼓励他"站出来"。而选民登记截止日期是6月29日,也就是说,他们只有一天的时间做准备。崔华邦说:这是一场没有准备的仗。他们没有在"霍阳邻里群"动员居民去登记,只是在群里公布了他会去竞选居委会主任这件事情。在选民登记期间,刘翎建议崔华邦做一些动员工作,甚至是"拉拉票",崔华邦则认为没有必要,觉得这么做不符合选举法的要求,会遭人"口舌"。

6月29日,天空下着大雨,但是依然有居民冒着大雨来居委会进行选民登记。当日在居委会值班的党员志愿者付雅萍回忆说:

"6月29日那天啊,下好大的雨啊,我都不愿意去居委值班,那天轮到我了,我还是去了。我想着这么大的雨,居委会应该没有什么事情,我到了居委会,就和夏茹她们聊天,聊得挺开心的。谁知那天的事情还挺多,一会儿一个居民来登记,我就和夏茹她们说,老易他们肯定是有动作了,看看这些来登记的邻居吧,冒着这么大的雨过来,这都是有'目的'的。我上午就接待了将近20个居民,下午我不在居委会,后来听下午值班的人说,下午登记的人更多,还有的是下班之后来登记的,居委会反正要上班到晚上七点,上班的'白领'

---

❶ 刘佳:《浅析社区治理中居民参与的作用》,《法制与社会》2007年第10期,第647—648页。
❷ 访谈编码:20181119CHB。

们刚好下班过来登记完回家。以前,居委会选举最多登记的人也就200多人,这次居然登记了600多人,单就6月29号那一天,我听说就来了100多个人登记。"❶

从付雅萍的这段话中我们了解到,以往的居委会选举登记人数只有200多人,这次居委会选举登记人数有600多人,而且在6月29日,就登记了100多人。付雅萍和居委干部都知道是老易这边的人来登记了。他们的猜测是正确的。但是他们并不知道老易和崔华邦等人已经"分道扬镳"。这100多人之所以来居委会进行选民登记,确实和崔华邦在群里公布他即将竞选居委会主任这一消息有直接关系。"跳舞鱼团队"成员看到社区没有改变的迹象,他们觉得,如果团队里有人能进入居委会任职,就能起到监督居委会的作用,从而推动业委会的改选。所以,在崔华邦公布竞选的消息之后,很多居民用行动来支持崔华邦。当然,团队里面还有一些居民认为,崔华邦已经偏离了他们要求改选业委会的目标,他们没有明确表态支持,也没有反对,他们可能在内心觉得崔华邦能去竞选,也是一件好事,毕竟崔华邦更能代表他们的利益诉求。

林思是最先提出让崔华邦竞选居委会主任的人,但是由于J街道给她单位的领导打了电话,她退出了竞选。同时,她还和魏裕、张丰一起去街道和工作人员"谈话"了。魏裕提出了一个建议:如果他们不参加居委会选举,街道能否尽快改选业委会。街道采纳了他们的建议。另外,街道还承诺他们,如果他们不去竞选的话,街道将拨付600万元资金用于小区道路和公共设施的改造。林思和张丰听到这个消息后,特别高兴。当天晚上,林思兴高采烈地告诉崔华邦,他们大获全胜了,崔华邦不需要竞选居委会主任了,因为街道已经答应改选业委会了。然而,崔华邦并不相信街道对林思等人作出的承诺会兑现。他认为,林思过于天真,街道"给点糖就开心",他依然坚持己见。林思听了崔华邦的话后就很不开心,因为她担心崔华邦去竞选居委会主任,导致后面街道不兑现给他们三个人的承诺。这样,他们去找街道谈判的努力不就白费了吗?不开心归不开心,她没有成功说服崔华邦"退出竞选",也无法阻止崔华邦竞选居委会主任的行动。然而,张丰开始采取"行动"了,他在"霍阳邻里群"开始"攻击"崔华邦,崔华邦觉得很纳闷,之前还称兄道弟的队友,突然间就开始

---

❶ 访谈编码:20181104FYP。

攻击他。他后来慢慢地明白了，张丰之所以这么做，是为了"抹黑"他，让群里的队友们不去给他投票。尽管如此，崔华邦还是去参选了。

2018年7月21日，崔华邦带着选民证来到街道文化馆。这次居委会选举有两个会场：主会场在文化馆，分会场在居委会。有选民证的居民可以去居委会用登记证换选票进行投票，也可以换好选票之后去文化馆投票。竞选人必须去主会场，崔华邦是竞选人，他到了文化馆，和他同行的有十几个人，他们团队里的人陆续地来了六十几个人，也有一些人因为在居委会投票完了，想去文化馆会场观看竞选过程，但是因为"凭票进会场"的规定，选票被收上去了，就没有资格进文化馆会场了。很多选民在居委会交了选票，所以不能进文化馆投票。同时，选民证上面写着：投票时间限定为7：30—8：30，超过投票时间，选票作废。居民张海涛九点时去文化馆投票，被关在了门外，不让进去，他很气愤地说：

"哪有七点半这么早就投票的，一般单位正常上班时间最早也就八点，大周末的，七点半投票，还只给一个小时投票，真是不知道居委会的人怎么想的？小区又不是只有老爷爷老奶奶，不要睡懒觉的，还有很多年轻人，上了一周班，周末起得晚一点，安排到九点投票，投一个小时，十点结束，这也很合理啊。哎……"❶

张海涛想起投票那天的事情很生气，他第一次去居委会登记，就是想看一看选举过程。以前只在电视上看过投票选举的过程，今年居委会选举搞得"动静"很大，他想凑个热闹，结果"热闹"没有凑成，还被关在了门外，很郁闷。所以，他就一直在抱怨投票安排的时间不合理。但是，抱怨归抱怨，选民证上面白纸黑字写得很清楚，超过投票时间，选票作废。

八点半一到，居委会的工作人员抱着居委会的投票箱来到了文化馆主会场。到了计票和唱票环节，两个会场的选票合在一起进行唱票和计票。登记选民是674名，实收580票，无效票91票，有效票489票，最终的投票数结果如表5-4所示。

---

❶ 访谈编码：20181128ZHT。

表 5-4　霍阳社区居委会选举投票情况

序号	姓名	性别	得票数（票）
1	赵素廷	男	315
2	崔华邦	男	189
3	尹顺英	女	148
4	夏茹	女	120
5	陈晓	女	136
6	卢飒	女	103

资料来源：访谈

由表 5-4 可知，赵素廷以 315 票当选为霍阳社区居委会主任，崔华邦和尹顺英的票数没有过半数，但是票数超过了 1/3，两人要继续竞选居委会的兼职委员，因此，当天晚上，霍阳社区又进行了一次选举。那天晚上还下着雨，"跳舞鱼团队"的很多居民没有去。一方面，他们认为，既然竞选居委会主任已经落选了，竞选委员也没有太大的意义；另一方面，很多居民家里晚上确实有事情，无法抽身。刘翎白天和晚上都去给崔华邦投票了，他看到现场人不多，对选举过程中的一些情况存在疑惑，他说：

"白天，崔华邦的票数比尹顺英多很多，晚上我们的人不多，他就得了 80 多票，如果发动我们的人晚上过来的话，我们的票肯定比尹顺英多，而且当一个兼职委员也好，至少可以起监督的作用。其实我当时也报名参选了，陈辉劝我不要参加了，居委会名额有限。我就说，我不参加可以的，其实我也不是非要当什么居委会主任或者委员，主要是希望新一届的居委会领导班子能改变一下业委会，把小区管好。我也是党员，不是挑事情的。后来，陈辉让我填一张自愿退出的单子，很正式的。但是，我很奇怪的是，为什么崔华邦和尹顺英在晚上选举的时候，陈辉让他俩都退出来，结果后面尹顺英又进去（居委）了呢？我估计这是他们的策略，先让大家都退出，然后，他们趁我们不注意，尹顺英又进去（居委）了。"❶

结果是，崔华邦未能竞选上居委会主任，也没有当上居委委员。崔华邦是这么说的：他的目标其实不是去当居委会主任或者委员，他没有时间

---

❶ 访谈编码：20181028LL。

和精力去做社区的事情,他有自己的事业。他之所以参加竞选是因为"团队的呼声",如果不"站出来"的话,"跳舞鱼团队"就没有凝聚力了。另外,他认为,他参选可以对居委会起到制衡和约束的作用,他的目的就达到了。客观地说,崔华邦参与居委会选举的行为是合法的,但他们没有将自己的行为纳入集体的行动框架中,因为"社区参与虽然要以社区居民个体的行动逻辑为出发点,但只有通过组织架构开展的集体行动才能体现出参与的核心内涵,使这种个体的利益诉求在集体行动框架中得到最大限度的表达和落实"。❶ 这一点在后文中分析"跳舞鱼团队"分裂的外部原因即可呈现出来。

从投票的结果可以看出,赵素廷的票数最多。可以说,这是"跳舞鱼团队"分裂的外部原因,但"跳舞鱼团队"希冀通过制度化参与方式参与选举,但是没有精心准备居委会选举是崔华邦落选的关键原因,下一节将重点阐述"跳舞鱼团队"是如何在两次选举中逐步走向分裂的及其原因。

第二节 选举中的社区团队分歧

在社会生活中,"人们之所以从事政治活动,其根本动因在于人们实现自己利益的要求,政治参与是公民运用自己的权利和资格,通过政治权力最终实现自己利益的主要环节"。❷"跳舞鱼团队"在社区的两次选举中出现了不同的"声音",首先,老易和林思、崔华邦在是否利用"509 户业主联合签名"去反对赵素廷进入党总支这件事上产生了分歧。林思和崔华邦不顾老易的反对,在党总支选举当天因派发传单而被带到派出所,上演了一出闹剧。在这个闹剧当中,林思认为,老易身为"跳舞鱼团队"的"领袖",没有及时去"捞人"❸,导致她觉得自己被老易和崔华邦利用了,由此发生了"开会重要还是捞人重要"和"老易退群"两个事件,这两个事件是"跳舞鱼团队"内部成员出现分歧的导火索。其次,在居委会选举

---

❶ 田舒:《社会交换视角下的社区参与:特征及其机制分析》,《中南大学学报》(社会科学版)2018 年第 5 期,第 153—161 页。

❷ 杨烁:《从参政权的视角看社会弱势群体的利益表达》,《黑龙江社会科学》2009 年第 1 期,第 157—160 页。

❸ 这里的"捞人"是指林思认为老易没有及时和陈辉书记沟通,让社区片警将他们从派出所放出来。后文会详细说明。

期间，林思和崔华邦的立场发生了转变，原本两人都是"跳舞鱼团队"推出来参与居委会主任竞选的"候选人"，林思因J街道的"一个电话"放弃了参选，而崔华邦却不为外力所动，坚持到最后。此时，"跳舞鱼团队"成员之间的立场和利益分化朝截然相反的方向发展，这是"跳舞鱼团队"出现分歧的根本原因。当然，J街道作为外部力量，推动了"跳舞鱼团队"团队成员之间的分歧。

一、社区团队的内部分歧

"跳舞鱼团队"内部分歧的起因是林思和崔华邦以"509户业主联合签名"的材料反对赵素廷进入社区党总支。老易是党员，林思和崔华邦是群众，因此，老易的身份和立场与林思、崔华邦不一样，他不允许自己做出违反党纪的事情。"立场不同"是"跳舞鱼团队"产生分歧的最初原因。立场不同，自然也会导致意见不合，林思已经不赞同以老易的方式去建设"业委会"了。此外，更为重要的是，林思和崔华邦在居委会选举中从"携手合作"到"分道扬镳"，即他们之间的利益发生了根本性的变化。马克思指出："人们奋斗所争取的一切，都同他们的利益有关。"❶ 因此，"跳舞鱼团队"的内部分歧是从团队核心组成员的立场不同、意见不合和利益分化三个方面开始的，以下几个具体事件可以体现出来。

（一）"立场不同"："开会重要还是捞人重要"

2017年下半年，"跳舞鱼团队"一系列行动掀起的"波澜"，已经引起了J街道的"注意"。当然，"跳舞鱼团队"的活动还在继续进行中。朱灿赫来到老易家，把事情的前因后果，一五一十地告诉老易，还给他看了现场拍的照片。正在这个时候，和老易住在一栋楼的徐森来了，他听说此事之后，问道：这个点了（午饭时间），是不是应该去给崔华邦他们送饭。恰恰在老易、朱灿赫和徐森商量着如何处理崔华邦等人被带进派出所这件事情的时候，崔华邦打电话给老易，并问他在哪里？老易说：在家开会，徐森正在说给你们送饭去。崔华邦把老易的话传达给林思之后，林思很生气，满肚子的冤屈和不满的情绪于顷刻之间爆发出来，她在"霍阳邻里群"里质问老易："开会重要还是捞人重要"。

---

❶ 《马克思恩格斯全集》（第一卷），北京：人民出版社，1965年版，第86页。

正是"开会重要还是捞人重要"这句话不断地在"霍阳邻里群"里被"跳舞鱼团队"成员之间反反复复地议论着，它逐渐成为"跳舞鱼团队"分裂的导火索。"跳舞鱼团队"内部的很多成员对林思的看法发生了一百八十度的大转弯，林思是以前的"扫楼"英雄，现在由于一时冲动进了派出所，不仅没有考虑到80多岁高龄的老易身体是否不适，还把矛头指向老易，这引起了朱灿赫、秦金立、王汇❶、许琳琳等人的不满，他们与以张丰为代表的林思派，在群里展开了"口舌之争"。老易认为，林思和张丰的行为已经触及他做人的原则了。而且，在他得知林思和崔华邦拿着"509户业主联合签名"的材料到党总支换届选举的现场并发传单这些事情之后，他对林思和崔华邦的看法有了根本性的转变。他是这么说的：

> "林思和崔华邦利用这个群，去反对居委党总支改选。我们组织509人的联合签名，我们的目标是业委会改选，显然我们对赵素廷有不满意的地方，但是我们不能用这个去干扰党总支改选，崔华邦这么做是直接和政府对着干了。而且这种做法，我觉得不对，因为这和金煜他们有什么区别呢？做事情得讲原则。再说，他们从派出所回来之后，从他们在群里不断地攻击人这件事情上，我发现林思和张丰是'无底线'的人，他们任何事情都干得出来，林思逮着谁都骂。我觉得，我再在这个群里待下去，已经没有意思了。"❷

老易通过党总支换届选举初选发现自己团队已经开始出现"裂缝"，林思和崔华邦已经联合起来，他们的行为已经违背了他建立这个群的初衷。林思从派出所回来之后，她的思想和言行发生了极大的转变，这背后的原因是什么呢？3月28日下午，霍阳社区党总支换届选举结束，崔华邦和林思从派出所出来以后，崔华邦马上去老易家，和老易细说了整个过程，但是他描述的过程和朱灿赫的说法有些不一致的地方（后文详说），而林思则独自回家了。她回忆道：

> "我们都回来了，朱灿赫在群里骂我，我当时在做饭，心情还是很澎湃的。我当时打电话给崔华邦问：崔大哥，你在哪里呢？他说他和老易在一起，我很惊讶。白天，老易他们在商讨下一步怎么走？他

---

❶ 王汇是"霍阳之心"核心组成员，56岁，大学本科毕业，在一个民营企业工作，因王汇的母亲和老易曾经是同事，因此，王汇和老易的私人关系很好。

❷ 访谈编码：20180930YZL。

们在商讨怎么送饭。他还以为我们被拘留了。如果我是老易,我会第一时间告诉书记:我们是业主,不是来捣乱的。应该是这样的,但是,他说他不知道,他不知道才见鬼了。到派出所的路上,祝刚(社区民警)脸色不好看,不让拍视频,说我们这里都有的。不能拍,好好坐着。我们一进去,崔华邦就和他们称兄道弟。我不就被当"枪"使了吗。我又是这种暴脾气。既然知道了,就要讲出来。祝刚告诉我们,他知道我们没有想搞事情,但是他们只是关心支部的会开得是否顺利。我就说,快把我们放走。我们群里那么多人,'大部队'等下就来了。然后,他说你们这是扰乱会场。我当天就觉得这个事情不妥。我说放我们走了吧,他又怕我们再去扰乱会场。张刚倒是一直在说:其实我们知道,你们都是好业主,但是有很多人围在一起,情绪容易失控,局面不好控制,我得及时地把你们拖出来。不让你们做偏激的事情。"❶

　　从派出所回来以后,林思打电话给崔华邦,发现崔华邦和老易在一起,她很生气,因为老易没有去"捞"她和崔华邦。结果,崔华邦并没有责怪老易,而是和老易在一起,她觉得崔华邦和老易是一伙的,她被当"枪"使了,也就是说她被崔华邦和老易利用了。其实,从老易、崔华邦和林思三人的描述内容来看,老易认为,崔华邦和林思已经背离了他以及整个团队方向,林思认为她被崔华邦和老易利用了。崔华邦则认为,他和老易、林思的目标还是一致的,只是在方式和手段这些细节方面有差异而已。他们三个人之间的矛盾开始逐步扩大,尤其是在"霍阳邻里群"里,张丰一直在替林思抢不平,而朱灿赫、秦金立和王汇等人都在为老易说话,林思对进派出所这件事情一直耿耿于怀,在群里多次说"开会重要还是捞人重要"。她给老易发微信,问老易为什么不能安慰一下她,老易却始终没有回复她。只有张丰自始至终在为她辩护。

　　对于林思从派出所回来的激动情绪,不同立场的人有着不同的理解。经过各方面的了解,林思是一个感性的人,她认定的事情就要依靠她的意志和韧劲去完成,这在"扫楼"过程中有所体现。崔华邦一直在期待老易安慰她,毕竟她一个女同志从派出所回来,不是一件光彩的事情。但是,老易却始终没有满足她需要安慰这个愿望。通过老易和朱灿赫两个人的谈

---

❶ 访谈编码:20181028LS。

话，我们可以看出老易对崔华邦和林思进派出所整件事情的看法和态度。

朱灿赫：林思问，老易在干嘛。老易说他在和我开会。林思说，是开会重要还是捞人重要？其实，我们就是在商量事情，怎么把这个事情处理好。我和老易在开会，他们就抓到把柄了。还有一个徐森（第三届业委会委员）。徐森还准备去给他们送饭，我说我们在商量事情。

老易：我还不知道他们进派出所这个事情，我进的是右手边的党员会场，他们群众会场在左手边，党员会场窗户关得严严实实的，根本听不见外面发生了什么事情。

朱灿赫：我后来都已经和书记说了，书记面子大，还是老易面子大。

老易：我知道这个事情了，他叫我去捞，我也不去捞。

朱灿赫：我告诉书记了，要捞也是书记去捞。

老易：我哪有那么大面子呢？我知道真相之后，崔华邦和我说了，崔华邦和你说的完全不一样，你和我说的，有照片为证，我们老知识分子是不会讲假话的。他们这样做是做错了嘛，把矛盾激发了嘛。

朱灿赫：党员对党总支成员有意见，党员去反映。

老易：（他们选择的）场合不对，你不要给我们搅乱会场。我们这是党员开会。虽然说群众可以参会，但是你发表意见，你要按程序走。就是你说的，他们就是捣乱去了。

朱灿赫：崔华邦和你讲了啊？

老易：讲过了，我听了你讲的之后，就更加反感了。很清楚了，我就和他讲，朱灿赫老师讲得很清楚，林思把矛盾激化了。

朱灿赫：如果林思不说"你是假警察"，那就不会刺激他，他们的目的是要隔离他们，不影响开会。林思说：我要报110了。祝刚说：我就是。林思说：那么你是假的。张刚说：那我就告诉你，我是假的。

老易：祝刚警察是我们这里的片警，对于他来讲，他要保证这里会场的秩序让选举能够顺利举行，你们几个有事情的话，我也不想搞大，就把他们带下来。

朱灿赫：他们发传单不应该的，而且还有509户的签名，这是用来要求"改选业委会"的。

老易：林思现场还写了一个东西，崔华邦给我看了，就是我们509户反对赵素廷进入党总支。我一看这事就麻烦了，这就是有目的地来捣乱，变成原则问题了。我后来也了解了祝刚，其他小区对他的口碑好，他的职责就是保证这个会顺利开好。

朱灿赫：林思回来，群里混乱倒没有，林思就是焦煳，捣乱，对老易有意见。我说：你被人家弄去了，人家又没有让你写什么东西，你怎么说老易为什么没有把你捞出来？你怎么不能想一想，一个80多岁的老人，有没有生病？哎呀，你进警局，进了一下警局门，就是进警局了。

老易：林思给我发微信，说老易你能不能安慰我几句。我说我根本没有表态。她要我安慰，我说，我不批评你就好了，还安慰你。

朱灿赫：80多岁的老人，为了小区出力气，自己要多想人家，想想自己，人家付出了多少力气。你只考虑自己的利益，我也佩服你林思挨家挨户扫楼，但是最后，她就是要搞另外一个实名群，她说你如果不搞，赵素廷也会搞。说是为了未来的业委会搞，这是以后目标，我猜猜是赵素廷给他搞的。我认为不应该搞，本来"扫楼"的时候，就有门牌号、姓名和手机号码，本来就是一个实名群。你还想怎么样，房产证？人家手机号都告诉你，基本信息都有了，本来就是实名群，与现在老易建的群是对立的，我为什么要支持你。她搞实名群的目的就是给赵素廷。我们本来就是实名群，群里搞群，就是搞分裂嘛。没有门牌号和名字，我理解她的目的就是这样。她建实名群就是为了赵素廷。她还用威胁的口气在群里说话：如果你不参加，你以后要想进业委会，业委会都不理你。业主不进群，没有权利反映情况。

老易：她把自己抬高了。

朱灿赫：崔华邦很支持林思，第一时间拥护她。选居委会主任的时候，她主动退下来，让崔华邦当主任，说她参选会分散力量。❶

从朱灿赫和老易的对话中可以看出，老易对崔华邦和林思以"509户业主联合签名"的材料去干扰党总支换届选举，持否定态度。对于林思从派出所回来之后求安慰的心态，他也不予理睬，因为他觉得林思和崔华邦

---

❶ 朱灿赫和老易谈"派出所事件"的对话记录，资料来源于访谈。

与他已经"道不同不相为谋"了。许琳琳作为团队核心组成员，也站在了老易这一边。她认为，崔华邦和林思的做法过于偏激，没有从一个长远的角度去考虑整个团队的发展。她作为当时拉林思进群的人，肯定了林思的人品，但是对她的行为方式却持否定态度。她说：

"林思和张丰人还好，就是行为方式很偏激。太单纯了，不能全面思考问题。后面觉得张丰和林思太偏激了，也是遇事了才知道他们，我觉得他们不是坏人。这是两码事，一个是要求改选业委会。这两者之间还是有关联的，但是不能因为这个代表居民的意愿反对居委会党总支换届选举，这在法理上不成立。在这个事情上，我站在老易这一边。"❶

身为"群主"，老易在接到崔华邦的电话之后，觉得自己也不可能袖手旁观，虽然他不同意崔华邦和林思以"509户业主联合签名"的名义去反对赵素廷参选党总支，但是崔华邦和林思都是他团队的人，他有义不容辞的义务和责任去为他们做一些事情。而且当时群里已经议论纷纷了，"跳舞鱼团队"的两位核心人物被带到派出所这一消息，被迅速传播和扩散，不仅仅是群里的近500人，整个霍阳社区和J街道都知晓了此事。3月29日，经过一个晚上的深思熟虑，老易在"朋友圈"就党总支选举期间发生的事情发表了"对党敬言"❷，并被大量转发。内容如下：

3月28日下午，霍阳小区内公推直选党总支委员发生了事情。

这件事已在J街道传开且有点发酵，听到一些反映。

1. 群众参加公推直选党总支成员，说明我党光明磊落，党内选举公开透明，接受群众监督，是创新之举，是习近平"坚持从严治党"的体现，是件大好事！但却要警察来保护，此举是对大好事的抹黑！

2. 是对当选人的抹黑，因为他们是在警察保护下才得以当选，他们成什么人了？！几年前小区片警小吴，和蔼可亲，他在小区开车从我身旁走过，会停车打招呼，我曾说小吴抽空到家来坐坐，小吴回答：不方便。我们穿警服，到了哪家，人们就会说这家有人出事了。小吴在细微之处爱人民！请问J街道党工委书记，每个小区都要（像

---

❶ 访谈编码：20181015XLL。

❷ 资料来源于崔华邦访谈。

3月28日）这么做吗,那群众对你的政策水平要打问号了。

3. 警察是和平时牺牲最多的执法者,每每想起就令人痛心!他们和军嫂都是令人尊敬的人!但这次对没有违法的群众,动用执法工具,抹黑了你们自己也伤害了群众呀!可3月28日却把并不违法的四位群众带上警车进派出所里了。难道没有别的办法解决当时出现的问题吗?比如劝阻,讲道理……我相信会有理想效果的。粗暴简单的执法是把双刃剑!

老易有感

很多人认为,老易还是站出来为崔华邦和林思说话了。也有一部分人认为,老易只是就党总支选举这个事情本身发表看法。老易则说,他是因为接了崔华邦的电话后,没有全面了解整个事件的过程而发表的看法,误会了陈辉书记。不管出于何种思想动机,"对党敬言"的迅速扩散反映出来的是,老易身为"跳舞鱼团队"的"群主",最后还是站出来发声了。然而,林思并不这么看,她认为,她在派出所的时候,老易应该在第一时间出面给书记打电话,让陈辉书记给祝刚打电话放了他们。陈辉是社区书记,祝刚❶是社区的副书记,要接受陈辉的领导。但是,她听到崔华邦的说法是:老易在开会,并且准备给他们送饭,也就是说,老易并没有要去"捞"她的想法,这使她很生气。这中间显然是林思由于对一些信息了解得不全面而产生了误会,所以,也就有了她认为老易之所以在3月29日才发表"对党敬言"含有"发酵效应"的说法。因此,林思等人在群里开始大力指责老易"开会重要还是捞人重要",并认为自己被利用了。许琳琳则认为,就是林思从派出所回来之后,她的思想发生了转变,她从以前反对赵素廷转向反对老易。她说:

"林思被关进去了,回来就认为自己立了大功。就说:老易,我当时关起来了,你在哪里?怎么不捞我出来,不救我?都是为同一个目标,哪能事情没办成,就邀功呢?林思占据了道德制高点。后来,她就把矛头对向老易了。我从那个时候,就开始动摇了。而且,派出所也没有把这个当作案底,只是为了维持换届选举的秩序。"❷

---

❶ J街道的社区片警,在社区挂职居委副书记。

❷ 访谈编码:20181015XLL。

林思、崔华邦和老易因以"509户业主联合签名"反对赵素廷进入党总支产生了分歧，这标志着"跳舞鱼团队"在思想层面出现了裂缝。3月28日，在林思和崔华邦从派出所回来后，这种裂缝开始逐步扩大，并因老易未及时出面"捞人"而出现了内部的分裂。

（二）"意见不合"：老易退群

随着党总支换届选举工作的逐步推进，"跳舞鱼团队"的力量逐渐分散和瓦解，从核心组成员逐步离开这个团队就可以体现出来。有的核心组成员虽然还在群里，但心已经不在了，他们不再参与群里的讨论，处于"潜水"和"不发声"的状态。有的则与老易建群的主张相背离。韩斌在团队里面留下的痕迹停留在1月28日。许琳琳从3月就不再组织"霍阳之心"开会了，崔华邦和林思在党总支选举那天做出了一系列行为，林思从派出所回来之后在群里不断攻击老易、朱灿赫、秦金立和王汇等人，这些行为使群里的气氛发生了变化，或者说"变味"了。于是，老易开始重新审视团队中的成员以及自己在这个团队中的地位和作用。经过几天的深思熟虑，他作出了一个决定：从"霍阳邻里群"退出来。

老易心里一直有这么一个想法：一路走来，这个团队中的成员不仅仅是一起维护小区业主利益的"战友"，更是有着深厚情谊的"知心朋友"，大家平时在生活和工作上相互关照，有什么问题和困难都一起商量解决。从2016年3月老易建群发展到将近500人的群，他们在推动小区建设方面的诸多行动，增进了他们之间的感情，他舍不得邻里之间的这份情谊与信任。因此，在老易"退群"之前，他想听一听许琳琳和王汇两个人的意见，因为这两个人是老易一直以来最为看重和信任的人。

接到老易的通知之后，许琳琳和王汇两人在3月29号晚上一起来到了老易家，老易向他们表明了自己的看法：一是他年岁已高，身体状况确实大不如从前；二是他的家人不支持他的生活方式，要求他退群；三是群里现在很混乱，他面对林思等人持续的攻击，实在不想与这些"胡搅蛮缠、没有底线"的人继续"共事"了。

许琳琳和王汇听了老易的想法之后，都非常理解老易"退群"的想法，并且表达了自己的看法。许琳琳说：老易是一面旗帜，是团队的灵魂人物。王汇认为，老易"退群"是一个非常"理智"的行为，不管是出于身体状况考虑，还是出于团队建设考虑，老易已经无法控制团队的发展方

向了。经过几天的反复思考,老易最终选择在 4 月 3 日这一天宣布退群,他在群里是这么说的:

"各位邻里好!昨天,我从医院回来,检查身体状况的结果很不好,我的家人反对我目前的生活方式,极力主张我静享晚年。从今天起,我退出'霍阳邻里群'。非常感谢邻里们长期以来对我老易的支持和信任!"❶

老易在群里发完这一段话之后,就马上退群了。群里顿时"鸦雀无声",将近 500 人的群瞬间掉落了二十几个人,这二十几个人基本上都是核心组成员,他们跟随老易的步伐,从群里退了出来。

在老易"退群"的当天晚上,核心组的很多成员一批又一批地来到了老易家,劝说老易不要"退群",因为老易一旦"退群",他们团队就没有"领袖"了,这就意味着前面所有的努力都半途而废了。然而,老易还是坚持自己的想法和原则,他说:

"那天晚上,好几批人到我家里来劝我,做我的思想工作,除了王汇劝我退群,其余人都是劝我不要退群,说咱们整个工作就半途而废了。我当时下了很大决心,400 多人,我说话很算数的。许琳琳先我一步不参与了,她已经不参与开会了。我就推了。他们和我讲,后来 20 多人都退了。我也不知道,我也不看。崔华邦发了 14 条信息,给我打三次电话,第三次电话,我想了想,回了他。他来了,他就整个情况说说。我就听听。那么,昨天晚上,崔华邦又要来。我说没空。现在我也不关心群里面的情况了。"

老易的"退群",对"跳舞鱼团队"来说,意味着"旗帜已倒、群龙无首"。如何再次将这个群重振起来呢?崔华邦来当"群主"应该是最合适不过了。但是,崔华邦并没有马上成为"群主",而是"会跳舞的鱼"成为"新群主"。令人费解的是,"会跳舞的鱼"只是在"群主"的位置上,从来不发声。即使张丰和林思等人在群里不断地出现争吵和矛盾,"新群主"也始终不出来说话。这引起了群里邻里们的猜疑,"会跳舞的鱼"是谁?核心组成员当然都认识,他就是韩斌,他们都知道韩斌已经由于家庭原因不参与团队活动了。那么,他为什么会来当"群主"呢?根据

---

❶ 资料来源于老易访谈。

群里多位成员的了解,"会跳舞的鱼"只是一个虚晃,真正的"群主"是崔华邦。为什么崔华邦要"会跳舞的鱼"来当"新群主"呢?而且,老易曾经在一次核心组开会的时候,提出来要让"会跳舞的鱼"当群主,遭到了崔华邦的反对。老易"退群"并没有指定让谁当群主,而且,老易"退群"的一个最重要的原因,即崔华邦瞒着老易,联合林思等人一起去以"509户业主联合签名"反对赵素廷进入党总支。用老易的话说:

> "2018年4月3号,我退群了。我和崔华邦的关系撇清就是在这一天。我在2018年4月3号退出了大群,也是因为他。可能因为我现在在街道的名气大,他打着我老易的名义,到处做事情。有一天,我去卫生院,护士和我说:老易,昨天你已经让我签字了。确实,签名这个事情,是我起得头,但是崔华邦应该和人家解释一下为什么要签名,而不能说我让你签名就签。还有一个事情就是,崔华邦利用这个群,去反对居委党总支改选。所以,我得知此事之后,马上在群里说了一下,就退出来了。当天,一起退出来的就有二十几个人,都是我们当初建群的那些核心人员。我们长期都合作得非常愉快。"❶

可见,崔华邦不再是老易信任的人了,笔者在采访崔华邦之前为什么反对"会跳舞的鱼"会成为"新群主"的时候,崔华邦没有给出正面的回答,他只是说,"会跳舞的鱼"是他们团队化身。而问到他为什么后来成了"新群主",他说,群里的人都在推他。张丰最先知道"会跳舞的鱼"背后的真人不是韩斌,而是崔华邦。因此,张丰在群里@"会跳舞的鱼",指出他就是崔华邦。直到那个时候,群里的邻里才知道原来这个群的真正"群主"是崔华邦。于是,在这种情况下,崔华邦就实名担任了"霍阳邻里群"的"新群主"。所以,由老易一手建立的"霍阳邻里群"现在已经改弦更张,不再是老易主张的"自愿报名、公开招聘"来产生成员的那一套建设业委会的思路了。

(三)"利益分化":崔林之争

崔华邦和林思都是"跳舞鱼团队"的核心成员,他们为"跳舞鱼团队"的建设做出了很大的贡献。他们两人是"509户业主联合签名"的重

---

❶ 访谈编码:20180930YZL。

要发起者、组织者、执行者和推动者。同时，他们不顾老易的反对，在居委党总支换届选举中"联手"干扰选举工作，一起被带进派出所。用林思的话说，他们俩是"战友"，最后为什么会"分道扬镳"呢？

前文已经提到，在居委会选举的前期阶段，林思是最先提出让崔华邦竞选居委会主任的人，同时，林思也是竞选居委委员的人选之一。最后，林思退出选举，还劝说崔华邦不要参选。她在选举中没有投崔华邦的票的原因就是街道给她单位的领导打电话了，她退出了竞选。同时，她还和魏裕、张丰一起去街道和工作人员"谈话"了。街道同意了他们的建议，同时，还承诺他们，如果他们不去竞选的话，街道将拨付600万资金用于小区道路的改造。然而，崔华邦并不相信街道办事处对林思等人做出的承诺会兑现。他认为，林思过于天真，"给点糖就开心"，他依然坚持己见。然而，张丰开始采取"行动"了，他开始在"霍阳邻里群""攻击"崔华邦。尽管如此，崔华邦还是去参选了。

这就是崔华邦和林思产生分歧并走向不同"道路"的原因。崔华邦不为街道的承诺所改变，坚持用"斗争"的思维去争取自己的权益。而林思则选择了一条"和平"的道路，只要能最终改选第四届业委会，通过街道的力量去实现，何乐而不为呢？加之，街道还承诺拨款改善小区环境，这样有利于业主的"政策"，为什么不欣然接受呢？于是，林思对崔华邦的"顽固不化"感到很不痛快，她开始重新定位曾经与她一起奋斗的"战友"。崔华邦则认为，林思等人已经"背叛"了"跳舞鱼团队"，倒向了街道。因此，"霍阳邻里群"里出现了"林思是叛徒"这样的话语，这进一步激起了林思的不满，她自认为一心为"业主"着想，没有任何私心，曾经的"扫楼"行动就是最好的例证。另外，她觉得自己为了实现团队的目标，被带进了派出所，受了很大的委屈。结果，团队成员没有肯定她过去的成绩和努力，反倒认为她是"叛徒"，"愤怒"的情绪油然而生。正是这种"愤怒"让她更加坚定了她与街道的合作。有研究者认为，"居民或居民自治组织并非是完全团结的，相互之间也存在利益分化，甚至不可调和的利益冲突"。[1] 而崔华邦和林思的矛盾已经到了无法调和的地步。

由此，"跳舞鱼团队"因为两次分裂而"一分为三"：第一次分裂是因

---

[1] 王星：《利益分化与居民参与——转型期中国城市基层社会管理的困境及其理论转向》，《社会学研究》2012年第2期，第20—34页。

为林思和崔华邦不顾老易反对,以"509 户业主联合签名"反对赵素廷进入社区党总支,以及林思在选举现场被带进派出所后,对老易不去"捞人"而发起对老易的攻击,造成老易"退群",随后是跟随老易的"铁杆"和"粉丝"相继退群。第二次分裂则是因崔华邦和林思在通过什么样的方式实现第四届业委会改选以及以后如何建设业委会方面存在分歧而分裂为两个群体。由此可见,"跳舞鱼团队"的内部分裂导致整个团队失去了凝聚力、组织力和号召力。诚然,但还有一股非常强大外部力量推动了"跳舞鱼团队"的分裂。

二、社区团队分歧的原因

"跳舞鱼团队"内部成员之所以出现分歧,除了前文提到的内部核心组成员存在立场不同、意见不合和利益分化的原因,J 街道作为外部力量,也起到了一定的推动作用。J 街道面对利益冲突严重的霍阳社区,必然要做出一些特别的举措,来确保此次居委会选举工作的顺利完成。"在中国,党是一个先行于政府存在的自主的系统,在全国范围内自上而下都有其组织存在。没有党,政府(整个官僚机构)就很难运作。"❶ 也就是说,基层党组织要引导基层社区的发展方向,尤其在社区管理的"班子成员"方面。正如胡伟所说的:"中国共产党组织健全,结构严密,有相当强的影响力,是当代中国政府过程的中枢结构。"❷ 因此,J 街道在霍阳社区的居委会选举中利用了政治策略部署和居委会的社区网络关系来保证组织再造的顺利推进。

(一)街道的政治策略部署

由于"跳舞鱼团队"在居委会选举中采取了制度化参与的方式来参与社区公共事务,J 街道在居委会换届选举过程中所采取的应对方式发生了变化。正如李普塞特在提到塑造工人阶级运动的要素时所指出的:"经济和政治精英对工人要求获得政治和经济活动参与权的反应方式。"❸ 因此,J 街道在霍阳社区居委会选举中,运用了"思想动员和选举安排"两个策

---

❶ 邹宇:《从党的容量及基层组织看中国共产党的转型》,载徐湘林主编:《渐进政治改革中的政党、政府与社会》,北京:中信出版社,2004 年版,第 96 页。

❷ 胡伟:《政府过程》,杭州:浙江人民出版社,1998 年版,第 98 页。

❸ A Sturmthal (1953) Unity and Diversity in European labor. Glencoe: Free Press, pp. 17 - 33.

略来确保选举工作的顺利完成。

第一,思想动员。思想动员是指通过宣传、教育和灌输的手段发动人们参加某些活动,也可以称为意识形态动员。就 J 街道来讲,居委党总支和居委会接受它的直接领导,因此,为保持社区与街道对居委会选举工作要求和目标的一致性,动员居委党总支成员和居委干部是 J 街道在此次换届选举工作中首要的工作。

首先,召集党总支成员开会。2018 年 5 月 5 日,J 街道党总支选举完成后,产生了 7 名党总支委员。党总支经过两个多月的运转,总支委员相互之间已经非常熟悉。陈辉是新来的书记,年轻又无社区工作经验,她作为霍阳社区党总支"一把手"的领导地位尚未确立起来。而赵素廷的影响力在霍阳社区"根深蒂固",他不仅是居委党总支副书记,还是居委会主任和业委会副主任,身兼数职。此次,居委会选举关涉赵素廷能否继续留任居委会主任的职位。从街道层面来讲,霍阳社区的新书记难以在短时间内全面把握和管理小区,必然要依托有经验的居委会主任来搭班。虽然 J 街道没有明确的文件规定这样的人事举措,但根据与多位已经退休和在任的居委书记、主任聊天,他们都认为,街道是出于社区管理的便利性和可操作性,让有经验的居委干部带没有经验的新干部。也就是说,"老带新"的人才培养计划在 J 街道已经是一种惯常的做法。

在选举前一个星期,街道让霍阳社区党总支的六位委员❶一起到街道党建服务中心进行谈话。这 6 名委员里有两个人的观点比较鲜明和突出:一个是尹顺英,她是第一次以委员身份进入霍阳社区的党总支,58 岁,从汽轮机厂退休,是一名老党员,性格直爽,她对赵素廷在小区治理方面的很多做法有意见,另一个是吴智美,她是居委党总支连任三届的总支委员,68 岁,也是汽轮机厂的退休人员,她在党总支资格老,说话很直接,她非常支持赵素廷当选居委会主任。这两位委员在街道工作人员面前就赵素廷参加居委会主任选举表达了不同的意见。一起去街道的党总支委员房烨星回忆了当天的情形,他说:

"街道在居委会换届选举前,把我们党总支成员都叫到街道,除了赵素廷。街道的意思是,作为霍阳社区党总支成员,应该服从上级组织安排,要力促赵素廷当选。当时尹顺英问:如果赵素廷落选了,

---

❶ 这里的"六个党总支委员"不包括赵素廷。

街道会不会派一个人来顶替赵素廷。街道明确表态：不会。吴智美马上质问尹顺英：你这是什么意思，要拉赵素廷下来，不让他当主任？是你的意思？尹顺英很快就转弯说：这是一个居民的意思，我在马路上，一个居民拦着我，让我传达他的想法，说是霍阳社区居委必须把赵素廷换掉。很明显，尹顺英是找了一个居民当借口，她其实是反对赵素廷的，平时在党总支会议上，她就不点名地表达过这样的想法……"❶

从房烨星的这段话中可以看出，街道为了保证霍阳社区居委会选举，首先动员小区的党总支成员，让他们坚定立场，服从街道党工委的安排。霍阳社区居委干部对党总支成员被叫到街道去谈话的事情也有所了解，居委干部陆伟说：

"党总支改选，基本上都是金煜的人，陈辉书记，新来的。她基本上要听赵素廷的，她老说：赵素廷是老资格了，听他的，是尊重他。党总支的吴智美，是汽轮机厂退休的，也是上一届党总支委员。她要推荐李银柱当支部委员，没有成功。那么，新进来的尹顺英，是居委现在团队党建负责人，她也是汽轮机厂退休的，比吴智美年轻，说话蛮正气的，我听她说话的口气，好像是蛮认同老易的一些观点，认为老易是一个正义之人，做事情的出发点都是为了小区好，为了居民好。业委会就应该有这么一个人出来发声。尹顺英这个人在党总支会议上，也敢说话的，以前金煜开会的时候，我们基本上不说话，他说开会就开会，他说完就散会，现在尹顺英进来了，也有不同声音了。有一次，在党总支会议上提出了一个意见，大概意思是各个总支委员和支部书记都要履行自己的职责，不要占着位置不做事，小区问题这么多，不能都当老好人，还是要站出来讲问题的，把问题摆出来了，然后可以一起想办法解决。"❷

可见，原本尹顺英对赵素廷担任居委会主任存有不满的情绪，经过街道的"约谈"以后，她与街道保持了思想上的统一。另外，不仅居委党总支成员有投票权，而且他们的行动还可以带动党支部的党员以及普通党员，甚至是党员的家人一起参与投票。虽然党总支委员人数不多，但是他

---

❶ 访谈编码：20181211FYX。
❷ 访谈编码：20181211LW。

们在"组织群众、动员群众和凝聚群众"方面发挥了很大的作用。J 街道正是看到了这一点,即社区"党员干部"的先锋模范带头作用,对群众起着示范效应,他们可以发动和带动一大批党员和群众投身到居委会选举中,而且是按照 J 街道党工委的指示和要求去执行。显然,J 街道动员居委党总支成员这一步"棋"走得非常成功。

其次,给居委干部开会。J 街道在动员霍阳社区党总支成员之后,接下来就是动员霍阳社区的居委干部,因为具体的选举工作还得依靠居委干部来执行。赵素廷在任居委会主任期间,与其他居委干部的关系不好,被告到 J 街道党建办公室主任处。因此,J 街道知晓,如果不通过一定的安排和部署,赵素廷靠个人的力量是无法与"跳舞鱼团队"的崔华邦相抗衡的。崔华邦群里有将近 400 名业主,此次登记投票选举的居民有 600 多名,这 600 多名的大部分业主会不会都是崔华邦那边的人呢?J 街道在这方面有些担心。然而,居委干部能比较准确地掌握登记投票的居民数量,以及具有投票资格的居民投给谁的可能性。因为社区工作是做群众工作,居委干部成天与居民们打成一片,他们的消息最"灵通"。虽然 J 街道握有行政权力,但是它没有权力去干涉和影响居民的选举权。"社区治理的行政逻辑"可以促使居委干部的行为与 J 街道的要求保持一致。"组织规范了权力关系的发展过程。通过内部组织和规则,组织限定了其内部的个人或团体的行动自由,并且因此深深地影响了他们各自决策的方向和内容。"❶ 因此,动员居委干部成为 J 街道在居委会换届选举工作中的政治策略部署的非常重要的一个方面。

J 街道党建服务中心召集霍阳社区居委的五位居委干部一起去开会后,五位居委干部听到消息之后,大概也明白街道找他们的目的,即关于此次居委会的选举。但是,这么多居委干部同一时间去街道开会,而且是在下班之后,这让居委干部们多少有点忐忑不安。居委干部陈晓说:

"以前,金煜在的时候,我们换届选举从来没有像这次一样,当街道叫我们办公室的几个人去,我们担心,一是如果赵素廷没有被选上,选举工作就要重来一遍,我们的工作量就要加大了。二是,我们担心赵素廷如果没有选上街道会不会把我们几个调到其他小区。我们

---

❶ 〔法〕米歇尔·克罗齐尔、埃哈尔·费埃德伯格:《行动者与系统——集体行动的政治学》,上海:格致出版社、上海人民出版社,2017 年版,第 46 页。

办公室这几个人一直都很团结的,不想被调开。其实,那天如果老易那边来一个居民在这边看着的话,我们也不好公开地帮赵素廷拉票,赵素廷只有一百零几票,崔华邦有180多票,如果我们不给赵素廷拉票的话,他肯定选不上的。可是,事后,吴智美还说我们居委干部拉票不卖力,才拉了100多票。我们也是没有办法,主要我们吃饭拿工资,我们还是要服从上面的安排。"❶

从陈晓的这段话中可以看出,J街道非常了解居委会内部人员的情况。对居委干部而言,如果赵素廷未被选上有两个后果:一是重新选举,居委干部工作量将加大;二是几个居委干部的工作将面临被调动。这是典型的"社区行政逻辑"❷。霍阳社区的居委干部们出于"工作量"和"帽子"的考虑,只能接受街道的安排,不管他们内心是多么不愿意赵素廷当选为居委会主任。

第二,选举安排。选举安排是居委会选举过程中非常关键的一个细节。根据老易、居委干部和居民的说法,居委会选举的公开宣传栏里有赵素廷、崔华邦和陆伟三个人竞选居委主任,另外有七个人竞选委员。具体情况如表5-5所示。

表5-5 霍阳社区居委会选举候选人名单汇总

序号	姓名	性别	年龄(岁)	是否党员	是否本地人
1	赵素廷	男	56	是	是
2	崔华邦	男	50	否	否
3	陆伟	男	36	是	是
4	刘翎	男	37	是	否
5	王柱营	男	56	是	是
6	林思	女	46	否	否
7	尹顺英	女	58	是	是
8	宋丽娟	女	42	否	是
9	卢飒	女	45	否	是
10	夏茹	女	43	否	是

资料来源:公开宣传栏

---

❶ 访谈编码:20180920CX。
❷ 陈伟东:《社区行动者逻辑:破解社区治理难题》,《政治学研究》2018年第1期,第103—106页。

从表 5-5 中可以看到陆伟的名字。陆伟是霍阳社区的居委干部，最早他和赵素廷一起参加居委会主任竞选，他带着即将成为居委会主任的期盼动员家人和邻里来登记，结果在选举前的一天，他被告知不在竞选名单之列。这样一出"戏"让他的家人啼笑皆非，也成为居委干部们内部的"谈资"。我们都知道，"中国人生活的特征是家庭关系网"。❶ 由血缘关系扩大了的社会关系，可以给家庭成员带来潜在的资源和机会。给陆伟家人登记的一位志愿者苏红霞说：

"6月26日那一天下午，我在居委值班，伍美兰❷兴致勃勃地来到办公室，对我说：'老苏，我来登记选民证，我家陆伟马上要当主任了，你要给他投一票啊。'我很奇怪，陆伟怎么可能会当主任了，他也没有给邻里们做过什么事情，能力也不行，我当志愿者这几年，一是没有看见他的能力，二是没有看到他的'口碑'，J街道能选他当主任，这里面肯定有问题。但是伍美兰那高兴劲儿，我也不好意思说：你家陆伟真的要当主任，怎么可能呢？我就说：那肯定啊，必须支持啊。给她登记好了，她还在居委会逛了一圈。把自己儿子夸得多么有出息，逢人就说他儿子要当主任了。"❸

苏红霞略带嘲讽的语气充分表现出她对陆伟竞选居委会主任的质疑。事实证明，陆伟确实不是居委会主任的竞选人之一。7月26日，即居委会选举的前一天，陈辉接到了J街道的通知——陆伟不能参选居委主任一职。陈辉马上就把这个消息告知了陆伟，然后这一消息就迅速传开了。霍阳社区居委干部祝如熙和陆伟是亲戚，她听到这个消息之后，并没有感到惊讶。她说：

"陆伟本来以为自己要当主任了，突然在临选前的一天，街道不让他参选了，他很不高兴，但是他也没有办法。我看他神情很失落，就安慰了他几句。我和他说：这就是街道的策略，你是'属地化'，❶

---

❶ 〔美〕R. 麦克法夸尔、费正清编：《剑桥中华人民共和国史——中国革命内部的革命》（下卷），俞金尧等译，北京：中国社会科学出版社，2007年版，第668页。
❷ 伍美兰是陆伟的妈妈。
❸ 访谈编码：20181004SHX。
❹ 这里的"属地化"是指居委干部的属地化，对居委干部来说，属地化有一个好处，就是住在本小区，可以与居民打成一片，处理邻里之间的问题以及日常的居委会工作比较便利。目前，中国的基层社区居委干部都主张这种"属地化"治理模式。

我大姨带了一批邻居来给你登记了，都是准备给你投票的人。现在好了，街道不让你竞选了，给你登记的那些票的一部分就要投给赵素廷了。"❶

祝如熙的这番话说得很有道理，她在居委会工作多年，非常了解街道的一些做法。还有一个人对陆伟突然没有参选的看法和祝如熙如出一辙，就是老易。老易是这么说的：

"居委会竞选名单之前有陆伟，后来就没有了，这是J街道的策略。如果陆伟竞选的话，票就会分散，有一部分票就会投给陆伟，那么赵素廷就有可能不会超过崔华邦的票数。很明显，陆伟的一些票都投给了赵素廷，其实是把分散的票投向赵素廷。"❷

从选举流程来看，选民登记环节特别重要。6月26到6月30日为选民登记日，只有登记过的居民，才有选民证，然后通过选民证去换取选票，这样才能进入选举现场和具有投票的资格。超过这个时间段，居民就不能去居委进行登记，也就是说没有参加选举和投票的资格。J街道和居委会在选民登记和选举策略这一环节，充分发挥了他们的"信息优势"和"策略优势"。

（二）居委会的社区网络关系运作

在社区治理的组织再造过程中，居委会作为国家代理人，国家通过它将权力不断渗透到邻里生活之中，并呈现出主导性的强势。❸ 因此，居委会构成了一个深入社会底层、覆盖整个社会的组织网络。❹ 那么，居委会是如何将社会底层置于一个组织网络当中的呢？詹姆斯·R.汤森等人认为，党的领导"在基层级别，党员可能构成也可能不构成委员会的多数；他们的角色属于'领导核心'的角色，他们必须通过与非党员干部和委员

---

❶ 访谈编码：20181004ZRX
❷ 访谈编码：20180930YZL。
❸ 朱建刚：《国家与家之间：上海邻里的市民团体与社区运动的民族志》，北京：社会科学文献出版社，2010年版，第109页。
❹ 桂勇：《邻里空间：城市基层的行动、组织与互动》，上海：上海书店出版社，2008年版，第134页。

会成员的说服性的合作来贯彻党的政策"。❶ "在国家与社会相互型塑的过程中,存在着积极分子或新的社会经纪人及其作用过程。在新政权重塑社会的过程中,发现、培养和聚集起来的新的居民积极分子起到了非常关键的作用。没有这种社会配合机制,街居制难以执行,基层社会就难以形成和运行。"❷ 长期以来,在社区治理过程中,居民积极分子依然发挥着"与居民打成一片"的先天优势,他们对于普通居民的影响力、号召力和动员力超出了行政权威所及的范围。在此次居委会选举中,居委会积极运作居委会关系网络,充分发挥"居民小组长""党员志愿者""团队骨干"等居民积极分子的作用。在霍阳社区,居委党总支成员和居委干部接到街道的指示和安排以后,如何运用居委会的资源将此次换届选举工作完成,就成了居委会每一个相关人员的"分内之事"。陈辉作为书记,是第一责任人,全面主持和组织安排居委会换届选举的各项事宜。但是,她是新来的书记,群众根基不深,无法调动居民参与选举的积极性。庆幸的是,长期以来,霍阳社区有一支可靠的"居民小组长"队伍、党员志愿者队伍和团队骨干队伍,他们都是社区的"积极分子"。这一批"积极分子"是霍阳社区的居委干部基于"人情逻辑"培养出来的。有研究者认为,"居委会主要在街道的压力下发挥主动性,改造着小区生活。自身的组织资源虽然有限,但可以寻求组织间的资源支持;既充分发挥个人的能力与魅力,更要借助一种朋友式的关系网络开展工作。在与骨干分子、组织精英、普通居民及某些特殊群体的交往过程中,居委会工作者展示出了多种形态的权力,包括人情交往的权力、半科层化的权力、资源交换的权力、组织合作的权力和各种策略性的权力等。其中,'人情逻辑'的作用最为明显"。❸

第一,发动居民小组长。居民小组是居民委员会下设的小组,居民委员会是群众自治的社会组织,居民小组不是一级组织,不具有法人资格,不是经济组织,更不是行政组织。居民小组长由居民小组推选。"居民小组长"是一种正式的和书面的叫法,"楼组长"是社区当中居民对他所在

---

❶ 〔美〕詹姆斯·R. 汤森、布莱特利·沃马克:《中国政治》,顾速、董方译,南京:江苏人民出版社,2010年版,第213页。

❷ 毛丹:《中国城市基层社会的型构——1949—1954年居委会档案研究》,《社会学研究》2018年第5期,第139—163页。

❸ 金桥:《基层权力运作的逻辑——上海社区实地研究》,上海:上海大学博士学位论文,2007年。

楼组的"居民小组长"的日常叫法,即社区每一栋楼里面选一个居民代表,他们负责宣传居委会的活动和派发通知,并将收集到的信息反馈给居委会,他们是居委会和居民之间联系的中介和纽带。一般而言,居民小组长由居委会从每一栋楼里寻找合适的人选来担任,这样便于居委会工作的宣传和开展。霍阳社区共有192个单元,也就有192栋楼,每一栋楼里面都会产生一名楼组长。当然,也存在这样的特殊情况,即某一栋的楼组长出于个人原因无法继续担任的时候,居委会在短时间内无法物色到合适的人选,就可能由其他楼的楼组长兼任,但这样的情况并不是普遍存在的。即使出现了这种情况,居委会也会通过楼组长的推荐或者其他居民的推荐,尽快寻找合适的人选来担任。无论在日常工作中,还是在此次居委会选举中,楼组长都发挥了重要的作用。霍阳社区总共有192栋楼,为了便于管理,居委干部对192栋楼进行了"分块",每一个居委干部负责"一块",因此,居委干部就成为"块长",每位居委干部分管的"块数"相差不多,具体情况如表5-6所示。

表5-6 霍阳社区居委干部分管楼栋情况

序号	居委干部	块数	楼组长人数
1	陈辉	25	25
2	赵素廷	25	25
3	陈晓	27	27
4	陆伟	29	29
5	宋丽娟	29	29
6	夏茹	27	27
7	卢飒	29	29

资料来源:访谈

居委干部夏茹主要负责综合治理、大联动工作站等条线工作,基本上每天都会到小区"转悠",及时发现小区的问题,并上报到M区的大联动平台,因此,她下"块"的时间挺多的,与楼组长和居民走得很近,关系也很密切。当问及居委会选举中楼组长的作用时,夏茹说:

"这次选举多亏有楼组长的帮忙呀,以前我们选举最多200多户居民来登记,其实大部分来登记的都是楼组长和积极分子,楼组长的工作更突出一些。因为楼组长和居民的关系好啊,他们要上门,与居民面对面地交流与沟通。他们就是居委会和居民的桥梁,我觉得,楼组长在社区工作当中发挥的作用更大一些。而我们居委需要的数据,都要通过楼组长上门带回来信息反馈,再安排工作。很多楼组长不是党员,但是他们很积极。我们这里有一个汤阿姨,她是我那个'块'的楼组长,我负责了二十七栋楼,汤阿姨隔壁的那栋楼的楼组长唐阿姨出国去女儿那里住了,去年去的,今年还没有回来,今年两次换届选举工作,都是大事啊,还有平时的居委工作,就是靠汤阿姨帮忙把唐阿姨那栋楼'走掉'的。汤阿姨今年67岁了,做事情很认真,老党员,她是从居委主任退休下来的,对居委工作很熟悉,也很愿意帮忙。她的群众基础好,这次选举工作,她带动了不少人来居委登记,当然,也有个别'捣糨糊'的楼组长,这个就要看我们和楼组长的关系了,我建立了一个'微信群',我把我这个'块'的楼组长都拉进来,进来了21个人,有四个年纪大的,不玩微信,还有两个就是'捣糨糊'的,她们不愿意进来。"❶

如居委干部夏茹所说的,对于居委干部而言,楼组长的语言和行动对居民更有影响力和说服力。居民对社区工作的支持,其实是对某个楼组长或者某个人的支持,其中贯穿的是"人情治理"。楼组长支持居委会的工作,不同的人有不同的考虑。其一,有的楼组长是出于一颗责任心和乐于奉献的精神,给居委会帮忙。这种类型的楼组长是"一种从传统的家庭生活中自我解放,来探索在公共生活圈而非私人生活圈实现自己价值的可能性"。❷ 其二,有的楼组长主观意愿不强烈,但看在居委干部的"面子"上,觉得和某个居委干部关系好,就出来帮忙"跑一跑"。其三,有的楼组长是因为性格开朗外向,邻里关系和睦融洽,喜欢与邻里之间闲聊"家长里短",邻里之间相互帮忙,居委干部也很会挖掘这样的"人才",这样的人群众基础好,便于居委会工作的开展。祝淑兰阿姨就是第三种类型的楼组长,她也是夏茹"块"里的楼组长,她今年65岁,在霍阳社区当了快十年的楼组长,她所在的这栋楼总共有12户人家,大家都把她当亲人,谁家里没人收快递,直接往祝淑兰阿姨家里送就可以了,连"快递小哥"

---

❶ 访谈编码:20180518XR。
❷ 桂勇:《邻里空间:城市基层的行动、组织与互动》,上海:上海书店出版社,2008年版,第134页。

都知道这栋楼的"快递接收总管"是祝淑兰阿姨。当她上门去通知居委会选举的相关事宜时,她所在楼的很多居民都推荐她去竞选主任,祝淑兰阿姨笑着说:

"这次居委会选举,小夏让我去发通知,并让我宣传一下居委主任赵素廷,让大家多支持支持他,我对赵素廷的印象一般,但是小夏让我帮忙,我就帮帮她吧,这也是小夏的任务,小夏和我说了,这也是街道给她的任务。我们这栋楼的居民大部分都是小年轻、白领,要上班的,平时不太关心小区的事情,一般都是我去给他们送通知和传单,征求意见什么的,他们一般都说:没意见,祝阿姨你说怎么好那就该怎么好。我年纪大,和他们父母差不多年纪,他们平时上班也不容易,很忙,还要照顾孩子,我有时候就顺便帮帮他们收取一下快递,看一下孩子啦,只要是能帮忙的就帮,大家都是邻居,有事情打个招呼就行,活着嘛,不就是为了活得舒心,邻里和睦,生活也愉快。(笑)我这个人是热心肠的人,楼上楼下喜欢相互串串门,或者小亭子那边坐一坐,聊一聊。一个邻居和我开玩笑说:让我去当居委会主任,她让大家给我投票。我说:算了吧,大家都选赵素廷,就当是选我了。我知道,大家都是给我面子,毕竟邻居的交情在这里嘛……"❶

像祝淑兰这样的楼组长,霍阳社区有100多名。他们多为女性,比起"刚性权力",女性所具有的"柔性"特征,在小区的群众工作中运用的方法更为有效。霍阳社区居委干部充分发挥了这100多名楼组长与居民"亲如一家人"的天然优势,通过"动员"楼组长,发动居民参与到居委会选举中。当然,居委会之所以能动员到楼组长这么大的一个群体,除了精神激励以外,也存在一种物质奖励。正如彼得·M.布拉指出的:"人的行为都受能够带来奖励和报酬的交换活动的支配,人们进行一切活动都可以归结为交换关系。"❷ 那么,在社区治理中,"以楼组长群体为核心的社区积极分子主要追求的是社会报酬,社会报酬的获得程度决定其参与社区活动的积极性。追求社会报酬的积极分子网络已经成为当代中国城市社区治理

---

❶ 访谈编码:20181128ZSL。
❷〔美〕彼得·M.布拉:《社会生活中的交换与权力》,李国斌译,北京:商务印书馆,2012年版,第157页。

的一种重要机制"。❶ 因此,霍阳社区居委会有了 100 多名楼组长的支持,就等于为此次居委会选举提供给了一个重要的人员保障。

第二,带动党员志愿者。党员是一面旗帜。在社区治理的过程中,党员应该发挥先锋模范作用。在霍阳社区,总共有 295 名党员。一部分是在职党员,另一部分是退休党员。活跃在社区的党员多是退休党员。但是霍阳社区出现了以下几种情况:一部分退休党员属于老弱病残群体,不适合参加选举工作;另一部分退休党员跟随子女去国外养老了。另外,还有一些刚刚退休的党员,虽然他们的组织关系在小区,但是还在外面继续工作。负责党务工作的居委干部陈晓说,霍阳社区虽然有 295 名党员,但能调动的党员基本上是党总支成员和支部成员。马克斯·韦伯指出:"从长远来看,一切使得代表服从选民意志的努力只能产生唯一的一个结果:增强政党组织对代表的控制力,因为唯有组织能够动员人民。"❷ 但是,霍阳社区党总支成员和党支部成员总共 20 几个人,他们在此次居委会选举中发挥的作用有限。于是,居委会想到了社区的"在职党员",如何带动社区的在职党员参与到社区治理中呢?近年来,M 区推出了党员的"红色账户",❸ 即实行"在职党员双报道",也就是说,在职党员不仅要到所在的单位报道,还要去居住的社区报道,领取"任务清单",并根据"任务清单"的实施情况,进行积分。这是一种激发在职党员为小区做贡献的举措,以此发挥在职党员作为居民的主体作用,更好地服务社区。一般而言,在职党员由于组织关系在单位,与居委会和社区的直接利益联系较弱。正是由于在职党员与社区存在的直接利益关系较弱,在职党员的身心全部集中在工作单位,小区的发展似乎与他们并没有太大关系。但是,在 M 区推出"红色账户"之后,一批在职党员主动到社区报道,根据自己的个人情况和特长,承担了适合自己的职务。比如,有的在职女性党员,擅长跳舞,她可以到社区当舞蹈团队老师;有的在职党员根据自己的时间安排,负责组织周六日参与社区的公益活动等。在此次居委会选举中,有在

---

❶ 李辉:《社会报酬与中国城市社区积极分子——上海市社区楼组长群体的个案研究》,《社会》2008 年第 1 期,第 97—117 页。

❷〔德〕马克斯·韦伯:《经济与社会》(第 2 卷),上海:上海人民出版社,2010 年版,第 1281 页。

❸ "红色账户"是近年来 M 区鼓励在职党员在社区"亮身份"的一个举措,以此激发在职党员积极参与社区治理。

职党员来"认领任务",比如当工作人员,负责唱票、计票和现场接待等工作。徐少华和彭志是主动报名参与居委会选举的在职党员。徐少华是电机厂的一个中层干部,当时46岁,入党15年了。他在单位工作非常出色,也很活跃,他主动报名参加这次居委会选举的唱票工作。当问及他为什么想参加居委会选举工作的时候,他说:

"我以前也关心小区的事情,但是没有主动参与过。今年单位发了'红色账户',我就和联系我的居委干部说,我想看一看居委会选举的过程,可以给我安排计票、唱票工作,后来还真给我打电话了,我很乐意啊。我也是业主,是小区的一分子,小区的发展还是要靠居委会的班子推动,我直接参与工作,我的这一票肯定是要投给小区需要的这个人。"❶

和徐少华不一样,彭志是一个90后,当时27岁,在一家外企从事销售工作。现在20几岁的年轻党员普遍不热衷于社区公共事务。但是他在此次居委会选举中负责接待工作,负责给登记的居民发选票。当然,他是居委干部夏茹"动员"过来的。彭志和夏茹住在同一栋楼,邻里关系融洽。有一天,彭志下班看见夏茹在发通知,就和夏茹聊了起来,他回忆道:

"有一天,我下班回来,看见夏姐又在'跑楼',我就问她居委是不是有什么活动?她和我开玩笑地说:居委会换届选举,问我有没有兴趣竞选居委会主任?我和她说:你支持我,我就去竞选(哈哈大笑)。夏姐笑了笑说:算了,你还是别去竞选了,我们现在工作忙得要死,你要是7月27日没事,来居委帮忙吧,给你安排点活干。我说行呀,反正我(选民)登记了,要去投票的,然后,她就给我派了一个'选民证换选票'的活(一脸无奈的表情)……"❷

像彭志这样年轻的在职党员来社区"帮忙",是看着夏茹的"面子"才来的。在社区,经常听到居民之间这样的对话:"咱俩什么关系啊""关系在这里了""一句话的事儿",这样的"人情动员"对社区工作的开展特别有利。乔治·霍曼斯指出,人类个体之间的互动都可以归结为情感报

---

❶ 访谈编码:20181004XSH。
❷ 访谈编码:20181004PZ。

酬或是以资源等为媒介的交换过程。❶ 尤其是在这次居委会选举中,在职党员的"现身"是霍阳社区居委会选举的"首次",他们和党员、居委会干部一起力促居委会选举工作顺利完成。

第三,动员团队骨干。近年来,随着小区居民生活水平的提高,霍阳社区产生了七支社区团队,社区团队不仅丰富了小区居民的生活,还为社区治理提供了组织的载体。其中志愿者团队、巡逻团队和舞蹈团队的人数较多,在此次居委会选举工作中发挥了重要作用。霍阳社区的团队情况如表 5-7 所示。

表 5-7 霍阳社区团队情况

序号	团队名称	团队总人数	团队骨干人数
1	舞蹈团队	30	2
2	巡逻团队	48	4
3	志愿者团队	50	5
4	越剧团队	15	1
5	时装团队	12	1
6	拳操队	9	1
7	羽毛球队	10	1

资料来源:访谈

霍阳社区的舞蹈团队有两个领队人,一位是 69 岁的汤兰,另外一位是 56 岁的尹顺英。汤兰的团队有 18 个成员,年龄和她差不多,都是六十几岁的老人。她以前在汽轮机厂上班,退休后回到社区组建了这支舞蹈团队,十几年下来,她们都是将近 70 岁的人了。汤兰是一位楼组长,她的团队里面有 12 位楼组长。前文已经介绍过,楼组长是居委会和居民之间的桥梁,楼组长会推荐熟人给居委会,成为新的楼组长。因此,只要居委会动员汤兰来参加居委会的选举工作,那么,她带领的整支队伍的成员及其家属就会被动员起来。居委干部宋丽娟说:

"我们小区的汤阿姨,号召力很强的,她和尹阿姨每人负责一个团队,她们底下都是几十、百来个人,她们如果发动团队的队员,马上小区里面,就有一群老太太们响应她们的号召。汤阿姨她老公以前

---

❶ George Casper Homans(1961)Social behavior: Its elementary forms. New York: Harcourt Brace Jovanovich, pp. 1-23.

是M区信访办的,她儿子在Z镇信访办上班,居委会换届选举,汤阿姨还打电话给他儿子说:我不愿意给赵素廷投票啊。他儿子说:不想投就别投呗。汤阿姨马上回答:那我得帮小宋啊。他儿子说:选不上就选不上吧,选了别人,怎么要重选,哪有这样的做法。最后,汤阿姨还是让她老公和团队的人选了赵素廷。"❶

宋丽娟的这段话道出了两位舞蹈团队的骨干,其中一位就是汤兰,汤兰的家人都在政府部门工作,她没有听家人的劝告,而是听了宋丽娟的话,可见,汤兰把宋丽娟当成"自己人",基于这样一种情感关系,汤兰把宋丽娟的事情当作自己的事。因此,居委会选举的工作事半功倍。另外一位是尹顺英,尹顺英今年56岁,去年刚刚从汽轮机厂退休。尹顺英爱好唱歌跳舞,性格开朗外向,喜欢和刚刚退休的阿姨们一起活动。由于经常跳舞,尹顺英身材匀称,体态轻盈。尹顺英组建了一支相对年轻的舞蹈队。加之,尹顺英在单位做过支部书记,很善于管理团队。作为团队骨干,尹顺英和居委会的卢飒关系很好。毫无疑问,卢飒很快就找到了尹顺英,说明了居委会选举的情况。尹顺英很爽快地答应了。她说:

"小卢找到我之后,让我支持赵素廷,我个人是没有问题的啊,但是还让我团队的人选他,这是有一些问题的,我团队里面12个成员,有两个楼组长,其余的都是群众,他们很多都是老易那边的人,他们反赵很厉害的,我只能尽量去做他们的思想工作了,毕竟投票权在人家手上,人家要选谁我也不能强制,我就把我的意思和我团队的人说了,后面大家还是投给了赵素廷,他们都是看在我的面子上的,因为我都提出来了,他们信任我,就跟着我选了。我们团队的人都很好的,好说话(笑)。"❷

尹顺英动员了一部分支持老易的人,最终把票投给了赵素廷,这就弱化了"跳舞鱼团队"的支持力量。打破力量平衡往往是从一个组织的内部开始,居委会就具备这样的能力,因为它有庞大的"楼组长队伍""党员志愿者队伍""团队骨干队伍",这三支力量在小区治理中齐头并进,彼此补充。甚至可以说,楼组长队伍发挥了更为突出的作用,因为邻里之间

---

❶ 访谈编码:20181127SLJ。
❷ 访谈编码:20181001YSY。

相互守望以及和谐共处的关系是在朝夕相处的一点一滴之中建立起来的。在 J 街道进行全面政治策略部署和居委会的社会关系运作之后，居委会主任选举结果已经毫无悬念，这也是崔华邦之所以在居委会主任选举中落选，及赵素廷当选的重要原因。同时，这也充分说明 J 街道是"跳舞鱼团队"产生分歧的外部力量。

第三节　团队分歧与社区治理的困境

崔华邦在居委会主任选举中落选后，"霍阳邻里群"士气低落。此时，将近 500 人的"跳舞鱼团队"已经分为三个群体：一是以崔华邦为群主，继续留在"霍阳邻里群"的 300 多人；二是一部分以老易为首，追随老易的人；三是以林思为首和街道合作的一部分人。这三个群体虽然各有立场，但是他们还在继续关心第四届业委会的解散以及新一届业委会的产生。然而，社区治理是一个"集体行动的过程"❶。"跳舞鱼团队"内部产生分歧，给霍阳社区的治理带来了新的挑战。"跳舞鱼团队"分成了三个群体，即以老易、崔华邦和林思三人为首的三个群体，他们各自有各自的打算，难以保证以社区的公共利益为先。奥尔森指出："有理性的、寻求自我利益的个人不会采取行动以实现他们共同的或集团的利益。"❷ 因此，"跳舞鱼团队"的内部分歧，导致他们内部三个群体之间的相互斗争，这在一定程度上破坏了社区凝聚力。同时，霍阳社区的业委会运转存在一定程度的失灵。自从李银柱辞去第四届业委会职务以后，副主任赵素廷成为业委会的负责人，但是其在任期内的"不作为"，使得业委会只是在形式上存在，其始终没有发挥功能。这两者共同造成了霍阳社区治理的困境。

一、业委会能力有待提高

在中国基层城市社区治理中，"社区社会组织的建设成为近年来国家基层治理实现共建、共治、共享格局的重要方略。业委会是其中一种典型

---

❶ 余湘：《城市社区治理中的集体行动困境及其解决》，《湖南师范大学社会科学学报》2014 年第 5 期，第 32—38 页。

❷〔美〕曼瑟尔·奥尔森：《集体行动的逻辑》，上海：上海人民出版社，1995 年版，第 2 页。

的组织形式"❶。然而,"作为独立治理主体的业委会被极大架空,多数社区不存在业主大会或者形同虚设"❷。霍阳社区的第四届业委会不曾召开过业主大会,而且"维修资金"未按照"维修资金使用管理规约"支出,霍阳社区第四届业委会成立了,但是其并没有发挥出维护业主利益的作用,可以说,第四届业委会虽然成立了,但它的功能一直处于缺失状态,这也是"跳舞鱼团队"一直对之不满的地方。霍阳居民朱灿赫是水利水电工程方面的专家,享受国务院特殊津贴待遇,他对霍阳社区的排水管道施工工程意见很大,多次找居委会反映都没有结果,他不得不去找街道房管办沟通。一般来说,小区有施工工程,首先要通过"四位一体",即在居委党总支的带领下,召开居委会、物业和业委会的四方会议,共同商量工程实施的必要性和可行性。在取得"四方"一致同意后,必须在小区公开宣传栏进行为期一周的公示。若居民有意见,或者有异议,都可以反馈到居委会。若该工程未经公示,或者遭到居民反对,就不能予以实施。若通过了公示期,则表明居民对此项工程是认可和支持的。在施工阶段,作为工程的监督方,"四位一体"同时起作用。当然,因为社区某些工程的实施,涉及"维修资金"的支出,所以,业委会发挥了极为重要的作用,其不仅要合理预算工程费用,对每一笔费用进行核算,还要监督工程的实施情况。然而,朱灿赫所不满的是,他作为业主,缴纳的维修资金并没有在小区实施的工程中给业主带来福利,而是在"糟蹋"钱,于是,他希望通过与居委会以及街道的沟通来解决这个问题。他说:

> "前段时间,我们小区在施工,我特地去找了街道,和房管办反映小区现在这个搞工程的,不合格,没有考虑材料的属性,这样施工是不行的,这样不仅'毁绿',下面地下水管都要损坏的。我拍了好多照片,还给他们看了资料,还有我的证书,我搞水利水电出身的,给街道房管办的两个人看,他们看不懂。我就想看看我们小区的施工方案,结果也没有,就几行字的一张纸,我想去复印一下,也不给。还不给我爱人看,东西也不给。我本来就是搞工程出身,对这种工程

---

❶ 朱建刚、景燕春、杨磊:《社区社会组织的动力机制与精英依赖——对 D 小区业委会筹建的民族志研究》,《广西民族大学学报》(哲学社会科学版)2018 年第 4 期,第 96—102 页。

❷ 唐越:《提升城市居民的"幸福指数"——"四位一体"小区治理道路之探索》,《东南大学学报》(哲学社会科学版)2018 年第 S1 期,第 133—137 页。

实在是看不下去，要去沟通，把问题解决了。是为了你好，我才提出意见，要求把事情做好。所以，现在都是向钱看，业主交的这点钱，大家都要。"❶

朱灿赫所反映的问题，实质是维修资金的使用问题，如果维修资金能管理好，就不会出现施工方不合格的问题。也恰恰是因为在小区一些施工方面的问题，包括前面"跳舞鱼团队"在"拉金"和"反李"事件中反映出来的一系列问题，都充分体现了霍阳社区业委会存在的一系列问题。J街道承诺林思改选第四届业委会，但前提是理清第四届业委会的"账"。然而，第四届业委会的审计结果迟迟出不来。有研究者提出建议，"需要我们从制度上抓起，重视业委会在社区法治中的核心地位，保持业委会工作与居委会、物业公司的定期联系，建立长效的协商对话机制。对于法律赋予居民的民主权利，我们需要在社区熟悉的工作中下功夫，减少居民间的隔阂与壁垒，使得'共治'与'自治'发挥协助效应，形成一套旨在提升居民幸福指数的'四位一体'小区治理新模式。"❷ 事实上，根据笔者的调研，J街道 46 个居民区的"四位一体"运行情况顺畅，这主要取决于居委党总支在领导"四位一体"运行过程中起到了领导核心作用。

二、社区凝聚力尚需增强

第四章已经详细论述了霍阳社区存在三股不同的利益代表群体，即以"跳舞鱼团队"为代表的"新上海人"群体、掌握社区公共权力的"本地人"群体以及介于二者之间不参与社区公共事务的"中间"群体。"跳舞鱼团队"的分歧使得霍阳社区的居民群体进一步分化，一定程度上降低了社区凝聚力，致使社区治理的"集体行动"受阻。科恩在谈到民主的基本前提时指出，"民主以社会为前提，这种社会不可能一旦形成永不改变，而是要不断地重新形成，永远处于消长盈亏的状态之中。民主社会的成长与持续依靠某些不易捉摸的东西——团结精神、成员对社会的感情，认为他们共享的成员资格较之他们之间可能发生的争端更深更大的重要性。团

---

❶ 访谈编码：20181101ZCH。
❷ 唐越：《提升城市居民的"幸福指数"——"四位一体"小区治理道路之探索》，《东南大学学报》（哲学社会科学版）2018 年第 S1 期，第 133—137 页。

结精神愈弥漫、愈紧密,民主也就愈能持久,愈能经受最严重的内部冲突。"❶ 显然,"跳舞鱼团队"的"团结精神"因两次换届选举中的内外因素而逐步减弱,这意味着霍阳社区的凝聚力也在同步降低。具体而言,霍阳社区凝聚力降低主要体现在以下两个方面。

第一,老易"另立旗帜",物色新的"业委会主任"候选人。老易从"霍阳邻里群"退出来时,虽然声称自己不会再组织"团队"了,要干也是单干。但是,当他看到崔华邦在居委会选举中落选以后,林思成为街道和赵素廷的"积极合作者",他觉得如果自己不行动,下一届业委会极有可能还是维持第四届业委会的原状,业主的权益依然得不到维护。于是,他利用"老人"优势,找到了航天院的一个叫袁欧华的年青人。袁欧华是航天所的一位中层干部。他和老易的私交不错,也非常佩服老易在小区做的事情。当他得知老易找他是为了业委会的事情时,他明确表态支持,而且他会动员汽轮机厂和重型机器厂的两位中层干部一起到他家商量对策。

"老易退群"后,他召集三位"中层干部"到他家"开会",袁欧华在外地出差,由袁欧华的爱人潘莉代为参加,另外两位"中层干部"分别是汽轮机厂的刘翎和重型机器厂的何少峰。刘翎和何少峰都是"跳舞鱼团队"成员,刘翎和崔华邦的关系甚好,他非常尊重老易。何少峰是通过"扫楼"加入进来的。这也是他们之所以接受袁欧华的邀请,愿意来听一听老易的"建议和对策"的原因所在。在此次"商谈会议"之前,笔者也接到了老易的邀请,因此,笔者作为采访者记录了他们"商谈"的整个过程。具体内容如下。

  刘翎:林思很积极的,"扫楼"和现在筹备新的业委会都很积极。
  老易:党总支选举,已经选举完了,街道问我选举程序是否合法、程序有问题吗?居委会选举,因为放了一炮,他们提前来找我了。我说数赵素廷的不是,说崔华邦比赵素廷要好一点点。
  刘翎:居委选举中新冒出来一个尹顺英。而且在职的只能有一个名额,如果在职的选上了,即使不辞职,也可以做委员。
  何少锋:其实就是大多数人参与不上。只有业委会能参与。崔华邦是不错的,应该鼓励更多的群众去投票,不做主任,至少进一个委员。晚上我也去了,两次投票我也去,都是他们的人,谁家里没有事

---

❶ 〔美〕科恩:《论民主》,聂崇信、朱秀贤译,北京:商务印书馆,2003年版,第21页。

情啊，晚上又没有通知，他们当时票数没有过半数，又重新选了一次。这里面有很多问题，尹顺英一开始是退出的，为什么她退出了，我们也退出呢？

刘翎：我当时是参加了选举现场的，所以，这里面有很多问题，尹顺英退出，我们也退出了。一开始选的时候，王柱营、林思、我、秦金立、崔华邦，我们五个人在，陈辉书记给我们五个人做工作，尹顺英退出了，就留了崔华邦一个人，当时大家的想法是保崔华邦一个人，至少进去一个人就胜利了。等我们退出了，尹顺英又进去了。陈辉书记说我们不退出的话，还要搞一次选举，我们都是党员，无所谓的，当时街道同意拨款600万元搞道路，当时的诉求就是美丽家园这个事情嘛，所以，我们就签字退了。然后，我早上去投票了，当时我是没有去礼堂，有人在群里直播，我是看了，尹顺英和崔华邦两个人票数都没有过总票数一半，所以无效。他俩都不能当选，所以搞了第二次选举，晚上又搞了一次。我估计晚上崔华邦80多票，确实没有弄过。崔华邦就这样没有进居委。我们中间一个人都没有进去的。尹顺英原先是居委会的人吧。我们也能进居委，但是在职的只能有一个人，只有一个名额的。

老易：就看业委会咱们能否想办法，难是难，那就试一把吧。

刘翎：我报名参加筹备组的时候，陈辉书记建议我不要搞筹备组，直接搞业委会。

老易：筹备组的人，不能进业委会，我提议的。看来陈辉书记还是看重你。

刘翎：我提议，咱们进筹备组，业委会按照比例从几个组里面选代表出来。

老易：对，动员他们来报名，业主代表大会很重要。这个水我蹚了，有什么了不起的。

刘翎：我就担心业委会选举也和居委会一样，难搞！你看看，前面居委会选举的时候，陈辉书记劝我签退出表，居委代表，是群众推选上去的嘛，都很正规的，都公示的。当时，崔华邦说要有五个居委代表嘛，我当时说，如果不够，就加上我一个。崔华邦、秦金立、林思、王柱营，王柱营也是。一个老同志，也是在外面无牵无挂的，反正不知道什么原因也退出了。在尹顺英退出之后，我们签了退出协议，后来尹顺英又进去了，这就是领导的艺术。居委会那个战役真是（一脸无奈的表情）。我老婆还说，天天在搞这个。

何少峰：是啊，现在搞得大家都看不清状况了，感觉"对方"力量太强大。

刘翎：还有，我们都不是本地的，住的时间不长，这哪能搞定，2000多户，"新上海人"能占1/10。现在很多人说，在这里搞这个，还不如好好赚钱换房子。我楼下装电梯，我还希望为这个楼栋做点事情，12户人家，有一户不同意就不行。我看他们的玩法之后再定，我现在不知道他们怎么玩。

老易：我们为什么让他们当白痴，我就要反抗到底，只要把钱袋子看紧了，其他的咱不管了。把账拿回来。财会毕竟需要专业的。先要把账拿回来，停车费拿回来，给30%，还有每年70万，咱们还有钱了，一排房子要收回来。全被物业拿走了。

何少峰：道理是这样的，其实钱还是最关键的，只要拿到了账，维修资金保住了，他们也不敢乱来。关键还是业委会选举这个方面。

刘翎：我们反正跟着易老干，您有经验，您看看下一步我们该怎么走吧。❶

从上述内容来看，老易、刘翎和何少峰就居委会选举中的一些细节交流了看法，同时对街道和居委会发挥的"作用"进行了讨论。诚然，他们最为关注的是新一届业委会的产生及他们可能遇到的困难。老易曾经是第三届业委会的筹备组组长，他希望自己的经验能为当前的两位年轻的"候选人"提供指导。潘莉在整个"商讨"的过程中，没有太多的发言，但是她开诚布公地说了这么一句话：欧华是支持易老筹备新的业委会的，他的工作太忙了，需要配合的工作，她可以做，但是欧华不参与竞选。

从他们四个人商量的内容来看，老易有决心和想法去为第五届业委会而"奔走呼号"，但是他只能作为"幕后人"，因为85岁的他已经不可能再次站出来成为业委会的筹备组组长了。而且，现在已经不是丁聪担任霍阳社区居委书记的时局了。刘翎、何少峰和袁欧华的爱人都知道筹备新一届业委会"任重而道远"，他们有畏难情绪，但是又不甘心自己缴纳的维修资金被他人占用，所以，他们心里还是存有一丝念头，即"跟着老易

---

❶ 访谈编码：20180930YZL。

干"。显然,老易建设业委会的思路还是根据"自愿报名、公开招聘、公开选举"的方式来进行。然而,林思则提出了建立"实名群",以此产生第五届业委会成员的想法。

第二,林思建立"实名群",为成立第五届"业委会"做准备。崔华邦在居委会落选之后,街道已经承诺林思等人改选业委会。关于建设什么样的业委会以及如何建设业委会,林思有自己的想法。有一段时间,她和魏裕一起学习业委会建设的相关知识,其中,有一条就是建立"实名群",她觉得这个做法值得借鉴并具有可操作性。于是,她在"霍阳邻里群"提出了这一想法,但很快遭到了"霍阳邻里群"成员的反对。对于林思为什么要建"实名群",大家开始猜测缘由:有人认为,林思是"群里建群",想要进一步分化"跳舞鱼团队";也有人认为,林思建"实名群",是为赵素廷继续担任业委会主任而做的铺垫;还有人认为,林思是一个别有用心的人,她建"实名群"的目的就是笼络更多的人,从而建立一个满足她的利益诉求的业委会。然而,林思是这么说的:

> "崔华邦的很多理念,我不喜欢。他没有一个战略规划在里面,我平常交流太多,我的意思是要联合所有阶级的人员,因为有不同维权的人,不同理念,他就只能团结那几个年纪大的。后来,我和冯志去找陈辉书记谈,我们谈成了。我在群里看到赵主任几个字,就知道不得了。他们志愿者就说我,以前是坚强斗士,现在是墙头草了。我那时候,想着实名制。这样大家在群里发言会谨慎,你在群里乱说,就不好。提问题可以,但是也要提出解决方案。民众情绪调起来了,不解决问题,不知道问题在哪里,最后不知道把矛盾点搞哪里去呢?"❶

从林思的这一段话中可以看出,林思主张建立"实名群"是为了便于邻里之间的沟通与交流,而且每一位邻居发言时需要秉持客观、理性和公正的态度,不能随意指责和谩骂他人。在对小区治理提问题的同时,尽量做到有相应的解决方案,而不是一味地抱怨,否则,小区的治理情况也得不到根本的好转。然而,老易和朱灿赫对林思建立"实名群"的说法是这样的:

---

❶ 访谈编码:20181028LS。

朱灿赫：有一次，在老易家开会，开会的时候，我看她坐在那边小沙发上，她说有一个小区业委会拿工资，搞得比较好，我当时就觉得她动机不纯。业委会都是业余的，哪有拿工资的。

老易：她的想法是把业委会建成一个公司，一个级别就对应相应的工资。❶

可见，老易并不反对林思提议建立一个类似于公司的业委会，他认为，林思是一个有想法的人，且不说把业委会建成公司架构的可能性是否存在，老易认为林思至少是在积极地思考。然而，朱灿赫对林思建立"实名群"持否定态度。一是因为在"扫楼"的时候，每个业主签名并且留下了联系方式，这就是"实名"。二是"霍阳邻里群"里的邻居，每个人都标注了自己所在的楼栋，也属于实名。关键是，林思所提出的建立"实名群"，是鼓励"跳舞鱼团队"的成员加入她建立的"实名群"，这无疑是在分化"跳舞鱼团队"。显然，崔华邦不认同林思的做法。崔华邦接替老易成为"霍阳邻里群"的群主之后，因为之前他和林思的分歧，林思主动退群了，后来因为要建"实名群"，她又进群了，结果因为这个事情，被群里的邻里骂为"叛徒"，几番唇舌之战以后，林思最终"退群"了。同时，她建立的"实名群"也因此而夭折了。

恰恰是从林思建"实名群"开始，"霍阳邻里群"里300多人对林思的看法就更坚定了，即林思已经不是他们曾经的"战友"了。秦金立对林思的评价说明了这一点，他说：

"我曾经很欣赏林思这个女同志的，扫楼的时候，她一个人扫了88户，我们都对她称赞的。自从党总支换届选举，她在群里攻击老易的时候，我就发现她不对了，在居委会选举的时候，她推崔华邦去竞选居委会主任，结果她没有投票给崔华邦，你说这个奇怪不奇怪？肯定中间出了什么问题，后来听说街道给她承诺了。现在来搞'实名群'，这不就是搞团队分裂嘛。"❷

林思主张建立"实名群"的本意是为了更好地建设小区，希望大家都能够建言献策，集思广益，共同为小区出一份力。然而，经过两次换届选

---

❶ 访谈编码：20180930YZL。
❷ 访谈编码：20181101QJL。

举，林思等人与崔华邦、老易等人之间已经有了很深的积怨。尽管林思的主观意愿是好的，但是从"跳舞鱼团队"退出去的其他人并不是这么想的，他们往往站在了林思的对立面去看问题。因此，由于团队分歧所产生的积怨越来越深，矛盾无法调和，社区凝聚力进一步降低。在这样的情况下，如何来协调"一分为三"的"跳舞鱼团队"共同致力于霍阳社区建设，就需要J街道运用"政治智慧"和必要的"政治技巧"来处理了。

综上所述，J街道在46个社区中推进组织再造经历了一个曲折发展的阶段，由霍阳社区自发形成的"跳舞鱼团队"，通过居委党总支选举的非制度化参与和居委会选举的制度化参与，对J街道的党政工作造成了一定的压力。同时，"跳舞鱼团队"由于内外部因素在社区的两次换届选举中逐步走向分离，从而导致了霍阳社区治理的困境，这也在一定程度上影响了J街道推进组织再造的进程。下一章将分析J街道如何化解因团队分歧所造成的困境，从而顺利推动组织再造的进程以及提升社区治理的绩效。

第六章 "一起来跳舞":城市社区治理中组织再造的成效初现

> 把群众组织起来,把一切老百姓的力量、一切部队机关学校的力量、一切男女老少的全劳动力半劳动力,只要是可能的,就要毫无例外地动员起来,组织起来,成为一支劳动大军。
>
> ——毛泽东:《组织起来》

居委会选举工作虽然已经告一段落,但是这并不意味着霍阳社区的组织再造工作已经完成了。霍阳社区能否在新的"居委班子"带领下顺利地开展工作,是J街道党工委后续工作仍然需要高度关注的一个问题。老易退出"霍阳邻里群"以后,"跳舞鱼团队"在崔华邦的带领下,继续往前走。由于林思和崔华邦在如何成立以及成立什么样的业委会方面存在分歧,霍阳社区的凝聚力降低。同时,霍阳社区的业委会功能有待提升,因此,居民们对"解散第四届业委会"的呼声依然未减,J街道主动采取措施化解居民和居委会、街道之间的矛盾。一方面,老易虽然"退群"了,不再是"跳舞鱼团队"的"领袖",但在霍阳社区的"民意基础"尚在,尤其是老易于居委会选举之前在网上发表的《十问赵素廷》,给霍阳社区居委会和J街道的工作开展造成了一定的压力,于是,J街道派出两位中层干部与老易"谈话",一是想了解老易对霍阳社区治理的一些看法;二是表明街道的立场和态度,希望老易支持陈辉书记的工作。另一方面,J街道约谈了林思等人,并同意林思等人提出的改选第四届业委会的请求。这个过程充分体现了J街道调动社区各个治理主体参与社区治理的积极性。因此,社区治理主体,诸如社区党组织、居委会、业委会、物业、社区团队和居民,在J街道党工委的领导下,共同致力于社区治理,提升了社区治理绩效。居民的幸福感和获得感得以提升,社区的体制机制运转得更加顺畅，社区文化氛围更为和谐，这意味着J街道在社区治理中推进组织再造的成效初现。

第一节　政治吸纳与组织再造的初步实现

面对"四分五裂"的社区群体和社区治理混乱的霍阳社区，J街道派出两位中层干部找老易谈话，老易答应两位中层干部协助陈辉书记共同治理小区。此外，作为与街道的积极合作者，冯志被街道选为第五届业委会筹备组成员。崔华邦因为在居委会选举中落选，加之与林思的"战友情"，他最终和林思"握手言和"，重新邀请林思加入"霍阳邻里群"。J街道通过将林思"吸纳"进来，最终把"跳舞鱼团队"的人都"吸纳"到社区党组织的统一领导下，从而初步实现了社区治理中的组织再造。

一、中层干部的来访

老易"退群"后，他已经不再关心"跳舞鱼团队"的发展了。他再次关注社区治理问题是在居委选举工作启动的时候。当时，居委会的候选人名单已经在公开宣传栏进行公示。"赵素廷"的名字赫然醒目地出现在居委会主任候选人的名单上，老易对赵素廷在小区的所作所为一直耿耿于怀。他虽然脱离了"跳舞鱼团队"，但作为一名业主，他认为哪怕凭借一己之力，也要去摆明他反对赵素廷当居委会主任的态度。于是，出现了《十问赵素廷》在网上大量传播的事。老易选在了居委会选举的前一个星期在网上发表《十问赵素廷》，这对居委会选举产生了很大的负面效应。因此，J街道派出了两位中层女干部，与老易进行谈话。

（一）《十问赵素廷》

2018年4月3日，老易"退群"。当时，群内鸦雀无声，但实际上对跳舞鱼团队成员而来说，这是一个巨大的"地震"。"霍阳之心"核心组成员一批又一批地劝老易"回心转意"，但老易明确表态：道不同不相为谋。可见，老易不愿与崔华邦和林思等人为伍。从此，他不再过问群里的情况以及崔华邦和林思的一些计划和做法。他在思考一些问题，并按照自己的想法行事。他坦言，他再也不会建立一个"组织"了，他要干也是"单干"。因此，他一直在默默地关注居委会选举的进展。作为业主，他并没有去居委会登记,他不想参与投票,因为赵素廷和崔华邦都不是他中意的居委会主任人选。随着时间的推移,老易心里憋着一口气。因为他实在不希望赵素廷当居委会主任。他认为,一个无才又无德的人,怎么能管理好霍阳社区呢?老易之所以说赵素廷是一个无才之人,是因为一是语言表达能力不行,说话不顺畅;二是思想和决策能力不行,没有自己的主张和想法,凡事唯唯诺诺;三是执行力不行,从来不在小区"转悠",美丽家园工程建设中没有见过他的"人影"。说他"无德",是因为他没有一颗为居民服务的公益心,只想着个人利益。2015年,赵素廷到霍阳社区做居委书记的第一天,老易就认识了他,所以,他对赵素廷非常了解。恰恰因为太了解,老易无法接受赵素廷继续在霍阳社区当居委会主任。❶ 于是,老易细数了赵素廷过去在小区的所作所为,在换届选举前几天,他在网上发表了《十问赵素廷》的言论。《十问赵素廷》在网上被大量转发和推送。《十问赵素廷》具体内容如下。

十问赵素廷❷

1. 为什么美丽家园工程上下公认霍阳社区最差?不得不返工,居委会主任负什么责任?

2. 化(花)84万元(有资料表明该工程50万元足矣!)的电子监控工程,公安局检查为"探头不能正常运转,作用发挥差……图像不清晰"。你有无责任?

3. 以拓展消防通道为名,一个"毁绿字"都不提的征询表,实则消防通道并未拓宽却毁绿近40%,你不感觉这种征询是在欺骗居民吗?

4. 为阻止真正为业主服务的前业委会副主任沈宇前进入本届业委会,你参与诬陷沈宇前有违章搭建行为,我当即指出问题,你事后也承认有误,我要你们向老沈道歉,为什么至今不道歉?你们怎么连起

---

❶ 老易认为赵素廷无才无德,确实有他所说的客观原因,但是也存在一种情况:因为老易的才能出众,跳舞鱼团队中很多都是接受过高等教育的知识分子或者有着专业特长的技术人才,赵素廷担任居委会主任的确"才能不济",确实影响到他的工作开展。据采访过程中多位居民的说法,赵素廷在与居民打交道的过程中存在"双重标准",即对和自己关系好的居民,比较热情,对不愿意接触的居民,则置之不理。这对于居委会主任这一岗位来说,确实不是一个好的人选。但是,对于基层组织而言,J街道党工委有组织的考虑和安排。

❷ 资料来源于老易。

码的文明都没有呢?

5. 在这几年,你还是业委会副主任,按《物权法》规定属于全体业主共有的几百万元厅(停)车费哪里去了?这都是李银柱一人所为吗?

6. 李银柱与物业公司签定的违规辱民上调物业费(再说一遍我们不反对上调物业费)的合同,你起了什么作用?

7. 四月份业委会曾有三页《告全体业主、居民书》,为什么对小区500多户业主要求改选业委会,如此重要的社情民意只字不提,你们就是这样的殚精竭虑,恪尽职守地做隐瞒工作?!该文还点名我要求召开临时业主大会,请你拿出证据我老易何时何地用什么形式要求过召开临时业主大会?有种你公佈(布)出来!否则这是一个居委会主任以造谣的方式欺骗居民,可耻!

8. 业委会可以出三页忽悠业主的所谓《书》,有几位业主针对性地出了一页 N 问,很快被撕了!这是典型的"只许州官放火,不许百姓点灯",你还真干得出来!

9. 该《书》还有"刻意……将党组织书记金煜除在外",何必羞羞达达(答答)呢?直接(截)了当说我们反党不就一针见血,你是多有政治原则的好干部呀?

10. 我们这么大的小区,在称(你)任副主任的这几年没有解决一个(个)老年活动室,为什么?

顺便说一下,我于四月初由于身体原因退出大群。却有说法是赵主任做了老易的工作后退出大群的,是这样吗?记得在我家,你我是有过一次谈话,前提是你要求你我都关手机,但是你那不争气的另一部手机鸣叫了,你就是用这种无耻(耻)手段与居民谈话呀!那也好就用未关机的这部手机的谈话录音公示与众,让大家知道我们那次谈话,你是怎样劝我退群的?我是如何接受你的劝导的!否则我会说你以无耻(耻)证明无耻(耻)就更无耻(耻)了!

赵主任,我们对你这几年的工作有这么多原则性疑问,让我如何能投你一票呢?

老易的《十问赵素廷》,每一"问"都直指赵素廷的"才"与"德",也是对 J 街道党工委在选人用人方面的质疑,同时,也是对霍阳社区居委会整个领导班子的否定。老易很不理解为什么他们反复上诉反映的问题，街道就是"视而不见、听而不闻"。他认为，自己必须"放这一炮"。诚然，老易的《十问赵素廷》确实是一个"炮"，再度引爆了"跳舞鱼团队"成员"燃烧的心"。在"跳舞鱼团队"的成员看来，老易虽然已经"退群"，但他的影响力还在。他们大量转发《十问赵素廷》，在网上营造出一种舆论，这种舆论的压力对 J 街道和霍阳居委会来说是无比巨大的。赵素廷已经通过了 J 街道党工委的组织审查，并在小区进行了公示。如果在选举过程中出现了与公示名单所不同的名单，将会引起 M 区乃至上海市的关注。因为这反映了 J 街道党工委没有做好前期干部审查工作，而这恰恰与中国共产党的组织工作原则相违背。"中国共产党组织健全，结构严密，有相当强的影响力，是当代中国政府过程的中枢结构。"❶ 面对霍阳社区居委会选举复杂多元的环境和不同的居民主体，J 街道党工委必须将每一项工作落实到具体的人身上，将工作做细致，严格把控选举过程中的任何一个环节，不让任何一个人或者一件事成为干扰选举的突发因素，因为党政"人才队伍建设"是街道推进组织再造极为重要的一个环节。于是，J 街道派来了两位中层干部与老易"谈话"。

（二）"陈书记是第一责任人"

老易在网上发表的《十问赵素廷》，被迅速而广泛地传播，反响很大。起初，居委会选举的选民登记是 600 多人，由于《十问赵素廷》的发表，有 100 多人放弃了选民资格。可见，老易在居委会选举前的这一举动，引起了 J 街道极大的关注。于是，J 街道派来了两位中层干部找老易"谈话"。

2018 年 7 月中旬的某一天，上海已经入伏，天气炎热。J 街道派出霍阳社区的两位中层干部，她们分别是街道党建办公室主任邹颖和党建服务中心主任薛绰英。邹颖刚刚从妇联主席的位置上调任过来，接替方文兵，❷ 全面负责 J 街道的党建工作。在 J 街道，党建办公室和党建服务中心两个部门，在机构设置上是并行的，❸ 但是在实际运作和执行过程中，党建办公室是决策部门，党建服务中心是执行部门，它们两者之间是领导与被领

---

❶ 胡伟：《政府过程》，杭州：浙江人民出版社，1998 年版，第 98 页。
❷ 方文兵是 J 街道党建办前任主任。
❸ 见附录 J 街道社区党建领导体制和工作架构示意图。

导的关系。同时，在机构干部职务的设置方面存在一定差别，邹颖是副处级干部，薛绰英是正科级干部，这决定了薛绰英要接受邹颖的领导。所以，一直是邹颖在和老易谈。

老易对两位干部的到来，没有感到意外，因为他知道他写的《十问赵素廷》引起了J街道的关注。当他见到"两位干部"的时候，他对薛绰英没有太多印象，倒是记住了邹颖。因为邹颖一见到他，就开始和他"套近乎"，说她十年前就认识老易了，即老易在街道"党员议事团"的时候，邹颖是"党员议事团"的秘书。老易则说：不对，当时"党员议事团"的秘书是一个姓杨的研究生，不是她。这导致场面很尴尬。邹颖转口说，那会儿她怀孕了，在家待产，人不在，但职位还在，所以她很熟悉"党员议事团"的成员。

说到这里，老易直接进入主题，问邹颖：找他所为何事。老易虽然心里明白她们的用意，但他还是想知道她们来的意图是否与他猜测的一致。邹颖说得很直白，即希望老易支持新上任的陈辉书记。老易对此没有提出异议，他认为，新来的陈辉书记是一个不错的同志。因为陈辉来到霍阳社区以后，对居民很热情，富有亲和力，尤其是她曾对老易说过一句话：居委会的大门永远对居民敞开，随时欢迎居民来居委会，来多少人都欢迎。陈辉的这句话，打动了老易。因为这句话与金煜担任居委书记时说的"每次只接待五个人"以及李银柱担任业委会主任期间说的"每次只接待一个人"的"名言"形成了极大的反差。因此，比起"才能"，老易更看重居委书记对待居民的态度，或者说居委书记的"为人"。虽然老易也曾怀疑过陈辉不具备社区工作经验，❶并问过陈辉到霍阳社区当书记，街道的哪位领导和她谈话了。陈辉说是街道党建办公室主任方文兵。老易则认为，面对问题重重的霍阳社区，J街道应该派一个社区经验丰富的书记来主持社区工作，或者是由J街道党工委书记王志文与她谈话。然而，当他听到陈辉书记的说法之后，他了解到J街道并没有把霍阳社区当成重点小区来对待。其实，J街道党工委在用人方面，要综合各方面的因素做全面的安排，一是霍阳社区在整个J街道是出了名的"问题小区"，有社区工作经验的书记或者主任一般不愿意来接这个"烂摊子"，所以J街道需要耗费一定的时间精力去"动员"一个有丰富社区工作经验的人来霍阳社区当书

---

❶ 前文已经说明了陈辉之前是街道城管所的工作人员。

记。二是选一个没有社区工作经验的人来当书记,也存在一定的风险。若小区管理不好,就是对于J街道党工委选人用人能力的否定。陈辉虽然没有社区经验,但可以通过实践来培养,她的"为人处世"得到了"组织"❶的肯定。加之,她个人愿意进入社区工作,工作积极,踏实肯干,社区工作还是可以开展下去的。基于这样的考虑,陈辉在2018年2月调到霍阳社区,接替退休的金煜。经过几个月的社区工作锻炼,陈辉获得了很大的进步。此次居委会选举是她当选为霍阳社区党总支书记后的"第一项重大工作"。

作为J街道党工委选拔出来的"居委书记",陈辉必须站出来面对霍阳社区的许多问题,诸如此次居委会选举工作,J街道预测到陈辉会面临来自多方面的压力和挑战,如果街道不出面,这次居委会选举很有可能遇到重大挫折,从而影响到选举工作的正常进行。因此,老易作为"草根领袖",成为J街道党工委重点关注的对象,而J街道派出两位中层干部找老易谈话,目的就是要老易支持陈辉的工作。

老易虽然表态支持陈辉的工作,但他也表达了对居委主任候选人赵素廷的不满。他除了再次申明《十问赵素廷》里面的十条不满的意见以外,他还谈及赵素廷作为一名党员干部,许多作风都不符合一个党员的标准,老易是这么说的:

> "要我支持陈辉书记的工作,我说,支持可以的。我就把赵素廷的很多事情都一件一件地说出来,这样的人能当主任吗?我说,崔华邦比赵素廷要高一点。他们(街道)怕我再发表文章,我发的《十问赵素廷》,这个影响很大。居委会选举之前,我发的十问,他们来找的我。是这样的,候选人,是两个,赵素廷、崔华邦,崔华邦是大学生,有文化,在小区有一定影响。而对于赵素廷我憋不住了,就发了《十问赵素廷》,影响很大,这一篇文章发出来,就跑掉了100多人。我们小区登记600多人,最后只剩下500多人投票。赵素廷是291票当选的。我和两个干部说,我支持陈辉的工作,陈辉书记不错的,金煜一次只见五个人,赵素廷一次只见一个人,陈辉说居委会的大门永远敞开,来多少,我都欢迎。三个书记一比较就知道谁好。街道说,那你要支持陈辉书记。我说我支持陈辉书记啊。然后我就一桩一桩地

---

❶ 这里的"组织"是指J街道党工委。

说赵素廷的不对,包括'十问'里面没有讲的,我们党内的一些事情,我也和她们讲了。在这些情况下,我说赵素廷能做主任吗,我的意见,肯定不能选。我最后的态度:在这两个候选人里面,崔华邦可能比赵素廷要好那么一点点。"❶

老易道出了自己的真实想法,说明了不能让赵素廷当选居委会主任的若干条理由,邹颖和薛绰英听后,对老易说了一句令他印象特别深刻的话:陈辉是第一责任人。老易觉得这句话的言外之意是,霍阳社区居委会选举工作由陈辉全权负责,出了任何问题,陈辉就是第一责任人。如果老易是真的想要支持陈辉的工作,那么,如果陈辉意欲和赵素廷成为"搭档",老易应该协助陈辉一起帮赵素廷竞选上居委会主任一职。

(三) 未表态的"通话"

老易离开霍阳社区居委会之后,他一直在想着"第一责任人"这个事情。这说明J街道派来两个女干部和老易谈话,对老易产生了效果。对老易来说,金煜离开之后,他认可新来的陈辉书记。他认为,只要陈辉有决心改变霍阳社区的面貌,他坚决支持陈辉的工作。虽然对邹颖最后"抛出来"的"陈辉是第一责任人"这句话,老易领会了其中的含义。但是在选赵素廷当居委会主任之后,陈辉能否让赵素廷服从她这个"居委书记"的安排,老易在心里打了一个很大的问号。他越想越觉得不对劲,还是坚持以前的想法:赵素廷在霍阳社区的存在,就是霍阳社区的一个"灾难"。然而,他已经对"两位干部"当面表态支持陈辉书记的工作。作为一个老党员,他不能出尔反尔,言而无信。于是,他想到了一个办法,即不再发表对赵素廷不利的言论,当赵素廷被选为居委会主任之后,将其调离到其他小区。老易的想法能实现吗?

老易离开了居委会,邹颖和薛绰英仍然在居委会和陈辉商量事情。在回家的路上,老易觉得今天的谈话还没有谈透彻,因为他依然看不清楚霍阳社区未来发展的方向是好是坏。这种不确定性一直盘旋在他的脑海。于是,他想与街道来的那两位女干部进行"讨价还价"。正如克罗齐耶所说

---

❶ 访谈编码:20180930YZL。

的,"不确定性,在任何一种类型的讨价还价之中,都是基本的资源。"❶ 而且,老易在遇到这种困境时,他所拥有的只是一种作为居民表达对社区公共事务的言论自由,他不可能不运用这种自由来"与系统进行斗争"❷。想到这里,老易拨通了陈辉的电话。

此时,陈辉正在和邹颖、薛绰英商量居委会选举的事情。陈辉接到老易的电话后,得知老易是找邹颖的,就把电话转交给了邹颖。老易把他的想法告诉了邹颖,即如果赵素廷当选了居委会主任,应该将其调离到其他居委会,这样的话,陈辉书记既完成了选举工作的任务,同时,也能满足居民们的诉求。对于老易提出的这个说法,邹颖并没有给予正面的回复,老易回忆了当天的通话情景,他说:

"我当时心里就是不踏实,脑子里反复想着刚才的谈话,我说这下糟了,看她们的架势,赵素廷肯定得选上去了。我想是不是等赵素廷选上去之后,把他调离到其他小区去比较好,我马上就给陈辉打电话,问邹颖她们还在不在。她说在,我就和邹颖说:赵素廷必须调离霍阳社区,不调离的话,小区还是搞不好,那么,居民们还是对他有很大意见,就会一直'闹',街道肯定也不希望看到这种情况。邹颖没有正面回答我的话,邹颖就回答了一句:我知道了。我知道她也不能表态。但是我的话已经说得很直接了,因为我知道她们的来意,就是要把赵素廷选上去,做我的思想工作,希望我不要再在网上发文章了,也就是让我不要'使绊'了,唉……"❸

老易一声叹息,充分地体现出他的无奈,他知道自己的意见被"无视"了。J街道并不是来和他商量的,虽说是听取他的意见,但实际上是带着明确的目的来给他以"政治压力"和"思想动员",如果思想动员不管用的话,那么,"政治压力"的作用发挥到位了。一方面,不管谈话的内容和结果如何,两位中层干部的来访,确实起到了作用,即老易对"陈辉书记是第一责任人"的认可和接受,并表示会在行动上给予支持;另一

---

❶ 克罗齐耶:《科层制与组织系统》,《欧洲社会学文献》(第一部第二卷),第18—52页。转引自:〔法〕米歇尔·克罗齐尔、埃哈尔·费埃德伯格:《行动者与系统——集体行动的政治学》,张月等译,上海:格致出版社、上海人民出版社,2017年版,第14页。

❷ M Crozier(1964)Power and organization. Archives europeennes de sociologie, 5(1):52-64.

❸ 访谈编码:20180930YZL。

方面，J街道已经表明了态度，此次居委会选举工作是J街道党工委出面，属于组织上的人事安排，个人有意见，除非有充分和合理的证据，才能免去赵素廷的竞选资格。光是老易的一面之词，或者一己之力，是无法撼动"组织的权威"的。可见，J街道派两位女干部来谈话，不仅对老易起到了思想动员的作用，还给了老易以政治压力，这就导致后来老易作出"放弃选民"登记之举。

（四）放弃选民登记

J街道派来两位干部和老易谈话，确实对老易放弃"选民"登记产生了直接影响。另外一个非常重要的原因是，老易觉得自己的"能量"大不如从前：一方面，他年岁已高，体力渐渐不支，他有一种有心无力之感；另一方面，以前跟随他的"铁杆们"和"跳舞鱼团队"的核心组成员慢慢地淡出了他的视线，也就是说，他没有了团结和合作的对象，仅凭一己之力，终究是"以卵击石"，在霍阳社区发挥的作用微不足道，甚至是在做"无用功"。当问及他过去在小区的"所作所为"时，他明确表示，如果笔者不来采访他的话，他就不再涉足小区的事情了，准备颐养天年。但是，从他的言谈中可以看出，他说的并不是真心话，因为他心有不甘，只是苦于无计可施。他虽然口头上说，只是想帮陈辉，其实他是想通过陈辉来实现公开招聘第五届业委会的候选人。如同他在筹备第三届业委会时得到了时任霍阳社区居委书记丁聪的支持一般，他希望能得到陈辉的支持，即得到党总支的支持，从而让他主张的"自愿报名、公开招聘"产生业委会候选人的做法能够在霍阳社区得到落实。在中国，社区建设是在国家的主导下进行的，公民参与社区治理也纳入了国家管理的范围之内。❶ 也就是说，老易之所以能在霍阳社区成为居民拥护的"草根领袖"，是基于他在丁聪任居委书记期间得到了丁聪的大力支持，即老易获得了"公共权力"的支持。后来，尽管老易和"跳舞鱼团队"的成员一心致力于参与社区事务，但他们不是将自身的行为置于"公共权力"的范围之内，即他们在参与的过程中出现了过激行为，或者用他们的话说，用"投诉""革命""闹"的方式去实现自身的利益诉求，这本身就偏离了法治的轨道。尽管他们是

---

❶ 贾西津：《中国公民参与案例与模式》，北京：社会科学文献出版社，2008年版，第6页。

以"法"之名,维护自身的合法权益。但是,他们不免陷入"底层—抗争"❶的困境。换言之,他们的"革命"意味太浓,对于J街道而言,他们的行为不利于社会稳定,破坏多于建设。经过将近三年的社区维权"革命",老易已经看明白了社区治理中的"局",他说:

"居委会选举,我不想参加了,也就没有去进行选民登记。我1999年走进社区,与居委会的干部一起做社区工作,刚开始很开心,谢翠华❷当书记的时候,居委会和居民就是一家人,大家都喜欢去居委会,大家做事情很起劲。二十年过去了,如今,我年纪大了,也参与不动了。社区参与是一个民主的过程,要实行民主,就要以人民为本,社区就要以我们业主的利益为本,如果这一点做不到,就谈不上民主。否则,我即使有参与的意愿和能力,也无法突破阻力。个人的力量太渺小。"❸

这段话体现出老易对霍阳社区的居民参与充满了悲观情绪,这是他放弃"选民"登记的重要原因。在社区治理过程中,居民的参与精神有利于使人们在社区事务中更为积极主动,在事关他们生活的事务中有更大的发言权,使它所赋予人们的这种能力意识和自治意识将权利和责任结合起来。中国社区的公民参与应该在既定的体制框架范围之内进行。

二、业委会选举与基于人情的政治吸纳

业委会选举是城市公民社区参与的一种有效途径。前文已经论述了霍阳社区治理的关键在于"业委会"的产生以及运转是否具有合法性这个问题上。"跳舞鱼团队"之所以产生并不断扩大规模,是针对第四届业委会产生的"合法性"及其是否维护广大业主的利益这两个方面。虽然"跳舞鱼团队"目前已经"一分为三",但是他们并没有放弃对"维修资金"的

---

❶ "底层—抗争"分析框架在国内的应用者是于建嵘,他认为,底层民众(主体是农民)的抗争性政治是"中国政治社会学的基本问题"。这一分析框架受到了印度底层学派的影响,主要运用底层立场与底层方法关注社会底层或弱势群体。具体内容参见于建嵘:《抗争性政治:中国政治社会学基本问题》,北京:人民出版社,2010年版;王可园:《"底层社会与抗争性政治"还是"基层社会与创造性政治"———农民政治行为两种分析框架比较及重构》,《中国农业大学学报》2015年第3期,第41—51页。

❷ 霍阳社区的第一任居委书记。

❸ 访谈编码:20180930YSY。

管理，即要争取业委会的管理权。近年来，J街道推行"四位一体"的社区运转机制，业委会在社区党总支的领导下发挥作用。因此，J街道出于社区治理的需要，结合霍阳社区的实际情况，对第四届业委会进行改选。在居委会选举之前，J街道答应林思等人改选第四届业委会的要求，前提是林思等人退出居委会选举，以确保赵素廷的当选。虽然崔华邦参选了，但并没有影响到最终的选举结果，这保障了J街道党工委对基层干部的选拔和任用。从J街道党工委的角度来说，它始终是以贯彻和执行上级党组织的任务为目的，因为作为国家代理机构的居委会，他们也有自身的利益，不管是寻求权力还是利益，都是以"公共权力"之名来实现。"这些利益，在协议中具有两种表现形式：作为外部实施者的行为人所获取的直接利益，以及正式制度分配结果的影响对国家长远利益所产生的间接利益。"[1]

2018年9月，赵素廷提出辞去第四届业委会主任一职，这意味着霍阳社区第四届业委会自动解散。在申请材料递交到J街道房管办之后，经过一个多月的等待，房管办审批通过了霍阳社区关于赵素廷等人组成的第四届业委会解散的请求。对"跳舞鱼团队"来说，这无疑是一件令人欢欣鼓舞的事情。他们之前所有的努力和付出都是为了换取第四届业委会的改选，以此迎来属于他们自己的"业委会"。

老易原本准备"重立旗帜"，物色新的"业委会候选人"，但是经过中层干部的来访以及对过往一系列事情的理性分析，他最终妥协，他答应两位干部的要求，即支持陈辉书记共同治理小区。林思是J街道的"合适"人选，其搭档冯志被选为第五届业委会筹备组组员。2018年年底，霍阳社区的公开宣传栏里张贴了第五届业委会筹备组成员名单，如表6-1所示。

表6-1 霍阳社区第五届业委会筹备组成员信息汇总

霍阳社区第五届业委会筹备组成员名单信息汇总				
序号	姓名	性别	工作单位	是否党员
1	吴文华	男	J街道房管办	是
2	何素林	男	J街道房管办	是
3	陈辉	女	霍阳社区居委书记	是
4	魏霞	女	霍阳社区居民	是
5	冯志	男	某外资企业	否

资料来源：霍阳社区公开宣传栏

---

[1]〔美〕杰克·奈特：《制度与社会冲突》，周伟林译，上海：上海人民出版社，2009年版，第197页。

表 6-1 中的吴文华和何素林是 J 街道房管办的工作人员。以前 J 街道只派一位房管办工作人员来指导业委会的成立工作，此次派了两位工作人员前来指导工作。这一方面体现了 J 街道对此次业委会选举工作的重视；另一方面，对分裂的"跳舞鱼团队"施加了一定的压力。另外，冯志被选为业委会筹备组成员，这意味着他不能参加业委会选举，而林思则有可能成为业委会主任的候选人。陈辉作为社区书记，全面负责此次业委会的选举工作。魏霞是一名小区业主，也是社区志愿者，她负责收集居民关于业委会选举的意见和相关资料。

毫无疑问，冯志成为筹备组成员，这是为林思进入第五届业委会做准备。在居委会选举前，因为 J 街道给林思单位领导打电话了，这位领导曾经在生活上给予林思帮助，所以，林思接受了领导的"劝告"，退出了选举。对于林思来说，这是一种基于"人情"的政治吸纳。林思、冯志、魏裕三人一起去街道谈解散第四届业委会，J 街道同意了他们的请求。同时，还承诺给霍阳社区拨款 600 万元，以改善小区的绿化环境和公共设施。于是，林思和魏裕开始谋划第五届业委会的成立。首先，他们认为，业委会之所以引起大家的关注，就在于业委会有一笔维修资金。维修资金主要有两个来源：一部分来自业主购房时缴纳的维修资金，另一部分来自小区的公共收益，而公共收益中最大的一笔费用则来自停车费。因此，林思说明了她和魏裕一起去数车位的事以及她对未来业委会的想法，她说：

"我和魏裕晚上去数车位，是为了新的业委会。其实不是我向着第四届业委会，只是注意合理合法地进入。居委选举之前谈的让业委会解散，谈了一个多月就解散。我在选举前，找崔华邦谈话，大致意思，别闹了。业委会咱们好好做就行了。因为我也不敢肯定，万一没有解散，我不就是害人嘛。我说你考虑清楚。我们是要搞业委会，不是搞居委会。他一如既往，必须参加。在这个时候，我就没有去挡他的路，我也不想挡路，只能说每一个人与另外一个人见解不一样。第四届业委会解散以后，我和冯志一起去街道谈成了，街道还是比较讲诚信的。那次谈话，女的，蛮好的。她们手上有方法，和谐处理这件事情。就是最大限度按规矩走的，按理性推进。"❶

---

❶ 访谈编码：20181028LS。

显然，林思是站在一个"合法"❶的位置考虑问题，她认为，下一届业委会的成立必须有 J 街道的支持。也就是说，她开始将自己的行动纳入"既定的体制行动框架之内"，从而为其行动寻找合法性。崔华邦之前对林思在居委会选举中没有给他投票而产生的"怨恨"情绪淡化了，他发现，业委会的事情已经"木已成舟"，赵素廷辞职了，他的"目的"就达到了。至于第五届业委会主任由谁来做，他已经没其他想法了，因为他无暇参与业委会的事宜。加之，他和林思毕竟是一个"战壕"里面出来的"战友"，凭他对林思的了解，他觉得林思比李银柱和赵素廷更能胜任业委会主任这个职位。只要林思能按照规章制度办事，能把业主的利益放在首位，不以谋取私利为目标，他是支持林思进入第五届业委会的。因为他和林思当初一起"扫楼"的共同愿景，就是成立一个"为业主服务"的业委会。因此，"崔林之争"的过结"烟消云散"，二人"握手言和"。崔华邦是这么说的：

"我也没有什么太大的意见，真的选业委会，林思总比李银柱和赵素廷强，我要求这个事情，什么样的人适合呢？能够诚实，按照规章制度办事，尊重多数业主。我把林思再次拉入到'霍阳邻里群'了，她毕竟是这个群里出去的成员，她曾经也为我们团队做出了很大的贡献。我们只是在方式方法和手段上面有所分歧，但是我们的目标还是一致的，都是为了把小区搞好。我们邻里还是很好的，这一点，我们都不否认。"❷

可见，J 街道通过将林思"吸纳"到党组织的领导之下，并通过林思与邻里的"交情"而使得以崔华邦为首的其他"跳舞鱼团队"接受了第五届业委会的产生。显然，这是一种基于"人情"的政治吸纳，这对 J 街道在社区治理中推进组织再造起到了至关重要的作用。

三、政治吸纳与组织再造的初步实现

J 街道在社区治理中推进组织再造是将国家的"人为设计"与社会的

---

❶ 这里说的"合法"是指林思站在党和政府的角度去看待问题，她将自己的行为纳入政府允许的范围之内，不再像以前一样采取"闹"的方式去解决问题。事实上，从林思的谈话中可以看出，她已经被 J 街道所"吸纳"，而这恰恰是中国城市社区治理中最为重要的一个环节，即有理有据地向政府提问题和请求解决问题。

❷ 访谈编号：20181119CHB。

"自发秩序"双向融合了起来。一般认为,"社会结果是一种个人行为与社会结构这两者的产物。"❶ "跳舞鱼团队"中的老易、崔华邦、林思等个人行为与社会发展和国家政权稳定的需要紧密地联系在一起。因此,J街道在社区治理中推进组织再造,既有自身内部系统的调适,也有与外部环境的互动和妥协。正如约翰·莫雷所说的那样,"一个不断进步的社会如今被合理地比作成长中的有机体。它在这方面的活力包括思想和制度的一系列变化。这些变化从社会内部和外部环境的运作中自发产生。"❷ J街道作为中国基层社会的一部分,在整个中国社会的有机体中,它的思想和制度既要保持与上级部门的行政命令一致,也要从社会中去汲取能量,来维持自身的运转。

当霍阳社区的社会力量发展到可与之抗衡时,一味地用强力维持秩序或许不是明智之举,必要的妥协与退让,为重塑基层社区治理格局提供了一个宽阔的道路。阿林·弗莫雷斯克指出:"妥协与契约的同化导致了文明社会和政府的诞生。"❸ 恰恰是在民主与法治的时代背景和社会发展的方向下,老易领导的"跳舞鱼团队",以"民主"和"法治"为旗帜,他们在不到三年的时间里,联合了将近500人。可见,对于"跳舞鱼团队"的成员来说,民主是一个好东西❹。然而,实现老易口中的"民主"的过程是曲折、艰难和缓慢的。马克思曾领会到政治是个人的,指向"使人分裂成公共和私人两面"❺。同时,个体的私人性往往会被现实权力的"洪流"所淹没。

人总是生活在一定的社会关系之中,社会关系的载体通常被一个"组织"所囊括。这也就是皮特·阿贝尔所指出的,"作为一种人类的建构,

---

❶ 〔美〕杰克·奈特:《制度与社会冲突》,周伟林译,上海:上海人民出版社,2009年版,第1页。

❷ 〔英〕约翰·莫雷:《论妥协》,启蒙编译所译,上海:上海社会科学院出版社,2014年版,第121页。

❸ 〔美〕阿林·弗莫雷斯克:《妥协:政治与哲学的历史》,启蒙编译所译,上海:上海社会科学院出版社,2016年版,第434页。

❹ 关于民主的话题,学者们有不同的价值判断,因此也就有不同的解读。俞可平认为,"民主是一个好东西"。参见闫健:《民主是一个好东西——俞可平访谈录》,北京:社会科学文献出版社,2006年版。

❺ Karl Marx(2000)On the Jewish Question. Oxford:Oxford University Press, p54.

从根本上说组织与之打交道的就是权力"。❶ 也就是说,作为政府,拥有公共权力,承担公共安全和公共服务的职能。然而,在公共权力失去制度约束的情况下,如公共权力被滥用或持有公共权力的"国家代理机关"不作为,这也是霍阳社区之所以出现"跳舞鱼团队"的缘由之一。"跳舞鱼团队"所指向的前任居委书记和现任居委会主任的"不作为"和"以权谋私",即是如此。霍布斯指出,"一个人如果和代理人或代表订约而不知道他有多大授权的话,那么发生危险时就要由自己负责。因为任何人本人不是授权人时,就不会受所订信约的约束。因之,违反其所赋予的授权或在这种授权范围之外订立的信约,它也是不受约束的。"❷ 在社区,居委书记和居委会主任与"公共权力"就具有这样一种关系,它们关系不清晰,兼具"行政性"和"自治性",使得居委的"一把手"或"二把手"遮蔽了公共权力赋予居民的"权利"。"跳舞鱼团队",尤其是老易,他们孜孜以求的"民主"需要通过居委而得到真正的实现。"人性之恶"和制度的漏洞共同导致了现实政治生活中难以避免并遭人诟病的弊端,而致使"民主""法治"在路上艰难地爬行。在霍阳社区,通过"自愿报名、公开招聘"的方式成立业委会,是"跳舞鱼团队"自始至终的行动理念。"跳舞鱼团队"以"民主"为旗号,要求业委会以实现业主利益诉求为价值依归。但是,"跳舞鱼团队"成员认为,"民主"之路上的阻力皆来自"公共权力"的代理人。实际上,在基层公共权力的行使过程中,仅仅凭借"公共权力"的代理人是完全不可能实现的。英国学者格雷厄姆·沃拉斯在《政治中的人性》一书中指出,"在任何可以想象的代议制下当选的人,光靠自己是担负不了全部政府工作的。"❸ 因此,在政治吸纳的过程中能达成双方的妥协,"社会潜网"❹ 发挥了重要的作用。作为行动者的每个个体,在互动过程中由于自身的身份特征而产生了不同的关系,每种关系在形成的过程中又伴随着一定的权力。熟人之间人情化互助的义务,混杂在

---

❶ Peter Abell (1975) Organizations as Bargaining and Influence Systems. New York: Halstel Press.

❷ 〔英〕霍布斯:《利维坦》,黎思复、黎廷弼译,北京:商务印书馆,2013版,第124页。

❸ 〔英〕格雷厄姆·沃拉斯:《政治中的人性》,李辉译,北京:商务印书馆,2015年版,第159页。

❹ "社会潜网"包括非正规的制度或非制度化的行为规则,其对资源的配置往往通过更广泛的社会交换实现。参见李培林:《另一只看不见的手——社会结构转型》,北京:社会科学文献出版社,2005年版,第24页。

一起。私人关系的存在，不仅拉近了感情的距离，同时也为事情的解决提供了更大的可能性。老易因"谈话"而妥协，林思因"一个电话"而被"政治吸纳"，崔华邦因"无出路"而与林思"握手言和"。霍阳社区的居委干部一直处于小心翼翼、谨小慎微的工作状态之中，居民们则对居委会和J街道充满难以言说的复杂情绪，它们之间存在着无形和潜在的压力，正是这种压力推动了妥协的达成。在人类社会发展的过程中，压力与妥协是持续存在的。正如赫伯特·斯宾塞在《社会学研究》一书中所指出的，"无论在制度、行动还是信仰方面，作为一个由于连续的成长和发展而处于过渡时期的社会，妥协是不可或缺的。有些思想和制度适合过去的社会却与新的社会状况不相称，但是它们有必要继续保留，直至新的社会确立起自己的思想和制度；在过渡时期，与新的思想制度发生冲突亦属必然，那种矛盾是人类思想和行为的附属因素。为了维持社会生活，在新事物尚未成熟期间必须保留旧的，所以不断妥协与正常发展必然相伴随。"❶ J街道在社区治理中推进组织再造，各个社区治理主体在社区党组织的领导下得以初步完成任务，而"政治吸纳"发挥了关键作用。

第二节 组织再造与社区治理绩效的提升

J街道之所以在社区治理中推进组织再造，是因为在社区转型的过程中，社区治理出现了难题。J街道初步完成组织再造，不仅解决了社区治理的难题，还提升了社区治理的绩效。具体而言，通过组织再造提升社区治理绩效体现在三个方面。一是J街道通过培养满足居民需要和与社区治理相结合的社区团队，积极改善民生，提升了居民的幸福感和获得感。二是J街道通过推行"四位一体"的社区运转机制，使得社区党总支在社区治理结构中居于领导核心的位置，将社区不同的治理主体利益整合起来，协调它们之间的利益关系，并充分利用各个社区治理主体的资源，以实现社区的共治，提高了社区的共治能力。此外，还激发了社区治理主体的活力，调动了社区居民和社区团队参与社区公共事务的积极性和主动性，充分挖掘小区的优势资源，提高了小区的自治能力。三是社区的文化氛围更

---

❶〔英〕约翰·莫雷：《论妥协》，启蒙编译所译，上海：上海社会科学院出版社，2014年版，第69页。

为和谐。社区党组织作为社区治理中组织再造的主体，其引导着社区团队的发展。社区团队作为组织再造的客体，通过"邻里互助""建设美丽家园""社区之歌"等形式，营造了和谐的社区文化氛围。

一、居民的幸福感和获得感得以提升

党的十九大报告指出："中国特色社会主义进入新时代，我国社会主要矛盾已经转化为人民日益增长的美好生活需要和不平衡不充分的发展之间的矛盾。"❶ 经过 40 多年的改革开放，我国在政治、经济和文化等各个领域均取得了巨大的成就，国家综合实力在全世界位列第二，中国人民的物质文化生活水平得到了极大的提高。然而，在国家迅速崛起和经济繁荣的今日，中国人民对美好生活的需求依然没有完全实现，因此，"坚持在发展中保障与改善民生是习近平新时代中国特色社会主义思想的重要组成部分，同时也是新时代社会建设的基本目标和根本原则"。❷ 事实上，改革开放 40 多年以来，党和国家一直致力于民生发展。"改革开放就是为了不断改进民生，让人民生活更加美好的历史过程。邓小平同志致力于全面建设小康社会布局谋篇，着力摆脱整体贫困、改善人民生活；江泽民同志着力于解决生活温饱、迈向总体小康；胡锦涛同志着力于改善公共服务、更新小康目标；习近平同志着力于补短板、增强获得感。"❸ 改革开放 40 多年以来，"居民的需要"在不同的历史阶段有着不同的内容，居民的"获得感"也是不同的，但是"改善民生"是居民的"幸福感"和"获得感"的重要来源之一。习近平总书记明确指出："保障和改善民生是一项长期工作，没有终点站，只有连续不断的新起点，要实现经济发展和民生改善良性循环。"❹ 因此，积极改善民生是实现居民对美好生活向往的长期而有效的举措之一。改善民生的举措，必须立足于人民的利益需求，以人民的需求为出发点，将党和国家的各项社会政策在社区中落实。J 街道在社区

---

❶ 习近平：《决胜全面建成小康社会 夺取新时代中国特色社会主义伟大胜利——在中国共产党第十九次全国代表大会上的报告》，《人民日报》2017 年 10 月 18 日。

❷ 刘博：《习近平民生建设思想的治理线索》，《当代世界与社会主义》2018 年第 1 期，第 105—111 页。

❸ 黄燕芬、杨宜勇、蔡潇彬、等：《40 年小康社会建设的 4 次历史性飞跃》，《宏观经济管理》2018 年第 12 期，第 6—11 页。

❹ 中共中央文献研究室：《习近平关于社会主义社会建设论述摘编》，北京：中央文献出版社，2017 年版，第 5—6 页。

治理中推进组织再造，坚持以居民的需求为导向、与社区治理相结合的原则，培养了大量的文体型团队、学习型团队、巡逻型团队和议事型团队，满足了居民对娱乐、健康、学习和安全等方面的需求，使得居民的"获得感、幸福感和安全感"在社区得到提升。同时，使居民的利益诉求通过社区团队的活动开展，以及在社区治理的具体政策落实过程中得以实现，这是党与人民朝共同追求美好生活的目标在前进。大同社区精细化管理综合办工作人员徐爱雅，介绍了大同社区党建服务站的功能，她说：

"我们这里每天都开放的，每天轮番地搞各种活动，星期一、星期三和星期五修家电，星期二和星期四量血压，检查眼睛，每个礼拜都有的，活动蛮多的。我们小区老人多，每周一上午九点到十一点量血压，小区90多岁的老人很多很多的啦，你看我们小区那边有长寿亭、快乐亭，这里几个小花园有好几个，老小区能这样，很不错了。这些都是这几年创'美丽家园'和'创全国文明城区'建起来的。"❶

J街道作为一个老龄化比较严重的大型社区，它通过创建"美丽家园"和"创建全国文明城区"的活动，改善了居民的居住环境和娱乐健身的公共设施，为居民提供了一个良好的居住环境。因此，居民们能从社区环境的变化以及国家的民生政策中获得幸福感。J街道美胜社区83岁的居民董秀珍说：

"现在的社会好啊，真的要感谢党和国家的政策，我今年83岁了，以前想都没有想过会有今天这样的好日子过。我们小区和我年纪差不多的老人很多，90多岁的老人都有十几个，还有两个百岁老人。为什么大家健康长寿啊，因为心理舒坦啊，现在不愁吃，不愁穿，邻里关系和睦，居委会还经常派人来看看我们，节日送慰问品。我们的生日，他们记得比我们还清楚。过生日的时候，不仅买蛋糕，还安排人来'献歌献舞'，开心呐（笑容满面）……"❷

董秀珍说的"献歌献舞"是指社区的文体团队成员到高龄"寿星"家表演歌舞节目。可见，J街道在社区治理中始终以居民的健康、生活、工作等方面的需求相结合，尽最大可能满足居民们的需求，从而使得居民的

---

❶ 访谈编码：20180322XAY。
❷ 访谈编码：20181103DXZ。

幸福感和获得感得到提升。正如习近平总书记所说的："我们的人民热爱生活，期盼有更好的教育、更稳定的工作、更满意的收入、更可靠的社会保障、更高水平的医疗卫生服务、更舒适的居住条件、更优美的环境、期盼着孩子们能成长得更好、工作得更好、生活得更好。人民对美好生活的向往，就是我们的奋斗目标。"❶

二、社区的体制机制运转更加顺畅

"体制内单一主体的纵向行动"与多元共治的理念相悖，必定影响社区治理的成效。J街道在社区治理的组织再造过程中，让更多的居民和社区组织凝聚起来，降低了社区治理成本，形成了良好的社区自治机制，从而使得社区治理机制运转更为顺畅。J街道通过在社区治理中推进组织再造，已经形成了运转顺畅的社区居民自治机制。2014年，上海市委"一号课题"出台以来，J街道在所辖的46个社区通过社区党组织、居委会、业委会和物业公司，即"四驾马车"共同开展社区工作。社区关涉居民公共利益，要通过"四位一体"会议共同决策和实施。其中，社区党总支起领导核心的作用。现实情况是，社区居委会、业委会和物业公司三者之间往往存在利益冲突。米格戴尔指出，"国家要面对诸如家族、宗族、政党、跨国公司等社会组织，它与不同社会组织之间的斗争逻辑并不一样，既有重叠又有冲突。有鉴于此，他认为，'国家处在社会中'。"❷ J街道在社区治理中推进组织再造就是基于这样一个逻辑，即在调动社区治理主体参与的积极性和主动性的同时，社区党总支要起到整合社区治理主体利益的作用，将社区不同治理主体的资源协调起来，共同致力于社区建设，实现小区的共治。具体内容如图6-1所示。

从图6-1可以看到，J街道社区居民自治机制是在居民区党组织的领导下而运转的。如云社区高卫华书记说：

> "现在小区搞'四位一体'，就是要权责明确，该是你物业公司做的，你不能不做。该是业主维修资金出的，也不能让物业公司承担。当然，也不能随意动用维修资金。我们居委这一块主要是'把好关'，

---

❶ 中共中央文献研究室：《习近平关于社会主义社会建设论述摘编》，北京：中央文献出版社，2017年版，第3—4页。

❷ Joel S Migdal（2004）State in Society. Cambridge：Cambridge University.

不能让居民的利益受损,要服务好居民。我这个人很强硬的,做居委书记,性格如果不强势一点的话,别人还拿你当'软柿子',管不好呢。'班长工程'下来以后,现在我们书记是'班长',小区有任何事情,我们都是第一责任人。因此,在社区治理过程中有各种各样的(利益)要求,我们能满足的尽量满足,不能满足的,就要去协调、调解……"❶

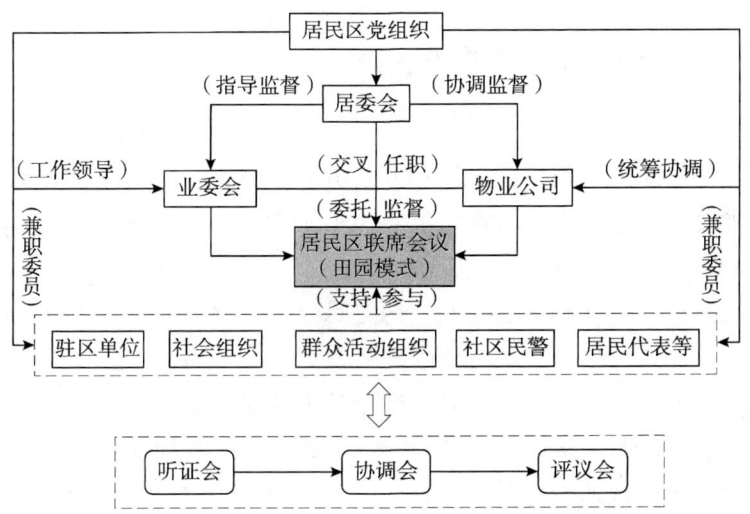

图 6-1　J 街道党组织领导下的社区居民自治机制

资料来源:J 街道党建服务中心

作为居委书记,高卫华所领导的社区党总支在社区治理结构中起到了"领导核心"作用。同时,社区党组织通过在业委会成立党支部,推进"红色物业"建设,使之纳入社区党总支的领导之下。这有利于社区党组织统筹、整合和协调社区各个治理主体的资源,从而避免社区治理结构中不同治理主体出现相互扯皮、推诿责任的现象。这不仅完善了社区治理结构,还提高了社区治理的能力,促进了社区体制机制的有效运转。

综上所述,J 街道在社区治理中推进组织再造,一方面,激发了社区治理主体的活力,调动了社区居民和组织参与社区公共事务的积极性和主动性,充分挖掘了社区的优势资源,提高了社区的自治能力。另一方面,J

---

❶ 访谈编码:20180502GWH。

街道通过推行"四位一体"的社区运转机制,凸显社区党组织在社区治理结构中的领导核心地位。社区党组织通过将社区不同的利益主体进行整合,来协调它们之间的利益关系,并充分利用各个社区治理主体的资源,实现社区共治,提高社区的共治能力。这两者充分体现出党中央提出的"要打造基层社区自治共治共建共享"的社会治理格局的要求。而社区的"自治共治共建共享"治理格局的实现,则有赖于社区体制机制的有效运转。

三、社区的文化氛围更为和谐

社区治理实践决定着社区文化发展的方向,社区文化建设影响社区治理实践,并对社区治理实践发挥引领作用。J街道在社区治理中推进组织再造的实践,始终坚持以马克思主义为根本遵循,以习近平新时代中国特色社会主义思想为指导。党的十九大报告指出:"加强党对意识形态工作的领导,党的理论创新全面推进,马克思主义在意识形态领域的指导地位更加鲜明,中国特色社会主义和中国梦深入人心,社会主义核心价值观和中华优秀传统文化广泛弘扬,群众性精神文明创建活动扎实开展。公共文化服务水平不断提高,文艺创作持续繁荣,文化事业和文化产业蓬勃发展,互联网建设管理运用不断完善,全民健身和竞技体育全面发展。主旋律更加响亮,正能量更加强劲,文化自信得到彰显,国家文化软实力和中华文化影响力大幅提升,全党全社会思想上的团结统一更加巩固。"❶ 因此,J街道在推进组织再造的过程中,始终坚持社会主义核心价值观和中华优秀传统文化对社区团队的引领作用,在开展各种类型的文体活动过程中,充分体现出党对社区团队的领导。同时,打造社区"自治共治共建共享"治理格局,充分发挥居民在社区治理中的主体作用,激发广大居民参与社区公共事务,使居民产生主人翁意识,将社区视为"自己的家园"。J街道爱辉社区的居民苏全武创作了一首"社区之歌"——《美丽家园我爱你》,内容如下:

美丽家园我爱你
我们爱辉哪,真呀真美丽!鲜花彩蝶舞蹁跹小鸟戏绿荫。

---

❶ 习近平:《决胜全面建成小康社会 夺取新时代中国特色社会主义伟大胜利——在中国共产党第十九次全国代表大会上的报告》,《人民日报》2017年10月18日。

走进小区心情真舒畅,好像来到花园里!啊,爱辉,美丽家园我爱你!

我们爱辉哪,真呀真美丽!小区里的志愿者能干又热心。乐于奉献公益当己任,哪里需要去哪里!啊,爱辉,美丽的家园我爱你!

我们爱辉哪,真呀真美丽!邻里友善多关爱诚信也文明。健康生活多姿又多彩,欢歌笑语遍小区!啊,爱辉,美丽家园我爱你!

啊,爱辉,美丽家园我爱你!❶

从爱辉社区的"社区之歌"——《美丽家园我爱你》的歌词中可以看出,居民对小区的热爱之情,对整洁干净的社区环境感到满意,居民们愿当社区志愿者,为社区建设贡献力量。同时,还体现出邻里之间"真诚、信任、和谐"的关系。此外,苏全武还以"中国梦"为主题创作了一首歌,歌名为《我的老朋友》,内容如图6-2所示。

我的老朋友

啊!啊!啊!啊!

我的老朋友,是很棒的好朋友。攀过峻峭的高山,淌过奔腾的激流!历尽沧桑,只把真情留。苦辣酸甜酿香了美酒!啊!我的老朋友,欣逢盛世乐无忧,我们手携手!

我的老朋友,是欢乐的好朋友。歌声飞到云天外,广场热舞时装秀!微信聊聊天,红包常常有。一起来健身,相邀去旅游!啊!我的老朋友,生活之中有了你,阳光照心头。

我的老朋友,是温馨的好朋友!嘘寒问暖多关爱,乐于助人伸援手!热情红似火,豪情冲牛斗。白发银须竟呀竟风流!啊!我的老朋友,为了见证中国梦,我们向前走!

啊!我的老朋友,为了见证中国梦,我们向前走!(领)我们携手向前走!❷

图6-2 爱辉社区歌咏班歌曲《我的老朋友》

资料来源:爱辉社区居委会

爱辉社区的歌咏班是由苏全武成立的,他创作了很多歌颂祖国、热爱家园、赞美友情的歌曲。这首《我的老朋友》不仅可以让人感受到朋友之间真挚而温暖的友情,还给人以催人奋进的力量。更为重要的是,歌咏班的活动促进了社区文化建设,营造了一个"团结、友爱、互助、和谐"的社区氛围。甄英是歌咏班的成员,她非常满意爱辉社区的社区文化,

---

❶ 资料来源于爱辉社区居委会。

❷ 资料来源于爱辉居委会。

她说：

"生活在这个小区很开心啊，我和老伴儿晚年能在这里生活很开心，大家一起唱唱歌、跳跳舞，我们跟着老苏❶作词作曲、唱歌跳舞，邻里都喜欢到居委会来参加活动。还有，我们书记人很好的，我们搞什么活动都很支持，居委干部也很热情，大家都愿意来，把这当成自己家。我们歌咏班很多成员都是'阳光工作室'的成员，也有一部分是'百姓论坛'的成员，舞蹈班和时装班的人也一起搞活动。所以，我们小区文化活动多，搞得有声有色。"❷

从甄英的这段话中，我们可以发现，爱辉社区居委干部在社区发挥了积极作用，他们带领社区团队一起开展活动，将社区治理中的"日常性内容"贯彻到社区文化活动中。这样，不仅促进社区治理的组织再造，还为社区营造了和谐的文化氛围。

综上所述，J街道在社区治理中推进组织再造，依托社区团队的力量及社区网络关系，解决了社区治理的难题，提升了社区治理的绩效。居民们通过"趣缘"组队，将自身的兴趣爱好和社区治理需求相结合，居民的幸福感和获得感得到了提升。同时，在推进组织再造的过程中，J街道党组织形成了依托"社区团队"来展开社区治理工作的社区自治机制，降低了社区治理的成本，促使社区的体制机制运转得更为顺畅。最后，社区团队在社区党组织的领导下开展了各种类型的文化活动，为社区营造了"邻里守望、互帮互助、团结友爱"的良好氛围。

---

❶ 甄阿姨说的"老苏"，是指苏全武。
❷ 访谈编码：20180507ZY。

结　语

大道之行也，天下为公。

——《礼记·礼运篇》

"基础不牢，地动山摇。"在未来可预期的较长一段时间内，基层城市社区仍然是社会利益和社会矛盾最为集中的领域，它依然是执政党和国家进行社会整合的组织载体。因此，推进城市社区治理中的组织再造，不可避免地会成为党和国家制定路线、方针、政策重点关注和倾斜的领域。本书研究"城市社区治理中的组织再造"，既从宏观历史的角度来纵向观察社区对社会变迁所发挥的功能及其变化，以及促进这种转变的因素，还从微观的角度来横向观察具体社区展开组织再造的过程，推动这个过程的动力因素和阻碍因素，以及组织再造初步实现后的社区治理绩效。因此，本书以喻指的方式得出研究结论："一起来跳舞"，即当前城市社区各个治理主体在社区党组织的领导下共同致力于社区治理，一起推进组织再造，提升社区治理的绩效。正如卡尔·曼海姆所说的那样："真正的社会学的经验主义永远不可能由零散的观察构成，而必须总是有对细枝末节的强调，对包括整个过程之性质的理论重建。这可以通过两种方式进行：一个精心选择的有代表性的事件往往比一份未加分析的素材更能说明真正的社会结构。但是，在其他情况下，从原则出发以及发现其借以自我表现的事实，也会是非常有用的。然而，无论我们可能选择什么样的程序，事实与结构总是不断相互关联的，事实只有当其在整个机制中的功能得以充分实现时，才变得大于数据，因为只有社会的整体结构才揭示了诸部分的真实功能和意义。"❶ 通过研究上海的一个街道从计划经济时期到市场经济时期的变迁，我们可以发现，中国共产党在计划经济时期基于"组织起来"战略安排形成的"单位社区"，在市场经济体制下趋于分化。"单位社区"的解体，使得个体"原子化"成为转型社会的主要特征。因此，个体化社会逐步形成。在个体化社会形成的过程中，社区党组织的组织力弱化和居民之间的横向联系缺失，造成了基层社区的治理难题。针对社会分化带来的诸多不良后果，中国共产党开始在社会领域推进"组织再造"❷，因为将改革开放过程中出现的"原子化"个体进行"再组织化"，是当前中国共产党执政亟须解决的重大问题。我们看到，在社会分化的情况下，社会多元主体不断涌现，社会自组织力量日益发展。同时，社会矛盾和社会问题在社区集中爆发。因此，在社区治理中推进组织再造成为城市基层党组织面临的重要问题。然而，基层党组织在社区治理过程中推进组织再造的过程并不是一帆风顺的。在社区层面，具体表现在"国家代理机关"的居委会与业委会、社区团队等社会自组织力量之间的力量抗衡，社区党组织成为协调居委会与多元社区治理主体之间的利益关系和引领各社区治理主体发展方向的核心力量，以此实现社区各力量之间的平衡，从而维持基层社区治理的秩序。中共十九大报告明确提出："党政军民学，东西南北中，党是领导一切的。"❸ 这进一步强调了社区党组织在社区公共事务中的核心领导地位。

尽管全国范围内的社区治理创新活动不断推陈出新，但是以"社区团队"为组织再造的客体来提升社区治理绩效的实践，尚未形成理论层面的研究成果。本书通过研究发现，J街道在社区治理中的组织再造实践可以找到中国共产党在社会领域推进组织再造过程中应当遵循的原则：第一，要始终发挥中国共产党及其组织网络在社会领域的核心领导地位；第二，将社会力量进行"组织化"，并以调动社会力量的活力为目标，将其活动内容纳入党组织的运行范围之内；第三，要协调各个社区治理主体之间的

---

❶〔德〕卡尔·曼海姆：《重建时代的人与社会——现代社会结构研究》，张旅平译，南京：译林出版社，2011年版，第22页。

❷ 郝宇青：《从分化到整合：改革开放40年社会变迁的动力及其转换》，《江西师范大学学报》2018年第5期，第3—13页。

❸ 习近平：《决胜全面建成小康社会 夺取新时代中国特色社会主义伟大胜利》，北京：人民出版社，2017年版，第2页。

利益关系，使之在法治的运行轨道内活动；第四，根据社会环境的变化，中国共产党及其组织网络及时地调整组织再造的方式和策略。

诚然，本书并不能建立一个具有"普适性"的政治学分析框架。因为如果没有对中国社区进行更为深入的调查和研究，就难以构建一个具有广泛适用性的理论分析框架。裴斐宜曾指出，"人们在研究当代中国时，集中于特定区域，常常过于急切地把自己的个案当成是整个中国政治的代表，而未关注地方特色的重要性"❶。但是，在政治社会学研究中，个案研究对整体研究具有重要的意义，因为"个案的深入研究，可以让我们在小处见到大原则，也可以从一个个活生生的实例中发现普遍存在的政治经济结构模式"❷。因此，从对上海 J 街道社区治理中的组织再造的研究中，本书认为有如下几点影响未来中国政治和社会发展的建议值得采纳：

第一，"组织再造"是提高基层党组织组织力的有效途径。党的十九大报告第一次明确提出"组织力"的概念，这一概念内含新时代党的建设新要求，即突出强调基层党组织建设要以提升组织力为重点，突出政治功能。❸ 在当代中国，中国共产党是执政党。中国共产党有 9500 多万名党员、480 多万个基层党组织。通过城市社区治理中的"组织再造"，增强了基层党组织的组织能力、动员能力和贯彻能力，从而增强基层党组织的组

---

❶ Elizabeth Perry（1989）State and Society in Contemporary China. World Polictics，41（4）：579－591.

❷ 邹谠：《中国革命再解释》，香港：牛津大学出版社，2002 年版，第 229 页。

❸ 关于"组织力"这一概念，国内学者对此有不同的理解和阐释。王同昌把基层党组织组织力界定为：中国共产党的基层组织为了完成自己的法定职责（即党章规定的职责）而内在蕴含的生命力、对内开展党内活动、对外处理与群众关系的能力。参见王同昌：《基层党组织组织力提升面临的挑战及路径选择》，《中州学刊》2018 年第 8 期，第 15—19 页。刘红凛认为，"组织力"是党组织的组织能力的总称，是部分与整体的统一，也是对内组织力与对外组织力的统一，还是个人与组织的统一。参见刘红凛：《政治建设、组织力与党的建设质量——新时代党的建设三大新概念新要求》，《思想理论教育》2018 年第 7 期。郑中华认为，"基层组织力主要体现在三个方面：组织能力、动员能力和执行能力"。参见郑中华：《基层党组织建设的政治逻辑》，《人民论坛》2018 年第 24 期，第 92—93 页。李林宝认为，基层党组织的组织力是指基层党组织依靠群众、动员群众、组织群众进行物质生产活动、精神文化活动、革命斗争和社会变革活动的能力。在当前，基层党组织的组织力是指"基层党组织依靠群众、动员群众、组织群众进行伟大斗争、建设伟大工程、推进伟大事业、实现伟大梦想的能力"。参见李林宝：《怎样理解十九大报告首提增强党的"群众组织力"——记者专访中共中央党史研究室副主任、教授冯俊》，《人民日报》2017－11－06。郝宇青认为，基层党组织的组织力是一个综合性、系统性的概念，它包含组织能力、动员能力和贯彻能力。参见郝宇青：《加强基层组织建设的政治逻辑》，《行政论坛》2018 年第 1 期，第 16—22 页。

织力。在全面深化改革时期,这一举措有效地回应了基层党组织所面临的"虚化、弱化、边缘化"问题。从历史发展的逻辑来看,在革命时期,中国共产党通过"支部建在连上"来提高基层党组织的组织力;在计划经济时期,中国共产党通过"支部建在单位"来提高基层党组织的组织力;在市场经济时期,中国共产党探索出一条"支部建在团队"的党建新模式,以提升基层党组织的组织力。上海J街道用实践证明了这一点。

具体而言,J街道通过组织再造提升了基层党组织的组织力表现在两个方面:一方面,从基层党组织内部而言,即组织党员的能力。J街道在进行组织再造的过程中,首先要发挥党员的"主体"作用,培养党员对社区的"主人翁"精神。J街道党组织组织党员的能力表现在:社区党组织通过开展各种党员活动,比如开展"两学一做"、"先进性教育活动"、"主题党员活动"、外出参观学习活动等,营造积极健康的党内政治生活氛围,教育、管理和监督党员,引导党员带头将党的路线、方针、政策在社区贯彻落实,实现社区党组织的团结和谐、坚强有力,发挥战斗堡垒作用。J街道党组织充分抓住了新时期社会发展的变化以及党员的需求,积极探索居民区党建的"新路子"。比如,在爱辉社区,居委书记蔡诚组织和带动小区的党员成立了"阳光工作室",即党员志愿者平台,将党员组织起来,推动小区的治理和发展。"阳光工作室"的党员志愿者是在爱辉社区党总支的带动下,始终按照习近平同志提出的"把党员的先锋形象树起来,用行动体现信仰信念的力量"的要求,在开展"两学一做"学习教育活动中认真做到"知行合一",依托"阳光工作室"党员志愿者服务平台将主题活动引向深入。"阳光工作室"是党员志愿者活动的平台,同时,爱辉社区党总支也是通过这一平台来实现对党员志愿者的组织,从而体现出爱辉社区党总支的组织力,进一步反映出爱辉社区党总支组织力的提高。

另一方面,从基层党组织的外部而言,即表现为组织群众的能力。J街道探索出一条"支部领导团队、党员融入团队、团队凝聚群众"的党建新模式。这种党建新模式是以社区团队为组织载体,将社区的居民个体组织起来。在J街道有370多支社区团队,每一个社区团队都有党员参与。同时,社区团队是根据居民的兴趣爱好以及社区治理的需求而培养起来的,因此,居民是出于主观意愿而参与到社区团队的活动当中。在社区团队开展的活动,以红色教育主题为主,将党的路线、方针政策的理念通过文体活动等形式展示出来,从而起到宣传教育的效果。这种以"团队党建"来实现组织群众的工作方法,是 J 街道的一种党建新形式,也是 J 街道在居民区推行组织再造的一个非常重要的举措。党建服务中心的薛绰英主任说:

> "我们街道有 370 多支团队,基本上 46 个居委会都有巡逻团队、文体团队、议事团队、学习团队,具体也是根据小区的资源来看的,可以看到的是,这些团队在社区治理当中发挥了很大的作用,尤其是这些团队的骨干,在组织居民参与小区活动方面特别给力。"❶

薛绰英主任口中的"社区团队骨干"是党联系群众的纽带,"给力"二字显示出"社区团队"在开展社区治理工作,以及组织群众和凝聚群众方面起到了非常明显的作用。可见,J 街道党组织探索出来的"支部建在团队"的党建新模式,提升了基层党组织的组织力。

第二,"组织再造"在一定程度上实现了社会的整合。任何一个社会的存在和发展都需要社会各个因素融为一体,相互协调。可以说,社会整合是社会存在和社会发展的前提。在传统中国,君主要实现国家对社会的有效统治,是依靠自然经济、君主专权和儒家思想来完成的。这种"超稳定结构"受到商品经济的发展、列强入侵和军阀混战等各种因素共同作用而趋于瓦解。❷ 中国共产党是在混乱的社会时局中诞生的。中国共产党在执掌政权之后进行了社会整合,这是执政的应有之义。在计划经济时期,中国共产党通过在农村建立人民公社,在城市建立单位制,实现了对社会的整合。改革开放以来,随着市场经济的实行,社会改革全面启动,"所有制形式更加多样,社会阶层更加多样,社会思想观念更加多样"❸。因此,中国城市社会整合模式发生变迁,开始"从单一行政性社会整合到多元契约性社会整合"❶ 的转变。在这个过程中,计划经济体制之下的单位制退出历史舞台,"单位整合"也随之失效,取而代之的是"社区整合"。

---

❶ 访谈编码:20180910XCY。
❷ 朱前星:《社会治理现代化视角下的中国共产党社会整合功能调适》,《湖南师范大学社会科学学报》2018 年第 4 期,第 10—17 页。
❸ 《习近平关于社会主义政治建设论述摘编》,北京:中央文献出版社,2017 年版,第 28 页。
❶ 殷京生:《中国城市社会整合模式的变迁:从单一行政性社会整合到多元契约性社会整合》,《南京社会科学》2000 年第 11 期,第 45—50 页。

社区是社会的基础单元,社区整合成为社会整合的重要方面。❶ 经过40多年的全方位社会改革,社会分化日趋严重。中国共产党作为一个利益表达和整合的中介,它的价值不仅仅是现代政治资源置换的功能,还应该将社会上各种分散的利益整合起来,消除利益分化所带来的潜在混乱。因此,社会整合成为21世纪中国共产党的政治使命。❷ 基于这样一个历史背景和社会发展的逻辑,应在社区治理中开展组织再造,通过社区团队将"原子化"的居民凝聚起来,组织起来,以此实现社区党组织对原子化个体的整合。实践证明,这是一种非常有效的社会整合途径和方式。中共在革命时期和计划经济时期采取了"扩音器"❸的社会整合方式,但对于当前利益分化严重的社会来说,这种"扩音器"的社会整合方式的效力明显减弱。然而,J街道党组织在社区治理中推进组织再造来实现社区整合,即通过"趣缘团队"形成的横向利益整合和"团队党建"深入下去的纵向组织整合,是一种有效的社会整合方式。

第三,组织再造需要做到价值导向和利益导向相统一。随着全面改革的纵深推进,社会利益主体呈现出多元性、流动性和复杂性的特点,社会矛盾也日益向基层社区堆积和爆发。因此,党的工作重心逐步向基层下移。"党建引领、社会治理"已经成为社区治理的指导理念。然而,在党建引领社区治理的过程中,大量的人力、物力和财力下沉到社区,这使社会利益主体基于"资源"的逻辑而参与到社区公共活动中。比如,社区居民参与"美食节"是为了获取"美食券",居民参加"运动会"是为了"运动服"等,这些参与行为的背后皆是基于自身利益的考虑。社区居民参与社区公众活动的利益驱动所指的利益既有物质方面的,也有精神方面的;既可以是单一的,也可以是多元的,诸如改善社区环境、提供公共服务、完善公共设施等。居民还可以通过参加社区选举,比如,进入社区党组织、居委会和业委会等组织机构,或者成为党员代表、居民代表和业主代表,参与到社区公共事务的管理中,以获取政治效能感。但是,一旦参

---

❶ 黄玉婕:《社区整合:社会整合的重要方面》,《河南社会科学》1997年第4期,第71—74页。

❷ 王邦佐、谢岳:《社会整合:21世纪中国共产党的政治使命》,《学术月刊》2001年第7期,第3—8页。

❸ 此处的"扩音器"是指意识形态整合或者价值整合,美国学者詹姆斯·汤森曾说:"与面临紧迫任务时求助于钱袋子的西方政府相比,中国政府往往求助于'扩音器'。"参见〔美〕詹姆斯·汤森,布兰特利·沃马克:《中国政治》,南京:江苏人民出版社,1995年版,第283页。

与者感到参与活动与他们所关心的问题无关,也无助于解决他们所面临的实际问题,那么,他们便会对参与活动表现出漠然的态度,并选择放弃参与。❶ 可以说,以资源来调动社会利益主体参与社区治理的积极性,是值得肯定的做法。但是,如何引导社会利益主体朝着正确的方向发展,是党建引领社区治理亟须解决的一个重要问题。

第四,组织再造需要坚持社区认同与党和国家的认同的统一。以居民的需要为导向、将其与社区治理的需求相结合来推进组织再造,可以提高居民对社区的认同。但值得注意的是,如何将居民对社区的认同与对党和国家的认同统一起来,成为中国共产党及其基层党组织需要解决的一个重要问题。现实情况是,J街道在社区治理中推进组织再造,让居民享受到了党和国家政策带来的惠民项目和便民服务,居民的获得感就会得到提升,居民对美好生活向往的需求就会得到满足。同时,居民参与社区治理的意愿和能力也会得到增强,这充分体现出社区治理能力的提高。社区治理之所以能构成社会治理和国家治理的基石,是因为"无论是国家治理还是社会治理,它们的治理主体、过程及其成果,最终都要在基层社区落实。社区是居民安居乐业、生活休息的场所,是国家治理和社会治理最终的价值追求"。❷ 换言之,只有居民安居乐业,居民满意社区治理,那么,居民对"国家的代理机构"——居委党总支和居委会——产生的认同感和归属感,才会上升为对执政党和国家的认同感和归属感。

从政治学的角度来看,民众对"执政党和国家的认同感"是与"政权合法性"紧密相关的,它意味着人们"对国家制定的游戏规则、社会控制的接受,乃至认可,将其视为正确和真实。它比单纯的服从或参与的深刻之处在于,公民可能会由于对个人面临的奖赏或惩罚而选择服从或参与。合法性与之不同,它包含着人们对国家的象征性结构的接受"。❸ 哈贝马斯指出:"任何一种政治系统,如果它不抓合法性,那么,它就不可能永久地保持住群众对它所持有的忠诚心。这也就是说,就无法永久地保持住它

---

❶ 阎学通:《中国国家利益分析》,天津:天津人民出版社,1996年版,第10页。
❷ 宋道雷:《转型中国的社区治理:国家治理的基石》,《复旦学报》(社会科学版)2017年第3期,第172—179页。
❸ 王可园:《从生存政治到权利政治:农民政治行为逻辑变迁研究》,上海:华东师范大学博士论文,2016年。

的成员们紧紧地跟随它前进。"❶ 在现代社会，政党作为现代政治体系中不可或缺的角色，其低效运转与其所遇到的合法性问题紧密相连。《布莱克维尔百科全书政治学百科全书》中写道："任何一种人类社会的复杂形态都面临一个合法性的问题，即该秩序是否和为什么应该获得其成员的忠诚的问题。而在现代社会，这个问题变得更为突出，也更为普遍了。"❷ 美国学者西达·斯考切波指出："共产党要走向最终胜利的道路，就必须发现并创造相应的条件，在保证根据地安全的同时，还要尽可能运用压力去渗透、重组当地社区——这就可以让共产党与当地农民建立直接联系。"❸ 可以说，中国共产党自成立以来，就是将自身利益与民众的利益相结合，以此来寻求民众对其的支持和拥护。在计划经济时期，中国共产党通过"单位制"这一组织载体，建立了"国家—单位—个人"之间的纵向垂直联系，通过"单位"来为个人的利益需求提供资源和保障。随着市场经济的运行，单位制随之解体，"社区制"在国家政权的推动下逐步确立起来，将此作为"单位制"的替代制度来承担管理和服务民众的职能。因此，民众的利益诉求必须通过"社区"这一组织途径来实现。相应地，社区治理的效果好坏，将直接影响民众的利益诉求能否得到满足，也关乎民众对党和国家的认同感和归属感的强弱。

在中国这样一个超大规模的社会，要建立党和居民之间的直接联系是不现实的，必须通过党的基层组织才能实现。政党通过将自身的组织网络延伸到社会最基层，以此强化执政的基础。❶ 同时，随着现代化进程的发展，我国社会正处在不断分化的过程中，社会的矛盾和利益冲突逐渐向社区集聚和凸显。在利益分化的面前，人们之间的社会交往呈现出一种焦虑、猜疑甚至对立的紧张关系。这样的社会氛围显然是与居民安居乐业、追求美好生活和建设和谐社会相背离的。鉴于此，在新时代，应该"坚持

---

❶〔德〕哈贝马斯：《重建历史唯物主义》，郭官义译，北京：社会科学文献出版社，2000年版，第264页。

❷〔美〕戴维·米勒、韦农·波格丹诺：《布莱克维尔百科全书政治学百科全书》，邓正来译，北京：中国政法大学出版社，2002年版，第441页。

❸〔美〕西达·斯考切波：《国家与社会革命》，何俊志、王学东译，上海：上海人民出版社，2007年版，第178页。

❶ 王邦佐：《执政党与社会整合：中国共产党与新中国社会整合实例分析》，上海：上海人民出版社，2007年版，第30页。

以人民为中心、以基层为原点、以集体主义为纽带",❶ 来化解我国当前的主要社会矛盾。在这样的社会背景下，在社区治理中开展组织再造，就是坚持在基层党组织的领导下，通过"社区团队"这一组织载体将社区的居民进行"再组织化"，这是一种有效的社区组织途径，同时，也是基层党组织与居民建立直接联系，从而获得居民认同和支持的有效途径。涂尔干指出："每一种社会服从都带着所有的个人性变量。"❷ 也就是说，在社区治理过程中，居民个体只有切身地感受到自己的需求被重视、利益诉求被满足之后，才会从内心接受现存政权的制度安排，从而形成心理上的认同和服从。具体而言，通过积极改善居民生活，提升居民的获得感、幸福感和安全感，实现居民对美好生活的向往；通过鼓励居民参与社区治理，增强居民对政治社区公共事务的参与感，提高居民的政治认同感；通过推动社区党建，增强居民的价值认同感，提高民众对执政党和国家的认同感。

尽管本书从具体的案例研究中提出了上述几条建议，对上海 J 街道在社区治理中的组织再造进行了深入的分析和研究，但是"组织再造"涵盖的是整个社会，不仅是社区的组织再造，还包括其他的社会主体，比如"两新"组织和共建单位等。另外，在社区的组织再造过程中，社会组织、共建单位发挥了重要的作用，但是本书重点阐述的是社区团队在组织再造过程中的作用，并未对社会组织和共建单位在社区组织再造过程中扮演的角色及其作用进行详细的阐述。这些不足之处，都是未来开展学术研究的方向。

---

❶ 郝宇青. 化解新时代社会主要矛盾的三个抓手 [N]. 解放日报，2018 - 3 - 6.
❷ Emile Durkheim (1982) The Rules of Sociological Method. N ew York: The Free Press, p. 45.

参考文献

中文著作

[1] 中共中央马克思恩格斯列宁斯大林著作编译局. 马克思恩格斯全集（第一卷）[M]. 北京：人民出版社，1957.

[2] 中共中央马克思恩格斯列宁斯大林著作编译局. 马克思恩格斯全集（第三卷）[M]. 北京：人民出版社，1960.

[3] 中共中央马克思恩格斯列宁斯大林著作编译局. 马克思恩格斯全集（第二卷）[M]. 北京：人民出版社，1972.

[4] 中共中央马克思恩格斯列宁斯大林著作编译局. 马克思恩格斯选集（第一卷）[M]. 北京：人民出版社，1972.

[5] 中共中央马克思恩格斯列宁斯大林著作编译局. 马克思恩格斯选集（第一卷）[M]. 北京：人民出版社，1995.

[6] 中共中央马克思恩格斯列宁斯大林著作编译局. 马克思恩格斯文集（第一卷）[M]. 北京：人民出版社，2009.

[7] 中共中央马克思恩格斯列宁斯大林著作编译局. 马克思恩格斯文集（第八卷）[M]. 北京：人民出版社，2009.

[8] 中共中央马克思恩格斯列宁斯大林著作编译局. 列宁全集（第14卷）[M]. 北京：人民出版社，1988.

[9] 中共中央文献研究室. 毛泽东文集（第八卷）[M]. 北京：人民出版社，1999.

[10] 中共中央文献编辑委员会. 邓小平文选（第三卷）[M]. 北京：人民出版社，1995.

[11] 习近平. 习近平关于严明党的纪律和规矩论述摘编[M]. 北京：中央文献出版社，2016.

[12] 习近平. 习近平关于社会主义政治建设论述摘编[M]. 北京：中央文献出版社，2017.

[13] 习近平. 习近平谈治国理政[M]. 北京：外文出版社，2014.

[14] 中国共产党章程[M]. 北京：人民出版社，2017.

［15］曹锦清，陈中亚. 走出"理想"城堡：中国"单位"现象研究［M］. 深圳：海天出版社，1997.

［16］陈明明，何俊志. 中国民主的制度结构［M］. 上海：上海人民出版社，2008.

［17］费孝通. 乡土中国［M］. 北京：人民出版社，2008.

［18］费孝通. 费孝通社会学文集［M］. 天津：天津人民出版社，1998.

［19］关海庭. 20世纪中国政治发展史论［M］. 北京：北京大学出版社，2000.

［20］桂勇. 邻里空间：城市基层的行动、组织与互动［M］. 上海：上海书店出版社，2008.

［21］郭秋永. 当代三大民主理论［M］. 北京：新星出版社，2006.

［22］何俊志. 选举政治学［M］. 上海：复旦大学出版社，2009.

［23］胡伟. 政府过程［M］. 杭州：浙江人民出版社，1998.

［24］黄晓星. 社区过程与治理困境：南苑的草根自治与转变［M］. 北京：社会科学文献出版社，2016.

［25］贾西津. 中国公民参与案例与模式［M］. 北京：社会科学文献出版社，2008.

［26］黎熙元. 现代社区概论［M］. 广州：中山大学出版社，2007.

［27］李路路，李汉林. 中国的单位组织：资源、权力与交换［M］. 杭州：浙江人民出版社，2000.

［28］李路路，边燕杰. 制度转型与社会分层［M］. 北京：中国人民大学出版社，2008.

［29］李培林. 另一只看不见的手：社会结构转型［M］. 北京：社会科学文献出版社，2005.

［30］李泉. 治理思想的中国表达：政策、结构与话语转变［M］. 北京：中央编译出版社，2014.

［31］罗峰. 嵌入、整合与政党权威的重塑：对中国执政党、国家和社会关系的考察［M］. 上海：上海人民出版社，2009.

［32］罗峰. 社会的力量：城市社区治理中的志愿组织［M］. 上海：上海人民出版社，2016.

［33］骆郁廷. 精神动力论［M］. 武汉：武汉大学出版社，2003.

［34］罗荣渠. 现代化新论：中国的现代化之路［M］. 上海：华东师范大学出版社，2013.

［35］刘建军. 单位中国：社会调控体系重构中的个人、组织与国家［M］. 天津：天津人民出版社，2000.

［36］林尚立. 当代中国政治形态研究［M］. 天津：天津人民出版社，2000.

［37］林尚立. 社区民主与治理：案例研究［M］. 北京：社会科学文献出版社，2003.

［38］卢汉龙，等. 新中国社会管理体制研究［M］. 上海：上海人民出版社，2015.

［39］梁漱溟. 中国文化要义［M］. 上海：上海人民出版社，2011.

［40］马西恒，鲍勃·谢比伯. 中加社区治理模式比较研究［M］. 上海：上海人民出版社，2006.

［41］邱道勇. 互联网+城市［M］. 北京：经济管理出版社，2015.

［42］荣敬本，崔之元，等. 从压力型体制向民主合作体制的转变：县乡两级政治体制改革［M］. 北京：中央编译出版社，1998.

［43］孙立平. 重建社会：转型社会的秩序再造［M］. 北京：社会科学文献出版社，2009.

［44］上海市社会科学界联合会，上海市民政局，上海市社区发展研究会. 上海社区发展报告（1996—2000）［M］. 上海：上海大学出版社，2000.

［45］王邦佐. 居委会和社区治理：城市社区居民委员会组织研究［M］. 上海：上海人民出版社，2003.

［46］王邦佐，等. 执政党与社会整合：中国共产党与新中国社会整合实例分析［M］. 上海：上海人民出版社，2007.

［47］韦克难. 社区管理［M］. 成都：四川人民出版社，2003.

［48］吴志华. 大都市社区治理：以上海为例［M］. 上海：复旦大学出版社，2008.

［49］王巍. 社区治理结构变迁中的国家与社会［M］. 北京：中国社会科学出版社，2009.

［50］夏建中. 中国城市社区治理结构研究［M］. 北京：中国人民大学出版社，2012.

［51］谢芳. 美国社区［M］. 北京：中国社会出版社，2004.

［52］徐湘林. 渐进政治改革中的政党、政府与社会［M］. 北京：中信出版社，2004.

［53］王敬尧. 参与式治理：中国社区建设实证研究［M］. 北京：中国社会科学出版社，2006.

［54］徐勇，陈伟. 中国城市社区自治［M］. 武汉：武汉大学出版社，2002.

［55］杨波. 从冲突到秩序：和谐社区建设中的业主委员［M］. 北京：中国社会出版社，2006.

［56］杨海涛. 城市社区网格化管理的研究与展望［M］. 北京：经济管理出版社，2013.

［57］杨少星. 制度转型期的利益集团现象及其治理［M］. 北京：中国政法大学出版社，2015.

［58］杨雪冬. 市场发育、社会成长和公共权力构建［M］. 郑州：河南人民出版社，2002.

［59］闫健. 民主是一个好东西：俞可平访谈录［M］. 北京：社会科学文献出版社，2006.

［60］阎学通. 中国国家利益分析［M］. 天津：天津人民出版社，1996.

［61］叶南客. 都市社会的微观再造：中外城市社区比较新论［M］. 南京：东南大学出版社，2003.

［62］于建嵘. 抗争性政治：中国政治社会学基本问题［M］. 北京：人民出版社，2010.

［63］俞可平. 治理与善治［M］. 北京：社会科学文献出版社，2000.

［64］赵鼎新. 社会与政治运动讲［M］. 北京：社会科学文献出版社，2012.

［65］张年，孙景乐. 智慧小区建设与运营［M］. 上海：复旦大学出版社，2016.

［66］张康之，石国亮. 国外社区治理自治与合作［M］. 北京：中国言实出版社，2012.

［67］周雪光. 国家与生活机遇：中国城市中的再分配与分层（1949—1994）［M］. 北京：中国人民大学出版社，2015.

［68］周雪光. 中国国家治理的制度逻辑［M］. 上海：生活、读书、新知三联书店，2017.

［69］周翼虎，杨晓民. 中国单位制度［M］. 北京：中国经济出版社，1999.

［70］周士禹，李本公. 中国民政工作丛书［M］. 北京：中国社会出版社，1996.

［71］周抗. 社会主义民主论［M］. 上海：上海社会科学院出版社，1987.

［72］诸大建. 合作的治理［M］. 上海：同济大学出版社，2015.

［73］朱国宏. 经济社会学［M］. 上海：复旦大学出版社，1999.

［74］朱建刚. 国与家之间：上海邻里的市民团体与社区运动的民族志［M］. 北京：社会科学文献出版社，2010.

［75］邹谠. 中国革命再解释［M］. 香港：牛津大学出版社，2002.

［76］〔德〕马克斯·韦伯. 经济与社会（第2卷）［M］. 上海：上海人民出版社，2010.

［77］〔德〕哈贝马斯. 重建历史唯物主义［M］. 郭官义，译. 北京：社会科学文献出版社，2000.

［78］〔德〕斐迪南·滕尼斯. 新时代的精神［M］. 林荣远，译. 北京：北京大学出版社，2006.

［79］〔德〕斐迪南·滕尼斯. 社区与社会［M］. 林荣远，译. 北京：商务印书馆，1999.

［80］〔德〕卡尔·曼海姆. 重建时代的人与社会：现代社会结构研究［M］. 张旅平，译. 南京：译林出版社，2011.

［81］〔德〕乌尔里希·贝克. 个体化［M］. 李荣山，译. 北京：北京出版社，2011.

［82］〔法〕埃哈尔·费埃德伯格. 权力与规则：组织行动的动力［M］. 张月，等译. 上海：上海人民出版社，2005.

［83］〔法〕阿图塞. 列宁和哲学［M］. 杜章智，译. 台北：台湾远流出版公司，1990.

[84]〔法〕古斯塔夫·勒庞. 乌合之众：大众心理研究[M]. 冯克利, 译. 北京：中央编译出版社, 2005.

[85]〔法〕米歇尔·克罗齐尔, 埃哈尔·费埃德伯格. 行动者与系统：集体行动的政治学[M]. 张月, 等, 译. 上海：上海人民出版社, 2017.

[86]〔美〕阿林·弗莫雷斯克. 妥协：政治与哲学的历史[M]. 启蒙编译所, 译, 上海：上海社会科学院出版社, 2016.

[87]〔美〕艾伦·C. 艾萨克. 政治学：范围与方法[M]. 郑永年, 等, 译. 杭州：浙江人民出版社, 1987.

[88]〔美〕R. 麦克法夸尔, 费正清. 剑桥中华人民共和国史（上卷 革命的中国的兴起 1949—1965）[M]. 俞金尧, 等, 译. 北京：中国社会科学出版社, 1990.

[89]〔美〕魏昂德·华尔德. 共产党社会的新传统主义：中国工业中的工作环境和权力结构[M]. 龚小夏, 译. 香港：牛津大学出版社, 1996.

[90]〔美〕弗克斯·巴特菲尔德. 苦海沉浮[M]. 张之安, 译. 成都：四川文艺出版社, 1983.

[91]〔美〕塞缪尔·P. 亨廷顿. 变化社会中的政治秩序[M]. 王冠华, 刘为, 等, 译. 上海：上海人民出版社, 2008.

[92]〔美〕哈罗德·D. 拉斯韦尔. 政治学：谁得到什么？何时和如何得到？[M]. 杨昌裕, 译. 北京：商务印书馆, 2010.

[93]〔美〕埃莉诺·奥斯特罗姆. 公共事务的治理之道[M]. 余逊达, 陈旭东, 译. 上海：三联出版社, 2000.

[94]〔美〕尼古拉·亨利. 公共行政学[M]. 项龙, 译. 北京：华夏出版社, 2002.

[95]〔美〕沈大伟. 中国共产党收缩与调适[M]. 吕增奎, 王新颖, 译. 北京：中央编译出版社, 2012.

[96]〔美〕彼得·M. 布拉. 社会生活中的交换与权力[M]. 李国斌, 译. 北京：商务印书馆, 2012.

[97]〔美〕戴维·奥斯本, 彼得·普拉斯特里克. 再造政府[M]. 谭功荣, 刘霞, 译. 北京：中国人民大学出版社, 2010.

[98]〔美〕吉尔伯特·罗兹曼. 中国的现代化[M]. 国家社会科学基金"比较现代化课题组", 译. 南京：江苏人民出版社, 2010.

[99]〔美〕杰克·奈特. 制度与社会冲突[M]. 周伟林, 译. 上海：上海人民出版社, 2009.

[100]〔美〕科恩. 论民主[M]. 聂崇信, 朱秀贤, 译. 北京：商务印书馆, 2003.

[101]〔美〕罗伯特·帕特南. 独自打保龄：美国社区的衰落与复兴[M]. 刘波, 等, 译. 北京：北京大学出版社, 2011.

[102]〔美〕李侃如. 治理中国：从革命到改革[M]. 胡国成, 赵梅, 译. 北京：中

国社会科学出版社，2010.

[103]〔美〕理查德·C. 博克斯. 公民治理：引领21世纪的美国社区［M］. 孙柏英，译. 北京：中国人民大学出版社，2013.

[104]〔美〕曼瑟尔·奥尔森. 集体行动的逻辑［M］. 陈郁，郭宇峰，李崇新，译. 上海：上海人民出版社，1995.

[105]〔美〕塞缪尔·P. 亨廷顿. 变化社会中的政治秩序［M］. 王冠华，等，译. 上海：上海三联书店，1989.

[106]〔美〕塞缪尔·P. 亨廷顿，琼·纳尔逊. 难以抉择［M］. 汪晓寿，吴志华，项继权，译. 北京：华夏出版社，1989.

[107]〔美〕桑德斯. 社区论［M］. 徐震，译. 福州：福建人民出版社，1996.

[108]〔美〕杜赞奇. 文化、权力与国家：1900—1942的华北农村［M］. 王福明，译. 南京：江苏人民出版社，2013.

[109]〔美〕约翰克莱顿·托马斯. 公共决策中的公民参与公共管理者的新技能与新策略［M］. 孙柏英，译. 北京：中国人民大学出版社，2005.

[110]〔美〕乌尔里希·贝克. 个体化［M］. 李荣山，译. 北京：北京出版社，2011.

[111]〔美〕西达·斯考切波. 国家与社会革命［M］. 何俊志，王学东，译. 上海：上海人民出版社，2007.

[112]〔美〕詹姆斯·R. 汤森，布兰特利·沃马克. 中国政治［M］. 南京：江苏人民出版社，2004.

[113]〔美〕珍妮特·V. 登哈特，罗伯特·B. 登哈特. 新公共服务：服务而不是掌舵［M］. 北京：中国人民大学出版社，2010.

[114]〔美〕戴维·米勒，韦尔·波格丹诺. 布莱克维尔政治学百科全书［M］. 邓正来，译. 北京：中国政法大学出版社，2002.

[115]〔英〕柏特兰·罗素. 社会改造原理［M］. 张师竹，译. 上海：上海人民出版社，1959.

[116]〔英〕伯特兰·罗素. 个人与权威［M］. 储智勇，译. 北京：商务印书馆，2010.

[117]〔英〕霍布斯. 利维坦［M］. 黎思复，黎廷弼，译. 北京：商务印书馆，2013.

[118]〔英〕约翰·莫雷. 论妥协［M］. 启蒙编译所，译. 上海：上海社会科学院出版社，2014.

[119]〔英〕拉夫尔·达仁道夫. 现代社会冲突［M］. 林荣远，译. 北京：中国社会科学出版社，2000.

[120]〔英〕格雷厄姆·沃拉斯. 政治中的人性［M］. 李辉，译. 北京：商务印书馆，2015.

[121]〔英〕齐格蒙特·鲍曼. 全球化：人类的后果［M］. 郭国良，徐建华，译. 北

京：商务印书馆，1998.

[122]〔意〕安东尼奥·葛兰西：狱中札记［M］. 曹雷雨，等，译. 郑州：河南大学出版社，2014.

中文期刊

[1] 艾云. 上下级政府间"考核检查"与"应对"过程的组织学分析：以 A 县"计划生育"年终考核为例［J］. 社会，2011（3）：68-87.

[2] 蔡小慎，潘加军. 转型期我国城市社区治理中的分权问题探讨［J］. 社会主义研究，2005（2）：86-89.

[3] 曹惠民. 基于耦合理论的城市基层社区治理研究［J］. 公共管理. 2015（6）：93-97.

[4] 陈家喜. 反思中国城市社区治理结构：基于合作治理的理论视角［J］. 武汉大学学报，2015（1）：71-76.

[5] 陈鹏. 城市社区治理基本模式及其治理绩效：以四个商品房社区为例［J］. 社会学研究，2016（3）：125-151.

[6] 陈鹏. 国家—市场—社会三维视野下的业委会研究——以 B 市商品房社区为例［J］. 公共管理学报，2013（3）：75-89.

[7] 陈伟东，马涛. 居委会角色与功能再造社区治理能力的生成路径与价值取向研究［J］. 吉首大学学报：社会科学版，2017（3）：78-84.

[8] 陈伟东，吴岚波. 困境与治理社区志愿服务持续化运作机制研究［J］. 河南大学学报：社会科学版，2018（5）：42-50.

[9] 陈伟东，席军良. 专注城市社区研究：从体制改革到治理现代化的跨越——华中师范大学博士生导师陈伟东教授访谈［J］. 社会科学家，2015（6）：3-7.

[10] 陈伟东. 社区行动者逻辑：破解社区治理难题［J］. 政治学研究，2018（1）：103-106.

[11] 陈燕，郭彩琴. 中国城市社区治理困境、成因及对策［J］. 苏州大学学报，2016（6）：36-41.

[12] 单丽. 中华优秀传统文化是自信之基［J］. 人民论坛，2018（35）：134-135.

[13] 邓伟志. 关于当前中国的社区发展［J］. 江苏社会科学，1999（6）：165-170.

[14] 邓宁化. "寄居蟹的艺术"：体制内社会组织的环境适应策略——对天津市两个省级组织的个案研究［J］. 公共管理学报，2011（7）：91-101.

[15] 丁鹏. 立法视野下内地与香港城市社区治理模式比较分析［J］. 中央民族大学学报，2017（4）：44-49.

[16] 丁元竹. 加拿大的社区服务体系建设及其对我国的启示［J］. 中国发展观察，2006（9）：49-55.

[17] 范逢春. 基于社会质量角度论城市社区治理创新模式［J］. 兰州学刊, 2014 (11): 164-170.

[18] 范富, 张盛华. 强化基层党组织政治功能研究［J］. 中共太原市委党校学报, 2017 (5): 3-7.

[19] 冯玲, 李志远. 中国城市社区治理结构变迁的过程分析: 基于资源配置视角［J］. 人文杂志, 2003 (1): 133-138.

[20] 冯仕政, 朱展仪. 集体行动、资源动员与社区建设: 对社区建设研究中"解放视角"的反思［J］. 新视野, 2017 (5): 47-54.

[21] 付诚, 王一. 公民参与社区治理的现实困境及对策［J］. 社会科学战线, 2014 (11): 207-214.

[22] 甘泉, 骆郁廷. 社会动员的本质探析［J］. 学术探索, 2011 (12): 24-28.

[23] 高同星. 关于发挥城市社区"隐身"党员作用的思考［J］. 政治学研究, 2012 (1): 50-53.

[24] 葛天任, 李强. 我国城市社区治理创新的四种模式［J］. 西北师范大学学报, 2016 (11): 5-13.

[25] 郭为桂. "组织起来": 中国近代化进程中的基层治理变迁［J］. 党史研究与教学, 2015 (6): 14-24.

[26] 郭为桂. "再组织化": 全面从严治党的战略抉择及其制度化导向［J］. 经济社会体制比较, 2019 (1): 11-21.

[27] 韩冬, 许玉镇. 城市社区治理中权力互动的困境分析［J］. 贵州社会科学, 2016 (6): 76-81.

[28] 郝国庆. 城市社区治理创新的发展趋势与路径选择: 以武汉市汉阳区社区治理模式为例［J］. 理论月刊, 2015 (12): 157-162.

[29] 郝宇青. 从分化到整合: 改革开放40年社会变迁的动力及其转换［J］. 江西师范大学学报, 2018 (5): 3-13.

[30] 郝宇青. 加强基层党组织建设的政治逻辑［J］. 行政论坛, 2018 (1): 16-22.

[31] 何海兵. 我国城市基层社会管理体制的变迁从单位制、街居制到社区制［J］. 管理世界, 2003 (6): 52-62.

[32] 何平立. 冲突、困境、反思社区治理基本主体与公民社会构建［J］. 上海大学学报: 社会科学版, 2009 (4): 20-31.

[33] 贺雪峰, 刘岳. 基层治理中的"不出事逻辑"［J］. 学术研究, 2010 (6): 32-37.

[34] 胡洁人, 费静燕. 国家主导下的城市社区治理: 四方互动及诉讼外的纠纷化解［J］. 广西民族大学学报, 2017 (4): 43-52.

[35] 李强, 胡宝荣. 当代中国网络思想动态及其反思［J］. 毛泽东邓小平理论研究,

2013（1）：43-49.

［36］胡祥. 城市社区治理模式的理想型构：合作网络治理［J］. 中南民族大学学报，2010（5）：101-105.

［37］胡小君. 从分散治理到协同治理社区治理多元主体及其关系构建［J］. 江汉论坛，2016（4）：41-48.

［38］胡晓慧. 从单位制到社区制社会管理体制的转变分析［J］. 中国管理信息化，2016（18）：200-201.

［39］胡晓燕，曹海军. 社区治理体系和治理能力现代化的思考：基于国家基层政权建设的微观视角［J］. 经济问题，2018（1）：8-14.

［40］胡雪梅. 让志愿服务文化深入人心［J］. 人民论坛，2018（34）：76-77.

［41］胡颖廉. 精细、协同、法治城市社区治理的深透社个案［J］. 理论探讨，2017（2）：140-142.

［42］黄蓉生，丁玉峰. 习近平红色文化论述的思想政治教育价值探析［J］. 思想教育研究，2018（9）：3-8.

［43］黄燕芬，杨宜勇，蔡潇彬，等. 40年小康社会建设的4次历史性飞跃［J］. 宏观经济管理，2018（12）：6-11.

［44］黄玉婕. 社区整合：社会整合的重要方面［J］. 河南社会科学，1997（4）：71-74.

［45］江畅，蔡梦雪. 从革命价值观到核心价值观：中国现代价值观构建的三阶段［J］. 江汉论坛，2018（5）：15-23.

［46］蒋俊杰. 从传统到智慧我国城市社区公共服务模式的困境与重构［J］. 浙江学刊，2014（4）：117-123.

［47］蒋俊明. 利益协调视域下城市社区治理结构的改进［J］. 城市问题，2014（3）：80-84.

［48］揭爱花. 单位：一种特殊的社会生活空间［J］. 浙江大学学报，2000（5）：76-82.

［49］孔卫拿. 引领与自主：对嵌入式社会组织党建的思考［J］. 安徽师范大学学报，2018（3）：36-41.

［50］李德，于洪生. 城市社区无缝隙治理特征、条件与实践路径：以上海市徐汇区长桥街道为例［J］. 探索，2016（1）：134-139.

［51］李海金. 城市社区治理中的公共参与：以武汉市W社区论坛为例［J］. 中州学刊，2009（4）：104-108.

［52］李汉林，王奋宇，李路路. 中国城市社区的整合机制与单位现象［J］. 管理世界，1994（2）：192-200.

［53］李汉林. 变迁中的中国单位制度 回顾中的思考［J］. 社会，2008（3）：31-40.

[54] 李汉林. 转型社会中的整合与控制：关于中国单位制度变迁的思考 [J]. 吉林大学社会科学学报，2007（4）：46－55.

[55] 李行，杨帅，温铁军. 城市社区治理的再组织化：基于对杭州市社区治理经验的分析 [J]. 中共中央党校学报，2014（2）：83－87.

[56] 李辉. 社会报酬与中国城市社区积极分子：上海市社区楼组长群体的个案研究 [J]. 社会，2008（1）：97－117.

[57] 李静. 城市社区网络治理结构的构建：结构功能主义的视角 [J]. 东北大学学报，2016（6）：593－598.

[58] 李路路. "单位制"的变迁与研究 [J]. 吉林大学社会科学学报，2013（1）：11－14.

[59] 李梦娟. 城市社区治理结构转型与治理机制探索 [J]. 城市发展研究，2016（2）：19－21.

[60] 李培志. 城市社区治理结构变迁与业委会的发展环境 [J]. 黑龙江社会科学，2014（5）：115－118.

[61] 李蓉蓉. 城市居民社区政治效能感与社区自治 [J]. 中国行政管理，2013（3）：53－57.

[62] 李威利. 党建引领的城市社区治理体系上海经验 [J]. 重庆社会科学，2017（10）：34－40.

[63] 李文静，时立荣. "社会自主联动"："三社联动"社区治理机制的完善路径 [J]. 探索，2016（3）：135－141.

[64] 李潇，王道勇. 城市社区治理中的网络参与问题分析：基于S市×社区的个案研究 [J]. 科学社会主义，2013（4）：120－122.

[65] 李晓壮. 城市社区治理体制改革创新研究：基于北京市中关村街道东升园社区的调查 [J]. 城市治理，2015（1）：94－101.

[66] 李友梅. 基层社区组织的实际生活方式：对上海康健社区实地调查的初步认识 [J]. 教学研究，2002（4）：15－23.

[67] 李友梅. 社区治理：公民社会的微观基础 [J]. 社会，2007（2）：159－169.

[68] 梁绿琦. 中国社区志愿服务的发展历程 [J]. 北京青年政治学院学报，2008（3）：5－13.

[69] 梁宇. 社会组织在城市社区治理中的独特力量 [J]. 人民论坛，2017（21）：68－69.

[70] 刘博. 习近平民生建设思想的治理线索 [J]. 当代世界与社会主义，2018（1）：105－111.

[71] 刘红凛. 政治建设、组织力与党的建设质量：新时代党的建设三大新概念新要求 [J]. 思想理论教育，2018（7）：74－79.

[72] 刘佳. 城市社区治理中的居民参与状况分析 [J]. 兰州学刊, 2013 (10): 131-134.

[73] 刘佳. 浅析社区治理中居民参与的作用 [J]. 法制与社会, 2007 (10): 647-648.

[74] 刘可. 社区党组织对社区有效治理的实践与反思 [J]. 甘肃社会科学, 2015 (5): 130-134.

[75] 刘淑娥. 红色基因助力党建工作创新 [J]. 人民论坛, 2018 (24): 94-95.

[76] 刘娴静. 城市社区多元权力主体的和谐治理:以治理理论为分析范式 [J]. 学理论, 2013 (30): 107-108.

[77] 刘艳华. "互联网+"与城市社区治理创新 [J]. 人民论坛, 2017 (14): 72-73.

[78] 卢爱国. 论单位制党建的整合功能 [J]. 理论与改革, 2016 (3): 65-70.

[79] 卢学晖. 社区精英主导治理当前城市社区自治的可行模式 [J]. 宁夏社会科学, 2015 (4): 99-103.

[80] 路风. 单位:一种特殊的社会组织形式 [J]. 中国社会科学, 1989 (1): 71-88.

[81] 罗峰. 政党在国家建构中的人事嵌入:从革命到执政的纵向考察 [J]. 上海行政学院学报, 2009 (6): 24-31.

[82] 罗峰. 政权系统中党的组织建设历程、特征及其有效性分析 [J]. 政治学研究, 2009 (4): 24-30.

[83] 罗思东. 美国城市中的邻里组织与社区治理 [J]. 中国政法大学学报, 2007 (2): 29-38.

[84] 马立, 曹锦清. 社会组织参与社会治理自治困境与优化路径:来自上海的城市社区治理经验 [J]. 哈尔滨工业大学学报, 2017 (2): 1-7.

[85] 马学广. "单位制"城市空间的社会生产研究 [J]. 经济地理, 2010 (9): 1456-1461.

[86] 毛丹. 中国城市基层社会的型构:1949—1954年居委会档案研究 [J]. 社会学研究, 2018 (5): 139-163.

[87] 毛莉, 雷霆. 新疆城市社区治理创新研究 [J]. 新疆大学学报, 2015 (6): 27-30.

[88] 毛满长. 候选人社会资本视角下的社区直选探析:以W市J社区为个案 [J]. 云南行政学院学报, 2010 (1): 61-64.

[89] 毛泽东. 介绍一个合作社 [J]. 红旗, 1958 (1).

[90] 聂林. 国外社会管理模式比较 [J]. 社会观察, 2004 (5): 8-9.

[91] 彭红波. 贫困治理中党建扶贫中的内在路径及治理机制 [J]. 行政与法, 2017 (12): 59-68.

[92] 彭小霞. 被征地农民非制度化政治参与:特征、成因与制度化转向 [J]. 求实,

2014（3）：84-88.

[93] 钱志远，孙其昂，李向健."互构型"社区治理：以一个城市社区的停车位事件为例［J］. 城市发展，2017（5）：91-97.

[94] 渠敬东，周飞舟，应星. 从总体支配到技术治理：基于中国30年改革经验的社会学分析［J］. 中国社会科学，2009（6）：104-127.

[95] 佘湘. 城市社区治理中的集体行动困境及其解决［J］. 湖南师范大学社会科学学报，2014（5）：32-38.

[96] 史柏年. 治理：社区建设的新视野［J］. 理论探索，2006（7）：4-10.

[97] 史云贵. 当前我国城市社区治理的现状、问题与若干思考［J］. 上海行政学院学报，2013（2）：88-97.

[98] 宋道雷. 转型中国的社区治理：国家治理的基石［J］. 复旦学报：社会科学版，2017（3）：172-179.

[99] 宋雪峰. 日本社区治理及其启示［J］. 中共南京市委党校学报，2009（3）：90-96.

[100] 孙柏瑛. 城市社区居委会"去行政化"何以可能？［J］. 南京社会科学，2016（7）：51-58.

[101] 孙大海. 忠诚于党的纲领和党的章程［J］. 党建，2018（9）：17.

[102] 孙肖远. 城市社区治理的模式转型与机制构建［J］. 理论探讨，2016（5）：16-20.

[103] 唐晓勇，张建东. 城市社区"微治理"与社区人际互动模式转向［J］. 社会科学，2018（10）：79-90.

[104] 唐亚林，陈先书. 社区自治城市社会基层民主的复归与张扬［J］. 学术界，2003（6）：7-22.

[105] 唐越. 提升城市居民的"幸福指数"："四位一体"小区治理道路之探索［J］. 东南大学学报：哲学社会科学版，2018（S1）：133-137.

[106] 田舒. 社会交换视角下的社区参与：特征及其机制分析［J］. 中南大学学报：社会科学版，2018（5）：153-161.

[107] 田毅鹏，薛文龙."后单位社会"基层社会治理及运行机制研究［J］. 学术研究，2015（2）：31-40.

[108] 田毅鹏，薛文龙. 城市管理"网格化"模式与社区自治关系刍议［J］. 学海，2012（3）：31-40.

[109] 田毅鹏. 老年群体与都市公共性构建［J］. 福建论坛：人文社会科学版，2011（10）：191-196.

[110] 田毅鹏. 转型期中国城市社会管理之痛：以社会原子化为分析视角［J］. 探索与争鸣，2012（12）：65-69.

[111] 王邦佐,谢岳. 社会整合 21 世纪中国共产党的政治使命[J]. 学术月刊,2001 (7):3-8.

[112] 王芳,李和中. 城市社区治理模式的现实选择[J]. 中国行政管理,2008 (4):68-69.

[113] 王建民. "去集体化"与"弱组织化"过程中个体安全的寻求[J]. 思想战线, 2009(6):48-52.

[114] 王可园. "底层社会与抗争性政治"还是"基层社会与创造性政治":农民政治行为两种分析框架比较及重构[J]. 中国农业大学学报,2015(3): 41-51.

[115] 王萍. 印度城市社区的合作式治理机制及其问题[J]. 浙江学刊,2008(5): 144-147.

[116] 王同昌. 基层党组织组织力提升面临的挑战及路径选择[J]. 中州学刊,2018 (8):15-19.

[117] 王星. 利益分化与居民参与:转型期中国城市基层社会管理的困境及其理论转向[J]. 社会学研究,2012(2):20-34.

[118] 卫志民. 中国城市社区协同治理模式的构建与创新:以北京市东城区交道口街道社区为例[J]. 治理现代化,2014(3):58-61.

[119] 魏姝. 中国城市社区治理结构类型化研究[J]. 政治学研究,2008(4): 125-132.

[120] 魏淑娟,李龙,章志敏,等. 服务、参与治理以信息化完善城市社区治理[J]. 晋阳学刊,2017(2):103-114.

[121] 文红星,周文兴. 居民参与社区治理路径探讨[J]. 开放导报,2015(6): 23-25.

[122] 吴光芸. 利益相关者合作逻辑下的我国城市社区治理结构[J]. 城市管理, 2017(4):82-86.

[123] 吴海琳,王晓欢. "单位文艺"与国企动员:计划经济时期 Y 厂的个案分析 [J]. 社会科学战线,2017(8):186-195.

[124] 吴晓林,郝丽娜. "社区复兴运动"以来国外社区治理研究的理论考察[J]. 政治学研究,2015(1):47-58.

[125] 吴晓林. 台湾城市社区的治理结构及其"去代理化"逻辑:一个来自台北市的调查[J]. 公共管理学报,2015(1):46-57.

[126] 吴晓林. 台湾学界如何研究城市社区治理?[J]. 探索与争鸣,2015(8): 100-105.

[127] 夏建中. 中国公民社会的先声:以业委会为例[J]. 文史哲,2003(3):115-121.

[128] 夏建中. 基于治理理论的超大城市社区治理的认识及建议[J]. 北京工业大学

学报：社会科学版，2017（1）：6-11.

[129] 夏晓丽. 公民参与、城市社区治理与民主价值 [J]. 重庆社会科学，2014（2）：38-45.

[130] 肖林. "'社区'研究"与"社区研究"：近年来我国城市社区研究述评 [J]. 社会学研究，2011（4）：185-208.

[131] 谢和均. 转型·秩序与社会管理 [J]. 理论月刊，2011（4）：149-152.

[132] 熊易寒，姚银科. 迈向多动力选举党组织在社区选举中的角色转型 [J]. 中共天津市委党校学报，2011（2）：12-16.

[133] 熊易寒. 从业主福利到公民权利：一个中产阶层移民社区的政治参与 [J]. 社会学研究，2012（6）：77-100.

[134] 熊易寒. 社区选举在政治冷漠与高投票率之间 [J]. 社会，2008（3）：180-204.

[135] 徐宏宇. 城市社区合作治理的现实困境 [J]. 城市问题，2017（8）：75-82.

[136] 薛荐戈. 西部少数民族地区城市社区治理法治化研究 [J]. 贵州民族研究，2015（3）：41-44.

[137] 严志兰，邓伟志. 中国城市社区治理面临的挑战与路径创新探析 [J]. 上海行政学院学报，2014（4）：40-48.

[138] 杨爱平，余雁鸿. "选择性应付"：社区居委会行动逻辑的组织分析——以G市L社区为例 [J]. 社会学研究，2012（4）：105-126.

[139] 杨继星. 个体化时代的集体行动社区草根体育组织的动机诉求与矛盾冲突：以广场舞为例 [J]. 体育与科学，2016（5）：82-88.

[140] 杨建国. 基层政府的"不出事"逻辑境遇、机理与治理 [J]. 湖北社会科学，2018（8）：29-36.

[141] 杨敏，杨玉宏. "服务—治理—管理"新型关系与社区治理新探索 [J]. 思想战线，2013（3）：1-7.

[142] 杨敏. 公民参与、群众参与与社区参与 [J]. 社会，2005（5）：78-95.

[143] 杨敏. 作为国家治理单元的社区：对城市社区建设运动过程中居民社区参与和社区认知的个案研究 [J]. 社会学研究，2007（4）：137-146.

[144] 杨烁. 从参政权的视角看社会弱势群体的利益表达 [J]. 黑龙江社会科学，2009（1）：157-160.

[145] 杨勇. 城市社区治理结构研究：流动人口管理的利益分析 [J]. 北方民族大学学报，2017（4）：16-19.

[146] 叶南客. 从城市到社区：改革开放以来城市治理的空间转换与治理创新 [J]. 南京社会科学. 2018（10）：89-94.

[147] 叶锡祥. 浙江省衢州市：党建引领红色物业联盟建设 [J]. 党建，2018（12）：

50 – 51.

[148] 殷京生. 中国城市社会整合模式的变迁从单一行政性社会整合到多元契约性社会整合 [J]. 南京社会科学, 2000 (11): 45 – 50.

[149] 郁建兴, 关爽. 从社会管控到社会治理: 当代中国国家与社会关系的新进展 [J]. 探索与争鸣, 2014 (12): 7 – 16.

[150] 张紧跟, 庄文嘉. 非正式政治: 一个草根 NGO 的行动策略——以广州业主委员会联谊会筹备委员会为例 [J]. 社会学研究, 2008 (2): 133 – 150.

[151] 张乐天, 国云丹. 城市社区选举制度化与另类政治参与: 对上海 H 区居委会选举信访的实证研究 [J]. 理论与改革, 2009 (2): 20 – 23.

[152] 张鲁宁. 基层政府在城市社区治理中的责任担当 [J]. 人民论坛, 2017 (15): 64 – 65.

[153] 张平, 隋永强. 一核多元: 元治理视域下的中国城市社区治理主体结构 [J]. 江苏行政学院学报, 2015 (5): 49 – 55.

[154] 张勤, 武志芳. 社会管理创新中社区志愿服务利益表达的有效性 [J]. 理论探讨, 2012 (6): 17 – 21.

[155] 张艳国, 李非. "党建 +" 在城市社区治理中的独特功能和实现形式 [J]. 江汉论坛, 2018 (12): 125 – 130.

[156] 张再生, 牛晓东. 东方文化的城市社区关系型治理模式与机制研究 [J]. 天津大学学报, 2015 (1): 16 – 21.

[157] 赵德华. 社区与社区功能的探析 [J]. 中南民族大学学报: 人文社会科学版, 2007 (S1): 39 – 41.

[158] 赵孟营. 城市社区治理现代化关系论的视角 [J]. 社会建设, 2017 (2): 80 – 86.

[159] 郑杭生. 改革开放三十年: 社会发展理论和社会转型理论 [J]. 中国社会科学, 2009 (2): 10 – 19.

[160] 郑中华. 基层党组织建设的政治逻辑 [J]. 人民论坛, 2018 (24): 92 – 93.

[161] 周庆智. 基于公民权利的城市社区治理建构: 对深圳市南山区 "单位制式" 治理的制度分析 [J]. 学习与探索, 2015 (3): 52 – 62.

[162] 周怡. "大家在一起": 上海广场舞群体的 "亚文化" 实践: 表意、拼贴与同构 [J]. 社会学研究, 2018 (5): 40 – 65.

[163] 朱健刚, 景燕春, 杨磊. 社区社会组织的动力机制与精英依赖: 对 D 小区业委会筹建的民族志研究 [J]. 广西民族大学学报: 哲学社会科学版, 2018 (4): 96 – 102.

[164] 朱前星. 社会治理现代化视角下的中国共产党社会整个功能调适 [J]. 湖南师范大学社会科学学报, 2018 (4): 10 – 17.

[165] 朱喜群. 社区冲突视阈下城市社区多元治理中的权力博弈：以苏州市 D 社区更换物业公司为考察个案［J］. 公共管理学报，2016（3）：49 – 60.

博士、硕士论文

[1] 胡振光. 社区治理的多主体结构形态研究［D］. 武汉：华中师范大学，2015.
[2] 金桥. 基层权力运作的逻辑——上海社区实地研究［D］. 上海：上海大学，2007.
[3] 王可园. 从生存政治到权利政治：农民政治行为逻辑变迁研究［D］. 上海：华东师范大学，2016.
[4] 吴晓刚. 从人身依附到利益依赖［D］. 北京：北京大学，1994.
[5] 夏晓丽. 城市社区治理中的公民参与问题研究［D］. 济南：山东大学，2011.
[6] 徐丹. 美国社区治理中的第三部门研究［D］. 武汉：华中师范大学，2015.

网络资料

[1] 中国知网：http：//kns. cnki. net/kns/Visualization/VisualCenter. aspx.
[2] "超星发现"，网址：http：//www. zhizhen. com/s？sw = % E5%9F% 8E% E5% B8% 82% E7% A4% BE% E5%8C% BA% E6% B2% BB% E7% 90% 86&size = 15&isort = 0&x = 0_913
[3] "搜狐微博"的公众号"文明 M".
[4] 国家统计局：http：//data. stats. gov. cn/search. htm？s = % E5%9B% BD% E5% 86% 85% E4% BA% BA% E5% 9D% 87GDP
[5] 上海市政府网，《上海市年鉴》（1997 年）：http：//www. shtong. gov. cn/Newsite/node2/node19828/node19886/node19894/node23159/userobject1ai62254. html
[6] 上海政府网，《上海市年鉴》（1998 年）：http：//www. shtong. gov. cn/Newsite/node2/node19828/node19945/node19953/node27287/userobject1ai58655. html
[7] 中国共产党党内统计公报，共产党员网 2017 年：http：//news. 12371. cn/2018/06/30/ARTI1530343889643695. shtml
[8] 中国互联网络信息中心：http：//www. cnnic. cn/hlwfzyj/hlwxzbg/hlwtjbg/201808/t20180820_70488. htm.

报纸

[1] 郝宇青. 化解新时代社会主要矛盾的三个抓手［N］. 解放日报，2018 – 03 – 06.
[2] 郝宇青. 上海的这个街道，在破解基层社区治理难题上，走出一条什么样的新路［N］. 上海观察，2017 – 10 – 18.
[3] 郝宇青. 基层社区治理能否实现组织再造［N］. 解放日报，2017 – 10 – 24.
[4] 胡锦涛. 坚定不移沿着中国特色社会主义道路前进，为全面建成小康社会而奋斗

［N］．人民日报，2012－11－18．

［5］李林宝．怎样理解十九大报告首提增强党的"群众组织力"：记者专访中共中央党史研究室副主任、教授冯俊［N］．人民日报，2017－11－06．

［6］覃燕妮，杜强．铁面柔情老法官［N］．三峡日报，2007－08－06．

［7］习近平．中共中央关于全面深化改革若干重大问题的决定［N］．人民日报，2013－11－18．

［8］习近平．贯彻全军政治工作会议精神，扎实推进依法治军从严治军［N］．人民日报，2014－12－16．

［9］习近平．决胜全面建成小康社会　夺取新时代中国特色社会主义伟大胜利：在中国共产党第十九次全国代表大会上的报告［N］．人民日报，2017－10－18．

［10］胥柳曼．"新上海居民的思想道德建设"调查报告出炉：69.2%新上海人看重发展机会［N］．青年报，2006－12－22．

［11］朱亚勤，张玉洁．聚焦社会组织党建工作难题：党组织活动怎么搞［N］．中国组织人事报，2015－12－16．

英文文献

［1］ADAMS D，HESS M．Community in Public Policy：Fad or Foundation？［J］．Australian Journal of Public Administration，2001，60（2）：13－23．

［2］ARMSTRONG A，FRANCIS R，TOTIKIDIS V．Managing Community Governance：Determinants and inhibiters. 18th ANZAM Conference，2004．

［3］A STURMTHAL．Unity and Diversity in European labor［M］．Glencoe：Free Press，1953：17－33．

［4］A WALDER．The Remaking of the Working Class：1949—1981［J］．Morden China，1984（10）：3－48．

［5］BARBARA L K PILLSBURY．Factionalism Observed：Behind the "Face" of Harmony in a Chinese Community［J］．The China Quarterly，1978（74）：241－272．

［6］BEIBEI TANG．Deliberating Governance in Chinese Urban Communities［J］．The China Journal，2015（73）：84－107．

［7］BIN CHEN，TERRY L COOPER，RONG SUN．Spontaneous or Constructed？Neighborhood Governance in Los Angeles and Shanghai［J］．Public Administration Review，2009（69）：108－115．

［8］CROZIER MICHEL，FRIEDBERG ERHARD．Actors and Systems：The Politics of Collective Action［M］．Chicago：The University of Chicago Press，1980：4．

［9］C WRIGHT MILLS．The Power Elite［M］．Oxford：Oxford University Press，1956．

［10］CHRIS ANSELL，ALISON GASH．Collaborative Governance in Theory and Practice

[J]. Journal of Public administration Research and Theory, 2008, 18 (4).

[11] CONNELLY S. Constructing Legitimacy in the New Community Governance [J]. Urban Studies, 2011 (47): 5.

[12] DAVID SHAMBAUGH. China's Propaganda System: Institutions, Process and Efficacy [J]. China Journal, 2007 (57): 25-60.

[13] EMILE DURKHEIM. The Rules of Sociological Method [M]. New York: The Free Press, 1982: 45.

[14] ELIZABETH PERRY. State and Society in Contemporary China [J]. World Polictics, 1989, 41 (4): 579-591.

[15] GATES C. Community Governance [J]. Futures, 1999 (31): 5.

[16] GEORGE CASPER HOMANS. Social behavior: Its elementary forms [M]. New York: Harcourt Brace Jovanovich, 1961: 1-23.

[17] GRANOVERTTE M E. Economic Action and Social Structure: Theory of Embeddedness [J]. American Journal of Sociology, 1985, 91 (3): 481-510.

[18] HARVEY A GAM, NANCY L TEVIS, CARL E SNEAD. Evaluation Community Development Corporations Summary Report [R]. The Urban Institute Publication Office, Washington D C, 1976.

[19] KARL MARX. On the Jewish Question [M]. Oxford: Oxford University Press, 2000: 54.

[20] LESLIE SHIEH. Becoming Urban: Rural-Urban Integration in Nanjing, Jiangsu Province [J]. Pacific Affairs, 2011, 84 (3): 475-494.

[21] JOEL S MIGDAL. State in Society [M]. Cambridge: Cambridge University, 2004.

[22] KIRK EMERSON, TINANABATCHI, STEVE BALOGH. An Integrative Framework for Collaborative Governance [J]. Public Administrative Research and Theory, 2012, 22 (1).

[23] MARSDEN T, MURDOCH J. The Shifting Nature of Rural Governance and Community Participation [J]. Journal of Rural Studies, 1998 (14): 1.

[24] MEREDITH EDWARDS. Participatory Governance into the Future: Roles of the Government and Community Sectors [J]. Australian Journal of Public Administration, 2001 (3): 78-88.

[25] M CROZIER. Power and organization [J]. Archives Europeanness de sociologie, 1964, 5 (1): 52-64.

[26] PURDUE D. Neighborhood Governance: Leadership, Trust and Social Capital [J]. Urban Studies, 2001, 38 (12).

[27] O'TOOLE K, BURDESS N. New community governance in small rural towns: the Aus-

tralian experience [J]. Journal of Rural Studies, 2004 (20): 4.

[28] O'MAHONY S, FERRARO F. The Emergence of Governance in an Open Source Community [J]. Academy of Management Journal, 2007 (50) 5.

[29] PETERS B G. Governance: A Garbage Can Perspective [J]. His Political Science Series, 2002, 84 (6).

[30] PETER ABELL. Organizations as Bargaining and Influence Systems [M]. New York: Halstel Press, 1975.

[31] PERR I B. Joined – Up Government in the Western World in Comparative Perspective: A Preliminary Literature Review and Exploration [J]. Journal of Public Administration Research and Theory, 2004, 14 (1): 103 – 138.

[32] R A DAHL. Some Explanations. in R. A. Dahled, Political Oppositions in Western Democracies [M]. New Haven: Yale University Press, 1966: 360 – 367.

[33] ROBERT D PUTNAM. Bowling Alone: The Collapse and Revival of American Community [M]. New York: Simon and Schuster, 2000: 1.

[34] SHI TIANJIAN. Political Participation in Beijing [M]. Cambridge MA: Harvard University Press, 1997.

[35] SCHUMPETER J A. Capitalism Socialism and Democracy [M]. New York: Harper and Row, 1950: 264.

[36] STOKER G. New Localism, Participation and Networked Community Governance [M]. Manchester: University of Manchester, 2004.

[37] TAN CHEE – BENG. Reterritorialization of a Balinese Chinese Community in Quanzhou, Fujian [J]. Modern Asian Studies, 2010, 44 (3): 547 – 566.

[38] WHYTEMARTINK, PARISH, WILLIAM L. Urban life in Comtemporary China [M]. Chicago: University of Chicago Press, 1984.

[39] YING CHAI, YUNMIN ZENG. Social capital, institutional change and adaptive governance of the 50 – year – old Wang hilltop pond irrigation system in Guangdong, China [J]. International Journal of the Commons, 2018, 12 (2): 191 – 216.

附　录

一、调查收集的主要文档资料名单

《爱辉社区"阳光工作室"是如何保持向心力和凝聚力的?》
《爱辉社区"四位一体"会议记录》
《爱辉社区 2017 年居委工作年度总结》
《爱辉社区"电子琴"团队课程记录》
《爱辉社区"社区运动会"总结会议记录》
《爱辉社区"美食节"动员会议记录》
《爱辉社区"百姓论坛"活动汇总记录》
《爱辉社区 2018 年度"社区学校"活动记录》
《爱辉社区"主题党日活动"记录》
《"不忘初心、牢记使命、贯彻落实党的十九大精神"学习实践活动工作提示》
《党务通》
《关于开展发展党员违规违纪全覆盖检查的通知》
《关于盯紧中秋、国庆期间"四风"问题的通知》
《霍阳社区平面示意图》
《霍阳社区乱象探源五册》
《霍阳社区的物业服务合同》
《霍阳社区业主大会议事规则》
《霍阳社区跳舞鱼团队核心组名单汇总表》
《霍阳社区跳舞鱼团队"509 户业主联合签名"汇总表》
《霍阳社区跳舞鱼团队递交给 J 街道党工委的相关材料》
《霍阳社区跳舞鱼团队制作的"扫码传单"》

《霍阳社区跳舞鱼团队要求李银柱填写的问卷》
《霍阳社区金煜评选"平安英雄"的相关材料》
《霍阳社区居民杨志华起诉新民物业公司的相关材料》
《霍阳社区居民朱灿赫拍摄的小区公共设施毁坏图以及交给居委会的相关材料》
《霍阳社区2018年居委党总支换届选举候选人公示名单》
《霍阳社区2018年居委会换届选举候选人公示名单》
《J街道行政变迁图》
《J街道行政机构示意图》
《J街道党组织领导下的居民自治机制示意图》
《J街道"八大办六大中心"职能配置介绍》
《J街道文明手册》
《J街道邻里中心介绍》
《J街道外来人口数据信息汇总表》
《J街道村居网格巡查工作手册》
《J街道居委网格化工作导则》
《J街道基层党组织换届选举工作组通知》
《J街道2017年党建责任制目标任务书》
《J街道2017年团队党建工作评估实施方案》
《J街道2018年党建责任制目标任务书》
《J街道"八大礼包"惠民内容》
《J街道居委书记沙龙活动章程（试行）》
《J街道房屋建筑年龄汇总表》
《J街道团队党建评估体系和实施方案》
《J街道记忆》
《J街道历史文化志》
《M区年鉴》（2000—2017年）
《M区组织部部长在居（村）党组织领导班子换届选举工作部署会上的讲话》
《M区副书记在全区居（村）党组织领导班子换届工作动员部署会上的讲话提纲（送审稿）》2018年3月12日
《2018年M区居（村）党组织领导班子换届公推直选工作指导手册》

《上海市 M 区机构编制委员会文件 M 编〔2015〕63 号》

《中共上海市 J 街道"团队党建"十周年系列丛书》

《中共中央组织部关于做好党组织与失去联系党员规范管理和组织处置工作的通知（中组发〔2016〕30 号）》

《中共上海市委关于加强社区党建和社区建设工作的意见（沪委〔2004〕117 号）》

《中共上海市委关于印发社区（街道）党工委、行政组织党组、综合党委、居民区党委工作细则（试行）的通知（沪委〔2005〕55 号）》

《中共上海市委 M 区委文件 M 委发〔2015〕10 号》

《中共上海市委 M 区委文件 M 委办发〔2017〕13 号》

《中共上海市委 M 区委文件 M 委发〔2015〕19 号》

《中共上海市委 M 区委组织部文件 M 委组〔2018〕8 号》

《中共上海市 M 区委组织部文件 关于 M 区城市基层党建示范点创新和优秀创新案例评选工作的通知》

二、J 街道社区党建领导体制和工作架构示意图

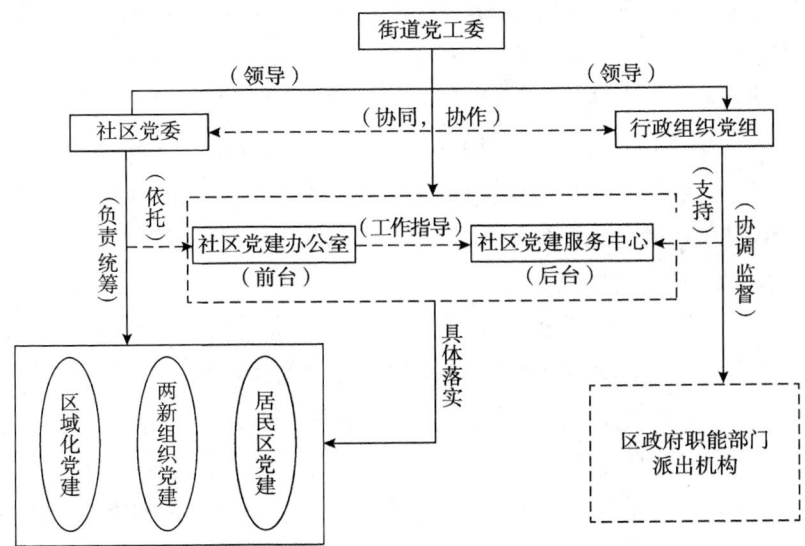

三、访谈提纲

1. 您是哪一年出生的？您是 J 街道本地人吗？您还记得以前的 J 街道

是什么样子的吗？和现在相比，有什么变化？

2. 您对"四大金刚"了解吗？能具体介绍一下吗？

3. 您是党员吗？您是什么时候入党的？您经常参加党组织活动吗？您知道什么是"三会一课"吗？您觉得您所在的社区党组织和您工作单位的党组织有什么区别？

4. 您在什么部门工作？您的职业经历能分享一下吗？

5. 您对改革开放以来社区发生的变化有什么看法？您以前是住在"单位房"里吗？您什么时候购买的"商品房"呢？您觉得"单位房"和"商品房"的区别在哪里呢？您更喜欢在哪一种社区生活呢？为什么？

6. 您对J街道的行政机构（八大办、六大中心）熟悉吗？您觉得J街道行政机构改革之后，办事效率如何？

7. 您所在社区目前的人员情况怎么样？有多少户？总人口是多少？每年的流动人口数量变化大吗？对小区的人员情况了解怎么样？老年人、中年人、年轻人、未成年人分别占多大比例呢？

8. 您对目前居住的社区满意吗？小区绿化环境好吗？垃圾处理及时吗？您觉得邻里之间关系怎么样？居委干部工作热情吗？积极吗？对待居民的态度如何？

9. 您所在的社区有多少名党员呢？党员管理情况如何？对待"失联党员"和"隐身党员"的举措有哪些呢？能说一说具体的情况吗？

10. 您觉得社区党组织在社区事务中是否发挥了核心作用呢？社区党组织的结构和功能是如何体现出来的呢？比如三个党员就应当成立一个党支部，现实情况是这样吗？

11. 您所在的社区开展活动时，有哪些流程呢？需要通过什么手段来调动居民参与活动的积极性呢？能否用具体的事例介绍一下呢？

12. 您知道居委党总支和居委会的职能差异吗？在你们社区，居委书记是"一把手"，居委书记的权力比居委会主任大，是这样的吗？

13. 作为居委干部，面对大量而繁多的社区事务，您如何判断它们的轻重缓急，并最终将它们落实呢？

14. 您所在社区是什么时候开始开展"团队党建"的？以前社区党建工作是如何开展的？您觉得社区团队骨干和楼组长在社区公共事务中，是如何发挥作用的？谁发挥的作用更大？

15. 您所在的社区有舞蹈团队、学习团队、巡逻团队和议事团队吗？您加入了吗？您是基于什么样的原因而加入的呢？能具体介绍一下您所在团队的成员情况吗？

16. 您所在社区的团队情况怎么样？它们的占比是多少？这些团队在小区发挥的作用大吗？您能举例说明一下吗？

17. 作为社区团队负责人，您怎么带领团队开展活动呢？您在带领团队建设的过程中遇到了什么样的难题呢？又是如何解决的呢？您觉得团队成员的流动性对您的团队影响大吗？社区团队是否有规章制度对团队成员的行为进行约束？

18. 作为居委书记，您觉得社区在开展"团队党建"的过程中要考虑哪些因素呢？您觉得在开展"团队党建"的过程中遇到的最大困难是什么？您觉得在开展"团队党建"过程中，J街道党建服务中心起到了什么样的作用？

19. 您觉得现在的社区治理存在哪些方面的难题？社区团队对解决这些问题起到了什么样的作用？您觉得开展"团队党建"后，社区有哪些变化？

20. 目前小区有多少支团队呢？人员规模怎么样？活跃度如何？他们的团队运转状况如何？

21. 您是居委干部吗？您主要负责哪几条线？对接J街道的哪些部门？

22. 您所在小区的居委会经常举办的活动有哪些？您经常参加居委会举办的活动吗？您喜欢社区开展的什么类型的活动呢？为什么？

23. 您对您所在小区的居委会了解吗？您经常去居委会吗？您认识居委书记和居委主任吗？您认识所有的居委干部吗？您觉得他们怎么样？为什么？

24. 您对您所在小区的居委会选举了解吗？您参加过居委会选举吗？

25. 您在工作和生活上遇到困难，会寻求居委会帮忙解决问题吗？为什么？

26. 您是跳舞鱼团队成员吗？您是什么时候加入的跳舞鱼团队？您为什么要加入跳舞鱼团队呢？您对跳舞鱼团队的形成、发展和解散有什么样的看法？

27. 作为业主，您参加过您所在小区的业委会选举吗？您对业委会的职责和权利了解吗？您对现在的业委会有什么看法呢？

28. 您经常接触和联系的朋友是小区的邻里吗？您觉得您居住的小区邻里关系融洽吗？能否举例说明一下呢？

29. 您有没有搬过家？您愿意一直在这个小区生活下去吗？

30. 您经常和居委会打交道吗？您觉得居委会还有哪些方面需要改进？您会去居委会提出改进的意见吗？

31. 您对您所在小区的治理状况满意吗，为什么呢？

四、访谈顺序及访谈对象概况❶

序号	姓名	性别	访谈日期	访谈编码	主要经历（包括年龄、中共党员身份、任职情况及相关情况）
1	周新霈	女	20180319	20180319ZXP	1957年出生，J街道本地人，中共党员，电锯厂倒闭后，2007年到J街道工作，现在在J街道党建服务中心工作
2	何芳	女	20180319	20180319HF	1958年出生，J街道本地人，中共党员，染化厂退休以后，进入社区当居委书记，已退休
3	刘盈盈	女	20180319	20180319LYY	30多岁，紫霞社区的居民
4	顾韧芳	女	20180319	20180319GRF	65岁，J街道本地人，中共党员，汽轮厂退休员工，美胜社区前居委书记
5	魏槐应	男	20180322	20180322WHY	1979年出生，新上海人，中共党员，现为J街道党建服务中心副主任
6	徐爱雅	女	20180322	20180322XAY	四十出头，上海本地人，群众，在大同社区精细化管理综合办工作

---

❶ 本表格是根据访谈日期的先后顺序制定的。本研究采取了多种访谈方法，有结构式访谈的正式访谈，也有开放式的访谈。采访人数多达百人，不仅仅局限于本表格的采访人数和采访次数。同时，根据对事件追踪的需要，对文中主要人物进行了多次采访，一方面可以考证采访对象前后的观点是否一致；另一方面，也可以通过对他人的采访，证实观点的真实性。本表格的访谈对象是根据研究内容的需要而确定的，尽管本书根据访谈日期的先后顺序确定了本表格，但是很多未"出场"的访谈对象对研究产生了非常重要的作用。同时，本书对所有涉及访谈对象的隐私都作了技术处理。

续表

序号	姓名	性别	访谈日期	访谈编码	主要经历（包括年龄、中共党员身份、任职情况及相关情况）
7	贾志玲	女	20180323	20180323JZL	1957年出生，J街道本地人，中共党员，在社区工作二十多年的退休居委书记
8	贾华德	男	20180418	20180418JHD	1963年出生，J街道本地人，中共党员，1996年从染化厂考入社区，现为红奇社区的居委书记
9	张艺军	男	20180418	20180418ZYJ	56岁，中共党员，染化厂下岗职工，2007年进入华晨社区当综治员，现为居委书记
10	张桂梅	女	20180422	20180422ZGM	1950年出生，J街道本地人，中共党员，模具厂工人，工厂倒闭后到社区工作
11	蔡诚	女	20180422	20180422CC	1985年出生，J街道本地人，中共党员，2008年大学毕业后进入社区，现为爱辉社区居委书记
12	邹晓梅	女	20180424	20180424ZXM	68岁，J街道本地人，中共党员，1977年从黑龙江回到上海，进入社区工作，是华晨社区的前居委书记
13	曾露	女	20180426	20180426ZL	1965年出生，中共党员，现任乐景社区居委书记
14	高卫华	女	20180502	20180502GWH	57岁，J街道本地人，中共党员，现在是如云社区居委会书记，以前是初中老师
15	甄英	女	20180507	20180507ZY	68岁，"新上海人"，祖籍重庆，中共党员，爱辉社区居民
16	曹喜	女	20180509	20180509CX	1960年出生，J街道本地人，中共党员，古天社区居民
17	崔彩	女	20180514	20180514CC	36岁，中共党员，在霍阳社区工作过的居委干部，和老易的关系不错
18	何珍	女	20180516	20180516HZ	1950年出生，中共党员，J街道本地人，在电机厂工作退休后，成立了"风之韵"舞蹈团队
19	鲁芬	女	20180516	20180516LF	1955年出生，中共党员，J街道本地人，在电机厂工作，退休后在如云社区任业委会副主任

续表

序号	姓名	性别	访谈日期	访谈编码	主要经历（包括年龄、中共党员身份、任职情况及相关情况）
20	胡国平	男	20180516	20180516HGP	56岁，J街道本地人，中共党员，爱辉社区居委干部，负责社区学校和社区团队的工作，曾是染化厂的员工
21	许裕兵	男	20180517	20180517XYB	1977年出生，J街道本地人，中共党员，现任爱辉社区居委干部
22	夏茹	女	20180518 20181128	20180518XR 20181128XR	40出头，中共党员，霍阳社区居委干部
23	萧威邦	男	20180518	20180518XWB	40多岁，中共党员，J街道本地人，乐景社区负责"综合治理、垃圾分类和大联动"等条线的居委干部
24	陈冰	女	20180519	20180519CB	1990年出生，中共党员，J街道本地人，2016年进入社区工作，现为爱辉社区居委干部，负责党务条线工作。
25	管凤	女	20180522	20180522GF	1954年出生，中共党员，J街道本地人，紫星社区前居委书记
26	黄菲	女	20180605	20180605HF	52岁，中共党员，J街道本地人，爱辉社区居委会副书记和居委主任，曾在染化厂工作
27	郑美英	女	20180605	20180605ZMY	58岁，群众，J街道本地人，爱辉社区居民，舞蹈团队成员
28	宋德文	男	20180522	20180522SDW	55岁，中共党员，新上海人，爱辉社区居民，体育用品公司老板，在小区深受居民爱戴
29	苏全武	男	20180605	20180605SQW	76岁，中共党员，爱辉社区"百姓论坛"团队负责人，"阳光工作室"的党员志愿者，合唱团团长，曾获得区级和J街道的"优秀党员"称号
30	杨南希	男	20180627	20180627YNX	89岁，中共党员，如云社区"百姓论坛"团队创始人，已退出团队
31	许何保	男	20180830	20180830XHB	1956年出生，中共党员，J街道本地人，在染化厂工作二十年，1996年考入社区任居委干部，以居委书记身份退休

续表

序号	姓名	性别	访谈日期	访谈编码	主要经历（包括年龄、中共党员身份、任职情况及相关情况）
32	薛绰英	女	20180910	20180910XCY	1977年出生，中共党员，父母是上海知青，大学毕业回到上海，在一个外资企业上班，2007年考入社区，现为J街道党建服务中心主任
33	刘萍萍	女	20180920	20180920LPP	1935年出生，50年代末到J街道，在J街道某社区任居委主任五十多年，已退休
34	陈晓	女	20180920	20180920CX	1978年出生，中共党员，祖籍江苏，从小随伯父伯母来到J街道，现为J街道霍阳社区居委干部
35	杨志华	男	20180924	20180924LYZ	55岁，中共党员，霍阳社区居民。新民大队拆迁过来的拆迁户，2002年住进霍阳社区
36	易中菱	男	20180930	20180930YZL	1933年出生，中共党员，新上海人，祖籍山西，1965年来到上海，1979年到J街道，霍阳社区居民，"跳舞鱼团队"的创始人
37	尹顺英	女	20181001	20181001YSY	1958年出生，中共党员，霍阳社区的党员志愿者，舞蹈团队的负责人
38	金欣	女	20181001	20181001JX	40多岁，J街道本地人，霍阳社区居民
39	姜美美	女	20181004	20181004JMM	1948年出生，中共党员，上海市人，国民党军官的女儿，在黑龙江当知青，随丈夫回上海到J街道
40	关雨涵	女	20181004	20181004GYH	35岁，中共党员，如云社区的居委干部，负责党务条线的工作
41	徐少华	男	20181004	20181004XSH	46岁，中共党员，新上海人，电机厂职工，霍阳社区居民，"跳舞鱼团队"成员
42	苏红霞	女	20181004	20181004SHX	62岁，中共党员，J街道本地人，霍阳社区的党员志愿者

续表

序号	姓名	性别	访谈日期	访谈编码	主要经历（包括年龄、中共党员身份、任职情况及相关情况）
43	彭志	男	20181004	20181004PZ	三十出头，J街道本地人，霍阳社区居民
44	祝如熙	女	20181004	20181004ZRX	三十出头，中共党员，霍阳社区居委干部
45	金天朗	男	20181008	20181008JTL	1959年出生，中共党员，J街道本地人，印刷厂工作十几年后，1996年到社区工作，以居委书记身份退休
46	曾爱露	女	20181011	20181011ZAL	1933年出生，J街道本地人，北荣社区居民
47	林斯福	男	20181011	20181011LSF	1942年出生，上海市人，1959年来到J街道，电机厂退休员工
48	刘国文	男	20181011	20181011LGW	1952年出生，J街道本地人，汽轮机厂退休员工
49	胡灵芝	女	20181011	20181011HLZ	1954年出生，J街道本地人，电机厂退休员工
50	郑斌	男	20181011	20181011ZB	1958年出生，祖籍江苏，1982年来到J街道，染化厂退休员工
51	朱霖	男	20181011	20181011ZL	1960年出生，江苏人，1979年来到J街道，在染化厂工作三十多年，现已退休
52	许琳琳	女	20181015	20181015XLL	42岁，"新上海人"，"霍阳之心"的创建者之一，"跳舞鱼团队"的核心组成员
53	邓江	男	20181018	20181018DJ	64岁，祖籍辽宁，仙雾社区毽球团队负责人
54	魏裕	男	20181028	20181028WY	33岁，中共党员，"新上海人"，汽轮机厂工程师，创建了"霍阳之声"
55	林思	女	20181028	20181028LS	46岁，"新上海人"。"跳舞鱼团队"核心组成员
56	刘翎	男	20181028	20181028LL	36岁，中共党员，"新上海人"，"跳舞鱼团队"成员
57	何少峰	男	20181028	20181028HSF	40出头，中共党员，"新上海人"，霍阳社区居民，"跳舞鱼团队"成员

续表

序号	姓名	性别	访谈日期	访谈编码	主要经历（包括年龄、中共党员身份、任职情况及相关情况）
58	秦金立	男	20181101	20181101QJL	65岁，中共党员，J街道本地人，霍阳社区居民，"跳舞鱼团队"成员。中共党员，被霍阳居委会选为党总支委员候选人，因身体原因未参加选举
59	朱灿赫	男	20181101	20181101ZCH	77岁，中共党员，"新上海人"，2005年住进霍阳社区。"跳舞鱼团队"的核心组成员
60	董秀珍	女	20181103	20181103DXZ	83岁，群众，J街道本地人，美胜社区居民
61	柏华	男	20181103	20181103BH	40出头，霍阳社区居民
62	付雅萍	女	20181104	20181104FYP	60多岁，中共党员，霍阳社区的党员志愿者
63	王汇	男	20181111	20181111WH	54岁，J街道本地人，霍阳社区的居民，"跳舞鱼团队"核心组成员
64	季国民	男	20181115	20181115JGM	57岁，J街道本地人，在工商银行工作，"跳舞鱼团队"核心组成员
65	马采荷	女	20181115	20181115MCH	50出头，J街道本地人，霍阳社区居民
66	崔华邦	男	20181119	20181119CBH	50岁，"新上海人"，"跳舞鱼团队"核心组成员，"美丽霍阳志愿者群"的创立者
67	陈建良	男	20181126	20181126CJL	39岁，中共党员，J街道本地人，如云社区居委干部，负责大联动条线的工作
68	宋丽娟	女	20181127	20181127SLJ	40多岁，中共党员，J街道本地人，霍阳社区居委干部
69	丛金辉	女	20181128	20181128CJH	1953年出生，中共党员，J街道本地人，汽轮机厂员工子女，在J街道体育场工作，后因体制改制，到居委会工作，以居委书记身份退休
70	祝淑兰	女	20181128	20181128ZSL	65岁，J街道本地人，霍阳社区的楼组长
71	张海涛	男	20181128	20181128ZHT	30多岁，J街道本地人，霍阳社区居民，在职党员，主动报名参加居委会选举投票的相关工作
72	房烨星	男	20181211	20181211FYX	68岁，中共党员，霍阳社区党总支委员
73	陆伟	男	20181211	20181211LW	30出头，中共党员，霍阳社区居委会干部

后 记

　　回忆过往二十余年的求学之路,看似坎坷而艰辛,实则是一件无比幸运的事情。笔者从中部农村地区来到了中国的经济中心,从农民的女儿变成城市的居民。万千思绪萦绕心头,不知如何落笔。

　　2015年,笔者作为一名"社会人",再次走入象牙塔,对于步入而立之年的已婚已育女性来说,这是一件特别奢侈而难得的事情。因此,笔者很珍惜这来之不易的机会,尤其是两次考博的经历,让笔者特别坚定自己踏上"学术之路"的选择。

　　诚然,笔者之所以能再次回到心爱的母校攻读博士学位,必须感恩笔者的导师郝宇青教授。郝老师没有嫌弃笔者"天资拙劣",而是"手把手"地教笔者如何阅读书目、搜集文献,写作论文、观察社会等。在郝老师的身上,笔者看到的不仅仅是知识的渊博、思想的厚度、洞察力的敏锐、言谈的幽默,更为重要的是,他待人随和、真诚、宽容。他教会笔者以自由的想象力、批判的思维和严谨的学术态度去思考每一个问题。他还教会笔者,无论在学习还是生活中,都要有"勇于克服困难的勇气和决心",这一点尤其体现在笔者生完二宝坐月子期间去参加中期考核和毕业论文初稿形成前的无数次"卡壳"之时。老师每每对笔者说出"坚持"二字,笔者则放弃了"延期"的想法,最终得以正常毕业。读博的四年,郝老师给了很多次机会锻炼笔者的学术研究能力。感谢每一次参与,虽然笔者是以蜗牛的速度在前行,但是笔者知道自己在成长。人生路上每走的一步,都值得珍惜。在博士论文选题、开题、进行社会调查和撰写论文的过程中,笔者深刻地领会了这句话:"博士研究的价值,在于它给了我们一生中唯一的机会,让我们系统地、开放地思考一个问题,从而自觉地建立起自己与身边历史的联系。"作为农民的女儿,笔者成长于基层,天天与基层的民众打交道,自带"基层"的基因,具有与基层民众"打成一片"的优势。

因此，博士论文选题为"社区治理"，不仅可以将自己所学的知识与基层实践结合起来，还可以切身体会到新时代国家与社会之间的互动，观察社会发展的脉络。这也是郝老师经常对笔者说的：从事学术研究时，要学以致用，要用"俯视"的眼光看待社会问题。

感谢政治学系的老师们。感谢齐卫平老师、萧延中老师、张振华老师、杨建党老师、江远山老师、王可园老师，他们曾给予笔者专业学习和博士论文研究的指导。感谢王子蘄老师、王成伟老师、乐婧老师以及其他老师在笔者困难的时候，给予笔者精神上的鼓励和生活上的帮助。

感谢任课老师们。感谢花蓉老师、郦全民老师、陈俊老师、文军老师、李向平老师、邝春伟老师和 Erin Lynne Knadler，他们让笔者体会到人文社会科学之间的贯通性，丰富了笔者的知识储备，亦开阔了笔者的研究视野。

感谢孙力老师、轩传树老师、陈俊老师、文军老师、胡键老师、张文明老师在博士论文预答辩和答辩过程中给予的修改意见，基于此，笔者的论文得以日臻完善。

感谢我的同门兄弟姐妹们。从 2013 年 10 月，笔者决定读博的那一刻开始，笔者就深深地爱上了"郝门大家庭"，师兄、师姐、师弟、师妹之间的互帮互助，知心交流，让笔者在求学路上不孤单，"团队"共同前进的感觉，真好！细细回味初次在法商北楼 113 与徐剑师兄、青梅师姐、吴满、胡焕芝、李乐、马静等人开读书会的情景，思想火花的碰撞和批判意识的产生，就从那一刻开始了。时间在此定格！笔者认为，人生有两件事情不能割舍，即爱和自由。在人心浮躁和拜金主义至上的社会，能找到"自由之思想，独立之精神"的一个团体，是一个人终生的幸事。博士四年，笔者与师兄、师姐、师弟、师妹们结下了深厚的友谊，徐建师兄、青梅师姐、毛建平师姐、任园师姐、陈薇师姐、吴满、胡焕之、李乐、田雨、马静、陈欣、陈蕊、孙慧蓉、张耀杰、毛勇兵、陈苏宁、唐庆鹏、王谢平、别克、管坤、赵爽、刘小雨、曹越、刘如予等，笔者和他们共同度过了学生时代的美好时光，并留下了珍贵的记忆。

感谢笔者的博士同学佟亚洲，他也是笔者的同门。对于笔者而言，亚洲亦兄亦友，在学习、生活、工作等方面，亚洲都给予了笔者很大的帮助和鼓励，点点滴滴都化作未来人生路相伴扶持的力量。另外，笔者与陈斌、许振江、刘亚磊、全红、高磊，一起度过了四年愉快的学习生活。笔者自知,这是笔者人生中最后一次接受全日制教育的机会,能在三十多岁的年纪,还有一群同窗好友,笔者感到万分荣幸。

感谢可园师兄和"政道学术工作坊",笔者的博士论文大纲曾经得到王子蕲老师和多位同学的指点,才得以完善。在笔者写作论文的过程中,可园师兄和管坤师弟提出了很多中肯的修改建议,使笔者受益匪浅。未来,希望笔者还能和你们经常"共话学术"。

感谢2018年在J街道调研的所有朋友们,虽然笔者不能公开你们的真实姓名,但是你们都在笔者的心里,也在笔者的书中。笔者深知没有你们的帮助,笔者是不可能了解基层社区治理的真实情况的,也就不可能完成博士论文的撰写。在调研的过程中,首先要感谢的是J街道党建服务中心的Y主任,她给予笔者大力支持,不仅给笔者全面"谋划"了完成调研任务的具体步骤,还给笔者介绍了重点的采访人员和"蹲点社区"。Y主任出色的工作能力和优秀的人格魅力深深地吸引了笔者,笔者曾一度有想法,毕业后回到社区工作。诚然,很多社区老书记和新书记、社区工作者、居民们都非常热情地接待了笔者,笔者也因此被他们的善良与真诚所激励和鼓舞。非常感谢2018年与他们的"遇见"。经过将近十个月的调研,笔者亲历了基层社区工作者的艰辛与不易,也目睹了他们将"为人民服务"这五个字化为具体的实际行动,而不仅仅是一句流于形式的"口号"。社区居民的安居乐业,离不开基层社区工作者的辛勤工作,也离不开党和国家对基层社区工作的重视和关注。

最后,笔者还要感谢笔者的父母、亲人们和家乡。来沪十一年,笔者的思想观念因周遭的际遇而发生了巨大的转变,但是依然无法忘怀湖湘文化给予笔者不断前行的力量,以及行走在人生路上的"坚韧与执着",更忘不了亲友们一路支持笔者前行的无私付出。"在你岁月静好的时候,是有人在替你负重前行。"替笔者负重前行的人是:笔者的家人。感谢笔者的父母,农民的勤劳朴实,赐予了笔者一双勤劳的手、一颗勇敢的心和一个健康的身体,没有这个前提,笔者是万不能完成今天的论文的。感谢笔者的弟弟,在家庭资源有限的情况下,他放弃了继续在校学习的机会,一路支持笔者走到今天。感谢笔者的爱人罗雄虎,学生时代的相知相伴,确定了"你是我最重要的决定"。读博期间,你一个人撑起家庭的所有,包括经济方面、赡养老人和养育孩子等方面的责任。都说"患难见真情",你是那个"拿着长剑一路给我扫除恶魔"的"Superman"。感谢笔者的儿女，他们虽年幼却懂得妈妈在书房写论文，不能打扰妈妈，所以，他们路过书房门口，却不吵不闹，而是选择"静静地离开"。得益于笔者的母亲对他们细心和辛苦的照料，儿女们长得健健康康，活泼可爱。感谢你们成全了笔者，成全了笔者的"梦想"。

"吃得苦、耐得烦、霸得蛮、舍得死"，这是笔者的高中政治课教师，也是我们高中校长在召开高三学生高考动员会上讲的一句话。这一句话不仅给予了笔者奋发向上的力量，还让笔者与"政治"结下了不解之缘。所以，笔者还要感谢以往的老师和同学，是你们共同陪伴笔者成长，让笔者变得越来越勇敢。

今日，博士论文虽已定稿，但依然存在诸多不足之处，这是笔者未来开展学术研究需要继续努力的方向。

2019 年 5 月 20 日于华师一教